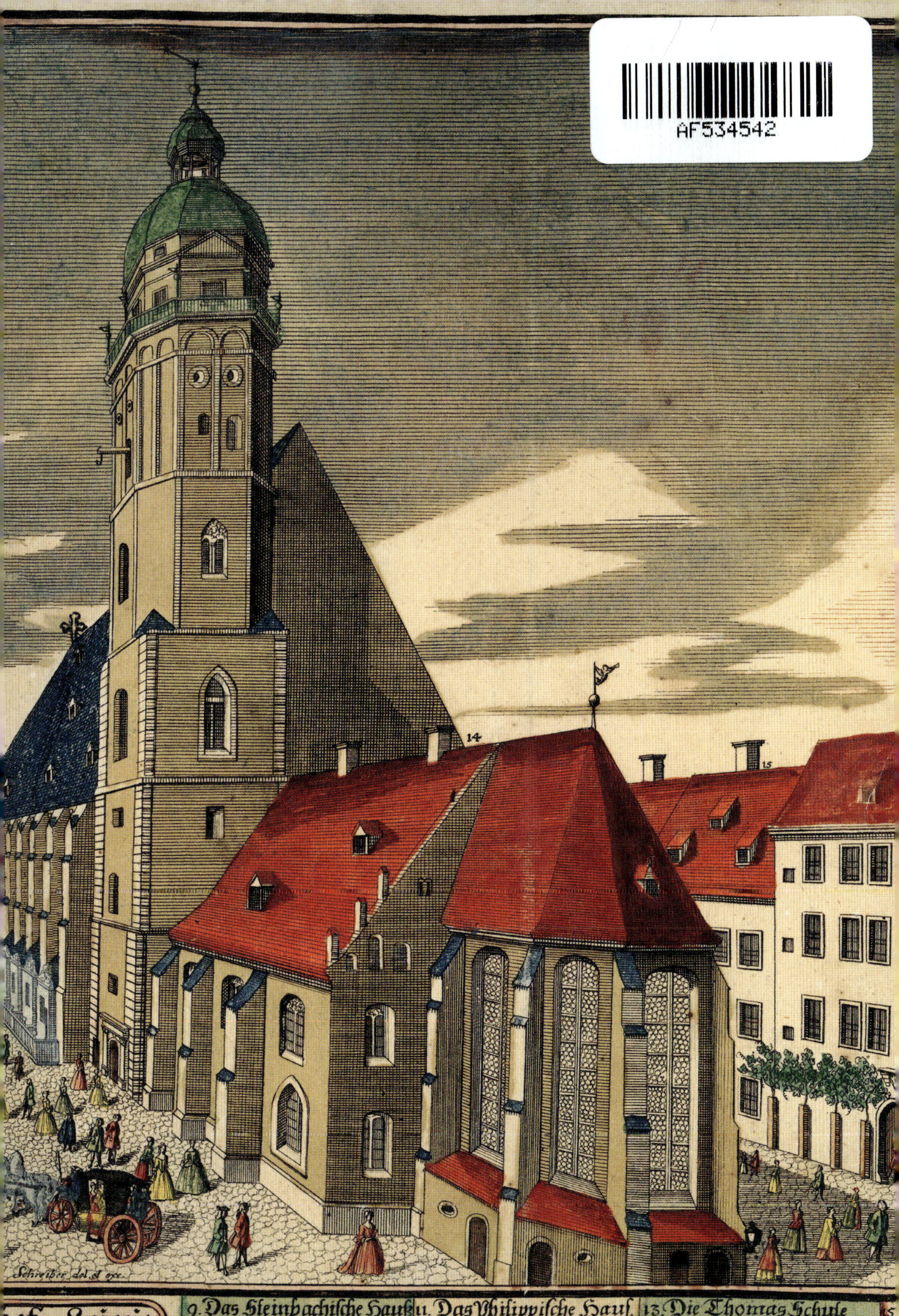
14
15
Schreiber del. et exc.
ỏof in Leipzig.
9. Das Steinbachische Hauß
10. George Willh: Bosens Hauß
11. Das Philippische Hauß.
12. Das Thomas-Pförtgen.
13. Die Thomas Schule.
14. Die Kirche zu St. Thomas
15
16
AF534542

Hans-Joachim Schulze in Verehrung gewidmet,
verbunden mit großem Dank für viele ertragreiche Gespräche
über ein unerschöpfliches Thema

Abbildungen Titel, Vorsatz und Nachsatz:
Ausschnitte aus einer kolorierten Radierung von Johann Georg Schreiber, 1749, im linken Teil der Thomasschule, dem Gebäude links neben der Thomaskirche, lebte die Frau Capellmeisterin Anna Magdalena Bach mit ihrer Familie über 27 Jahre; die Vorlage für den Schriftzug von Anna Magdalena Bach stammt aus einer Bibel, in die sie im Dezember 1749 eine Widmung für ihren Sohn Johann Christoph Friedrich eintrug (siehe auch Abbildung 30, S. 76)

Gesetzt aus der Arno Pro

Impressum:
2., verbesserte Auflage
© 2021 by Verlag Klaus-Jürgen Kamprad, Theo-Neubauer-Straße 7, 04600 Altenburg
Tel. 03447 375610, Fax 03447 892850, verlag@vkjk.de, www.vkjk.de
Alle Rechte vorbehalten.
Korrektorat: Vitus Froesch
Gestaltung, Satz: Yvonne Danz
Technische Herstellung: UAB Overprintas, Žirmūnų g. 139A, LT-09120 Vilnius, Litauen, print@overprintas.lt, www.overprintas.lt

ISBN 978-3-95755-663-9

Eberhard Spree

Die Frau Capellmeisterin
Anna Magdalena BACH

Ein Zeitbild

Kamprad

Inhalt

Vorwort

Wer war Anna Magdalena Bach, die zweite Ehefrau des großen Komponisten Johann Sebastian Bach? Einig ist man sich darüber, dass sie 1701 als Tochter eines Hoftrompeters geboren wurde. Ab 1721 ist sie als Sängerin am Hof von Anhalt-Köthen nachweisbar. In Köthen heiratete sie am 3. Dezember 1721 den Capellmeister Johann Sebastian Bach.
Vielfach ist dann die Meinung anzutreffen, dass sie mit dem zwei Jahre später erfolgten Umzug nach Leipzig, wo ihr Mann die Stelle als Thomaskantor angenommen hatte, ihre Karriere als Sängerin aufgeben musste. Sie hatte sich um die vier Kinder zu kümmern, die ihr Mann in die Ehe mitbrachte. Dazu kam die Versorgung der dreizehn Kinder, die von ihr geboren wurden. Diesen Arbeiten widmete sie ihr Leben. Daneben kopierte sie auch noch Noten ihres Mannes. Dieser soll sich aber zu seinen Lebzeiten um ihr Auskommen nach seinem Tod nicht gekümmert haben und hinterließ kein Testament, so dass sie nur ein Drittel des Nachlasses erhielt. Da sie Vormund ihrer unmündigen Kinder werden wollte, musste sie auf eine Wiederverheiratung verzichten. Ihre Familie soll dann getrennt worden sein. Bei ihr blieben die beiden jüngsten Töchter. Sie wurde von verschiedenen Einrichtungen versorgt, war auf Almosen angewiesen und starb schließlich, von ihren auswärtigen Angehörigen vergessen, in bitterster Armut.
Natürlich ist damit nicht „die einzige Sichtweise“ zu Anna Magdalena Bach dargestellt. Es gibt Veröffentlichungen, die auf akribischer wissenschaftlicher Arbeit beruhen. Andere Publikationen nutzten deren Ergebnisse mehr oder weniger sorgsam. Das Spektrum reicht dabei bis zu Romanen, in denen Vermutungen zu Tatsachen erklärt werden, Phantasien bewusste Stilmittel sind und nicht erkennbar ist, wo sie eingesetzt werden. Sehr prägend wirken auch Eindrücke aus Dokumentationen oder Spielfilmen, in denen Schauspieler agieren. Es entsteht leicht das Gefühl, „dabei zu sein“, und man macht sich kaum bewusst, nur Akteure zu sehen, die sich nach Regieanweisungen bewegen und Texte von Drehbuchautoren auf Filmsets wiedergeben. Dabei kann sich das Dargestellte auch hier relativ dicht an seriöse Forschungsergebnisse halten oder auch weit davon entfernt sein.
Zusammenfassend kann wohl festgestellt werden, dass Anna Magdalena Bach sehr häufig als eine Frau gesehen wird, deren Wirkungsraum sich nach ihrer

Eheschließung vor allem auf die Bereiche „Kinder und Küche" beschränkte und die nach dem Tod ihres Mannes versorgt werden musste.
Meine Untersuchungen ließen mich zu dem Schluss kommen, dass viele der verbreiteten Ansichten über Anna Magdalena Bach einer eingehenden Prüfung nicht standhalten. Dabei entwickelte sich mein Interesse an ihrem Leben aus Forschungen zu einem Bergwerksanteil, der im Nachlassverzeichnis ihres Mannes aufgeführt ist. Ich stellte fest, dass sie dieses Bergwerk sechs Monate nach seinem Tod mit einer Summe unterstützte, die mindestens dem Wochenlohn eines Bergmannes entsprach. Das stand aber im Gegensatz zu Ansichten, dass sich ihre finanzielle Lage nach dem Ableben ihres Mannes sofort drastisch verschlechterte und sie auf fremde Hilfe angewiesen war. Ich beschäftigte mich intensiv mit dem Bergwerksanteil, dem Nachlassverzeichnis von Johann Sebastian Bach und dem Verhalten seiner Witwe bei der Verteilung des Erbes und fasste meine Erkenntnisse in einer Dissertation mit dem Titel „Die verwitwete Frau Capellmeisterin Bach. Studie über die Verteilung des Nachlasses von Johann Sebastian Bach" zusammen.

Nach Abschluss dieser Arbeit entstand aber der Wunsch, das Leben der Anna Magdalena Bach geborene Wilcke in seiner Gesamtheit zu betrachten. Bereits bekannte wissenschaftliche Forschungsergebnisse brachte ich mit von mir gewonnenen Erkenntnissen in eine neue Beziehung. Vor allem interessierte mich auch das Umfeld, in dem diese Frau lebte, die Einschränkungen und auch Möglichkeiten, die es für sie gab. Dabei wurde mir sehr deutlich, dass heutige Lebenserfahrungen meist nicht geeignet sind, auf die damalige Zeit übertragen zu werden. Lebensabläufe, Gesellschaftsstrukturen oder Weltsichten haben sich zum großen Teil grundsätzlich gewandelt. In entscheidender Weise wurde das Leben von Anna Magdalena Bach natürlich auch von ihrem Ehemann beeinflusst. Verschiedene Vorkommnisse aus seinem Leben habe ich deshalb noch einmal kurz zusammengefasst, obwohl ich weiß, dass sie deutlich ausführlicher behandelt werden können und auch sollten. Ich hoffe, dass die Hinweise in den Anmerkungen auf Quellen und weiterführende Literatur dafür ein kleiner Ausgleich sind. Dabei sei erwähnt, dass in den Anmerkungen grundsätzlich keine verbalen Ergänzungen zum Text enthalten sind.
Die vielfache Verwendung von Zitaten könnte das Lesen an manchen Stellen etwas schwieriger machen. Solche „Originaltöne" sind aber vielleicht hilfreich, der Zeit näher zu kommen, in der Anna Magdalena lebte. Beim Wort

„Capellmeister“ wählte ich die Schreibweise, die zur damaligen Zeit verwendet wurde. „Kapellmeister“ setzte sich erst später durch, und es wandelte sich auch die Bedeutung des Wortes.

Ich bin dankbar, dass es mir möglich war, mein Vorhaben umzusetzen. Unterstützt wurde ich dabei von vielen Menschen, denen ich herzlich danken möchte. Namentlich herausheben möchte ich meine Frau Elisabeth, die mich ermutigte, meine Idee zu verwirklichen, obwohl sie genau wusste, welche Belastungen damit auf sie zukommen würden.
Es ist mein Wunsch, dass dieses Buch dazu anregt, verschiedene Vorstellungen über Anna Magdalena Bach geborene Wilcke zu hinterfragen, und vielleicht kann es dabei helfen, ihrer Persönlichkeit näher zu kommen.

Leipzig, Frühjahr 2021 Eberhard Spree

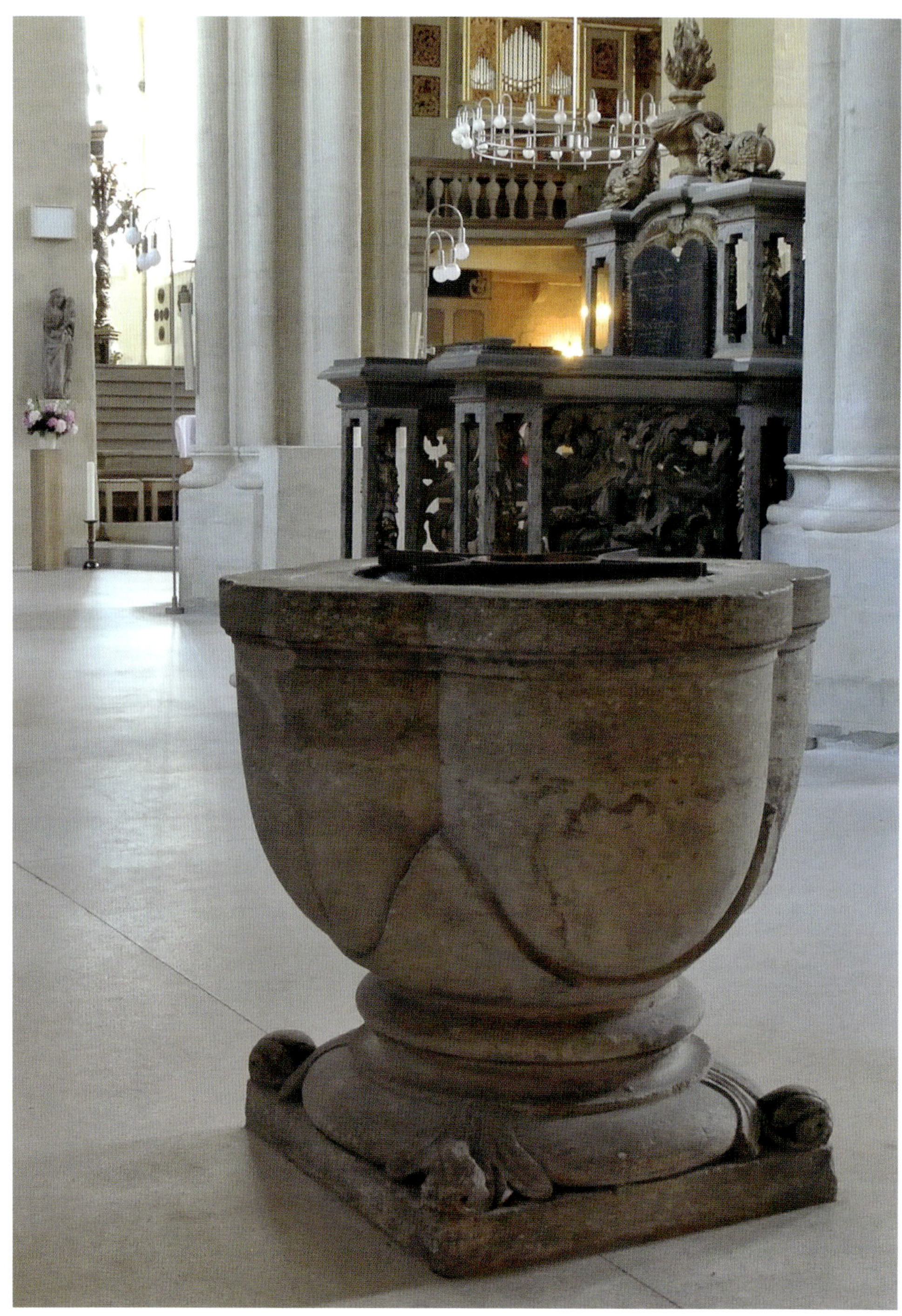

Abbildung 1: Romanischer Taufstein in der Schlosskirche von Zeitz

Kindheit und Jugend

Im Taufregister der Schlosskirche von Zeitz[1] ist für den September 1701 zu lesen: *„Herrn Johann Caspar Wilckens, Fürstl. S. Musicalischen Hof- und Feld-Trompeters alhier Töchterlein am 22. Sept: Donnerstags früh halb weg 6. Uhr gebohren und den 23. ejusd: Freytags Nach-Mittags üm 4. Uhr in der Fürstl. S. Schloß Kirchen von dem Herrn Hof Diacono Mag: Gottfried Teübern getaufft und genennet worden Anna Magdalena"*.[2] (Später wird sie geborene „Wülckin" schreiben: siehe Titel; Abbildung 25, S. 66 oder auch Abbildung 30, S. 76. Die Schreibweise „Wilcke" hat sich heute aber durchgesetzt.)[3]

Anna Magdalenas Mutter war Margaretha Elisabeth Wilcke geborene Liebe (um 1666 – 1746). Sie kam aus Frießnitz (bei Weida in Thüringen). Ihr Vater war Schuldiener und Organist.[4] Auch Anna Magdalenas Vater Johann Caspar Wilcke (um 1660/65 – 1731)[5] stammte aus dem Haushalt eines Musikers.[6]

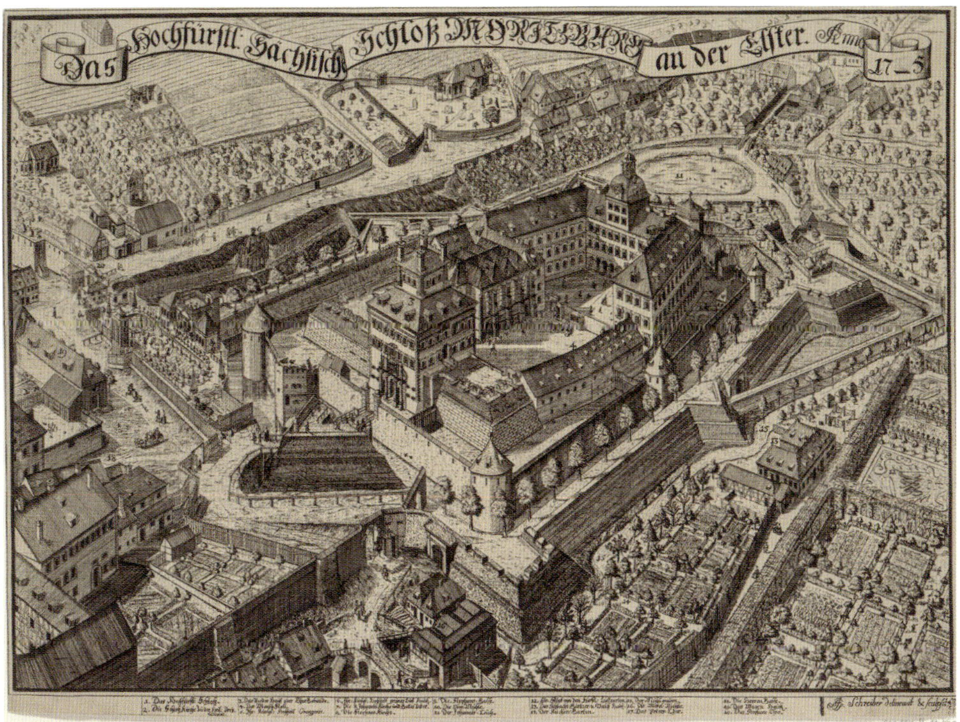

Abbildung 2: Schloss Moritzburg in Zeitz, Radierung von Johann Georg Schreiber, um 1705

Die Schlosskirche, in der diese Taufe am 23. September 1701 stattfand, ist in der Mitte der Abbildung 2 (S. 11) rechts hinter dem großen Torhaus zu erkennen. Als erste Patin ist Anna Magdalena Liebe im Taufregister verzeichnet, die Ehefrau des fürstlichen Hoftrompeters und Organisten an dieser Kirche Johann Siegmund Liebe (um 1670 – 1742).[7] Er war ein Onkel der Getauften.[8] In einem Zeitzer Kirchenbuch wird ihr Vater Johann Caspar Wilcke bei einer Hochzeit am 18. Juli 1718 als *„Fürstl. Sächs. Weißenfelsischer Musicalischer Hof-Trompeter"* aufgeführt.[9] Wann er diese Anstellung am Hof von Sachsen-Weißenfels genau erhielt, ist unbekannt. Im Eintrag für die Trauung seiner Tochter Johanna Christina am 19. Oktober 1716 in Zeitz wird er noch als *„Hoch-Fürstl. S. Musicalischer Hoftrompeter alhier"* bezeichnet.[10] Sein Wechsel könnte in einem Zusammenhang damit stehen, dass Zeitz seine Bedeutung als Zentrum der Landesherrschaft 1717 verlor. Herzog Moritz Wilhelm (1664 – 1718)[11] hatte die Stadt verlassen und residierte in Weida.[12] Beziehungen der Familie Wilcke zu Weißenfels hatte es schon davor gegeben. 1710 heiratete Anna Magdalenas älteste Schwester Anna Katharina (1688 – 1757)[13] Georg Christian Meißner, der ab 1712 als Hoftrompeter in Weißenfels nachzuweisen ist.[14] 1716 wurde ihre zweite Schwester Johanna Christina (1695 – 1753)[15] Ehefrau des Hoftrompeters Johann Andreas Krebs, der zu diesem Zeitpunkt ebenfalls in Weißenfels wirkte. Später wurde dieser Hoftrompeter in Zerbst.[16] Als 1729 in Weißenfels verschiedene Musiker von außerhalb anlässlich der Geburtstagsfeierlichkeiten von Herzog Christian (1682 – 1736)[17] auftraten, wurden ihnen Quartiere zur Verfügung gestellt. Es erscheinen in einer Abrechnung auch *„Herr Krebs und Deßen Frau"*. Da ihre Eltern in Weißenfels lebten, könnte diese Unterbringung auf Kosten des Hofes darauf hindeuten, dass Johanna Christina ebenfalls als Musikerin bei dem Fest auftrat.[18]

Am 20. Februar 1718 verkaufte Johann Caspar Wilcke das Haus in Zeitz, welches er 1691 erworben hatte und in dem Anna Magdalena aufgewachsen war. Es ist heute nicht mehr vorhanden; Ende des 19. Jahrhunderts riss man es ab und ersetzte es durch einen Nachfolgebau. In der heutigen Messerschmiedestraße weist eine Gedenktafel auf den ehemaligen Standort hin.[19] Wo die Familie in Weißenfels wohnte, ist nicht bekannt. Anna Magdalenas Schwester Erdmuthe Dorothea (1697 – um 1760)[20] heiratete dort 1720 den Hoftrompeter Christian August Nicolai.[21]

Anna Magdalenas Bruder Johann Caspar (1691 – 1766)[22] wurde 1717 Hoftrompeter in Zerbst (Anhalt). In einer Aufstellung von Musikern, die 1757 in Berlin erscheint, ist er auch als Violinist aufgeführt.[23] Einer Rechnung des Zerbster Hofes von 1728 ist zu entnehmen, dass *„der Trompeter Wilke 19 Thaler, 6 Groschen Lehrgeldes wegen Thiessens Sohn auf dem Clavier"* erhalten habe.[24] Höchstwahrscheinlich war auch Anna Magdalena in der Lage, „Clavier" zu spielen. Es haben sich Teile eines Büchleins mit einigen von Johann Sebastian Bach eingetragenen Kompositionen erhalten, in dem sich ein eingeklebter Zettel mit den Worten von Anna Magdalena befindet: *„Clavier-Büchlein vor Anna Magdalena Bachin ANNO 1722"* (siehe Abbildung 32, S. 97). Dabei handelt es sich unter anderem um Frühfassungen der Claviersuiten, die später unter dem Namen „Französische Suiten" (BWV 812 – 816) bekannt wurden.[25] Wenn ihr Ehemann diese Werke dort eintrug, weil er davon ausging, dass Anna Magdalena sie würde spielen können,[26] dann dürfte sie, ähnlich wie ihr Bruder, als Heranwachsende einen entsprechenden Unterricht erhalten haben.

Auf jeden Fall wurde sie als Sängerin ausgebildet. Möglicherweise bezieht sich bereits der Eintrag in einer Kammerrechnung von 1720/21 aus Zerbst auf sie. Dort ist von einem *„Trompeter Wilcken von Weißenfels so sich alhier hören laßen"* zu lesen und von *„deßen Tochter so in der Capelle einige mahl mit gesungen"*.[27] Für den 15. Juni 1721 ist im Abendmahlsregister der Köthener St.-Agnus-Kirche eine *„Mar. Magd. Wilken"* verzeichnet. Namentlich als Sängerin ist Anna Magdalena im September 1721 in Köthener Dokumenten aufgeführt. Bei Einträgen für zwei verschiedene Taufen, bei denen sie Patin war, wird sie als *„fürstl. Sängerin"* sowie *„Cammer-Musicantin"* bezeichnet.[28] Möglicherweise war an ihrer Ausbildung die Sängerin Christiane Pauline Kellner, genannt Paulina, beteiligt, die am Hof von Weißenfels eine Anstellung hatte, als die Familie Wilcke ebenfalls in dieser Stadt lebte.[29] In den Abrechnungen des Köthener Hofes erscheint der

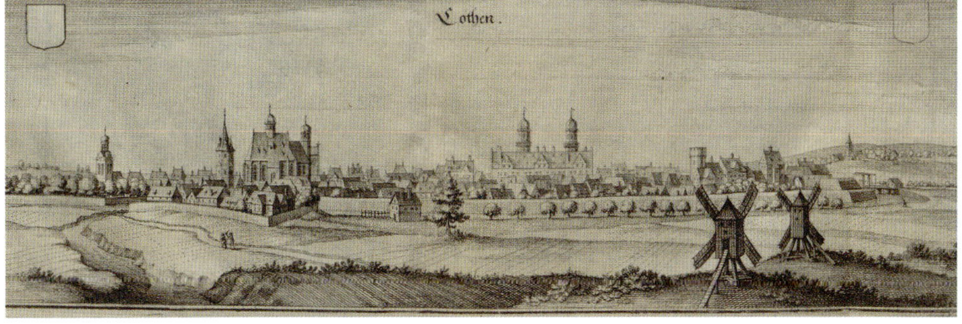

Abbildung 3: Stadtansicht von Köthen, in: Topographia Superioris Saxoniae Thuringiae, Misniae, Lusatiae etc., Frankfurt am Main 1650, unpaginiert

Name von Anna Magdalena aber erst 1722 und 1723. Die Beträge, die sie erhielt, wurden nur von denen des Konzertmeisters Spieß und des Capellmeisters Bach übertroffen und lagen zum Teil deutlich über denen von anderen Musikern.[30] Eine solche Würdigung ihrer Fähigkeiten wird sie gefreut haben. Dass ihr hohes Einkommen Neidgefühle erzeugte, kann aber ebenso wenig ausgeschlossen werden, wie sie sich möglicherweise mit Vorwürfen konfrontiert sah, sie würde durch den Herrn Capellmeister bevorzugt werden.

Zusammenfassend ist festzustellen, dass es nicht viele Quellen gibt, mit deren Hilfe Rückschlüsse auf die Kindheit und Jugend der Anna Magdalena Wilcke gezogen werden können. Die erhalten gebliebenen machen aber deutlich, dass sie in einem Umfeld aufwuchs, in dem Musik ständig präsent war. Die Abläufe und Probleme eines Hauswesens, in dem mit Musik das Geld für den Lebensunterhalt verdient wurde, in dem man übte und probte, in dem musikalische Unterweisungen erfolgten, waren ihr vertraut.[31] Sie selbst hatte eine musikalische Ausbildung erhalten.

Der Bräutigam

Wann Anna Magdalena ihren späteren Ehemann Johann Sebastian kennenlernte, den sie am 3. Dezember 1721 heiratete,[1] ist nicht bekannt, allenfalls kann darüber spekuliert werden. Für ein Abendmahl am 15. Juni 1721 in der Köthener Agnuskirche ist eine *„Mar. Magd. Wilken“* vermerkt. Wenn damit Anna Magdalena gemeint ist, so ist das ihr erster Nachweis in Köthen.[2] Am 25. September 1721 übernahmen *„Herr Sebastian Bach, fürstl. Capellmeister allhier“* und *„Jungfer Magdalena Wilckens, fürstl. Sängerin allhier“* das Patenamt des Sohnes eines fürstlichen Kellerknechtes. Dieses gemeinsame Auftreten könnte ein Zeichen für ein vorangegangenes Verlöbnis sein.[3] Zu diesem Zeitpunkt war die Hofsängerin Anna Magdalena Wilcke 20, der Capellmeister Johann Sebastian Bach 36 Jahre alt.[4]

Wie hatten sie sich in den Monaten davor kennengelernt? Erneut kann nur spekuliert werden. Da sie Hofsängerin war, fiel er ihr sicher durch seine Fähigkeiten als Komponist und Virtuose auf den Tasteninstrumenten auf.[5] In der Rückschau berichtete Johann Sebastians Sohn Carl Philipp Emanuel (1714 – 1788)[6] über seinen Vater: *„In seiner Jugend bis zum ziemlich herannahenden Alter spielte er die Violine rein u. durchdringend, u. hielt dadurch das Orchester in einer größeren Ordnung, als er mit dem Flügel hätte ausrichten können.* [...] *Er hatte eine gute durchdringende Stimme von großer Weite, u. gute Singart.“*[7] Auch das hatte Anna Magdalena wahrscheinlich bereits durch eigenes Erleben festgestellt. Vielleicht wusste sie auch schon, dass er ein Experte für Orgelbau[8] und auch akustische Fragen war. Dazu schrieb Carl Philipp Emanuel: *„Die Rangirung eines Orchestres verstand er ganz vollkommen. Jeden Plaz wuste er zu nutzen. Jede Ausnahme, was den Ort anlangte, wuste er beym ersten Anblick“.* So erkannte sein Vater beim privaten Besuch im neuen Opernhaus in Berlin sofort, dass die gewölbte Decke einen besonderen akustischen Effekt verursachen würde, was er seinem Sohn auch vorführte.[9]

Anna Magdalena wird erfahren haben, dass die erste Frau des Capellmeisters im Juli 1720 verstorben war und ihm vier Kinder hinterlassen hatte, die beim Tod der Mutter 11, 9, 6 und 5 Jahre alt waren.[10]

Sicher erfuhr Anna Magdalena im Laufe der Zeit viele weitere Details aus seinem Leben. Einige der heute bekannten seien kurz aufgeführt. Er war in Eisenach,

nach dem damals dort geltenden Julianischen Kalender, am 21. März 1685 geboren worden.[11] Nach dem Gregorianischen Kalender war das aber der 31. März. Diesen Kalender hatte Papst Gregor XIII. in katholischen Ländern bereits im Oktober 1582 eingeführt.[12] In Chroniken, in denen Ereignisse des 17. Jahrhunderts beschrieben wurden, sind so häufig zwei Daten angegeben, die zehn Tage auseinanderliegen.[13] Das erste Datum bezieht sich dabei auf den Julianischen Kalender, das zweite auf den Gregorianischen. 1699 beschlossen die evangelischen Stände auf dem Reichstag in Regensburg, einen „Verbesserten Calender“ einzuführen. Dieser entsprach vom Datum her dem Gregorianischen Kalender.[14] Die Umstellung erfolgte in den evangelischen Ländern Deutschlands 1700.

II Mon. Wochen-Tage.	Alten Julianischen Calend. Februarius.	Verbesserter Calender.	Neuen Gregorianischen Cal. Hornung.	Merckwürdige himmels-begebenheiten und Astrologische muthmassungen.
Donnerst.	1 Brigitta		11 Euphrosina	□♄ ⚹☿ ♃ erscheinet
Freytag	2 Lichtmeß		12 Eulalia	□♀ in der morgenröthe.
Sonnab.	3 Blasius		13 Castorus	⚹☉ leidlicher frost
*	Vom Säem	an und vierer	ley acker/ Lu	c. 8.
Sontag	4 S. Sexages.		14 C. Sexag.	⚹♄ ☿ in ♒ helles wetter/ mit
Montag	5 Agatha		15 Daniel	☌♃ ⚹♂ ⚹♀ ☊
Dienstag	6 Dorothea		16 Juliana	☌☿ ⚹♃♀ ☽ in apog. scharf-
Mitwoch	7 Richardus		17 Constant.	□♂ fer lufft und
Donnerst.	8 Salomon		18 Concordia	die ☉ tritt in die ♓ frost.
Freytag	9 Apollonia		19 Susanna	● o. 7. v. ☌♄ unsichtbare ☉ fin-
Sonnab.	10 Scholastica		20 Eucharius	⚹♃ △♂ ☽ in ☋ sterniß.
*	Jesus verkü	ndiget sein le	yden/ Luc. 18.	
Sontag	11 S. Esto m.		21 C. Esto m.	☌♀ ☊ die kälte dürffte von
Montag	12 Helvicus		22 Pet. Stulf.	⚹☿ tag zu tag grösser
Dienstag	13 Fastnacht		23 Fastnacht	□♃ ☌☉♄ ☊ werden.
Mitwoch	14 Aschermit.		24 Asch. Mat.	⚹♄ ⚹☉ ☿ tritt in ♈ und gehet a-
Donnerst.	15 Faustinus		25 Nestorius	△♃ ☍♂ □☿ bends nach 7 uhr
Freytag	16 Juliana		26 Renatus	☽ 4. 35. n. □♄ ⚹♀ unter.
Sonnab.	17 Constantia		27 Victor	△☿ ☊ hier lässet der frost
*	Jesus wird vom	teuffel	versucht/ M	atth. 4.
Sontag	18 S. Inv. Matth.		28 C. Invoc.	△♄ △☉ □♀ □♂☿ wieder nach.

Allhier endiget sich/ vermöge des auff Evangelischer Ständen seiten zu Regenspurg beschehenen Reichs-Schlusses/ der alte Julianische/ und fänget sich ein neu Verbesserter Calender an/ wovon der geneigte Leser in der vornen an gedruckten Publication ein mehrers vernehmen kan.

Abbildung 4: Verbesserter Calender auf das Jahr 1700, unpaginiert

Wie der Abbildung 4, einem Ausschnitt aus dem „Verbesserten Calender auf das Jahr 1700“, zu entnehmen ist, folgte auf den 18. Februar der 1. März.[15] Es ist interessant, dass dort eine Spalte mit *„Astrologische muthmassungen“* überschrieben ist. Diese gibt es auch bei allen anderen Monaten dieses Kalenders. Im Vorwort schildert der Verfasser mit deutlichen Worten, was er von solchen und weitergehenden Voraussagen hält und spricht die Hoffnung aus, dass bei zukünftigen Publikationen *„der Raum der in denen Calender gehörigen Astronomischen Wissenschafft allein übrig bleibe“*. Als Begründung, dass die *„muthmassungen“* hier aber abgedruckt wurden, zitiert er einen Professor für Mathematik, der solche in einem Kalender weglassen wollte und bereits 1619 schrieb: *„da wolts dem gemeinen Mann nicht behagen, und blieben dem Verleger die Exemplaria liegen, habe also nachmahls müssen, wieder meinen Willen, die prognostica in die Calender hinein fügen, und das Gewitter, und Aderlassen, damit sie es nicht anderweit suchen dörfften, für die Nasen setzen. Das heist wohl recht: Mundus vult decipi.“* (Die Welt will betrogen sein).[16]

Der 21. März 1685 nach dem Julianischen Kalender entsprach also dem 31. März des ab 1700 geltenden Kalenders. Die Geburt Johann Sebastian Bachs hatte nicht an einem Tag in unmittelbarer Nähe der Tag- und Nachtgleiche stattgefunden,[17] sondern mehr als eine Woche später. Der Bachbiograph Philipp Spitta schlug 1873 vor: *„Das eigentlich Richtige ist deshalb, Sebastian Bachs Geburtstag auf den 31. März zu setzen.“*[18] Wenn als Geburtstag die Vollendung eines Lebensjahres, also eines Sonnenjahres gefeiert wird,[19] so hätte dieser Vorschlag wohl keine Alternative. Offensichtlich hielt man es aber schon im 18. Jahrhundert anders. So geht das Geburtsdatum des späteren Kurfürsten Friedrich August II. von Sachsen, der als August III. auch König von Polen war,[20] eindeutig aus zwei gedruckten Dank- und Taufpredigten hervor, die in Dresden vertrieben wurden, wo damals der Julianische Kalender galt.[21] Auf dem Titelblatt ist zu lesen: *„Erstgebohrner Printz und Chur-Erbe, Herr Friedrich Augustus, Am 7. Octobr. 1696. durch Gottes Gnade glücklich gebohren“*.[22]

Am 7. Oktober wurde sein Geburtstag auch nach 1700 gefeiert.[23] Im „Königlich Polnischen und Churfürstlich Sächsischen Hof- und Staats-Calender auf das Jahr 1735“ ist unter *„Galla-Tage, So in Dreßden celebriret werden“* zu lesen: *„Den 7. Octobr. Ihro Maj. des Königs in Polen und Churfürsten zu Sachsen, Herrn Fridrich August Geburts-Tag, in Galla.“*[24] Das war auch für die Familie Bach von Bedeutung. So wurde in einer Leipziger Zeitung 1736 angekündigt: *„Auf Sr. Königl. Maj. in Polen und Churfl. Durchl. zu Sachsen hohen Geburts-Tag wird morgenden*

Sonntag, den 7. Oct. Abends um 8. Uhr, das Bachische Collegium Musicum eine solenne Music unter Trompeten und Paucken auf dem Zimmermannischen Coffe-Hause unterthänig aufführen.“[25]

Wenn nach der Eheschließung im Hause Bach der Geburtstag von Johann Sebastian besonders gefeiert wurde, so dürfte das also am 21. März geschehen sein. Anna Magdalena wird auch erfahren haben, dass seine Eltern früh verstorben waren.[26] Mit 11 Jahren kam er in die Obhut seines Bruders Johann Christoph, der mit seiner Familie im rund 35 Kilometer (Luftlinie) entfernt liegenden Ohrdruf lebte.[27] Seine Ausbildung setzte der junge Johann Sebastian in Lüneburg fort.[28] Dort ist er im Frühjahr 1700 als Schüler an der Michaelisschule nachweisbar.[29] Vor allem dürfte er aber durch den Organisten der Johanniskirche Georg Böhm unterrichtet worden sein.[30]

Johann Sebastian besuchte keine Universität, und es ist nicht bekannt, inwieweit er sich Fähigkeiten im Fechten, Tanzen oder Reiten aneignete, die zu einer akademischen Ausbildung gehörten.[31] Ein Ereignis ein paar Jahre später macht zumindest deutlich, dass er im öffentlichen Raum einen Degen trug. Nach einer kurzen Zeit als Angestellter am Hof von Weimar war er 1703 Organist an der Neuen Kirche in Arnstadt geworden.[32] Im August 1705 beschwerte er sich beim Rat über den Schüler Geyersbach, der drei Jahre älter war als er.[33] Dieser hätte ihn *„späte in der Nacht“*, als er auf dem Heimweg den Markt überquerte, in Begleitung anderer Schüler zur Rede gestellt *„und zugleich uf ihn loß geschlagen, weiln er nun sich deßen nicht versehen, so hette er nach seinem Degen greiffen wollen, es were aber Geyersbach ihm in die Arme gefallen“*. Geyersbach schildert die Sache etwas anders. Er hätte von Bach nur das Eingeständnis haben wollen, dass er ihn einen *„Zippel Fagottisten geheißen“* habe. Da *„er nun solches nicht läugnen können, hätte Er Bach den Degen alsßbald gezogen, dagegen Er Geyersbach sich ja wehren müßen“*. Es gelang dem Rat damals nicht, die genauen Abläufe zu ermitteln. Geyersbach wurde mitgeteilt: *„Wann er Bachen zu besprechen gehabt, hätte ers beßer durch andere verrichten laßen können, vnd solches nicht selber auf öffentlicher straße thun sollen.“*[34] Heutige Versuche, den Sachverhalt zu ergründen, werden kaum weiterführen. Es sei auch nur noch erwähnt, dass Johann Sebastian auch später eine solche Waffe besaß. In seinem Nachlassverzeichnis ist ein *„Silberner Degen“* aufgeführt.[35]

Im Juni 1707 wurde er Organist an der Divi Blasii Kirche in Mühlhausen[36] und heiratete am 17. Oktober dieses Jahres Maria Barbara Bach.[37] Sie war eine entfernte Verwandte von ihm. Beide hatten die gleichen Urgroßeltern.[38] Von ihren sieben Kindern[39] kamen die ersten sechs in Weimar zur Welt.[40] Dort war Johann Sebastian seit 1708 Hoforganist und erhielt einige Jahre später auch das *„praedicat eines Concert-Meisters"*.[41] Dienstherren waren die gemeinsam regierenden Herzöge Wilhelm Ernst und Ernst August.[42] 1714 kam Carl Philipp Emanuel Bach zur Welt,[43] der Jahrzehnte später davon berichtete, dass sein Vater von Herzog Ernst August *„besonders geliebt u. auch nach proportion beschenckt"* worden sei.[44] Im August 1717 wurde Johann Sebastian Bach Capellmeister am Hofe von Anhalt-Köthen.[45] In Weimar verweigerte man ihm aber die Freigabe. Die Angelegenheit zog sich hin. Schließlich ist in dortigen Akten zu lesen: *„d. 6. Nov., ist der bisherige Concert-Meister v. Hof-Organist, Bach, wegen seiner Halßstarrigen Bezeügung v. zu erzwingenden dimission, auf der LandRichter-Stube arretiret v. endlich d. 2. Dec. darauf, mit angezeigter Ungnade, Ihme die dimission durch den HofSecr: angedeütet, v. zugleich des arrests befreyet worden."*[46] Eine *„Richter-Stube"* oder auch *„Gerichts-Stube"*[47] war ein Arbeitsbereich, in dem Richter, Beisitzer und Gerichtsschreiber wirkten.[48] In einer Enzyklopädie von 1786 ist zu lesen: *„Die Gerichtsstube selbst muß hell, feuerfest, trocken und so groß seyn, daß eine ganze Gemeinde Platz darinn findet."* Dort wurden auch die Gerichtsakten aufbewahrt, die in *„guter Ordnung"* zu halten waren. Dazu heißt es: *„Auf der Gerichtsstube selbst muß es immer reinlich und ordentlich zugehen, und der Gerichtshalter muß sich sorgfältig hüten, keine Bücher und Papiere unnöthig herumfahren zu lassen, weil sonsten leicht etwas verlohren, entwendet oder verdorben werden kann."*[49] Dass Johann Sebastian Bach in einer solchen Räumlichkeit mehrere Wochen gefangen gehalten wurde, ist wohl unwahrscheinlich. Zum Begriff „Arrest" ist in einem Lexikon von 1735 zu erfahren: *„Ist ein Gesetz- oder Gerichtlicher Befehl, Krafft dessen aus rechtmässigen Ursachen einer gewissen Person verbothen wird, aus des arrestirenden Richters Jurisdiction zu entweichen"*.[50] Vor diesem Hintergrund besagt der Weimarer Eintrag, dass Johann Sebastian Bach in der Zeit vom 6. November bis zum 2. Dezember 1717 das Hoheitsgebiet des dortigen Hofes nicht verlassen durfte. Es war möglich, dass dafür der Aufenthalt an einem Ort angeordnet wurde, der *„allenthalben verwahrt, der Eingang verschlossen, um die Beklagten* [...] *darinnen zu verwahren."*[51] Es konnte auch ein Hausarrest verordnet werden.[52] Wie man im Falle des *„Concert-Meisters"* und *„Hof-Organisten Bachen"*[53] verfuhr, kann den Akten leider nicht entnommen werden.

In Köthen verstarb Maria Barbara Bach, die Ehefrau von Johann Sebastian. Am 7. Juli 1720 erfolgte auf dem örtlichen Friedhof ihre kirchliche Beisetzung, wobei die *„gantze Schule"* musikalisch mitwirkte.[54] Mitte des 20. Jahrhunderts wurde dieses Areal in eine Parkanlage (Friedenspark) umgewandelt.[55] Gedenktafeln weisen dort heute auf diese Umgestaltung und auf Maria Barbara Bach hin. Im Nekrolog auf Johann Sebastian Bach, an dem der Sohn Carl Philipp Emanuel mitwirkte,[56] ist zu lesen: *„Nachdem er mit dieser seiner ersten Ehegattin 13. Jahre eine vergnügte Ehe geführet hatte, wiederfuhr ihm in Cöthen, im Jahre 1720. der empfindliche Schmerz, dieselbe, bey seiner Rückkunft von einer Reise, mit seinem Fürsten nach dem Carlsbade, todt und begraben zu finden; ohngeachtet er sie bey der Abreise gesund und frisch verlassen hatte. Die erste Nachricht, daß sie krank gewesen und gestorben wäre, erhielt er beym Eintritte in sein Hauß."*[57] Carl Philipp Emanuel hatte diese Vorgänge als kleines Kind erlebt. Beim Tod der Mutter war er 6 Jahre alt.[58] Ob er zwingend ein glaubhafter Zeuge ist, kann nur schwer überprüft werden, denn weitere Beschreibungen des Ehelebens gibt es nicht. Wie Johann Sebastian den Verlust seiner Frau verkraftete, wie er damit umging, ist nicht bekannt. Es können darüber nur Vermutungen angestellt werden. Anna Magdalena kann erst ab 1721 in Köthen nachgewiesen werden.[59] Ob sie die erste Frau von Johann Sebastian jemals kennengelernt hat, ist zweifelhaft.

Wie mag Johann Sebastian 1721 als Bräutigam ausgesehen haben? Mit großer Sicherheit nicht so, wie er auf vielen Denkmälern zu sehen ist. Sie sind eher ein Abbild dessen, was man in ihm in den jeweiligen Zeiten sehen wollte. Keiner der ausführenden Künstler war ein Zeitgenosse von ihm und konnte sich beim Entwurf auf eigene Wahrnehmungen stützen. Das einzige bekannte Bild, bei dem davon ausgegangen werden kann, dass Johann Sebastian dafür Modell saß, entstand 1746. In diesem Jahr wurde er 61 Jahre alt. Dieses von Elias Gottlob Haußmann (1695 – 1774)[60] gefertigte Gemälde hängt heute im Alten Rathaus in Leipzig (Abbildung 5).[61] Auffällig sind auf ihm die fallenden Schultern des Dargestellten. Diese wurden offensichtlich weitervererbt, denn auch bei Carl Philipp Emanuel sind sie deutlich zu sehen (siehe Abbildung 55, S. 203).
In einem Brief geht Carl Philipp Emanuel auf einen *„ziemlich ähnlichen"*[62] Kupferstich ein, der seinen Vater darstellt und von Samuel Gottlob Kütner gefertigt wurde (Abbildung 6).[63] Bei dieser Darstellung fällt das vorstehende Kinn auf. Es ist auch auf dem Porträt von Haußmann zu erkennen und wurde wohl ebenfalls vererbt, denn es ist auch bei Carl Philipp Emanuel zu sehen.
Eine Beschreibung der Gestalt Johann Sebastians ist nicht bekannt. Über Carl Philipp Emanuel berichtete aber Charles Burney: *„Er ist itzt neun und funfzig*

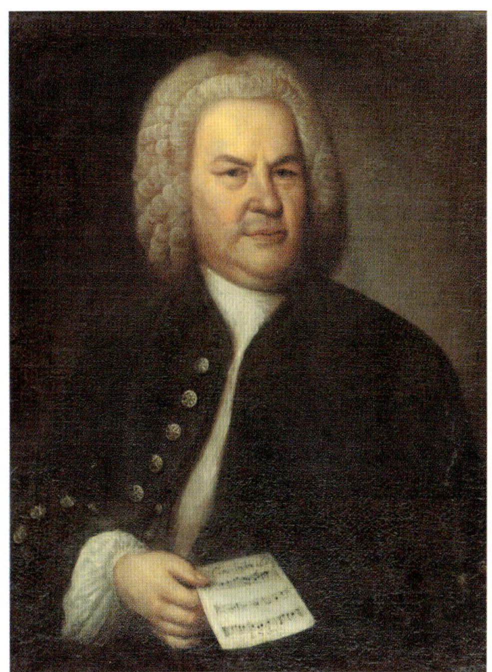

Abbildung 5: Johann Sebastian Bach, Gemälde von Elias Gottlob Haußmann, 1746

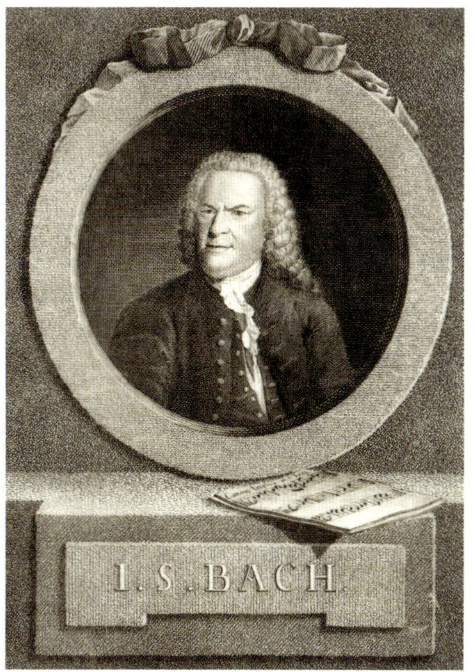

Abbildung 6: Johann Sebastian Bach, Kupferstich von Samuel Gottlob Kütner, 1774

Jahr alt, ist eher kurz als lang von Wuchs, hat schwarze Haare und Augen, eine bräunliche Gesichtsfarbe, eine sehr beseelte Miene, und ist dabey munter und lebhaft von Gemüth.“[64] Der englische Musikgelehrte Charles Burney (1726 – 1814)[65] hatte ein großes Interesse am europäischen Musikleben, und auf einer seiner Reisen,[66] die er aus diesem Grund unternahm, besuchte er in Hamburg Carl Philipp Emanuel Bach.[67] Nun ist es natürlich möglich, dass ein Sohn eine ganz andere Gestalt als der Vater hat. Wenn man sich aber das Porträt von Haußmann mit dem Wissen um die Beschreibungen von Carl Philipp Emanuel ansieht, fällt auf, dass die Proportion des notenblatthaltenden Armes nur stimmig ist, wenn hier ein kleiner, dicklicher Mann dargestellt wurde.

Im Zuge einer Erweiterung der Leipziger Johanniskirche wurde 1894 nach dem Grab von Johann Sebastian Bach gesucht.[68] Der diese Kirche umgebende Kirchhof war über Jahrhunderte die Begräbnisstätte Leipzigs.[69] In den Jahrzehnten nach Bachs Tod wurden dort durchschnittlich 1.300 Personen pro Jahr beigesetzt.[70] Wiederbelegungen nach rund 20 Jahren erscheinen sehr wahrscheinlich.[71] Als Anhaltspunkt bei der Suche nach Bachs Grab dienten eine

„unverbürgte mündliche Tradition [...]*, dass er in der Nähe des Südportales der Kirche liege"*, sowie die Kenntnisse, dass er in einem Eichensarg beigesetzt wurde und bei seinem Tod 65 Jahre alt war.[72] Die Grabung erfolgte *„im Umfang einiger Quadratmeter"*.[73] Ein dabei gefundenes Skelett untersuchte man nach den wissenschaftlichen Methoden der Zeit[74] und teilte schließlich mit: *„Die Annahme, dass die am 22. October 1894 an der Johannis-Kirche in einem eichenen Sarge aufgefundenen Gebeine eines älteren Mannes die Gebeine von Johann Sebastian Bach seien, ist in hohem Grad wahrscheinlich"*.[75] Als Körpergröße wurden dabei 166,8 Zentimeter angegeben.[76] Ob es mit diesem Vorgehen möglich war, 144 Jahre nach der Beerdigung einen Sarg zu finden, dessen Beisetzungsstelle nicht gekennzeichnet war,[77] erscheint zumindest fraglich. Die damals gefundenen Gebeine sind heute in der Thomaskirche beigesetzt.[78]

Im Nekrolog auf Johann Sebastian Bach wird über sein *„von Natur etwas blödes Gesicht, welches durch seinen unerhörten Eifer in seinem Studiren, wobey er, sonderlich in seiner Jugend, ganze Nächte hindurch saß, noch mehr geschwächet worden"*[79] berichtet. Es ist im Zusammenhang leicht zu erkennen, dass die Formulierung *„blödes Gesicht"* nicht das Aussehen meint, sondern auf eine Sehschwäche hinweist.[80] Sie dürfte, da ein Zusammenhang zum Studieren gesehen wurde, im Nahbereich gelegen haben und nach der Formulierung im Nekrolog auch schon bestanden haben, als Anna Magdalena ihren zukünftigen Mann kennenlernte. In einem Lexikon dieser Zeit ist zu lesen: *„Brille, Augen-Glaß, Perspicillum, ist ein conuex* [konvex] – *oder concau* [konkav] – *geschliffenes Glaß, dessen sich diejenigen bedienen, welche wegen ihrer verderbten Augen die objecta auf gewisse Art nicht deutlich sehen können, nur dadurch diesem Uebel abzuhelffen. Es ist dieses eine überaus nützliche Sache, welche denen meisten Menschen wohl zu statten kommet"*.[81] Diese Sehhilfen konnten aus zwei Gläsern bestehen und auf der Nase getragen werden.[82] Es sollte also nicht ausgeschlossen werden, dass Johann Sebastian bei verschiedenen Arbeiten eine Brille trug.[83]

Rauchte der zukünftige Ehemann von Anna Magdalena? Davon ist auszugehen. In einer Abrechnung zu seiner persönlichen Verpflegung bei einer Orgelprüfung in Halle 1713 sind *„vor dabak"* 4 Groschen ausgewiesen.[84] Nach den Berichten aus dieser Zeit, war das Rauchen sehr verbreitet.[85] Über die Auswirkungen auf die Gesundheit ist zu lesen: *„Der allzugrosse Mißbrauch aber ist nicht zu loben.* [...] *Der starcke Toback machet auch scharf Geblüth, greifet die Lunge an; darum* *besser den vielen Gebrauch zu mäßigen, und nicht einen Camin aus seinem Leibe zu machen* [...] *Von einem lüftigen leichten Toback ist gnug täglich 3. zum höchsten 6. Pfeifen zu rauchen, als Mittags Abends und Morgens 1. oder 2. Er zeucht denen, die es gewohnt seyn, den Schleim ab, und eröfnet den Leib.*"[86]

Höchstwahrscheinlich genoss Johann Sebastian zu einem „Pfeifchen" auch eine Tasse Kaffee, wie es damals oft zusammen gereicht wurde.[87] In seinem Nachlassverzeichnis sind jedenfalls „*1. große Coffee Kanne*" aus Silber und eine kleinere aufgeführt.[88]

Die Trauung

„Johann Sebastian Bach, HochFürstlicher Capell-Meister alhier Wittber“ und *„Jungfer Anna Magdalena, Herrn Johann Caspar Wülckelns, Hoch-Fürstlich Sachßen Weißenfelßischen Musicalischen Hoff- und Feld Trompeters eheliche jüngste Tochter“* wurden am 3. Dezember 1721 getraut. Dem Trauregister ist zu entnehmen, dass die beiden *„auf Fürstl. Befehl in Hause copuliret worden.“*[1] Der Begriff *„Copulation“* wurde in diesen Zeiten als Synonym für *„Trauung“* oder auch *„Einseegnung“* genutzt.[2] Eine Eheschließung, die nicht in der Kirche erfolgte, kann ein Hinweis darauf sein, dass gegen damals geltende christliche Normen verstoßen worden war.[3] Dafür gibt es hier aber bei Anna Magdalena Wilcke und Johann Sebastian Bach keine Beweise. Gegen eine sexuelle Beziehung des Paares vor der Hochzeit spricht die Bezeichnung *„Jungfer“* im Trauregister. Johann Sebastian ist am 28. Juni 1721, am 25. Oktober 1721, dort gemeinsam mit seiner zukünftigen Ehefrau, sowie am 30. Januar 1722 als Pate bei Taufen nachzuweisen.[4] Für ein solches Amt wurden keine Personen erwählt, von denen bekannt war, dass sich *„andere Christl. Personen nur daran ärgern“*.[5] Im Falle des Paares Anna Magdalena Wilcke und Johann Sebastian Bach wird gegolten haben: *„Haus-Trauung, Heisset eine priesterliche Copulation, zweyer verbundener Personen, so in der Braut oder des Bräutigams Hauses, auch andern beqvemen Oertern, auf absonderliche Vergönstigung und Zulassung der hohen Landes-Obrigkeit, verrichtet und vollzogen wird.“*[6] Welche Vorteile diese Art von Trauung für das Ehepaar Bach brachte, ist nicht im Einzelnen bekannt, nachzuweisen ist aber, dass eine Gebühr von 10 Talern an die Lutherische Kirche nicht gezahlt werden musste.[7]

Bei einer Angabe von Geldbeträgen sollte nicht unerwähnt bleiben, dass ein geprägter Taler zu dieser Zeit in der Regel den Wert von 32 Groschen besaß (1 Groschen = 12 Pfennige). Der Rechnungstaler, welcher, wie der Name schon andeutet, für Abrechnungen genutzt wurde, entsprach hingegen 24 Groschen.[8] So beziehen sich die Talerangaben (abgekürzt mit Thlr., thlr.; Rthlr., rthlr., rthl., rl., Rt., rt. oder auch rdl.) in diesen Ausführungen auch immer auf den Rechnungstaler. Im Nachlassverzeichnis Johann Sebastian Bachs werden diese Umrechnungsverhältnisse deutlich. Die Werte von verschiedenen Münzen sind in Rechnungstaler umgerechnet. 1 Dukaten ist dort mit 2 Talern (Rechnungstaler) und 18 Groschen angegeben.[9] Was diese Werte für die Familie Bach bedeutet

haben könnten, wird im Kapitel „Einkünfte" näher betrachtet. Ohne dem vorgreifen zu wollen, sei an dieser Stelle als eine Orientierung nur erwähnt, dass ein ausgebildeter Bergmann, der als Häuer im Freiberger Revier (Kursachsen) in einem Bergwerk arbeitete, in einer Woche 1 Taler und 3 Groschen Lohn erhielt.[10]
Für Anna Magdalena brachte die Eheschließung eine größere finanzielle Sicherheit und auch einen gewissen Schutz mit sich.[11] Welche Bedeutung das für sie hatte, als sie sich entschloss zu heiraten, ist nicht bekannt. Einer Eheschließung ging in der damaligen Zeit nicht unbedingt ein Verliebtsein voraus. Dass sie ineinander verliebt waren, wäre Anna Magdalena und Johann Sebastian zwar zu wünschen, doch wurde es damals nicht als eine notwendige Voraussetzung angesehen. Heide Wunder, die sich intensiv mit Ehen in der Frühen Neuzeit auseinandersetzte, schrieb dazu: *„Angesichts der überragenden Bedeutung von Ehe für die Lebensperspektiven der einzelnen, ihrer Eltern und Geschwister wie für das Gemeinwesen wurde die Eheanbahnung nicht dem Zufall ‚Liebe' überlassen"*.[12] Zur gleichen Erkenntnis kam auch Theresa Schmotz, die in ihrer Dissertation „Die Leipziger Professorenfamilien im 17. und 18. Jahrhundert" schrieb: *„Ersichtlich ist, dass die Liebe – jedenfalls nach heutiger Definition – bei den Eheschließungen bis in die Frühe Neuzeit hinein keine Rolle spielt, wobei sie als ‚Begleiterscheinung' nicht ausgeschlossen war."*[13] Es wurde angestrebt, einen Partner zu finden, gegenüber dem *„man einer recht gegründeten Liebe in sich selbst versichert ist. Denn wie ein Leben ohne Liebe kaum ein solches Leben zu nennen, also ist eine Ehe ohne Liebe kaum eine halbe Ehe."*[14] Mit dieser gegründeten ehelichen Liebe war kein Verliebtsein gemeint, sondern vor allem eine Wertschätzung dem Partner gegenüber.[15]
Anleitungen für das Zusammenleben in der Gesellschaft wurden in der Bibel, dem Wort Gottes gesucht. Es galt, nach dem Tod im Jüngsten Gericht zu bestehen. *„Jüngstes Gericht, ist eine öffentliche Majestätische Verrichtung JEsu Christ, des allwissenden und allmächtigen wahren GOttes und Menschen Sohns, da er alle Menschen vor seinem Richter-Stuhl versammlen, und das endliche Urtheil allen Ungläubigen zur ewigen Verdammniß, und allen Gläubigen zur ewigen Freude, männiglich eröffnen, anzeigen, und unwiederrufflich vollstrecken wird. Solch Gericht wird gewiß gehalten werden"*.[16] In der Bibel steht im Brief des Paulus an die Gemeinde in Ephesus: *„Die weyber seyen vnterthan yhren mannen"*.[17] Ähnlich ist es im Brief an die Kolosser formuliert.[18] Die Ehefrau hatte sich ihrem Mann unterzuordnen.[19]
Das war in der damaligen Zeit nach göttlichem und menschlichem Gesetz eine Grundlage für die Ehe.[20] Paulus schrieb an die Epheser aber auch: *„Ihr mann liebt ewre weyber, gleiych wie Christus geliebt hat die gemeyne, und hat sich selb*

für sie geben“.[21] Gleichzeitig galt: Die Frau war die Gehilfin des Mannes. Auch das wurde aus der Bibel heraus begründet.[22] Gemeinsam stand das Ehepaar dem Hauswesen vor, wofür entsprechende Fähigkeit notwendig waren. Eine *„Haus-Wirthschafft“*[23] bestand damals aber nicht nur aus einem privat-familiären Bereich, in dem die Kinder versorgt wurden, sondern es spielten sich dort auch große Teile des geschäftlichen Lebens ab.[24] Es ist davon auszugehen, dass Anna Magdalena die dafür notwendigen Kenntnisse und Fähigkeiten besaß und Johann Sebastian bei seiner Wahl darauf geachtet hatte.

Wo Anna Magdalena vor ihrer Eheschließung und dann gemeinsam mit ihrem Mann in Köthen wohnte, ist nicht bekannt. Es können darüber nur Vermutungen angestellt werden.[25] Mit der gemeinsamen Führung eines Hauswesens lernten die Ehepartner nun aber auch Wesenszüge kennen, die bisher eher verborgen geblieben waren. Genauere Beschreibungen des Charakters von Anna Magdalena gibt es nicht, und für ihren Mann sind sie spärlich und auch widersprüchlich. Der Rektor der Thomasschule Johann August Ernesti (1707 – 1781)[26] schrieb viele Jahre später einmal an den Leipziger Rat, Johann Sebastian Bach habe einen Schüler während eines Gottesdienstes in der Thomasschule, obwohl er *„bereits gesungen mit großen Ungestüm veriaget“*. Am Nachmittag soll sich das wiederholt haben, als Bach den Schüler *„wieder mit großen Schreyen u. Lermen von dem Chor gejagt“* hätte.[27] Dieser Bericht stammt allerdings aus einer Zeit, in der sich der Rektor und der Kantor Bach in einer heftigen Auseinandersetzung befanden. Es ist also nicht auszuschließen, dass hier übertrieben wurde. Auch kann aus einem einzelnen Bericht nicht der Charakter eines Menschen festgelegt werden, der sich in den Jahrzehnten, in denen er lebte, natürlich auch veränderte und in verschiedenen Situationen ganz unterschiedlich reagiert haben wird.

Im Nekrolog über Johann Sebastian Bach ist zu lesen: *„Von seinen moralischen Character, mögen diejenigen reden, die seines Umgangs und seiner Freundschaft genossen haben, und Zeugen seiner Redlichkeit gegen Gott und den Nächsten gewesen sind.“*[28] Bei diesen Ausführungen ist sicher zu berücksichtigen, dass in einem Nachruf besonders die positiven Eigenschaften eines Verstorbenen betont werden.

Johann Nikolaus Forkel (1749 – 1818)[29] veröffentlichte 1802 die erste umfangreichere Bach-Monographie. Er konnte sich noch mit Menschen austauschen, die den Umgang mit Johann Sebastian und seine Freundschaft genossen hatten und nutzte für sein Werk Informationen der Bach-Söhne Wilhelm Friedemann und Carl Philipp Emanuel.[30] Letzterer berichtete zum Beispiel von einem

Klavierspieler, der zu Besuch kam, nicht um Johann Sebastian *„zu hören, sondern um sich hören zu lassen. Bach nahm ihn freundlich und höflich auf, hörte sein sehr unbedeutendes Spielen mit Geduld an, und als er beym Abschied den ältesten Söhnen ein Geschenk mit einer gedruckten Sammlung von Sonaten machte, mit der Ermahnung, daß sie sie recht fleißig studiren möchten, (sie, die schon ganz andere Sachen studirt hatten) lächelte er doch bloß in sich, und wurde gegen den Fremden nicht im mindesten unfreundlicher.“*[31]

Zusammenfassend schrieb Forkel: *„Außer den großen Verdiensten, welche Bach in der Kunst als vollendeter Spieler, Componist und Musiklehrer hatte, besaß er auch das Verdienst, ein vorzüglich guter Hausvater, Freund und Staatsbürger gewesen zu sein.“*[32] Vielleicht ist das eine allumfassende Beschreibung seines Wesens. Es kann aber auch nicht ausgeschlossen werden, dass hier charakterliche Eigenschaften verklärt dargestellt wurden.

Die Frau Capellmeisterin

Mit der Eheschließung trat eine Frau in der damaligen Zeit *„in die Würde ihres Mannes“*[1] ein. Anna Magdalena war eine Hofsängerin, die mit ihrer Eheschließung zur Frau Capellmeisterin aufstieg.

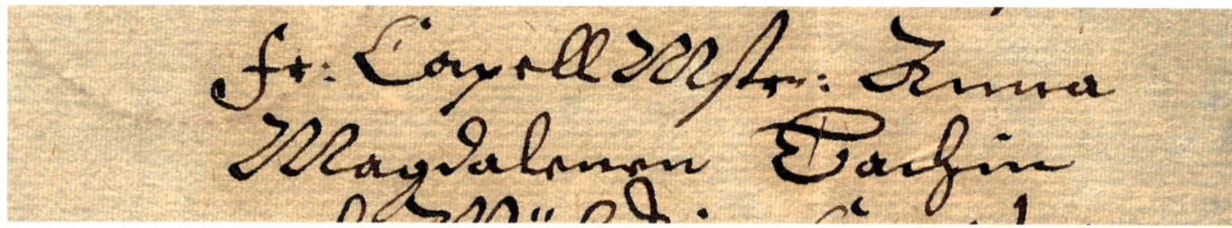

Fr: Capell Mstr: Anna Magdalenen Bachin

Abbildung 7: Anrede für Anna Magdalena Bach in einem Dokument vom 25. Mai 1742

Auch als Witwe behielt sie alle *„Rechte, Ehren und Würden, mithin auch den Gerichts-Stand“*[2] ihres verstorbenen Mannes. So war sie auch nach dem Tod ihres Mannes 1750[3] weiterhin die Frau Capellmeisterin. Mit diesem Titel wurde sie in Abrechnungen der Universität Leipzig[4] oder auch in etlichen Zeitungsanzeigen[5] angeführt (siehe Abbildungen 8 und 9).

Capell Mstr Bachin

Abbildung 8: Ausschnitt aus der Abrechnung der Almosendeputation der Universität Leipzig vom 30. Januar 1755

Leipzig, die Frau Capellmeisterin Bachin;
erg, der Lautenist Herr Hafner; und in
er 1759.

Abbildung 9: Ausschnitt aus einer Zeitungsanzeige in der Berlinischen privilegirten Zeitung, 2tes Stück, Donnerstag, den 4 Januarius 1759

Da die Titel ihres Mannes für den Stand von Anna Magdalena eine große Bedeutung hatten, soll an dieser Stelle noch ausführlicher darauf eingegangen werden. *„Capell-Meister, heiset im gewöhnlichen Verstande derjenige, welcher über die Fürstlichen Musicanten die oberste Verordnung in Musicalischen Sachen hat.“*[6] Es war ein höfisches Amt und damit auch ein höfischer Titel. Das Recht, diesen durch den Hof von Köthen erhaltenen Titel zu tragen, behielt Johann Sebastian, als er 1723 nach Leipzig zog[7] und verlor es nicht, als Fürst Leopold von Anhalt-Köthen (1694 – 1728) verstarb.[8]

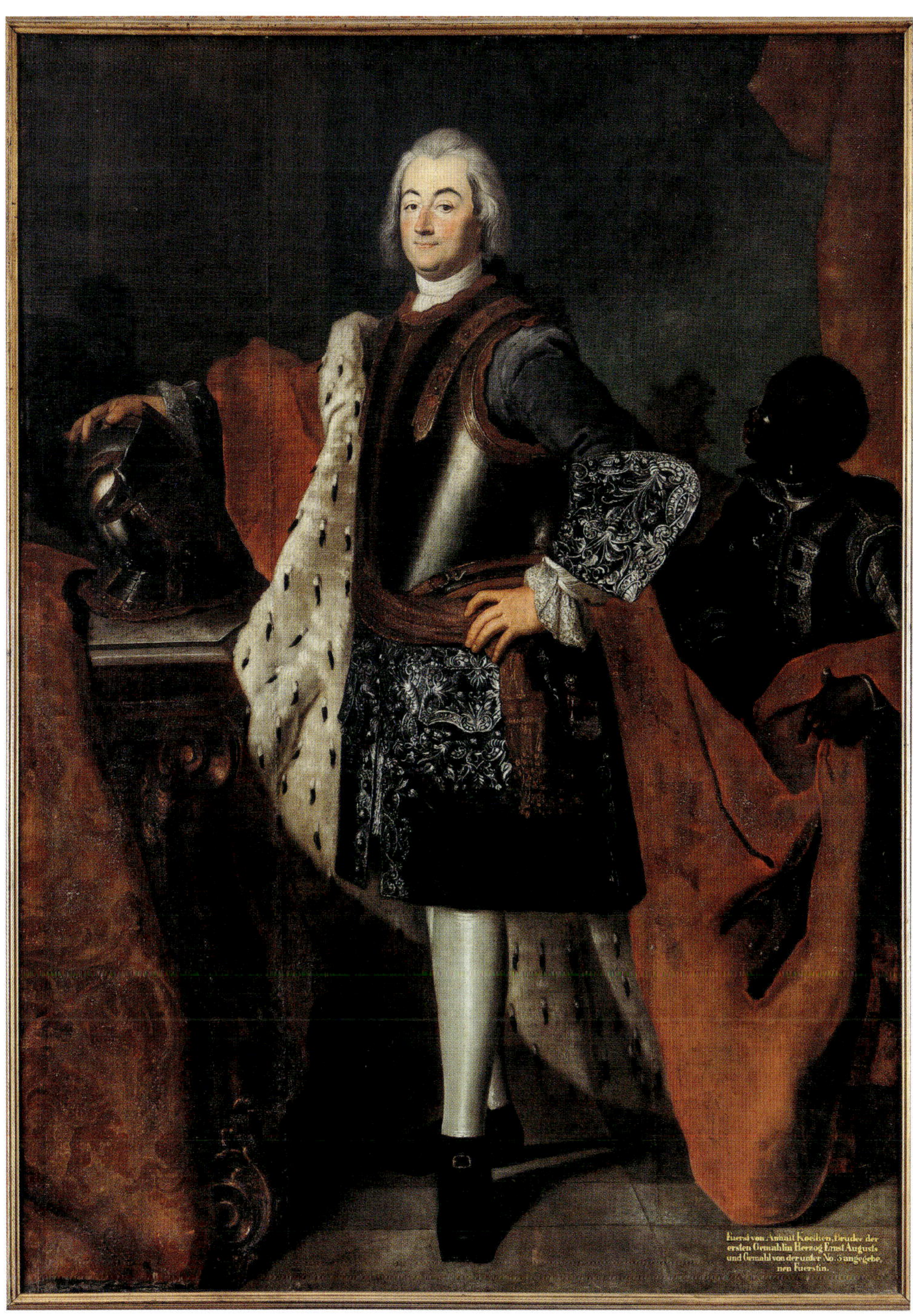

Abbildung 10: Fürst Leopold, von 1704 bis zu seinem Tode 1728 regierender Fürst von Anhalt-Köthen, bis 1715 unter der Vormundschaft seiner Mutter, Gemälde eines unbekannten Malers

So ist auf dem Erstdruck der Partita V (BWV 829), die 1730 im Selbstverlag Bachs erschien, zu lesen: *„Johann Sebastian Bach, Hochfürstlich Anhalt-Cöthnischen würcklichen Capellmeister und Directore Chori Musici Lipsiensis“.*[9] Eine Erklärung dazu ist in einem Lexikon dieser Zeit zu finden: *„Einige führen den Titel nebst würcklicher Bedienung; etliche hingegen haben nur den blossen Titel, daher man unter andern die würcklichen Räthe von den Titular-Räthen zu unterscheiden pfleget.“*[10] Über Titular-Räte ist zu erfahren, dass es sich dabei um fürstliche Räte handle, *„welche blos den Titel oder den Nahmen eines Raths führen, ohne jedoch einige Expedition oder Verrichtung, und weder Sitz und Stimme in denen Collegien, noch auch eine ordentliche Bestallung zu haben. Der Raths-Titel gehöret mit unter die Ehren Titel, und ziehet weiter nichts als einen Rang nach sich.“* Es wird aber hinzugesetzt, man solle niemand *„zu einem Titular-Rathe machen, als der geschickt ist, einen würcklichen Rath abzugeben“.*[11] Solch ein Titel erlosch auch nicht mit dem Tod des Fürsten, der ihn verlieh. Carl Heinrich Schwabe, der in der Geschichte der Großen Concerte in Leipzig eine wichtige Rolle spielte,[12] war zum Beispiel unter Kurfürst Friedrich August II. zum Titular-Bergrat ernannt worden.[13] In den „Hof- und Staats-Calendern“ wird er auch nach dessen Tod und dem Tod des Nachfolgers, Kurfürst Friedrich Christian,[14] weiter mit diesem Titel geführt.[15]

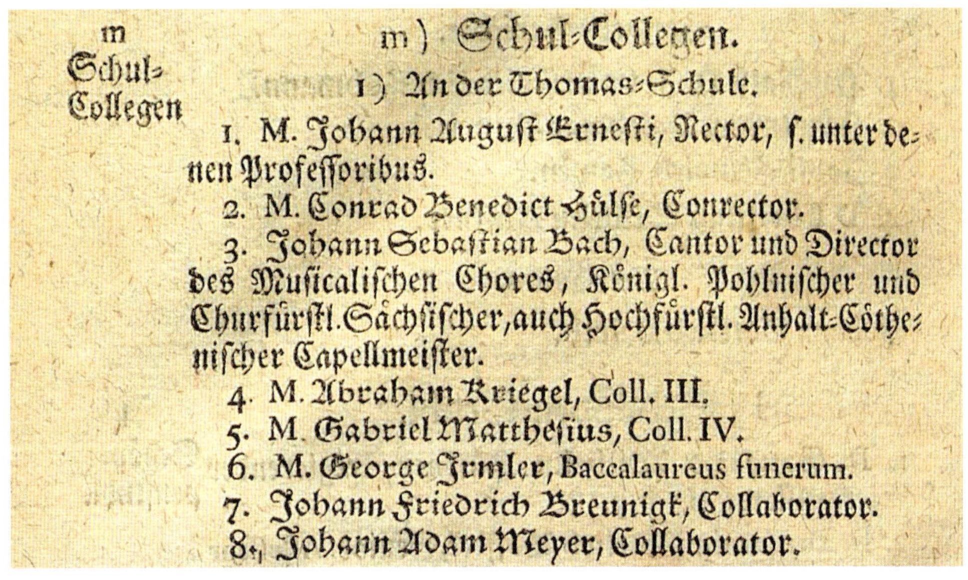

m
Schul-
Collegen

m) Schul-Collegen.

1) An der Thomas-Schule.

1. M. Johann August Ernesti, Rector, s. unter denen Professoribus.
2. M. Conrad Benedict Hülse, Conrector.
3. Johann Sebastian Bach, Cantor und Director des Musicalischen Chores, Königl. Pohlnischer und Churfürstl. Sächsischer, auch Hochfürstl. Anhalt-Cöthenischer Capellmeister.
4. M. Abraham Kriegel, Coll. III.
5. M. Gabriel Matthesius, Coll. IV.
6. M. George Irmler, Baccalaureus funerum.
7. Johann Friedrich Breunigk, Collaborator.
8. Johann Adam Meyer, Collaborator.

Abbildung 11: Eintrag für Johann Sebastian Bach, Titular-Buch 1750, S. 310

Dass, wie angesprochen, Johann Sebastian Bach den Titel eines Capellmeisters, den ihm der Hof von Anhalt-Köthen verliehen hatte, bis zu seinem Tode trug,[16] wird auch durch den Eintrag in einem verbesserten und vermehrten Titular-Buch deutlich, welches 1750 in Leipzig erschien[17] (siehe Abbildung 11).
Unter dem Zeugnis für einen Schüler vom 20. März 1729 sind von ihm bei der Unterschrift aber auch die Worte zu finden: *„Joh: Sebast: Bach. Hochf. Sachsen Weißenfels. wie nicht weniger Hochf. Anhalt Cöthenisch. Capellmeister"*.[18] Offensichtlich schätzte Bach den Capellmeistertitel, den er durch den Weißenfelsischen Hof erhalten hatte, höher ein. Auf einem Taufzettel für seinen Sohn Johann Christian aus dem Jahr 1735 strich er bei der Bezeichnung *„hochfürstl. Cöthenisch. Capell Meister"* das Wort *„Cöthenisch."* aus und überschrieb es mit *„Weißenfels."*[19] Er war aber berechtigt, beide Titel zu tragen, doch nicht verpflichtet, sie immer anzugeben. Es gab auch Empfehlungen, wann die Angabe von Titeln durch den Träger gar nicht angebracht war.[20] In der Genealogie *„Ursprung der Musicalisch-Bachischen Familie"*, die auf das Jahr 1735 datiert werden kann[21] und von der Carl Philipp Emanuel schrieb, *„Den ersten Aufsatz machte mein seel. Vater"*,[22] ist zu lesen: *„Joh. Sebastian Bach [...] 1723. als Director Chori Musici u Cantor an der Thomas Schule nacher Leipzig vocirt; allwo er noch bis jetzo nach Gottes H. Willen lebet, u zugleich von Haus aus als Capellmeister von Weißenfels u Cöthen in function ist."*[23]
Im Dezember 1736 war *„Johann Sebastian Bachen, auf deßen beschehenes allerunterthänigstes Ansuchen, und umb seiner guten Geschickligkeit willen, das Praedicat als Compositeur bey Dero HofCapelle, allergnädigst ertheilet"* worden.[24] Ende Juli 1733 hatte Johann Sebastian dem Kurfürsten von Sachsen, der im Oktober 1733 auch zum König von Polen gewählt wurde,[25] Zeugnisse seiner *„Wißenschafft"*, die er in der *„Musique erlanget"*, überreicht und darum gebeten, ihm ein *„Praedicat von Dero Hoff-Capelle"* zu verleihen.[26] An diesem Vorgang war auch Anna Magdalena beteiligt. Gemeinsam mit ihrem Mann und den beiden älteren Söhnen hatte sie Noten kopiert, die der Kurfürst im Zusammenhang mit der Bitte um diesen Titel erhielt.[27] Die Verleihung des Titels eines Königlich Polnischen und Kurfürstlich Sächsischen Hof-Compositeur war für Johann Sebastian nicht nur eine Anerkennung. Er konnte, auf diesen Titel hinweisend, den Kurfürsten auch direkt um Schutz bei Streitfällen bitten, was er auch nutzte.[28] In den „Königlich Polnischen und Churfürstlich Sächsischen Hof- und Staats-Calendern" wird er als *„Kirchen-Composit."* geführt. In einigen Aufstellungen ist sein Name mit dem Zusatz *„Tit."* versehen,[29] der bei den beiden ebenfalls dort angeführten Herren

Zelenka und Buz fehlt. Es handelte sich also ebenfalls um einen „Titular-Titel". Zum Hochfürstlichen Sachsen-Weißenfelsischen Capellmeister[30] war Bach durch Herzog Christian ernannt worden,[31] der von 1712 bis 1736 regierte. Nach dessen Tod übernahm Herzog Johann Adolph II. die Regentschaft. Als dieser am 16. Mai 1746 starb, erlosch die Sächsische Sekundogenitur Sachsen-Weißenfels und fiel an Kursachsen zurück.[32] Im Leipziger Adressbuch für 1747 ist unter *„Von Personen, so mit besondern, auch auswärtigen Dignitäten und Tituln beehret sind"* zu lesen: *„Bach, Johann Sebastian, Königl Pohln. und Churfl. Sächß. wie auch Fürstl. Anhalt-Cöthnischer Capell-Meister."*[33] Bei einer fehlerhaften Angabe, wäre eine Korrektur zu erwarten. Aber auch im Leipziger Adressbuch für 1750 ist Bach als *„Königl. Pohln. und Churfürstl. Sächs. wie auch Fürstl. Anhalt-Cöthnischer Capell-Meister"*[34] angeführt. In seinem Bericht über den Tod von Johann Sebastian Bach schrieb der zeitgenössische Chronist Johann Salomon Riemer (1702 – 1771),[35] dass Bach *„auch HochFürstlich Sachsen Weisenfelsischer Capellmeister, dann endlich Königlich Pohlnischer und Chur Sächs. Hoff Componist v. Capellmeister"* gewesen sei.[36] Diese Quellen, sowie der bereits erwähnte Eintrag im Titular-Buch von 1750 (siehe Abbildung 11, S. 30), lassen die Schlussfolgerung zu, dass im Zusammenhang mit der Übernahme von Sachsen-Weißenfels durch Kursachsen Johann Sebastian Bach den Titel eines Königlich Polnischen und Kurfürstlich Sächsischen Capellmeisters erhielt. Irritierend ist dabei, dass er mit diesem Titel in den „Königlich Polnischen und Churfürstlich Sächsischen Hof- und Staats-Calendern" nicht aufgeführt ist.[37] Johann Sebastian Bach unterzeichnete im Januar 1748 die Beurteilung für einen Schüler mit *„Königl. Pohln. und Churfürstl. Sächs. Hof-Compositeur, Capellmeister und Director Chori Musices in Leipzig"*.[38] Ohne weiterführende Dokumente kann die Frage nicht eindeutig beantwortet werden, ob er sich damit als Königlich Polnischer und Kurfürstlich Sächsischer Capellmeister bezeichnete und das Recht hatte, diesen Titel zu tragen.

Für das ungerechtfertigte Tragen von Titeln verwendete man in dieser Zeit deutliche Worte: *„Man findet hin und wieder thörigte Leute in der Welt, die sich vor dasjenige ausgeben, so sie doch nicht sind, sie legen sich diejenigen Gradus, Prädicata und andere Titulaturen bey, die sie doch nimmermehr erhalten, und auch öfters nicht erhalten werden* […]. *Wird aber ihre wahre Gestalt vor der Welt öffentlich kund und aufgedeckt, so ist auch nachgehends ihre Schande um desto grösser,* […] *haben auch noch, ohne die Schande, nicht selten eine harte und empfindliche Straffe zu erwarten, welche nach dem Unterscheid des Verbrechens, und der Titulaturen, die sie* *sich zugeeignet, unterschieden zu seyn pflegt.“*[39] In einer Berliner Zeitung vom Mai 1751 wurde in einer Ankündigung zur Veröffentlichung der „Kunst der Fuge“ (BWV 1080) das Werk genauer beschrieben. Der Beitrag beginnt mit den Worten: *„Die Erben des großen Componisten, weyland Herrn Johann Sebastian Bachs, ehemaligen Königl. Pohln. und Churfürstl. Sächsis. Capellmeisters, und Musikdirectors in Leipzig sind entschlossen, ein von ihm im Manuscript hinterlassenes Werk der Vergessenheit zu entreissen“.*[40] Falls die Verantwortlichen dieses Zeitungsartikels für Johann Sebastian Bach Titel angegeben haben sollten, die ihm nicht verliehen worden waren, so hätten sie ihm damit geschadet.

Welche Bedeutung höfischen Titeln in der Ständegesellschaft beigemessen wurde,[41] geht auch aus den Worten von Carl Philipp Emanuel hervor, der über sich schrieb: *„1767 erhielte ich die Vocation nach Hamburg, als Musikdirektor an die Stelle des seligen Herrn Kapellmeisters Telemanns! Ich erhielte nach wiederholter allerunterthänigsten Vorstellung, meinen Abschied vom Könige, und die Schwester des Königes, der Prinzessinn Amalia von Preussen Hoheit, thaten mir die Gnade, mich zu Höchstdero Kapellmeister bey meiner Abreise zu ernennen.“*[42] Obwohl er den Titel nicht von seinem langjährigen Dienstherren verliehen bekam, sah es Carl Philipp Emanuel doch als erwähnenswert an, dass er einen solchen Titel tragen durfte.
Höfische Anstellungen und Titel wurden offensichtlich höher eingeschätzt als städtische. Georg Philipp Telemann (1681 – 1767)[43] trat 1712 die Position des städtischen Musikdirektors in der Freien Reichsstadt[44] Frankfurt am Main an. Fast entschuldigend schrieb er dazu: *„Ich weiß nicht, was mich bewog, einen so auserlesenen Hof, als der eisenachische war, zu verlassen; das aber weiß ich, damahls gehört zu haben: Wer Zeit Lebens fest sitzen wolle, müsse sich in einer Republick niederlassen.“*[45] Ähnlich entschuldigend wirken die Worte von Johann Sebastian: *„Ob es mir nun zwar anfänglich gar nicht anständig seyn wolte, aus einem Capellmeister ein Cantor zu werden“*, die er 1730 Georg Erdmann (1682 – 1736) über seinen Weggang von Köthen schrieb. Sie waren Schulkameraden in Ohrdruf und Lüneburg gewesen. Auf diesen Brief wird noch mehrfach Bezug genommen werden, da er einer der sehr wenigen Quellen ist, die Auskunft darüber zu geben scheinen, wie Johann Sebastian Bach sein Leben empfunden hat.[46] Es ist aber nicht zu übersehen, dass sowohl Johann Sebastian Bach als auch Georg Philipp Telemann oder Carl Philipp Emanuel Bach städtische Anstellungen vorzogen und in einer solchen bis an das Ende ihres Lebens verblieben.[47]

Leipzig

Ende des Jahres 1722, also ungefähr ein Jahr nach seiner Hochzeit, bewarb sich Johann Sebastian Bach um eine Stelle in Leipzig.[1] Am 22. April 1723 wurde er durch den Leipziger Rat zum *„Cantorn der Schulen zu St. Thomas"*[2] und damit gleichzeitig zum Musikdirektor der Stadt[3] gewählt.[4] Für die letztgenannte Funktion wurde in der Regel, auch von Bach selbst, die Bezeichnung *„Director Chori Musici"* gewählt.[5] Von einem Chor sprach man damals, *„wenn sowohl in der Vocal- als Instrumental-Music sich viel Stimmen zugleich hören lassen."*[6]

Ein Blick in die Adressbücher der Stadt Leipzig lässt leicht erkennen, mit wie vielen Aufgaben sich der Rat der Stadt Leipzig zu beschäftigen hatte. Die Wahl des dritten Lehrers an der Thomasschule, und diese Position bekleidete der *„Cantor"*,[7] war davon nur eine unter sehr vielen.[8] Der Vorgang hatte sich über eine längere Zeit hingezogen.[9] Am 5. Juni 1722 war der Thomaskantor Johann Kuhnau im Alter von 62 Jahren verstorben.[10] Bereits im August 1722 wählte man Georg Philipp Telemann unter mehreren Kandidaten zum neuen Thomaskantor.[11] Diese Entscheidung fiel nicht gegen Bach. Er hatte sich zu diesem Zeitpunkt für die Stelle noch überhaupt nicht beworben.[12] Telemann erhielt in Hamburg aber eine Gehaltserhöhung und sagte dem Leipziger Rat ab.[13] Erst am 21. Dezember 1722 erscheint Bachs Name erstmals in den Ratsakten: *„es hätten sich noch mehrere gemeldet, als der Capellmeister Graupner in Darmstadt und Bach in Köthen"*.[14] Graupner (1683 – 1760)[15] hatte die Thomasschule besucht und in Leipzig studiert.[16] Er brachte gute Referenzen mit und legte im Januar 1723 eine Probemusik ab.[17] Es war aber unsicher, ob er die Freigabe durch seinen Dienstherren bekommen würde. Deshalb schritt der Rat nicht zur Wahl, sondern schickte erst einmal eine Anfrage an den Landgrafen von Hessen-Darmstadt.[18] Ohne die Antwort abzuwarten, wurden weitere Kandidaten zur Probemusik eingeladen. Johann Sebastian Bach stellte sich am 7. Februar 1723 vor.[19] Im April erfuhr der Rat, dass Graupner keine Freigabe erhalten würde.[20]

In der Ratssitzung vom 22. April 1723 fasste Bürgermeister Dr. Lange die Vorgänge noch einmal zusammen: *„es wäre bekannt, daß man, wegen der Cantor-Stelle zu St. Thomas seine Gedancken auf Herrn Telemann gerichtet gehabt, er hätte auch versprochen alles zuthun, jedoch aber sein Versprechen nicht gehalten. Man hätte hernach auf Herrn Graupnern, Capellmeistern zu Darmstadt, sein Absehen, jedoch* *privatim gerichtet gehabt, welcher aber berichtet, daß man ihn nicht laßen wolte. Hernach hätten sich Bach, Hoffmann und Schott gemeldet. Bach wäre Capellmeister zu Cöthen, und excellirte im Clavier.“*[21]

Es wurde hier aber keine Anstellung für einen Virtuosen und städtischen Komponisten vergeben. Man suchte einen Kantor für die Thomasschule, der dort unterrichten sollte. Von insgesamt acht Lehrern stand er nach dem Rektor und dem Konrektor in der Rangfolge an dritter Stelle.[22]

In der Thomasschule wurde eine Anzahl von Schülern, Alumnen genannt, *„durch verschiedene reiche Legata mit Kost und Wohnung unterhalten, wovor sie die Kirchen-Music bestellen, auch die Leichen begleiten müssen, und wöchentlich 3 mal, Sonntags, Mittwochs u. Freytags durch die Gassen singende gehen, da denn die Besitzer derer Häuser ihnen etwas zur Sustentation, wie in andern Städten üblich, reichen lassen“*.[23] Es gab auch Schüler, die nicht in der Schule wohnten, zu denen ab 1723 zum Beispiel die ältesten Söhne der Familie Bach gehörten.[24] Für sie wurde Schulgeld gezahlt, und sie mussten, im Gegensatz zu den Alumnen, bei verschiedenen Gelegenheiten nicht als Sänger zur Verfügung stehen.[25]

Die Schüler der drei oberen Klassen der Thomasschule sollten mit ihren Lehrern *„als untereinander selbst Lateinisch reden, damit sie in solcher Sprache sich bey zeiten feste setzen, und ihnen hernach alle Studia, und das Lesen derer Autorum, desto leichter“* werde. So steht es in der Schulordnung der Thomasschule von 1723.[26] Von Bachs Amtsvorgänger Kuhnau stammen die Worte: *„Und ob zwar auch aus dieser Schule immer solche Leute gekommen, welche hernach Gott in der Republic, Kirchen und Schulen als gelehrte Leute dienen können; So sind doch darinne zu allen Zeiten fast mehr Musici aufgewachßen, welche so wohl in Fürstlichen Capellen, als auch vornehmlich bey der Gott geheiligten Kirchen-Music beliebte Membra und Choragi worden.“*[27] Für die musikalische Ausbildung war der Kantor verantwortlich.[28] Er hatte aber auch weitere Fächer zu unterrichten.[29] Der Bürgermeister Dr. Lange fasste die Anforderungen im April 1723 mit den Worten zusammen: *„Nun komme es bey dem Cantorat nicht allein auf die Music an, sondern auch auf das informiren in der Schule“*.[30] Man hatte Zweifel, ob Bach für diese Aufgaben zur Verfügung stehen würde. Es gab aber Bestrebungen, diesbezüglich großzügiger zu verfahren, weil man auf *„einen berühmten Mann bedacht“* war.[31] Als solcher wurde Bach in der Öffentlichkeit gesehen. In einer Beschreibung Leipzigs von 1725 ist über die Universität zu lesen, dass verschiedene Musiken dort *„durch den Cantor an der St. Thomas-Schule, jetzo den berühmten Herrn Bach bestellet“* werden würden.[32] Auch etliche Jahre nach seinem Tod heißt es in einem umfangreichen

Werk über Leipzig von 1784 zur Thomasschule: *„Auch ist sie wegen der guten Tonkünstler berühmt. Ehemals war der große Sebastian Bach, der Vater der Tonkunst, Cantor an derselben“*.[33] Die Ratsherren suchten nach einem Kompromiss, und es wurde daran erinnert, dass, wenn der Kandidat an der Schule nicht *„informiren könne“*, man schon bei Telemann *„auf die Theilung reflectiret“* habe. Der Appellationsrat Plaz fand diesen Vorschlag *„aus erheblichen Ursachen vor bedencklich“* und schlug vor, *„da man nun die besten nicht bekommen könne, müße man mittlere nehmen, es sey von einem zu Pirna ehmahls viel gutes gesprochen worden“*.[34] Letztlich einigte sich der Rat aber doch darauf, dass Bach *„die information entweder selbst bestreite oder sich mit iemand anders auf seine Kosten diesfals seze“*,[35] wie es ein Ratsherr formulierte.[36] Diese Möglichkeit nahm Johann Sebastian Bach wahr. Einem Schreiben vom 1. Juni 1723 ist zu entnehmen, *„daß der neüe Herr Cantor die Information in der Schule nicht werde abwarten, sondern habe sich mit dem Herrn Tertio* [dem Lehrer an der Thomasschule Magister Carl Friedrich Petzold][37] *deshalben verglichen, welcher an seine statt die Information übernehmen, und dieser vom Herrn Cantore 50 thl bekommen werde“*.[38]
Auf der Ratsversammlung am 22. April 1723 fallen dann auch Bemerkungen wie, wenn *„Bach erwehlet würde, so könnte man Telemann, wegen seiner Conduite, vergeßen“* oder *„Bachs Person wäre so gut als Graupner“*.[39] Ob sie von allen Ratsherren geteilt wurden, sei dahingestellt.[40] Auf jeden Fall erfolgte die Wahl einstimmig.[41] Es ist dabei erstaunlich, dass der Rat darüber hinwegsah, dass Bach, im Gegensatz zu Telemann,[42] Graupner[43] oder auch den über und unter ihm stehenden Lehrern an der Thomasschule, kein Universitätsstudium nachweisen konnte.[44]

Als Kantor an der Thomasschule gehörte es zu den Aufgaben Bachs, *„bey Leich-Begängnüßen iederzeit, wie gebräuchlich, so viel möglich, bey und neben denen Knaben“* herzugehen.[45] Er war dafür verantwortlich, die Schüler in verschiedene Chöre aufzuteilen, welche verschiedene Aufgabenbereiche hatten.[46] Alle Monate sollten die Lehrer *„in des Rectoris Wohnung zusammen kommen, und von dem Zustand der Schule, Erhaltung und Verbesserung guter Disciplin, Anführung und Unterricht derer Knaben, und andern so bey ihrem Schul-Amte und Verrichtungen vorfället, sich mit einander freundlich unterreden, und was zu der Schule, wie auch der auf derselben sich befindenden Jugend, Nutz und Besten dienlich, wohl erwegen, schliessen und einhellig vollziehen, auch hierüber ein richtiges Protocoll halten“*.[47]
Es mussten in der *Schule „der Rector, Conrector, Cantor und Tertius wechsels weise, einer um den andern, die Inspection 7 Tage lang, oder eine Woche über, verrichten“*.

Der Lehrer, der den Inspektionsdienst versah, hatte zu überwachen, dass der Calefactor (Angestellter, dessen Bezeichnung sich vom Heizen der Öfen ableitet, für das er verantwortlich war)[48] *„die Knaben zu rechter Zeit, und zwar des Sommers um 5 des Winters aber um 6 Uhr, mit dem gewöhnlichen Zeichen, aufwecke."* Eine Viertelstunde später fand das gemeinsame Gebet statt. Der verantwortliche Lehrer beaufsichtigte die Mahlzeiten. In der Thomasschulordnung ist zu lesen, dass *„zu Mittag und zu Abends gespeiset"* wurde.[49] Auffällig ist die Übereinstimmung mit einer Empfehlung in einem Leipziger Kochbuch von 1745: *„Das gesündeste ist, daß ein Mensch mittelmäßiges Alters, von guter Complexion, und der sein eigen Herr ist, des Tages zweymahl esse. Auf solche Weise wird aller Schaden und Ungelegenheit, welche entweder aus allzulangen Fasten, oder aus gar zu ofter Einfüllung der Speise herrühren, glücklich verhütet."*[50] Es ist möglich, dass man sich bei der Familie Bach auch privat danach richtete. Der Lehrer, welcher den Inspektionsdienst versah, hatte darauf zu achten, dass die Schüler ihren Verpflichtungen nachkamen. Das Abendgebet fand abends um 8 Uhr statt, und danach gingen die Schüler zu Bett. Es war ihnen verboten, *„brennend Licht mit sich in ihre Kammern"* zu nehmen. Das und auch die Nachtruhe musste der verantwortliche Lehrer ebenfalls überwachen.[51] Bei seinen Kontrollgängen konnte es passieren, dass ein Knabe in der Nacht nicht in seiner Kammer zu finden war und mitgeteilt wurde, er wäre auf der Latrine. Um dies zu überprüfen musste der Inspektor vom Dachraum sechs Treppen nach unten steigen.[52]

Eine Mitwirkung bei der Betreuung von Schülern wurde in besonderen Fällen wohl auch von Anna Magdalena erwartet. Einige Jahre vor der Ankunft der Familie Bach berichtete ein Lehrer[53] über Schwierigkeiten beim Umgang mit Krankheitsfällen an der Thomasschule und bemerkte: *„Bey solchen Fällen können mehr eine Wärtherin, oder derer praeceptorum Weiber* [Ehefrauen der Lehrer][54] *mit ihren Wärmen, Anstreichen, und nöthigen Vorsorge thun* [...] *Dahero wiederum entweder des H. Rectoris und des H. Cantoris FrauenEheliebsten Hülffe und Beystand zu erwarten, welches auch bey sich ereignenden Zufällen rühmlich geschehen"*.[55] Es ist wohl davon auszugehen, dass eine Ehefrau in der Regel mit solchen Betreuungen mehr Erfahrungen als ihr Ehemann hatte. So gehörte es zum Beispiel nach einem Ratgeber für die Führung einer Haushaltung zu ihren Aufgaben *„ihre Hauß-Apothecken, so klein sie auch ist, mit Haus-Arzneyen"* zu versehen.[56]

Als Thomaskantor war Johann Sebastian Bach auch Musikdirektor der Stadt Leipzig und somit Vorgesetzter der Organisten sowie der anderen *„Musicanten, welche auf die zwey Haupt-Kirchen bestellet, und daselbst aufzuwarten pflegen"*.[57] In seinem Arbeitsvertrag verpflichtete er sich, die *„Music in beyden Haupt-Kirchen dieser Stadt, nach [...] besten Vermögen, in gutes Aufnehmen“* zu bringen,[58] was vor allem an hohen kirchlichen Festtagen eine große Aufgabenfülle mit sich brachte.[59] Dabei war es für ihn aber nicht zwingend notwendig, in den Gottesdiensten eigene Kompositionen zur Aufführung zu bringen.[60] In seinem Arbeitsvertrag hieß es dazu nur, er solle zur *„Beybehaltung guter Ordnung in denen Kirchen die Music dergestalt einrichten, daß sie nicht zulang währen, auch also beschaffen seyn möge, damit sie nicht opernhafftig herauskommen, sondern die Zuhörer vielmehr zur Andacht aufmuntere.“*[61] Amtsvorgänger Kuhnau berichtete, dass er vom *„Anfange des Gottes-Dienstes vor 7 Uhr [...] also alle Sonntage 4 Stunden vor Mittages, und auch die zur Vesper nöthige Zeit“* anwesend war.[62]

Inwieweit Anna Magdalena von den Diskussionen im Rat erfuhr oder in welcher Form sie mit ihrem Mann die Pläne besprach, nach Leipzig zu gehen, ist nicht bekannt. Es ist allerdings fraglich, ob die Gründe wörtlich genommen werden sollten, die Johann Sebastian für den Umzug in seinem bereits erwähnten Brief von 1730 an Georg Erdmann anführte. Dort schrieb er über Köthen: *„Daselbst hatte einen gnädigen und Music so wohl liebenden als kennenden Fürsten; bey welchem auch vermeinete meine Lebenszeit zu beschließen. Es muste sich aber fügen, daß erwehnter Serenißimus sich mit einer Berenburgischen Princeßin vermählete, da es denn das Ansehen gewinnen wollte, als ob die musicalische Inclination bey besagtem Fürsten in etwas laulicht werden wolte, zumahln da die neüe Fürstin schiene eine amusa zu seyn“*.[63] Die besagte Fürstin verstarb aber bereits am 4. April 1723,[64] also noch vor Bachs Wahl zum Thomaskantor,[65] und es sei daran erinnert, dass Telemann sogar noch nach seiner Wahl die Stelle in Leipzig abgesagt hatte. Es ist durchaus möglich, dass Bach mit seinen Worten an Erdmann insgesamt die Abhängigkeit darstellen wollte, die mit einer höfischen Anstellung verbunden war. Die Intentionen eines Fürsten konnten sich, aus welchen Gründen auch immer, ständig ändern.[66] Wenn ein Regent starb, wurden Musiker oft entlassen.[67] Es war für Bach auch nicht notwendig, nach Leipzig zu ziehen, damit seine Söhne an der dortigen Universität studieren konnten. Das hätten sie auch tun können, wenn ihre Familie in Köthen geblieben wäre. Sohn Carl Philipp Emanuel studierte später auch in einem Ort, in dem die Familie nicht lebte. Er schrieb über sein Leben: *„Nach geendigten Schulstudien auf der leipziger Thomasschule, habe ich die Rechte sowohl in Leipzig als nachher in Frankfurt an der Oder studirt, und dabey am letztern Orte sowohl eine musikalische Akademie als auch alle damals*

vorfallenden öffentlichen Musiken bey Feyerlichkeiten dirigirt und komponirt. In der Komposition und im Clavierspielen habe ich nie einen andern Lehrmeister gehabt, als meinen Vater.“[68] Hier wird wohl ein Ausbildungsideal von Johann Sebastian Bach geschildert: bei ihm die musikalische Ausbildung und parallel dazu ein Universitätsstudium, wie es auch von seinen Söhnen gemacht wurde.[69] Mit diesem Ansatz wäre es beim Studium an der Universität wohl nicht vorrangig um den Erwerb von fachspezifischen Kenntnissen gegangen, sondern um den Nachweis einer akademischen Ausbildung, bei der auch wichtige gesellschaftliche Verhaltensweisen geschult wurden. Johann Sebastian hatte nicht an einer Universität studiert und war sich des Mangels an verschiedenen Fähigkeiten offensichtlich bewusst. Als er in einer Fachpublikation von einem ehemaligen Privatschüler[70] angegriffen wurde,[71] schrieb Magister Johann Abraham Birnbaum[72] eine Entgegnung.[73] Bei einer Auseinandersetzung mit dem Freiberger Rektor Johann Gottlieb Biedermann bat er Christoph Gottlieb Schröter, eine Erwiderung zu schreiben.[74] Bei Vergleichen mit Briefen des Rektors der Thomasschule Johann August Ernesti[75] fällt sofort auf, wie umständlich diejenigen von Johann Sebastian wirken.[76]
Ein Studium seiner Söhne an einer Universität und ein gleichzeitiger Unterricht beim Vater war aber nur möglich, wenn die Familie in einer Universitätsstadt wohnhaft war.[77] Offensichtlich wollte Johann Sebastian das auch in seinem Brief von 1730 an Georg Erdmann ausdrücken, als er seinen Weggang aus Köthen unter anderem mit den Worten begründete: *„zumahln da meine Söhne denen studiis zu incliniren schienen“*.[78]

Die Familie verließ das vorwiegend landwirtschaftlich geprägte Fürstentum Anhalt-Köthen, in dem rund 10.000 Menschen lebten,[79] und zog nach Leipzig. Diese Stadt hatte rund 30.000 Einwohner.[80] Eine Zeitung berichtete am Freitag, den 4. Juni 1723: *„Am vergangenen Sonnabend zu Mittage kamen 4. Wagen mit Haus-Raht beladen von Cöthen allhier an, so dem gewesenen dasigen Fürstl. Capell-Meister, als nach Leipzig vocirten Cantor Figurali, zugehöreten; Um 2. Uhr kam er selbst nebst seiner Familie auf 2 Kutschen an, und bezog die in der Thomas-Schule neu renovirte Wohnung.“*[81] Leipzig wurde der Wohnsitz für Anna Magdalena für fast 37 Jahre. Hier starb sie am 27. Februar 1760.[82] Was war das für eine Stadt, in der sie jetzt lebte? Kaleidoskopartig, im Sinne einer lebendig-bunten Abfolge von Bildern,[83] sei an dieser Stelle der Versuch unternommen, diesen Ort und wie man in ihm lebte, näher zu betrachten:

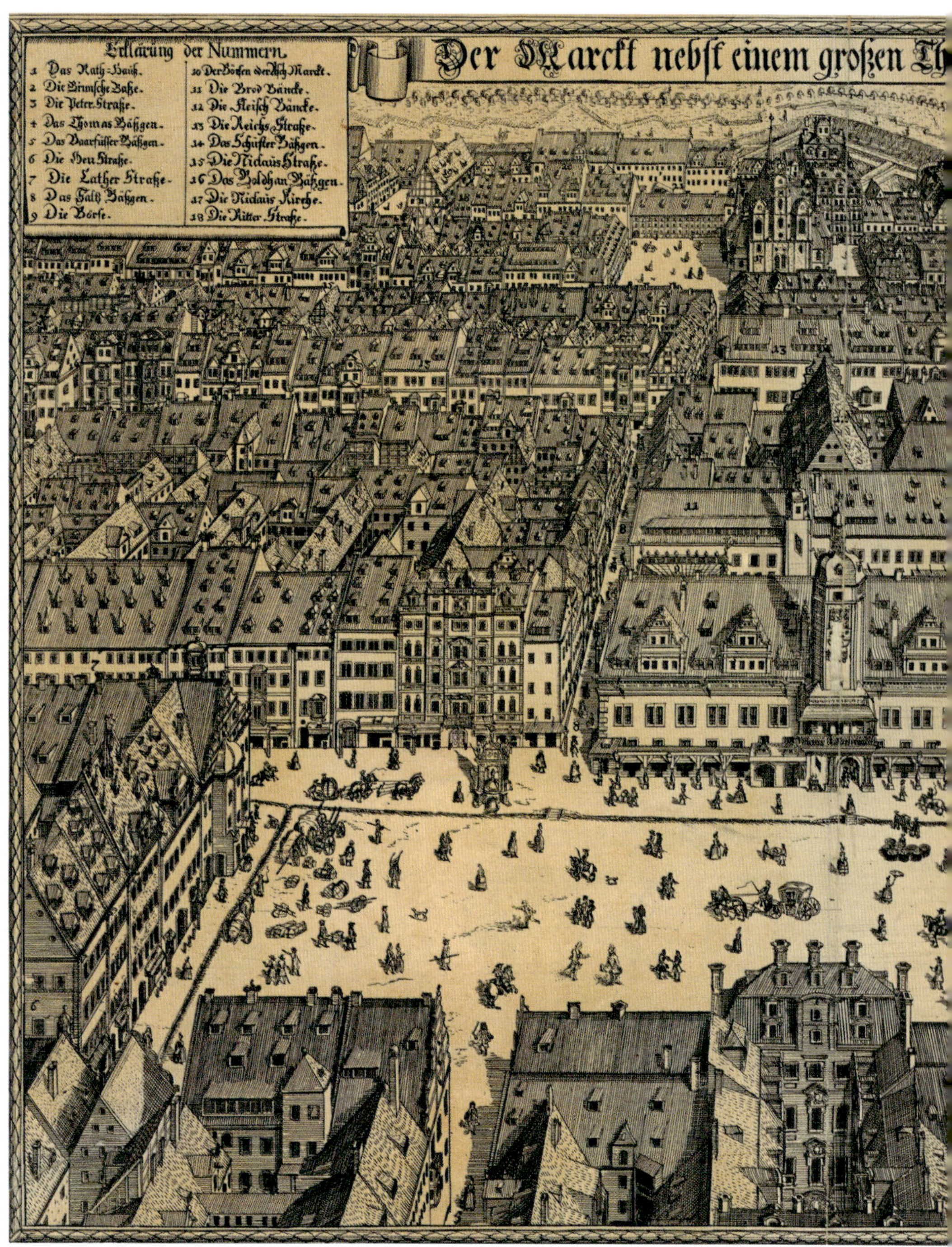
Der Marckt nebst einem großen Th
Erklärung der Nummern
1 Das Rath-Hauß.
2 Die Grimsche Gaße.
3 Die Peter Straße.
4 Das Thomas Gäßgen.
5 Das Baarfüsser Gäßgen.
6 Die Heu Straße.
7 Die Lather Straße.
8 Das Saltz Gäßgen.
9 Die Börse.
10 Der Börsen oder Asch Marckt.
11 Die Brod Bäncke.
12 Die Fleisch Bäncke.
13 Die Reichs Straße.
14 Das Schuster Gäßgen.
15 Die Niclaus Straße.
16 Das Goldhan Gäßgen.
17 Die Niclaus Kirche.
18 Die Ritter Straße.

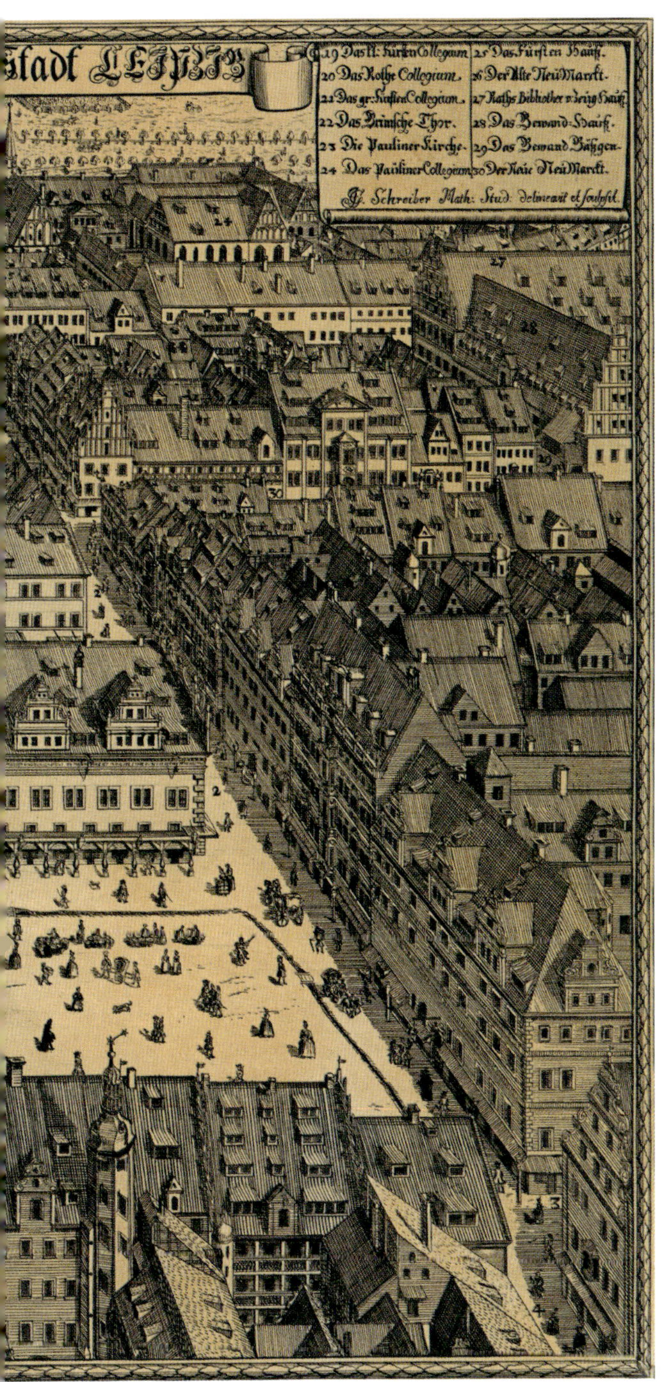

Abbildung 12: Stadtansicht Leipzig, Kupferstich von Johann Georg Schreiber, 1712, im Vordergrund der Markt, mit dem Rathaus, auf der linken Seite des Marktes die Waage (Gebäude mit Erker), gegenüber Apels Haus, im Hintergrund (über dem Turm des Rathauses) die Nikolaikirche, rechts davon die Paulinerkirche, die zur Universität gehörte, die Gasse rechts unten führte zum naheliegenden Thomaskirchhof

Die Universität spielte in Leipzig eine wichtige Rolle. 1784 machte die Anzahl der Professoren, Studenten, Gelehrten und der in der Stadt lebenden Immatrikulierten ungefähr 2.000 aus.[84] 1729 übernahm Johann Sebastian ein Collegium Musicum, das regelmäßig im Zimmermannschen Café-Haus in der Catharinenstraße oder dem Zimmermannschen Garten vor dem Grimmaischen Tor spielte.[85] Er leitete es bis 1737 und dann von 1739 bis in die 1740er Jahre. Es setzte sich aus Studenten zusammen.[86] An der Universität war Johann Sebastian Bach verantwortlich für die Musik *„bey dem so genannten alten GOttesdienste, d. i. bey denen Fest- und Qvartals-Orationibus"*.[87] Er war ein „Universitätsverwandter".[88] Spätestens nach seinem Tod hatte das für Anna Magdalena eine größere Bedeutung, und es sind für sie in mehrfacher Hinsicht Kontakte zu dieser Institution nachweisbar.[89]

In Leipzig gab es *„jährlich drey schöne und grosse Messen, jede zu 14. Tagen"*. Es waren das die *„Neujahrs-Messe, so sich auf den Neujahrs-Tag anfänget"*, die Oster-Messe (auch Jublilate-Messe genannt), die 3 Wochen nach Ostern begann, und die Michaelis-Messe. Sie fing am Sonntag nach dem Michaelis-Tag an, dem 29. September.[90]

In diesen Zeiten war *„ein unbeschreiblicher Schatz von allerhand Kauff-Manns-Waaren, und eine unzählbare Menge Menschen allerhand Standes in Leipzig zu sehen"*. Kaufleute kamen *„von allen Orten und Enden"*. Gemeinsam mit den Besuchern, darunter *„viel Fürstliche und andere hohe Standes-Personen"*, füllten sie die Stadt, *„daß man offt Mühe"* hatte *„Quartir zu bekommen"*.[91] In diesen Zeiten kamen *„8. 10. und mehr tausend Personen"* aus ganz Europa.[92]

Ein Besucher schrieb über die Michaelis-Messe 1739: *„Obgleich die Stadt an sich nicht groß, so waren doch die Gaßen an sich breit und nach der Schnur. Alle waren mit Fracht- und Markt-Wagen die abluden und ankamen, mit Caroßen und mit Menschen von beiderlei Geschlecht, von allerlei Nationen und Stande angefüllet. Das artige Sächsische Frauenzimmer, die Leipziger galanten Herren, mit allerlei andern Ausländern, Ungarn, Siebenbürgern, Jüden, Türken, Griechen, Araber, Armenier, Chineser, Persianer, Mohren, Rußen, Holländer, Engelländer p. p. in ihren unterschiedenen, seltenen und zum Theil seidenen, bunten langen, auch geblühmten Kleidern, wobei der Bund, und die Dolche in dem Gurth mit Edelsteinen besetzet, oder auch mit ihren langen Bärten, bloßer von der Sonne braun gebrannter Brust, vermischt, und in einer friedlichen obwohl geschäftigen Bewegung, setzten das Auge in Erstaunen"*.[93]

Leipzig beherbergte in diesen Tagen also Gäste *„von allen Orten und Enden"*,[94] und das spiegelt sich auch im Umgang mit verschiedenen Glaubensrichtungen wider. Kursachsen war evangelisch-lutherisch, und Gottesdienste nach diesem Ritus wurden in den Leipziger Kirchen gehalten. 1697 war Kurfürst Friedrich August I. zum römisch-katholischen Glauben konvertiert, um König von Polen werden zu können. Als solcher trug er dann den Namen August II. Bekannt ist er aber vor allem als August der Starke. Nach seinem Tod wurde sein Sohn als Friedrich August II. Kurfürst von Sachsen und als August III. König von Polen. Er regierte bis zu seinem Tode 1763 und war ebenfalls katholisch.[95] In der Leipziger Pleißenburg gab es eine Kapelle, in der seit 1710 katholische Gottesdienste stattfanden.[96] Aber auch reformierte Christen konnten seit 1702 Gottesdienste halten.[97] Eine Besonderheit der Messestadt war es, dass dieses Recht mit Einschränkungen auch griechische Christen und Juden hatten.[98]

Während der Messen wurden im Opernhaus am Brühl *„von denen unter denen Studenten befindlichen Virtuosen die schönsten Opern praesentiret"*. Die Ankündigungen waren *„auf denen vornehmsten Straßen an gewissen Tafeln, die mit Leinen querüber feste gemachet, zu sehen."*[99]

Schauspiele wurden in diesen Zeiten täglich, ansonsten wöchentlich gespielt.[100] Zu den Messegästen gehörte häufig der Landesherr. Ein Zeitzeuge berichtete: *„Der Dresdner Hof hielte sich gewöhnlich zur Meßzeit in Leipzig auf. Man sagte daß die Stadt mit einer jährlichen ansehnlichen Summe sich diese Ehre von dem König ausgebeten, um dadurch die Frembden noch mehr in ihre Mauren zu locken, und ihr Ansehen bei ihnen desto vorzüglicher, so wie ihren Gewinn desto zuträglicher zu machen. Ihro Mayestäten bezogen ordentlich das Appelsche Hauß, welches mit dem Rathhause gleichsam in der Ferne einen Winkel des Marcktes ausmachte; die übrigen des Hofes aber die nähesten Häuser. Weil nun täglich offene Tafel gehalten wurde, pflegte ich auch dahin zu gehen, um eine Kentniß der Hof Arth, zu erlangen, so weit es zu solcher Zeit möglich, da alles wegen der Menge der Zuschauer gezwungen und beinahe stum hergehet, und nur die Minen, Maniren, Gewohnheiten zu beurteilen übrig bleiben."*[101] Es ist nicht bekannt, ob Mitglieder der Familie Bach ebenfalls Interesse daran hatten, sich eine solche öffentliche Tafel anzuschauen. Die kurfürstlichen Besuche waren für sie aber auf jeden Fall in anderer Hinsicht von Bedeutung. Mehrfach erhielt Johann Sebastian Aufträge für Kompositionen und Aufführungen von Musiken, die veranstaltet wurden, um das während der Messe anwesende Landesoberhaupt zu ehren.[102] So weilte der kurfürstliche Hof auch am 5. Oktober 1734 zur Messe in Leipzig. *„Gegen 9. Uhr Abends brachten Ihro Majestät die allhiesigen Studirenden eine allerunterthänigste Abend Music mit Trompeten und Paucken, so Hr. Capell-Meister Joh. Sebastian Bach Cant. zu St. Thom.*

componiret. Wobey 600. Studenten lauter Wachs Fackeln trugen, und 4. Grafen als Marrschälle die Music aufführeten. Der Zug geschahe aus dem schwartzen Bret durch die RitterStraße, Brühl und Catharinen Straße herauf, bis ans Königs Logis, als die Music an der Wage angelanget, giengen auf derselben Trompeten und Paucken, wie den auch solches vom Rath Hause, durch ein Chor geschahe. Bey Übergabe des Carmens wurden die 4. Grafen zum HandKuß gelaßen, nachgehends sind Ihro Königliche Majestät, nebst Dero Königlichen Frau Gemahlin u. Königlichen Printzen, so lange die Music gedaueret, nicht von Fenster weggegangen, sondern haben solche gnädigst angehöret, und Ihr. Majestät hertzlich wohlgefallen."[103]

Es ist wohl davon auszugehen, dass man in der beschriebenen Weise nur eine Intrada spielte und für die Aufführung der Kantate „Preise dein Glücke, gesegnetes Sachsen" (BWV 215), welche zu diesem Anlass nachweislich erklang, die Aufstellung änderte. Der König logierte in Apels Haus. Die Waage befindet sich gegenüber auf der anderen Seite des Markts,[104] ungefähr 145 Meter entfernt. Das Rathaus liegt dazwischen. Es ist natürlich theoretisch möglich, dass die Schallwellen rhythmisch präzise am Standort des Monarchen zusammentrafen. An allen Orten auf dem Markt kann das aber nicht der Fall gewesen sein.

Die Thomasschule lag nur rund 250 Meter Luftlinie vom Markt entfernt. Vielleicht hörte Anna Magdalena von dort aus am 5. Oktober 1734 die Klänge der Kantaten-Aufführung. Vielleicht war sie auch auf dem Markt. Ihr Mann erhielt jedenfalls für die Komposition und Aufführung 50 Taler.[105] Als Vergleich sei angeführt, dass im Freiberger Revier, einem Bergbaugebiet, das ungefähr 80 Kilometer von Leipzig entfernt in Kursachsen lag, ein Doppelhäuer, das war ein ausgebildeter Bergmann,[106] für seine Arbeit im Bergwerk im Jahr knapp 59 Taler verdiente. Ein Bergknecht bekam um die 43 Taler.[107]

Auf dem Leipziger Marktplatz konnten aber auch ganz andere Ereignisse stattfinden. Was mag Anna Magdalena empfunden haben, als für den 14. April 1741 angekündigt wurde, dass auf diesem Platz die 26-jährige Carolin Christiane Sophie Schreiber enthauptet werden sollte? Sie hatte ihr Kind getötet, das unehelich zur Welt gekommen war.[108] Hinrichtungen waren öffentlich und konnten auch außerhalb der Stadt stattfinden.[109] In einer Leipziger Vorschrift von 1769, in der nachzulesen ist, *„was bei einer Exekution zu besorgen"*, heißt es: *„Die Schüler zum Singen werden von der Ratsstube besorgt, allwo ein Registrator zum Herrn Rektor auf die Thomasschule geschickt wird."*[110] Auf einer Darstellung von 1722 zu einer Hinrichtung sind diese Sänger auch abgebildet (siehe Abbildung 13).[111]

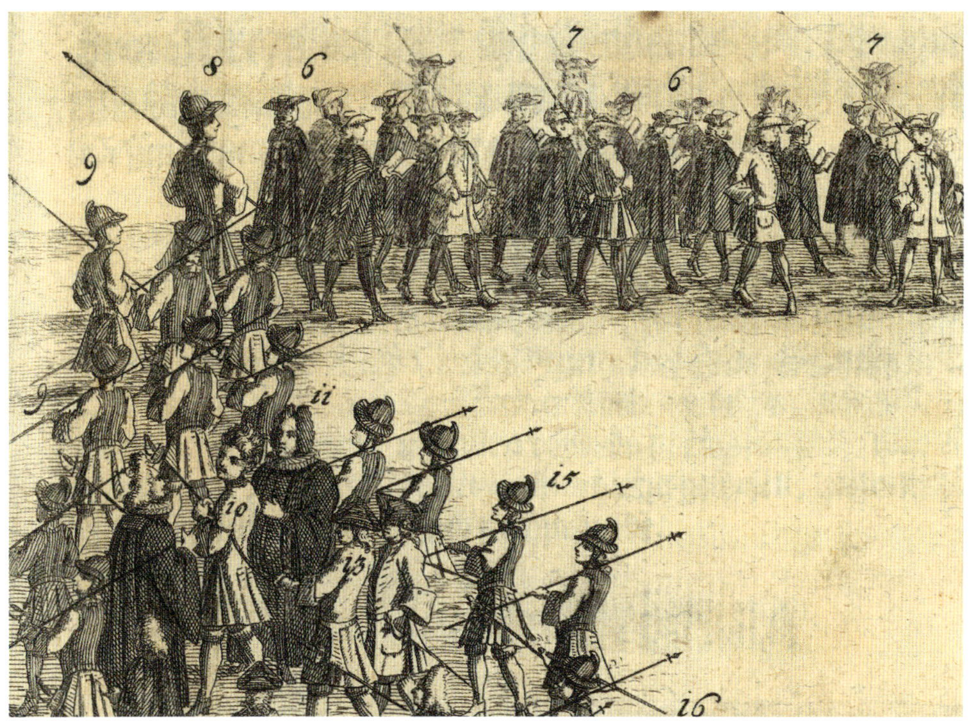

Abbildung 13: Ausschnitt aus der Marschordnung zur Hinrichtung des „Mause-David", Kupferstich aus: Leben und Uebelthaten eines verstockten Diebes und Kirchen-Räubers, 1722, mit der Ziffer 10 ist der Verurteilte gekennzeichnet, der am 21. November 1721 hingerichtet wurde, mit der Ziffer 6 singende Alumnen der Thomasschule

In Leipzig war *„die Woche dreymahl, als Dienstags, Donnerstags und Sonnabends öffentlicher Marckt-Tag, an welchem allezeit eine nombreuse Menge Land-Volck, den Ort besuchet, doch sind die übrigen Tage auch nicht zu verachten, indem an solchen die Einwohner und Handels-Leute ebenfalls ihre Waaren zum Verkauff auslegen."*[112] Nutzte die Familie Bach die Angebote der acht privilegierten öffentlichen Kaffee-Häuser? Sie dienten der *„Belustigung so wohl derer Einheimischen als Frembden Hohen und Niedern Standes, Männ- und Weiblichen Geschlechts"* und waren *„wegen ihrer schönen Gelegenheit, Aussicht, und guten Accommodement, als auch sonst wegen derer sich täglich darinnen ereignenden grossen Assembléen berühmt, sintemahln alle dahin kommenden Personen, theils in Lesung allerhand Gazetten und Historischer Bücher, theils als in einer Academie de Jeux in sinnreichen und zuläßigen unterschiedenen Schach- Bret- Damen- und Billeard-Spiel, sehr angenehmes Divertissement finden."*[113]

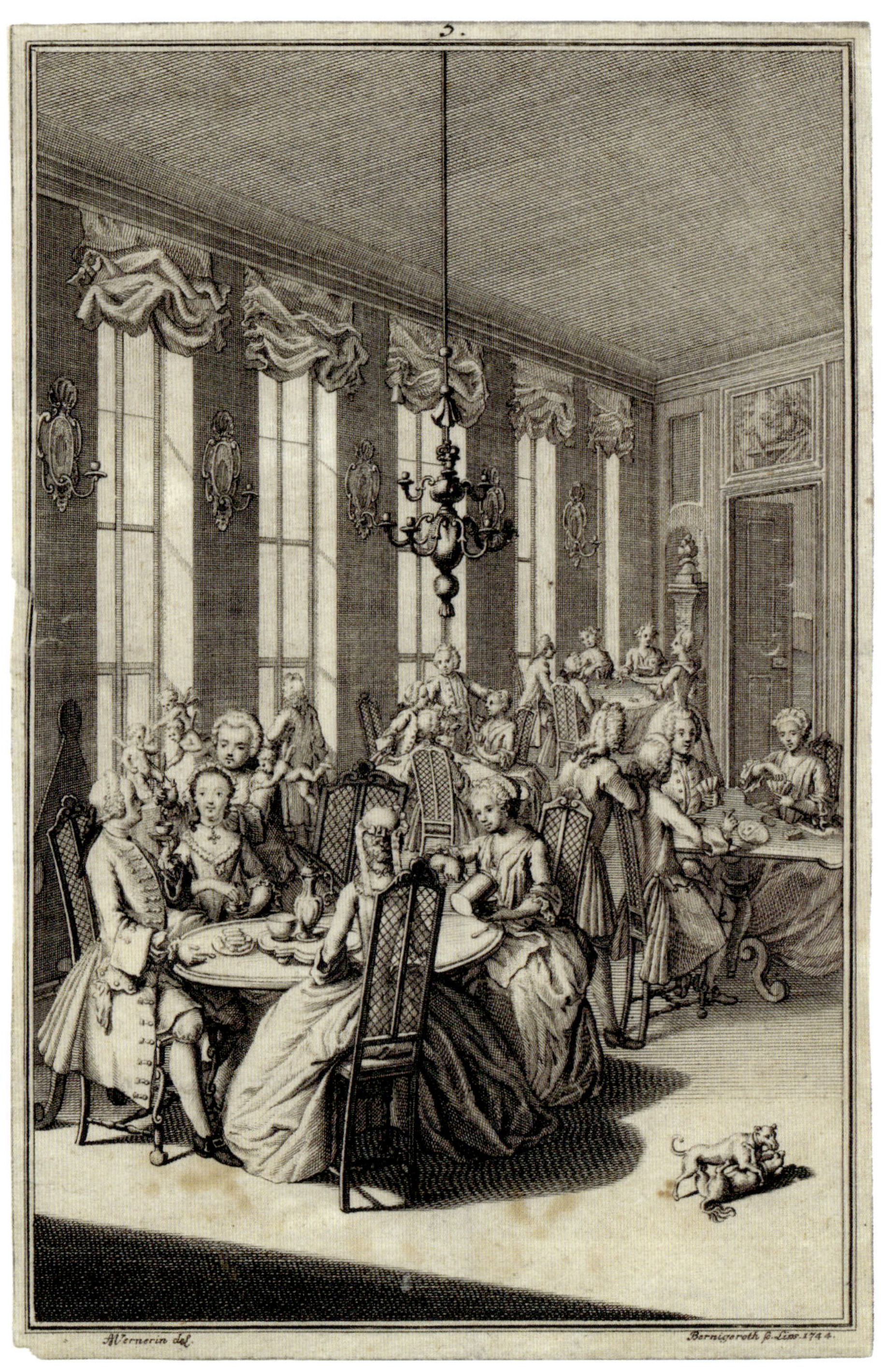

Abbildung 14: Gesellschaft bei angenehmer Unterhaltung, Kupferstich von Martin Bernigeroth, 1744

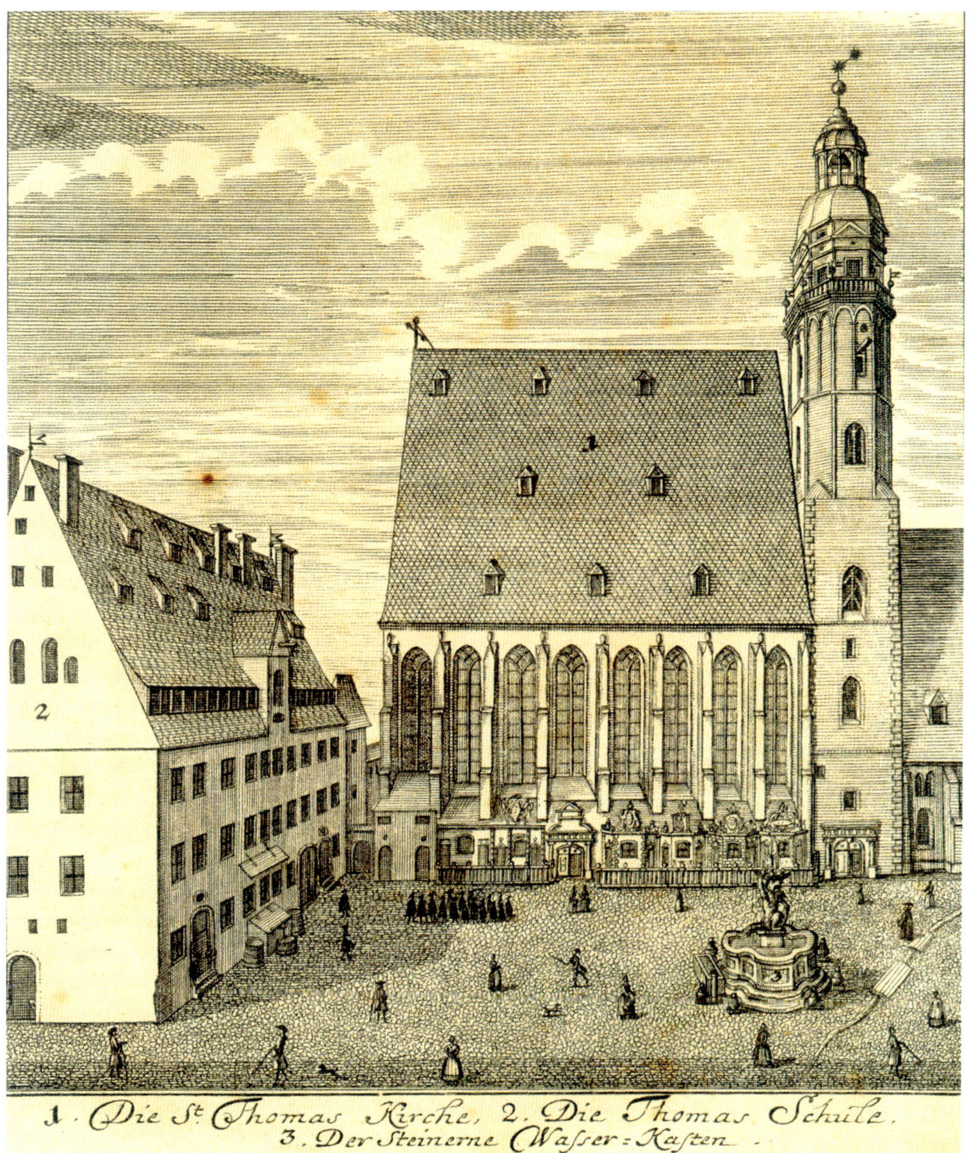

Abbildung 15: Thomaskirchhof mit Thomasschule und Thomaskirche, Kupferstich von Johann Gottfried Krügner der Ältere, 1723

Ende Mai 1723 zog die Familie Bach also in die neu renovierte Kantorenwohnung der Thomasschule ein.[114] Vom Thomaskirchhof aus gesehen befand sich diese im linken, dem südlichen Teil des Gebäudes und erstreckte sich über drei Stockwerke (siehe Abbildung 15).[115]

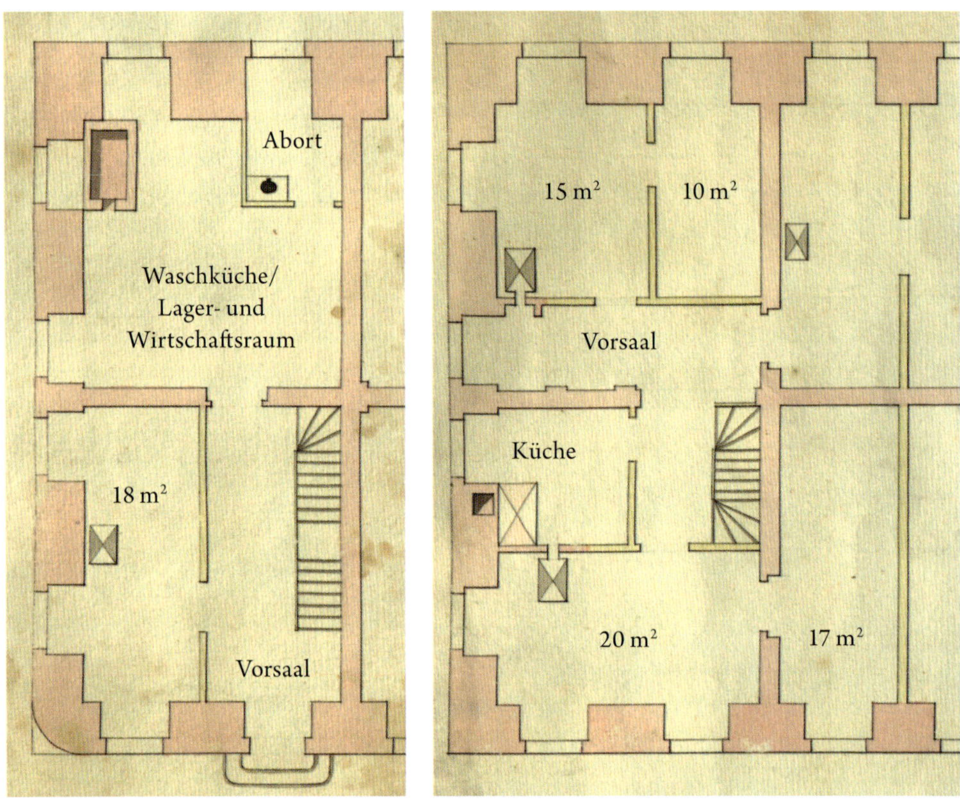

Abbildungen 16 und 17: Grundrisse für die Kantorenwohnung ab 1732, Zeichnung von George Werner, Erdgeschoss (links) und erstes Obergeschoss

1731 wurde die Thomasschule einem großen Umbau unterzogen und unter anderem um anderthalb Stockwerke erhöht (vergleiche Abbildung 15 mit Abbildung 22, S. 60 und Abbildung 39, S. 138; siehe auch die Abbildungen auf dem Titel beziehungsweise dem Vor- und dem Nachsatz).[116] Die Wiedereinweihung fand im Juni 1732 statt.[117]

Es haben sich Grundrisse für diesen Umbau erhalten. Mit den Maßstäben, die darauf angegeben sind, ist es möglich, die Größe der einzelnen Räume auszurechnen (siehe Abbildungen 16 – 19).[118] Es handelt sich bei diesen Zeichnungen aber nicht um Baupläne, in denen die Maße für jede Wand verzeichnet sind. Auf den beiden Blättern differieren die jeweiligen Maßstäbe um etliche Zentimeter. Somit können die Angaben, die sich mit diesen erhaltenen Grundrissen gewinnen lassen, nur als gerundete Werte gelten, mit deren Hilfe aber die Wohnsituation der Familie Bach deutlicher wird.

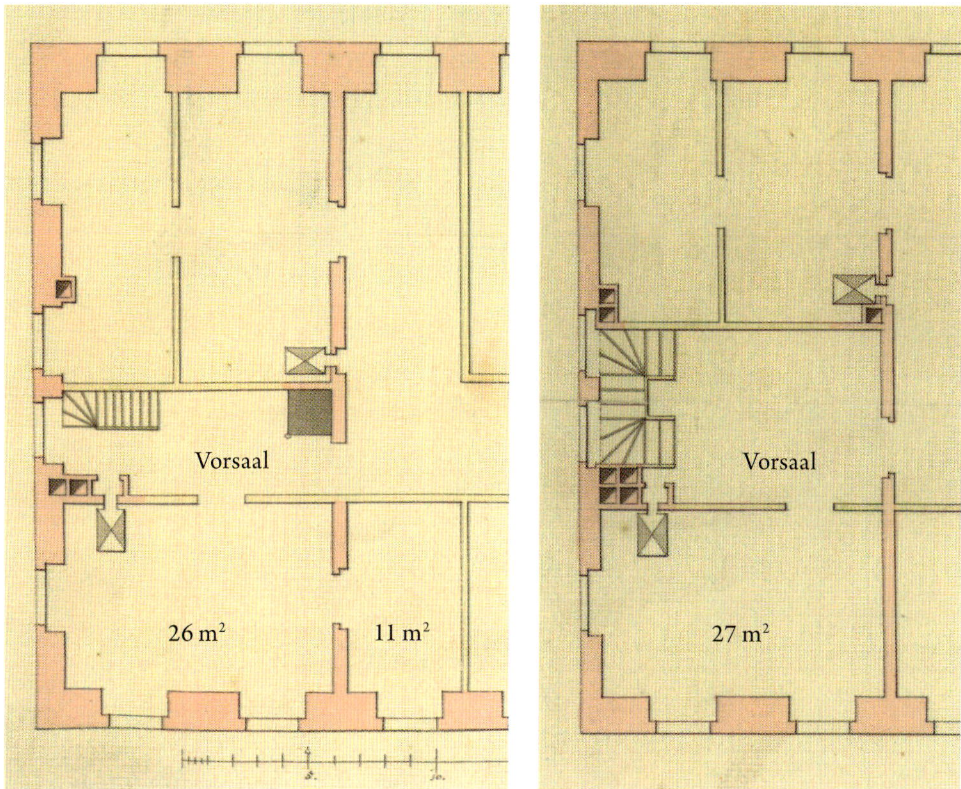

Abbildungen 18 und 19: Grundrisse für die Kantorenwohnung ab 1732, Zeichnung von George Werner, zweites Obergeschoss (links) und drittes Obergeschoss

Insgesamt war die Kantorenwohnung nach diesen Grundrissen deutlich über 200 Quadratmeter groß. Zu ihr gehörten die Räume, die auf den Abbildungen 16 – 19 mit Angaben zur Funktion oder zur Größe versehen sind. Einer davon befand sich im Erdgeschoss gleich links nach dem Eingang. Er war beheizbar und hatte drei Fenster. Zwar wird über die nördliche Seite der Thomasschule berichtet, dass es im *„parterre allzufeuchte“*[119] war, aber die südliche Seite lag etwas höher, sodass Stufen zur Eingangstür der Kantorenwohnung führten. So dürfte dieser Raum im Parterre auch für Wohnzwecke nutzbar gewesen sein. In späteren Jahren lebte dort die Schwiegermutter des Thomaskantors Moritz Hauptmann (1796 – 1868).[120] Im Erdgeschoss lagen auch der Abort und das Waschhaus. Eine große Wäsche zur Reinigung von Textilien fand damals nur wenige Male im Jahr statt, was sich dann aber über mehrere Tage erstreckte.[121] So wird man diesen Raum wohl vor allem auch für Lagerungszwecke genutzt haben.

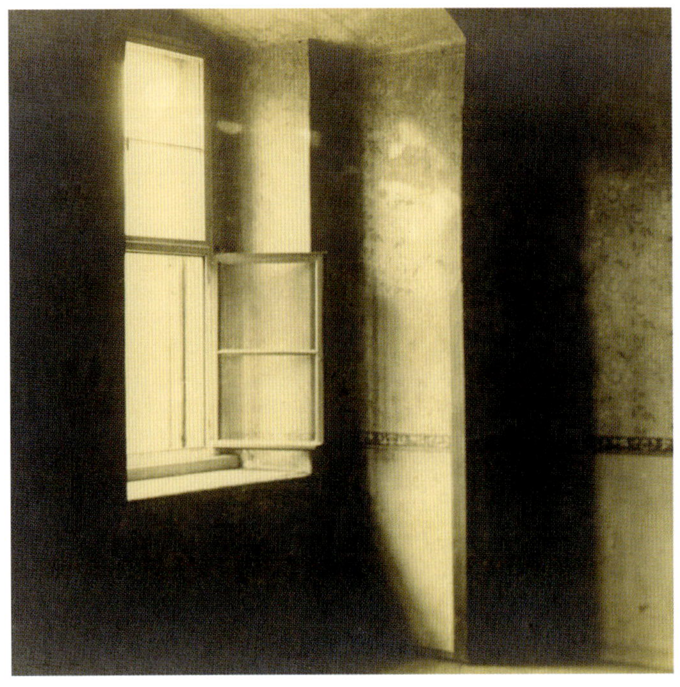

Abbildung 20: Fensternische in der Thomasschule, Foto um 1902

Auffällig sind die unterschiedlich starken Wände der Thomasschule, die an der Westseite des Erdgeschosses mehr als anderthalb Meter, im darüberliegenden Stockwerk immer noch mehr als einen Meter dick waren.

Im ersten Obergeschoss lagen die Küche und vier Zimmer. Zwei weitere gab es im zweiten Obergeschoss und eins im dritten. Von diesen sieben Räumen in den Obergeschossen waren vier *„mit einem Ofen versehen"*. In einem Nachschlagewerk dieser Zeit ist zu lesen: *„Die Stuben-Ofen, so die Zimmer bey der Winter-Kälte erwärmen müssen, werden entweder von eisernen gegossenen Platten, oder von viereckigen inwendig holen Stücken Töpffer-Arbeit, so man Kacheln, und die Ofen daher Kachel-Ofen nennet, oder auch von beyden zugleich aufgesetzet"*.[122] Für die Wohnung der Familie Bach gibt es drei Rechnungen zwischen 1722 und 1745, die auf eiserne Öfen hinweisen,[123] was aber kein Beleg ist, dass dort nicht auch Kachelöfen standen. Für Kinder und Kranke wurde empfohlen, dass sie in warmen Räumen schlafen sollten. *„Allein, gesunden Personen ist zuträglicher, in kalten Stuben zu schlafen; denn wenn man, wie gemeiniglich geschicht, einwenden wolte, daß man sich auf solche Art des Morgens erkälten und leicht Schaden thun könte; so dienet darauf, daß man ja das Schlafgemach in allem Fall des Morgens, ehe man aufstehet, könne einheitzen lassen"*.[124]

Die Größe der Wohnung der Familie Bach veränderte sich mit dem Umbau nicht bedeutend. Ein Raum im ersten Obergeschoss stand nicht mehr zur Verfügung. Dafür erhielt sie einen im neu errichteten dritten Obergeschoss.[125] Nach einem undatierten Bauplan aus der Zeit vor dem Umbau änderten sich wohl auch Treppenführungen.[126] Ein Aufgang führte zur Bodenkammer, die zur Wohnung des Kantors gehörte.[127] Unter dem Dach konnte die Wäsche getrocknet werden.[128] Die Thomasschule wurde leider 1902 abgebrochen. An ihrer Stelle entstand ein neues Gebäude, an dem seit 2001 eine Plakette an Anna Magdalena Bach geborene Wilcke erinnert.[129]

Einem Plan der Stadt von 1693[130] ist zu entnehmen, dass Häuser auf der südlichen Seite des Thomaskirchhofs über Wasseranschlüsse im Haus verfügten. Bei vielen anderen Gebäuden, wie auch der Thomasschule, ist das nach diesem Plan nicht der Fall. Eine Wasserentnahmestelle befand sich an der Außenwand der Thomasschule auf dem Thomaskirchhof (siehe Abbildung 15, S. 47 und Abbildung 22, S. 60). In einem *„Röhrhaus"*, das vor der Stadt lag, wurden Pleißen- und Quellwasser gesammelt und durch Röhren in die einzelnen Viertel geleitet.[131] *„Die Börner* [Brunnen][132] *dieser Stadt haben die gesundesten Quellen von den frischesten Wasser und ist fast keine Gasse anzutreffen, auf welcher man nicht einige Brunnen sehen sollte, die alle seit etlichen Jahren repariret worden"*, heißt es in der bereits erwähnten Stadtbeschreibung von 1725.[133] Ein Doktor der Medizin[134] teilte in einem Ratgeber mit: *„Ja, ich glaube, wann man die Kinder von Jugend auf zum Wassertrincken gewöhnet hätte, wurden sie viel gesünder leben"*.[135]

Die Wasserröhren waren aus Holz[136] und mussten natürlich auch gewartet werden. Interessant ist in diesem Zusammenhang, dass in dem kalten Winter 1708/09 in Leipzig große Mengen an *„Holz zur Aufthauung des Röhrwassers in den Künsten und auf den Straßen"* benötigt wurden.[137] Über die damaligen klimatischen Verhältnisse schrieb der Klimatologe Hubert Horace Lamb (Gründer des ersten Instituts für historische Klimaforschung an der University of East Anglia, Norwich): *„Quellen zufolge herrschte bis weit nach 1700 das kälteste Regime seit dem Ende der letzten großen Eiszeit vor ungefähr 10 000 Jahren, wenngleich beträchtliche Schwankungen von Jahr zu Jahr und zwischen verschiedenen Jahresfolgen festzustellen waren."*[138] In einer Rückschau berichtete eine Leipziger Zeitung von 1887 über die Zeit, in der Anna Magdalena lebte: *„Am strengsten war aber der Winter von 1708, dessen kälteste Tage vom 6. bis 26. Januar* [1709][139] *dauerten. Es erfroren Menschen in den Betten* [...]. *Man hatte 21 Wochen Schlittenbahn. Obstbäume und Wein erfroren, die Vögel fielen todt aus der Luft und die Fische* *erstickten im Eise. Noch am 17. Mai fiel ein so großer Schnee, daß die Bäume unter seiner Last brachen. 1715 dauerte die Kälte vom November bis Mai und 1726 fielen ungeheure Schneemassen. 1731 lag der tiefe Schnee noch im Mai und 1740 hatte man seit dem October* [1739][140] *erst am 27. Mai wieder einen milden Tag. Strenge Winter brachten ferner die Jahre 1757, 1759, 1760, wo es schon im September schneite"*.[141] Für den Januar 1740 sind für Leipzig Temperaturen von minus 29 Grad Celsius überliefert.[142] Ein Student aus Jena berichtete über die Kälte dieses Winters, dass er sich kaum hinter dem Ofen erwärmen konnte. Er bekam auch *„Noth mit den Mäusen"*, die *„im hellen Mittage sich ungescheut sehen ließen"* und *„um des Puders willen"* seine Perücken übel zurichteten,[143] wurden diese doch mit Weizen- oder auch Bohnenmehl behandelt, damit sie *„weiß, locker und gut aussehend"* wurden.[144] In einer Publikation von 1747 ist über den Umgang mit niedrigen Temperaturen zu lesen: *„So schädlich die Kälte ist, wenn man dabey stille sitzt: so gesund ist sie, wenn man sich in einer kalten Luft bewegt. Denn die Bewegung macht den Umlauf des Geblüts geschwinder, verhindert, daß es nicht von der Kälte gerinnt, und erhält die Transpiration im beständigen Gange. Sehen wir nicht, daß die Schweden und Norweger ihrer kalten Witterung ohngeachtet, die gesundesten Leute sind; aber würden sie es wohl seyn, wenn sie stille sitzen, und sich durch Thee und Caffee vor der Kälte beschützen wolten"*? [145] Bewegung war aber nicht an allen Orten möglich. Über den Aufenthalt in der Kirche schrieb Bachs Vorgänger Kuhnau, dass es für *„Leute, wenn sie sonderlich schwacher Leibes-Constitution sind, im Winter, ja auch im Sommer, da es bey gröster Hitze in Kirchen-Gebäuden kalt ist, fast unmöglich ist, so viel Zeit, nehmlich von Anfange des Gottes-Dienstes vor 7 Uhr* [...] *und also alle Sonntage 4 Stunden vor Mittages, und auch die zur Vesper nöthige Zeit auszudauren."*[146]

Aber auch strenge Winter gingen zu Ende, und man konnte wieder wärmere Temperaturen genießen. Vielleicht erfreute sich die Familie Bach dann auch am Plätschern des steinernen Springbrunnens auf dem Thomaskirchhof vor der Thomasschule, *„welcher in der Runde eine wohl faconirte Acht-Eck vorstellet u. schön gemahlet ist, oben darauf stehet ein aufgerichtet sitzendes Löwenbild, so mit der lincken Pfote E. E. Raths Wappen, mit der rechten aber auf den Kopff eine Muschel hält, aus deren Mitten das Wasser in fünff Strahlen in die Höhe springet, und mit zerstreueten Tropffen wieder in die Muschel, und hieraus ferner durch verschiedene Rinnlein herunter in den Brunnen fället, mithin sowohl ein angenehmes Getöse denen Ohren, als auch eine Belustigung vor die Augen abgiebt."* So ist es in der Stadtbeschreibung von 1725 zu lesen. 1722 war der Brunnen neu erbaut worden.[147] Es sei *„eine Lust auf denen Gassen zu passiren"*, ist über Leipzig ebenfalls zu erfahren. Durch das *„egale Pflaster, und die unter solchen an einigen Orten befindlichen Schleusen"* wurde *„der Unflath so wohl aus den Häusern, als auch von den Strassen ab- und biß in die fliessenden Wasser geführet"*. Zweimal wöchentlich erfolgte eine *„Kehrung u. Sauberung"* der Gassen.[148] Die erwähnten Schleusen waren abgedeckte Kanäle,[149] die auch auf Darstellungen des Marktes oder des Thomaskirchhofes zu erkennen sind (siehe Abbildung 12, S. 40/41; Abbildung 22, S. 60 oder auch die Abbildungen auf dem Titel beziehungsweise dem Vorsatz). Es sei dahingestellt, ob diese Abdeckungen Geruchsbelästigungen verhindern konnten. Während die Familie Bach in Leipzig wohnte, wurde die ganze Stadt mit *„unterirdischen gewölbten Schleusen"* versehen.[150]

In der Thomasschulordnung von 1723 wird darauf hingewiesen, dass die Schüler *„die Nacht-Geschirre nicht in denen Cammern umschütten noch zerbrechen, viel weniger den Urin aus denen Fenstern herunter giessen"* sollten.[151] Diese Erwähnung mag ein Hinweis sein, dass es auch vorkam, dass Urin auf diese Art entsorgt wurde. In der Thomasschule gab es dafür *„Abtritte"* und für die Entsorgung von Abwasser *„Gußsteine"*.[152] Für 1731 existiert eine Abrechnung für die Ausräumung der Fäkaliengrube der Kantorenwohnung in der Thomasschule.[153]

Trotz dieser Bemühungen waren die damaligen Straßenzustände aber doch dergestalt, dass eine Verlagerung des Speisesaals der Thomasschule aus dem Erdgeschoss in das erste Obergeschoss mit den Worten begründet wurde: *„die Speise-Stube kann an diesem Orthe nicht bleiben, weil* [...] *in diese auditoria von denen Knaben von allen Enden der Stadt und Vorstädten der Koth mit denen Schuhen hereingetragen wird, und also niemals recht sauber gehalten werden kann, welches bey den Speisen unumbgänglich seyn soll."*[154]

In einer Eingabe von 1717 beschrieb ein Lehrer recht drastisch Umstände an der Thomasschule, die ihm missfielen. Dabei teilte er auch mit: *„Man erwege zugleich das häuffige Ungeziefer, in dem Ratten und Mäuse in solcher Menge auff der Thomas-Schule angetroffen werden, daß sie auch am hellen Tage hervor kommen"*.[155] In einem Lexikon aus dieser Zeit ist zu lesen: *„Die Mäuse aus denen Zimmern und Gebäuden zu vertreiben, ist wohl das beste Mittel eine gute Mause-Katze"*.[156] Diese galt auch als Todfeind der Ratten.[157] Versuchte man so vielleicht auch die Wohnung des Kantors von diesen Nagern freizuhalten? Allerdings konnte eine Katze *„nicht wohl überall"* hingelassen werden, so werden in diesem Lexikon auch Gifte, Fallen und weitere Mittel zur Bekämpfung beschrieben. Dazu sei nur ein Beispiel angeführt: Man fülle ein Bier- oder

Weinfass mit Wasser, so dass ein hochkant darin aufgestellter Ziegelstein gerade noch herausschaut. Anstelle des vorher herausgeschlagenen oberen Bodens wird ein *„Pergament oder Haut, wie man über Paucken oder Trommeln zu ziehen pfleget"* aufgezogen. Ein angelegtes Brett, über das die Ratten auf das Fass gelangen, und das Pergament werden mit *„Weizenmehl, Hanf, und was sie sonsten gerne essen"* bestreut. Wenn die Ratten dieses Nahrungsangebot angenommen haben, schneide man das Pergament kreuzweise ein. Die nächsten Ratten fallen dann ins Wasser und retten sich schwimmend auf den Stein. Wird es dort zu eng, beginnen sie zu streiten, wie sie es auch an Futterstellen tun. Das locke weitere Ratten an. Sie *„lauffen zu, wollen auch Ausbeute holen, die bekommen sie auch, wenn sie hinein zu ihnen fallen."*[158] Die Aufzählung einer Vielzahl von Bekämpfungsmethoden in dem Lexikon dürfte aber wohl auch ein Zeichen sein, dass deren Wirkungen nur gering waren. Das bestätigt letztlich auch die Eingabe des Lehrers von 1717, denn auch an der Thomasschule wird man versucht haben, gegen Ratten und Mäuse vorzugehen.

Ungeziefer war in der damaligen Zeit allgegenwärtig. Gegen Flöhe gebrauchte man zum Beispiel ein *„Büchslein, aus Elfenbein gedrehet, in der Grösse eines Nadel-Büchsgens, voller kleiner runder Löcher, wodurch ein Floh spatziren kan. In der Mitten solches Büchsleins stecket ein Stöpsel oder Stiel, welcher mit frischem Blut* [...] *bestrichen wird, woran, wenn sie schmausen, selbige kleben bleiben, so daß man den mit Flöhen angefüllten Stöpsel, der nirgends wo anstossen muß, heraus ziehet, und sie daran tödtet"*. Dieses Büchslein konnte man auch *„an den Leib, wo man nur hin will, hängen, und mitten im Gehen, Stehen, Wachen und Schlafen grosse Fänge thun."*[159]

1717 schrieb der Thomaskantor Johann Kuhnau, dass die Schüler der Schule sehr unter der Krätze leiden würden, *„die sie fast die gantze Zeit plaget, und sie nicht viel zu Kräfften, welche doch zum guten Singen* [...] *nöthig sind, kommen läßet"*.[160] Erst im 19. Jahrhundert wurde entdeckt, dass diese Hauterkrankung durch eine Milbenart ausgelöst wird.[161] Besonders Personen, die auf engem Raum zusammenleben, sind gefährdet. Krätzemilben können sich nur langsam bewegen, und die Übertragung setzt einen längeren Hautkontakt voraus.[162]

Höchstwahrscheinlich waren auch Kopfläuse in der Thomasschule eine ständige Plage. Auch sie werden hauptsächlich direkt von Mensch zu Mensch bei engem Kontakt durch Überwandern der Parasiten von Haar zu Haar übertragen.[163] Es gab in der damaligen Zeit verschiedene Empfehlungen, welche Mittel dagegen helfen würden.[164] Die Erfolge dürften bescheiden gewesen sein. Eine gute Methode gegen den Befall ist allerdings das Abscheren des Haupthaars.

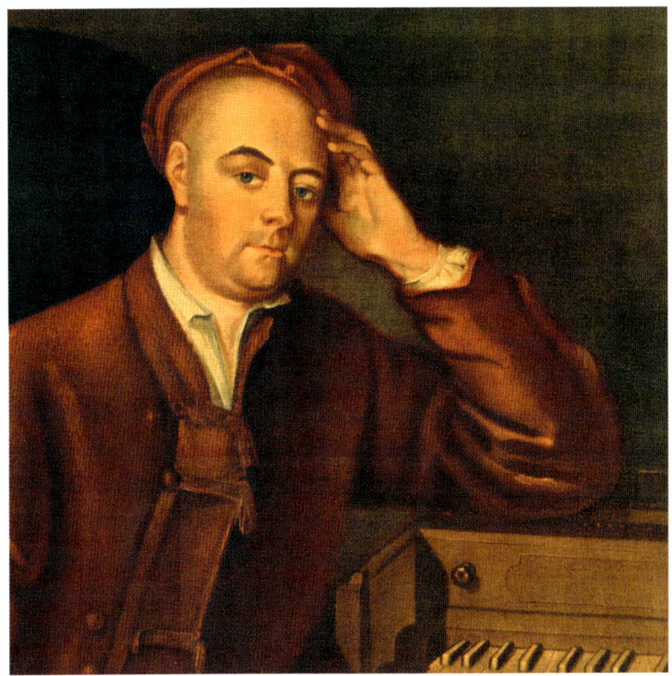

Abbildung 21: Georg Friedrich Händel, Ausschnitt aus dem Gemälde von Miss Benson (um 1825), Kopie nach einem Gemälde von Philip Mercier, das um 1730 entstand

Von Georg Friedrich Händel gibt es ein Gemälde, auf dem er im privaten Bereich dargestellt ist (Abbildung 21).[165] Sein Kopf ist kahl abgebildet, und da der Haaransatz erkennbar ist, dürften die Haare abgeschoren worden sein. Das mag Vorteile beim Tragen der Perücke gehabt haben. Ein Schutz gegen Läuse wäre es aber auch gewesen. Ob Bach ebenso verfuhr, ja wie es um sein Haupthaar überhaupt bestellt war, entzieht sich der Kenntnis. Es ist aber davon auszugehen, dass er privat keine Perücke oder ähnliche Kleidung trug, wie sie auf dem Gemälde von Elias Gottlob Haußmann dargestellt sind (siehe Abbildung 5, S. 21). Eher sind Kopfbedeckung und Kleidung in der Weise vorstellbar, wie sie bei Händel auf der Abbildung 21 zu sehen sind.

Mit Georg Friedrich Händel versuchte Johann Sebastian Bach übrigens mehrfach Kontakt aufzunehmen. *„Aber Händel konnte nie die Zeit zu einer solchen Zusammenkunft finden. Er war dreymahl aus London zum Besuch nach Halle (seiner Vaterstadt) gekommen. Beym ersten Besuch, etwa im Jahr 1719, war Bach noch in Cöthen, nur 4 kleine Meilen von Halle entfernt. Er erfuhr Händels Ankunft sogleich, und säumte keinen Augenblick, ihm unverzüglich seinen Besuch abzustatten; aber gerade am Tage seiner Ankunft, reiste Händel wieder von Halle ab. Beym* *zweyten Händelschen Besuch in Halle (zwischen 1730 – 1740.) war Bach schon in Leipzig, aber krank. Er sandte aber, sobald er Händels Ankunft in Halle erfahren hatte, sogleich seinen ältesten Sohn, Wilh. Friedemann, dahin, und ließ Händeln aufs höflichste zu sich nach Leipzig einladen. Händel bedauerte aber, daß er nicht kommen könne. Beym dritten Händelschen Besuch, um das Jahr 1752 oder 1753 war Bach schon todt.*"[166] Wäre Händel bei seinem *„zweyten* […] *Besuch in Halle"* nach Leipzig gekommen, so hätte wohl auch Anna Magdalena ihn persönlich kennengelernt.

War Anna Magdalena kontaktfreudig? Es gibt dazu keine aussagekräftigen Hinweise. Namen von Personen, die mit ihr und ihren Angehörigen in einer Beziehung standen, erscheinen in den Taufbüchern. Doch die Übernahme einer Patenschaft zeigt nicht zwingend an, dass der darum Gebetene die Angehörigen des Kindes sympathisch fand. Zur Frage, ob ein solches Amt abgelehnt werden könne, ist zu erfahren: *„Die Personen, so zu uns kommen, und um solche Liebe anhalten, können entweder Christlich, erbar und gutes Ruffs, oder auch unsere Feinde, Verfolger, Verläumder"* sein. Es heißt weiter: *„An allen diesen siehet man keine tüchtige Ursache zum abschlagen, was einig und allein den Christlichen Liebes-Dienst anlanget."*[167]

Zwölf Kinder brachte Anna Magdalena in Leipzig zur Welt. Deren Paten kamen aus verschiedenen Schichten. Es waren auswärtige Verwandte darunter und auch Kaufleute, Lehrer, Juristen, Theologen aus Leipzig sowie deren Angehörige.[168] Die Täuflinge, bei denen Anna Magdalena oder ihr Mann in dieser Stadt Paten wurden, stammten nicht aus diesen Leipziger Familien, sondern waren Kinder von „kleineren Leuten", wie zum Beispiel das eines Stadtsoldaten, eines Schneidermeisters oder eines Dammastwirkers.[169]

Bei einer näheren Beschäftigung mit der Taufe in der damaligen Zeit stößt man auf interessante Aspekte. Aus diesem Grund sei an dieser Stelle noch etwas genauer auf einige Abläufe eingegangen, die im Zusammenhang mit der Übernahme eines Patenamtes standen: Als Definition für *„Gevatter, oder Pathen"* ist in einem Lexikon von 1739 zu lesen: *„Heissen diejenigen Personen, so das kleine Kind aus der Taufe heben"*.[170] Martin Luther sagte in einer Predigt, die 1520 veröffentlicht wurde: *„Der tauff haißt auff Kriechisch Baptism, zu latein Mersio, das ist wenn man etwas gantz inß wasser taucht, das ob im zusammen geet, Vnd wiewol es an vil örtern der brauch nimmer ist, die kinder in den tauff gar zustossen vn tauchen, sonder sie allain mit der hand auß de tauff begeüßt,*[171] *so solt es doch also sein"*.[172] Dieses Untertauchen erfolgte nicht durch die Paten, sondern den

Täufer, der in der Regel ein Geistlicher war.[173] In einer Publikation zu Kirchengesetzen in Sachsen, die 1723 in Frankfurt und Leipzig erschien, ist mit einer theologischen Begründung zu lesen, dass es nicht nötig wäre, wenn *„der ganze Leib abgewaschen werde“*. Es wird von einer *„Besprengung mit Wasser nur einmahl oder dreymal“* beim Taufakt berichtet.[174] So war die Formulierung, „man habe ein Kind aus der Taufe gehoben“,[175] eine Redewendung, mit der mitgeteilt wurde, dass man Pate sei, aber keine Beschreibung einer Tätigkeit, welche die Paten ausführten.[176]

Als Gevatter-Brief wurde das höfliche Schreiben bezeichnet, in dem *„der Kindtauffen-Vater derjenigen Person, so er zum Tauf-Zeugen erkieset, die glückliche Entbindung seines Weibes entdecket, und mit Benennung des Tages, Orts und Stunde sie freundlich ersuchet, solches Amt und heilige Werck willig auf sich zu nehmen“*.[177]

Die Taufe sollte möglichst bald nach der Geburt erfolgen. Es wird aber auch von Fällen berichtet, bei denen *„das Kind 10. bis 14. Tage ungetaufft liegen muste, nur damit unterdessen ein grosser Tauff-Schmauß konte zubereitet werden, dabey es denn, nach verrichteten Christlichen Solennitäten recht Heydnisch zugieng.“*[178] Die Beschreibung solcher Missstände macht grundsätzlich deutlich, dass es recht unterschiedliche Abläufe geben konnte. Für den Einzelfall sollte deshalb immer nach Hinweisen gesucht werden, wie dort genau vorgegangen wurde. Für einige Kinder Johann Sebastian Bachs ist in den Taufbüchern neben dem Taufdatum auch der Geburtstag notiert. So kann für sie festgestellt werden, dass sie spätestens am übernächsten Tag getauft wurden.[179] Bei einer solchen Vorgehensweise ist es naheliegend, dass Paten, die weiter entfernt wohnten, Schwierigkeiten dabei hatten, rechtzeitig zur Taufe zu erscheinen. Sie konnten sich vertreten lassen,[180] was zum Beispiel dem Taufeintrag für Regina Johanna Bach (1728 – 1733)[181] zu entnehmen ist. Sie musste aus *„Schwachheit zu Hause getaufft“* werden. Als Paten sind Verwandte von Anna Magdalena aus Weißenfels und Zerbst aufgeführt. Diese wurden aber beim Taufakt durch zwei Töchter des Rektors der Thomasschule und einen Musiker vertreten.[182] Ein Täufling hatte gewöhnlich drei Paten,[183] wobei bei einem Jungen zwei Männer und eine Frau, bei einem Mädchen zwei Frauen und ein Mann gewählt wurden.[184] Die Taufe sollte durch einen *„ordentlichen Pfarrer oder Caplan“* (letzterer Begriff wurde auch für evangelische Geistliche genutzt)[185] in der Kirche vollzogen werden. Es wird dazu aber auch mit Missbilligung berichtet: *„Viele, ja man möchte wohl sagen, die meisten von höhern Stande und Character, stehen in den Gedancken, es gehöre zum*

unvermeidlichen Wohlstand, daß die Kinder nicht in der Kirche, sondern zu Hause getaufft würden.“[186] Ausnahmen bildeten Nottaufen.[187]
Eine Mutter galt nach der Geburt als *„Kind-Betterin“*, die dazu angehalten war, die Wohnung für mehrere Wochen nicht zu verlassen, auch nicht für einen Kirchgang. Wie der Name schon andeutet, sollte dabei unmittelbar nach der Niederkunft eine längere Bettruhe eingehalten werden.[188] Aber auch der Vater dürfte bei der Taufe in der Kirche nicht dabei gewesen sein. In einem zeitgenössischen Bericht wird ein Herr in Leipzig erwähnt, der Kutschen vermietete, derer *„sich die Gevattern nebst der Hebamme mit dem Kinde nach hiesiger Gewohnheit bedienten, zum Kindtauf nach der Kirche zufahren.“*[189] Die *„Haupt-Personen bey der Tauffe“* waren *„die Gevattern oder Tauff-Zeugen, welche die von dem Priester ihnen vorgelegte Fragen in Namen des Taufflings durch eine Antwort bekräfftigen, u. die Versicherung davon geben“* mussten.[190]
Es gab den Begriff *„Gevatter-Essen“*. Zu dieser Mahlzeit wurden die Paten eingeladen, wobei das an Orten gebräuchlich war, *„wo man keine Gevatter-Stücken herum schicket“*.[191] Diesbezüglich ist in einer Publikation von 1735 zu erfahren: *„Gevatter-Stücke, ist entweder ein mit vielen Confituren und candirten Zierrathen ausgeputzter Marcipan, Mandel- oder Krafft-Dorte, oder auf vielerley Art schmackbar und wolgebackener Kuchen, so denen Gevattern nach vollbrachter Tauffe, vor ihre gehabte Bemühung in das Haus nebst etlichen Pfann-Kuchen, wie es zu Leipzig im Gebrauch ist, geschickt wird.“*[192] Pfannkuchen schnitt man aus einem *„ausgetriebenen Teig“* und buk sie in heißem Schmalz *„fein goldgelb“*. Oft wurden sie mit *„Kirschmus, Pinien und Citronat“* gefüllt, *„absonderlich diejenigen, so bey denen Kindtauffen ausgetheilet“* wurden.[193] In diesem Zusammenhang ist es interessant, dass Johann Sebastian Bach Ende September 1739 *„dem Herrn Cantor u. Frau Cantorin in Ronneburg schuldigsten Danck abstattet*[e] *für das überschickte Gevatter Stücke, welches auf Gesundheit derselben verzehret worden“*. Bach war Pate von Johanna Helena Sophia Koch geworden, der Tochter des angesprochenen Paares, die am 12. September 1739 getauft wurde.[194]
Nach vollzogener Taufe pflegten *„die Pathen dem Kinde ein gewisses, so genanntes Pathen-Geld einzubinden.“* Es war als ein Zeichen gedacht, welches das Kind daran erinnern sollte, *„wie weit grössere, unschätzbare Güter ihm GOtt in und durch die Tauffe geschencket, und wie willig* [die Paten] *sich finden lassen wollen, zur Christlichen Auferziehung ihres lieben Pathgens alles möglich beyzutragen.“* Es wird aber auch hinzugefügt: *„Doch die meisten lassen es bei diesem Angelde bewenden.“*[195] Es gibt Berichte, dass Paten in der Hoffnung gewählt wurden, dass sie möglichst viel Geld schenken würden, und das über Jahre hinweg.[196] Dazu waren Paten

aber nicht verpflichtet. Es wurden sogar Verordnungen erlassen, die dem entgegenwirken sollten.[197] Zu den verpflichtenden Aufgaben eines Paten gehörte es auch nicht, die Versorgung des Täuflings zu übernehmen, wenn die Eltern verstarben. Das lag in der Verantwortung der nächsten Angehörigen. Dazu ist zu lesen: *„wenn ein Großvater bey seinem Enckel Gevatter ist, die Eltern aber sterben, so fällt ihm das Kind ohne dem heim, nicht weil er Gevatter, sondern weil er Großvater ist."* Weiter heißt es: *„Es ist schon ein trefflich Werck, wenn jemand seinen armen und verlassenen Tauff-Pathen erziehen, kleiden und versorgen will; doch kan ihn niemand darzu verbinden, er hat bey der Tauffe weiter nichts, als nur die Besorgung des Kindes zur Unterweisung im Christenthum angelobet."*[198]

Die Taufen der Kinder vom Ehepaar Bach, die in Leipzig geboren wurden, sind in den Taufbüchern von St. Thomas verzeichnet.[199] Wenn man damals diese Kirche nach Sonnenuntergang verließ, so war der Thomaskirchhof davor trotzdem beleuchtet. Seit 1701 gab es in Leipzig eine Straßenbeleuchtung. Es waren Nachtlaternen aufgerichtet worden, *„ongefehr 700. an der Zahl, die durch ihre inwendig habende Oehl-Lampen den erleuchteten Boden mit einen sehr lebhafften Schein durchstrahlen, auch die gantze Nacht, jedoch nach Observirung des Mondenscheins, brennende unterhalten werden."* Für die Unterhaltung dieser Straßenbeleuchtung waren 20 *„Lampen-Wärter"* verantwortlich. Ihre Anwesenheit brachte den Bewohnern der Stadt, die friedlich leben wollten, einen weiteren Vorteil. Ausgerüstet mit Schnarren, konnten sich die *„Lampen-Wärter"* untereinander Zeichen geben. Durch diese Einrichtung wurde *„vieles Ungemach, so auf denen Gassen Abends sonst getrieben worden, als auch viele Dieberey verhütet"*. Auch die Nachtwächter bedienten sich zur *„Abruffung der Stunden keines Horns zum Blasen, wie in andern Städten"*. Sie hatten *„ebenfalls Schnurr-Räder, wodurch sie den Anfang ihrer Stunden-Ankündigung machen."*[200] In anderer Weise trat zum Beispiel der Türmer, welcher im Turm der Nikolaikirche wohnte, in Erscheinung. Nach der Stadtbeschreibung von 1725 blies er *„täglich früh um 3. Uhr, Mittags um 11. Uhr und Abends aus der Trompeten ein musicalisch Stück oder Lied"*.[201]
Es kann nur darüber spekuliert werden, welchen Effekt die Straßenbeleuchtung auf ein Gewerbe machte, das in Leipzig ebenfalls anzutreffen war. Ein Zeitzeuge, der dort studiert hatte, berichtete: *„Ich erstaunte über solcher Menge liederlicher Personen, an einem so artigen Orte, wie Leipzig ist [...] Es fehlt auch hir nicht an Gelegenheitsmacherinnen, alle Weibsbilder, die mit wolriechenden Seifen Kugeln, und wolriechenden Waßern herumgehen, dergleichen auch an unsern Tisch häufig kamen, sind dergleichen."*

Freunde darauf ansprechend, entgegneten diese ihm, dass in Leipzig *„nach 7 Uhr Abends nicht leicht jemand von ordentlichen Frauenzimmer auf der Gaße ginge, die man auch noch so geputzt anträfe, wären entweder Nillen, das ist Huren, oder Cuplerinnen."*[202]

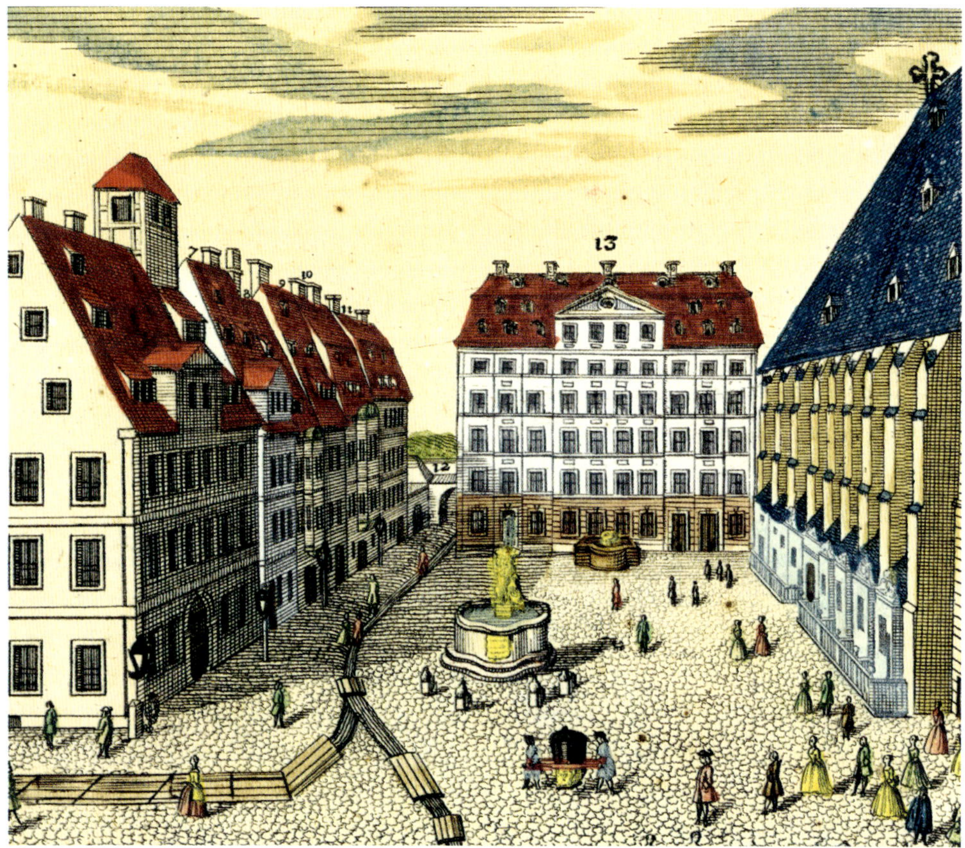

Abbildung 22: Thomaskirchhof mit Thomaskirche (rechts) und Thomasschule (Mitte), Ausschnitt aus einer kolorierten Radierung von Johann Georg Schreiber, 1749, Laternen sind an und vor den Häusern links zu erkennen

Es war in Leipzig möglich, eine Sänfte zu mieten und sich tragen zu lassen (siehe Abbildung 22 oder auch die Abbildungen auf dem Titel beziehungsweise dem Vorsatz).[203] Hinter dem Rathaus, an der Börse gab es *„vorne in einem besonders bedeckten Gatter-Verschlag ein Apartement, worinnen die Anno 1703. aufgerichteten zwölff Sänfften nach der Ordnung"* standen. Jeder konnte sich *„auf Begehren tragen lassen"*, wobei *„in der Stadt von einem Ort zum andern 2. Groschen, in der Vorstadt aber 4. Gr."* zu zahlen waren.[204]

Um die gesamte Stadt konnte man *„innerhalb einer Stunde gantz commode rings herum spatzieren“*.[205] Direkt vor der Thomasschule lag die Promenade. Ab 1702 waren Teile der ehemaligen Befestigungsanlage mit Bäumen bepflanzt worden.[206] Für 1784 wird über das Areal vor der Thomasschule berichtet, dass es *„meistentheils mit starken und alten Linden besezt ist“* und den meisten Schatten spenden würde. *„Dieser Theil wird von den Einwohnern am häufigsten besucht; des Sommers in schönen Tagen ist er öfters so frequent, daß man sich durchdrängen muß.“*[207]

Johann Alexander Thiele (1685 – 1752) malte 1740 eine Ansicht der Westvorstadt Leipzigs (siehe Abbildung 23).

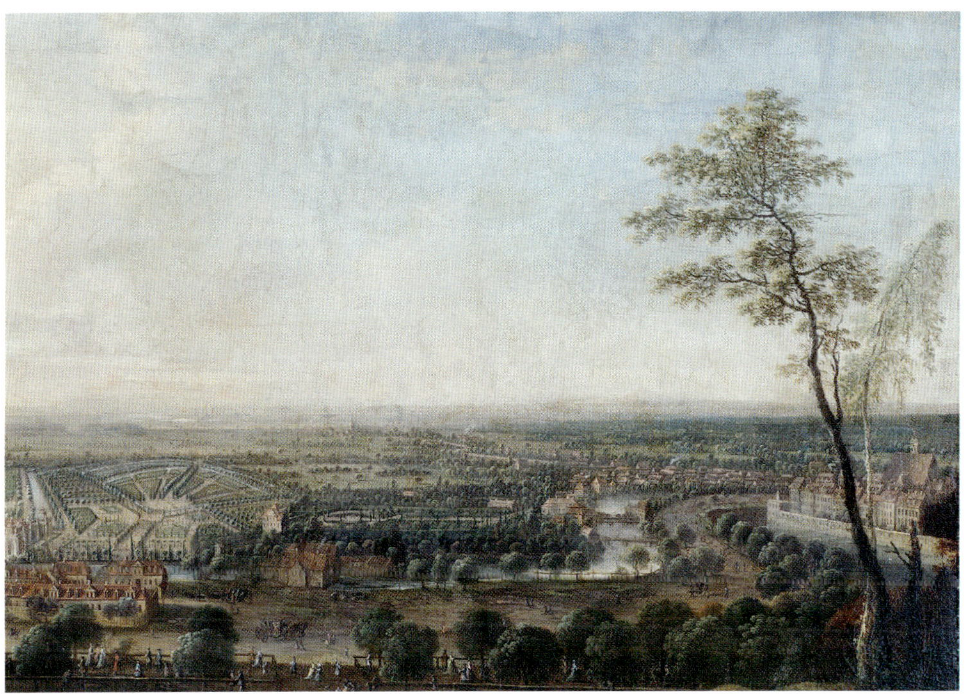

Abbildung 23: Ausschnitt aus dem Gemälde „Ansicht der Westvorstadt mit Apels Garten“ von Johann Alexander Thiele, 1740

Rechts ist auf dem Gemälde die Neue Kirche zu sehen. Gut zu erkennen ist der Pleißmühlgraben und die fächerförmige Gestalt des Apelschen Gartens. Rechts daneben liegt der Kleinbosische Garten.[208] So ungefähr dürfte es ausgesehen haben, wenn Anna Magdalena aus den Fenstern der höheren Stockwerke der Thomasschule stadtauswärts blickte.

Über Gärten der Stadt berichtet ein ehemaliger Student, der zu der Zeit, in der das Gemälde entstand, in Leipzig lebte: *„Drei Haupt Gärten findet man um Leipzig, die zwar zu allen Zeiten, besonders aber während der Meße besucht werden. Als bei der vorzüglich so genandten Allee, wo die tägliche Promenade, liegt an den einen Ende der Appelsche Garten, der wegen seiner breiten Gänge, hohen Hecken, Labyrinthe, Canal, der andern Annehmligkeiten zu geschweigen, sehens werth, auch von dem Hofe fleißig besucht wird, wie denn zu meiner Zeit manche Lustbarkeit daselbst angestellet wurde. An dem andern Ende liegt der Klein Bohsische Garten, halb auf einer Ebenen Höhe, mit annehmlichen Blumen Quartiren, Hecken und Abwechslungen, halb in einen tiefen Thal, wohin ein von Weinreben bedeckter breiter Gang allmälig in der Krümme führet, und worin ein Naturalien Cabinet lieget, welches sehens würdig. Auch dieser Garten hat seine Canäle und Seltenheiten der Natur und Kunst. Gerade über der Stadt gegen diesen, an der andern Seite liegt der Groß Bohsische Garten, der denen vorigen nichts nachgiebet. Alle prangen mit den schönsten Orangerien und ausländischen seltenen Gewächsen und Blumen. Sie stehen allen honetten Leuten zu ihren Vergnügen offen, nur hat man an den Gärtner ein kleines Trinkgeld* […] *zu geben“*.[209] In der Stadtbeschreibung von 1725 ist zu lesen: *„Mit Stillschweigen können ohnmöglich übergangen werden, die vielen um und um der Stadt Leipzig liegenden prächtigen Lust- und Küchen-Gärten, denen man wohl bey nahe 100. Benennen könte, worinnen die kostbahren Gebäude, mancherley Antiquitaeten, rare Gewächse, häuffige Orangerien vor andern eclatiren“*. Vom Großbosischen Garten ist zu erfahren, dass dort 1700 eine *„Aloe Americana mit 5138. Blüthen gepranget“*, 1711 wurden an einem anderen Baum *„6486. Blumen gezehlet. Kurtz vorhero hat in diesem Garten ein weiser Lilien-Stengel geblühet, darauf man 128. Blumen gezehlet. Und noch jährlich siehet und schreibet man von raren Bäume, so in diesem Garten in voller Blüte stehen.“*[210]

Johann Elias Bach (1705 – 1755),[211] ein Vetter Johann Sebastians, der von 1737 bis 1742 als Hauslehrer und Privatsekretär bei der Familie Bach in Leipzig lebte,[212] bezeichnete Anna Magdalena in einem Brief als *„eine große Liebhaberin von der Gärtnerey“*.[213] Hat sie diese Gärten oft besucht? Der Wechsel nach Leipzig brachte für Anna Magdalena viele Veränderungen mit sich. Was sie beim Verlassen von Köthen empfunden hat, ist nicht bekannt. Bis zum Umzug im Mai 1723[214] ist sie in den Gehaltsabrechnungen des Köthener Hofes aufgeführt.[215] Hat sie darunter gelitten, dass sie ihre Position als Hofsängerin aufgeben musste oder war sie froh, den Hof und die dort herrschende Atmosphäre zu verlassen? Über ihre Gefühle kann nur spekuliert werden.

Die Sängerin

Im 1790 erschienenen „Lexicon der Tonkünstler“ von Ernst Ludwig Gerber ist zu lesen: *„Bach (Anna Magdalena) geb. 1700 war eine vortrefliche Sopranistin, und die zweyte Gattin von Joh. Sebastian Bach. Sie starb im J. 1757 ohne jemals öffentlich von diesem ihrem vortreflichem Talente Gebrauch gemacht zu haben.“*[1] Anna Magdalena Bach wurde aber 1701[2] geboren und starb 1760.[3] Doch nicht nur bei diesen Daten irrte Gerber.[4] In einer Abrechnung aus Köthen vom 18. Juli 1724 ist zu lesen: *„Dem Director Musices Bachen und seiner Ehefrauen, so sich höhren laßen zu ihrer Abfertigung rthlr 60“.*[5] Ähnlich lautet ein Eintrag vom Dezember 1725.[6] In einer Abrechnung vom 25. März 1729 heißt es: *„Denen anhero verschriebenen Capell-Meister Bachen, deßen Ehefrau und Sohne auß Leipzig* […] *so den 23 Marij abends bey der Beysetzung und am 24 Marij bey der Leichen Predigt die Trauer Musiquen des Hochseeligen Fürsten Leopolds, Hochfürstlichen Durchlaucht machen geholffen“.*[7] Im Oktober 1730 schrieb Johann Sebastian über Anna Magdalena, dass sie *„einen sauberen Soprano singet“.*[8] Es sei darauf aufmerksam gemacht, dass er dabei die Gegenwartsform nutzte. Natürlich kann nicht vollkommen ausgeschlossen werden, dass er ihre diesbezüglichen Qualitäten besser darstellte, als sie es waren. Es gab aber keine Notwendigkeit für ihn, sie in diesem Brief überhaupt zu erwähnen. So ist wohl davon auszugehen, dass die sängerischen Fähigkeiten Anna Magdalenas auch zu diesem Zeitpunkt hohen Ansprüchen genügen konnten. Ohne regelmäßiges Üben ist es aber nicht möglich, ein solches sängerisches Niveau über Jahre hinweg zu halten. Das gilt in besonderem Maße, wenn in dieser Zeit eine Schwangerschaft und eine Geburt liegen. Damit gehen Veränderungen des Körpers einher, die von einer Sängerin erkannt werden müssen. Negativen Entwicklungen kann nur durch ein regelmäßiges Üben entgegengewirkt werden. Anna Magdalena brachte zwischen Februar 1724 und Januar 1730 sechs Kinder zur Welt.[9] Die Energie für die Arbeit an ihrer Stimme hätte sie wohl nicht aufgebracht, wenn sie, außer bei den genannten Aufenthalten in Köthen, nur in der eigenen Wohnung aufgetreten wäre. Sollte das für die wenigen Zuhörer ein musikalischer Genuss sein, hätte sie nicht einmal mit ihrer vollen Stimme singen können. Dafür dürfte dort kein Raum groß genug gewesen sein (siehe Abbildungen 16 – 19, S. 48 und 49). Ein regelmäßiges Üben ist aber nachvollziehbar, wenn sie in zeitnahen Abständen Auftritte vor Publikum in geeigneten

Räumlichkeiten zu bestimmten Anlässen hatte. Dafür gab es in Leipzig durchaus Möglichkeiten. Der Leipziger Student Heinrich Zernecke (1709 – 1775) schrieb für den 17. September 1733 in sein Tagebuch: *„Abends von 8. biß 10. Uhr wurde im Schelhafferschen Hause vom Hrn. Capellmeister Görner ein Concert aufgeführet, alwo eine ungemeine Anzahl von Vornehmen sowohl als andern Leuthen geringern Standes zugegen war. Es ließen sich dabey des hiesigen Tantz-Meisters, Nagel, zwey Töchter, die eine im Singen, die andere auff der Flaute-traverse, hören."*[10] Aus dem Leipziger Adressbuch für das Jahr 1732 ist zu erfahren: *„Der ordinairen Collegiorum Musicorum sind zwey"*. Eins wurde *„unter Direction des Herrn Cantoris Bachs bey Hrn. Gottfried Zimmermann, Sommers-Zeit im Garten Mittwochs, von 4. biß 6. Uhr, und Winters-Zeit Freytags im Caffee-Hause, auf der Catharinen-Straße Abends von 8. biß 10. Uhr gehalten."* Das andere fand *„Donnerstags von 8. bis 10. Uhr unter Direction Herrn Johann Gottl. Görners, Organistens bey der St.Thomas-Kirche, im Schellhaferischen Hause auf der Closter-Gasse"* statt.[11] Wenn in einem öffentlichen Konzert, das unter Görners Leitung stand, eine Frau als Sängerin auftrat, so war das wohl auch bei ähnlichen Veranstaltungen unter der Direktion von Johann Sebastian Bach möglich.

Es gab auch andere öffentliche Auftrittsmöglichkeiten für Sängerinnen in Leipzig. In den „Leipziger Zeitungen" ist 1749 zu lesen, dass *„eine fremde Weibs-Person, welche von einem hohen Hofe verschrieben worden"*, in Leipzig angekommen sei. *„Selbige ist gesonnen, Morgen den 1. May ein Concert aufzuführen, nicht nur von ausserordenlich-angenehmer Vocal- sondern auch Instrumental Music, insonderheit Violin, worinnen sie ausserordentliche Geschicklichkeit besitzet; ferner in Clavicin, und allerley Instrumenten. Dieses Concert wird aufgeführet im Brühl in drey Schwanen, Nachmittags von 5 bis 7. Uhr"*. Eintrittskarten waren zum Preis von 16 Groschen, 1 Taler oder 2 Talern pro Person zu erhalten.[12]

Dass sich die Frau Capellmeisterin allerdings in einer solchen Art und Weise zur Schau gestellt hätte, ist sehr zweifelhaft. Für den Herrn Capellmeister und Musikdirektor der Stadt Leipzig Johann Sebastian Bach[13] und seine Ehefrau, die vormalige Hofsängerin, dürfte es in der Universitäts- und Messestadt Leipzig bei vermögenden Bürgern und Adligen deutlich bessere Möglichkeiten gegeben haben, vor einer zahlreichen und illustren Zuhörerschaft aufzutreten. Für solche Veranstaltungen vor geladenen Gästen wurde aber nicht öffentlich geworben. Hier dürfte der Grund liegen, warum es bisher dafür kaum Nachweise gibt.[14]

Auch unter den Ratsherren befanden sich kunstinteressierte Persönlichkeiten. So besaß Johann Zacharias Richter (1696 – 1764),[15] der seit 1734 Mitglied des

Rates war,[16] eine große Gemäldesammlung.[17] Er heiratete 1744 Christiana Sybilla Bose (1711 – 1749).[18] Das Ehepaar wohnte gegenüber der Thomasschule (siehe Abbildung 22, S. 60 oder auch die Abbildung auf dem Vorsatz, auf denen das Gebäude mit der Nummer 10 gekennzeichnet wurde). In diesem Haus sind musikalische Darbietungen sehr gut vorstellbar.[19] Christiana Sybilla war mehrmals Patin bei Kindern der Familie Bach.[20] In dem Buch „Betrachtungen über das gantze Leiden Christi“, das ihr Anna Magdalena Anfang der 1740er Jahre schenkte, stehen die Worte: *„Als der HochEdlen, Hoch- Ehr- und Tugend-begabten Jonffer, Jonfer Christiana Sybilla Bosin, meiner besonders hochgeehrtesten Jonfer Gefatterin u. werthesten Herzens Freündin erfreülcher Geburths Tag einfiel; wolte mit diesen kleinen doch wohlgemeinten Andencken sich bestens empfehlen. Anna Magdalena Bachin“*[21] (siehe Abbildung 24).

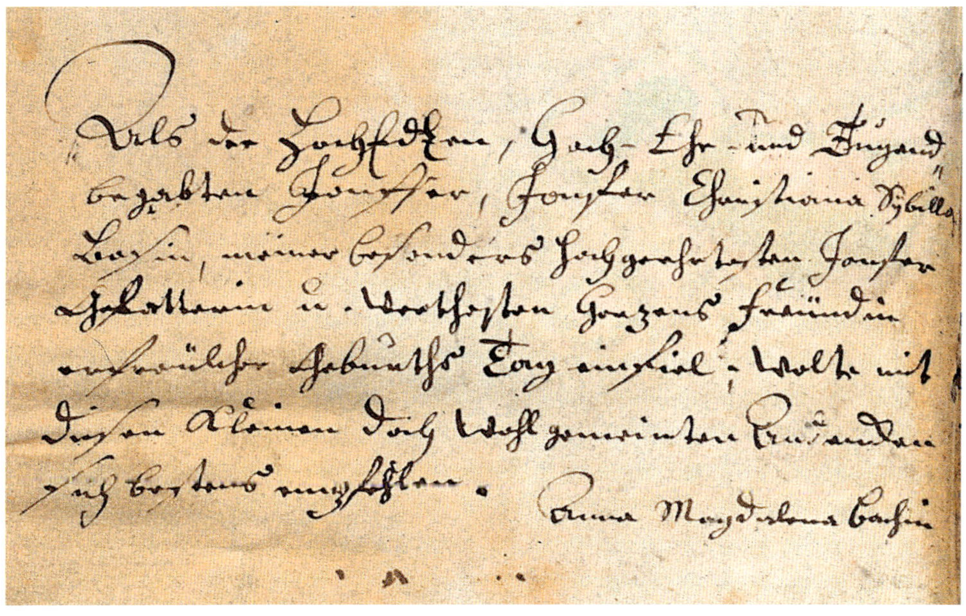
„Als der HochEdlen, Hoch- Ehr- und Tugend
begabten Jonffer, Jonfer Christiana Sybilla
Bosin, meiner besonders hochgeehrtesten Jonfer
Gefatterin u. werthesten Herzens Freündin
erfreülcher Geburths Tag einfiel; wolte mit
diesen kleinen doch wohlgemeinten Andencken
sich bestens empfehlen. Anna Magdalena Bachin

Abbildung 24: Widmung von Anna Magdalena Bach für Christiana Sybilla Bose in dem Buch „Betrachtungen über das gantze Leiden Christi“

Interessant ist in diesem Buch auch der Eigentumsvermerk, welcher von Anna Magdalena geschrieben worden sein dürfte. Ist er ein kleines Zeichen ihrer kalligraphischen Fähigkeiten und vielleicht auch ihres Selbstverständnisses? Auffällig ist die große Ähnlichkeit mit dem Eintrag im Clavier-Büchlein von 1722 (vergleiche Abbildung 25, S. 66 mit Abbildung 32, S. 97).

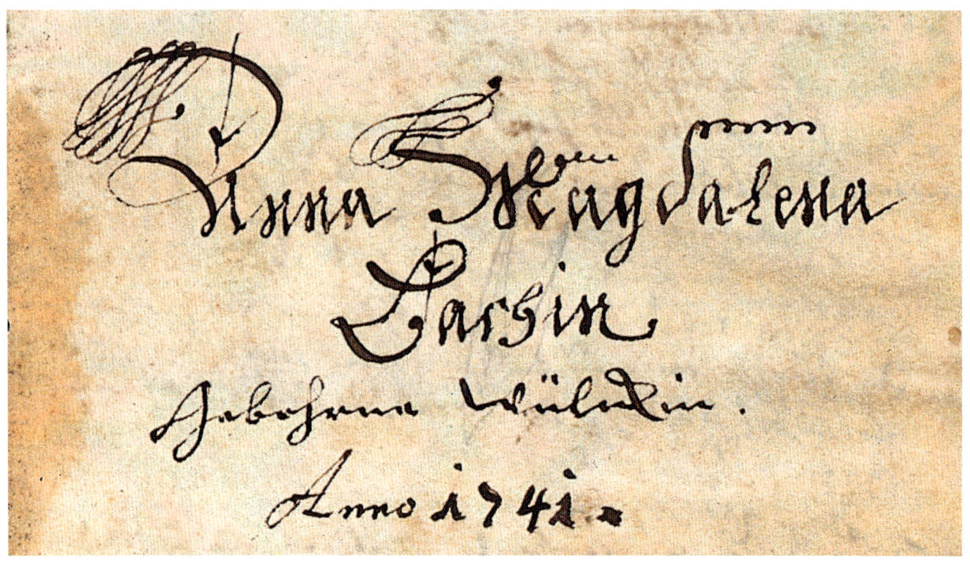

Abbildung 25: Eigentumsvermerk von Anna Magdalena Bach in dem Buch „Betrachtungen über das gantze Leiden Christi"

Dr. Johann Ernst Kregel, *„Königlich Churfürstlich Sächß. Hoff und JustitienRath auch Vornehmer des Raths"*, er lebte von 1686 bis 1737,[22] wurde 1727 Pate von Ernestus Andreas Bach. Dieser Sohn von Anna Magdalena und Johann Sebastian lebte leider nur wenige Tage.[23] Wie bereits angeführt, können durch die Übernahme des Patenamtes aber nicht zwingend Rückschlüsse auf die Art der Bekanntschaft zwischen dem Capellmeister Johann Sebastian Bach und dem Hof- und Justitienrat Dr. Johann Ernst Kregel gezogen werden. Es gibt aber andere Hinweise, dass eine gegenseitige Wertschätzung bestanden haben könnte. Dr. Kregel war seit 1711 Ratsherr.[24] Nach den Aufzeichnungen im Protokoll zur Wahl des Thomaskantors bezeichnete er Johann Sebastian Bach als *„einen sehr geschickten mann"*.[25] Nicht nur diese Einschätzung deutet darauf hin, dass Dr. Kregel etwas von Musik verstand. Er dürfte auch selbst musiziert haben. Aus der Zeit seines Studiums in Tübingen hat sich ein Widmungsblatt mit einer kleinen Zeichnung erhalten (siehe Abbildung 26). Darunter ist geschrieben: *„Hierbey beliebe sich dhl. Bruder bey müsigen Stunden der auserlesenen musicalischen Harmonie zu erinnern, mit welcher wir unverhofft von diesen 3. vortrefflichen musicis erfreuet wurden. Tübingen, d. 20. Aug. ao. 1706."*, dann folgt auf Latein: *„Mit diesen wenigen Worten hat sich der weiteren Gunst des teuersten und überaus ehrenwerten Herrn Besitzers empfehlen wollen sein treuester Johann Ernst Kregel*

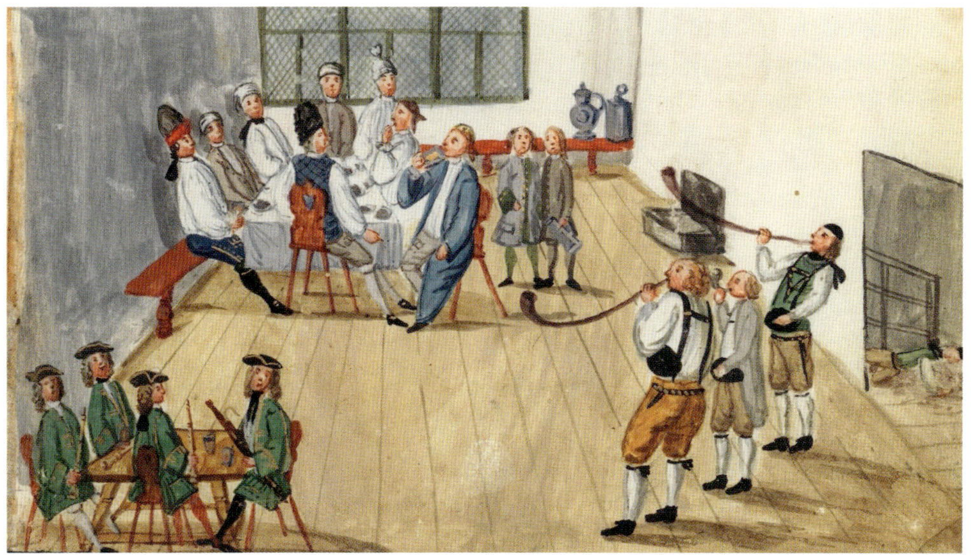

Abbildung 26: Ausschnitt aus dem Stammbucheintrag von Johann Ernst Kregel für Philipp Ludwig Brenner

aus Leipzig".[26] Der Vater von Dr. Johann Ernst Kregel war ebenfalls Ratsherr in Leipzig und ein wohlhabender Kaufmann. Beide führten das Adelsprädikat von Sternbach.[27] Eine diesem Stande angemessene Kleidung tragen nur die Personen am Tisch links, die Musikinstrumente in den Händen halten (siehe Ausschnitt Abbildung 26). Offenbar wurden sie gerade von den drei rechts dargestellten Musikern überrascht und in ihrem Spiel unterbrochen. Darauf nimmt der Text dann Bezug.

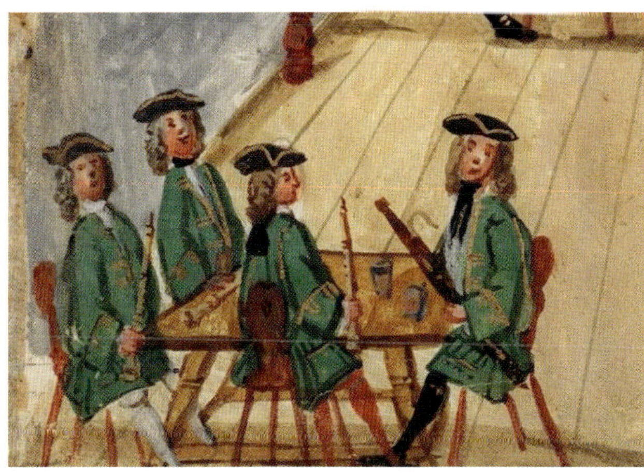

Ausschnitt Abbildung 26: Stammbucheintrag von Johann Ernst Kregel für Philipp Ludwig Brenner

Später lebte Dr. Johann Ernst Kregel wieder in Leipzig, arbeitete als Jurist[28] und besaß mehrere Güter, darunter das Gut Güldengossa mit seinem Herrenhaus.[29] Dass Anna Magdalena dort als Sängerin auftrat, ist gut vorstellbar. 1737 verstarb er. Im Totenbuch werden für seine Beisetzung die Begriffe *„Ceremonien"* und *„besondere Solennitäten"*[30] genutzt. Ob dabei auch Musik von Johann Sebastian Bach erklang, ist leider nicht überliefert.[31]
Dr. Kregel war nicht der einzige Ratsherr, der Pate eines Kindes der Familie Bach war. 1724 hatte *„D. Gottfried Lange, Königl. Poln. Churf. Sächß. HoffRath und BurgeMeister auch Vorsteher der Kirchen zu St. Thom."* das Patenamt bei Gottfried Heinrich, dem ältesten Sohn Anna Magdalenas, übernommen.[32] Patinnen bei Elisabeth Juliana Friderica waren 1726 die Ehefrauen von zwei Leipziger Ratsherren, Christiana Elisabeth Küstner und Juliana Romanus.[33] Letztlich kann aber nur darüber spekuliert werden, ob und wie oft Anna Magdalena Bach vor diesen Damen und Herren auftrat, in welcher Art von Beziehung sie überhaupt zu ihnen stand und was sie über sie dachte. Die Anrede *„Herzens Freündin"*[34] deutet aber zumindest auf eine freundschaftliche Beziehung von Anna Magdalena Bach zu Christiana Sybilla Richter geborene Bose hin. Wie eng sie war, ob zum Beispiel Standesgrenzen hinderlich waren, ist ohne weitere Quellen nicht zu beantworten, ebenso wenig, was Anna Magdalena fühlte, als Christiana Sybilla 1749 verstarb.[35]

Es gibt Hinweise, dass Johann Sebastian bei Kompositionen die sängerischen Fähigkeiten seiner Frau berücksichtigte und die Werke so einrichtete, dass er sie mit ihr aufführen konnte. Von seiner Kantate „O angenehme Melodei" (BWV 210a) ist nur eine Sopranstimme erhalten. Sie wurde von ihm und Anna Magdalena gemeinsam geschrieben[36] (siehe Abbildung 27). In einem Rezitativ und der darauffolgenden Arie verkündet in diesem Werk die Sängerin: *„Ja, wenn es möglich wär, daß dich die ganze Welt verließe und deine Lieblichkeit verstieße, so komm zu deinem teuren Flemming in seinem Schirm und Schatten her. Er weiß allein, wie Wissenschaft und Kunst zu schätzen müsse sein.*
Großer Flemming, alles Wissen findet Schutz bei deinen Füßen, du stehest denen Künsten bei. Aber unter denen allen liebt dein gnädiges Gefallen ein' angenehme Melodei."[37]
Bei dem Angesprochenen dürfte es sich um General Joachim Friedrich Reichsgraf von Flemming (1665 – 1740) gehandelt haben, dem Stadtkommandanten von Leipzig[38] oder, wie er in den Adressbüchern bezeichnet wird, dem

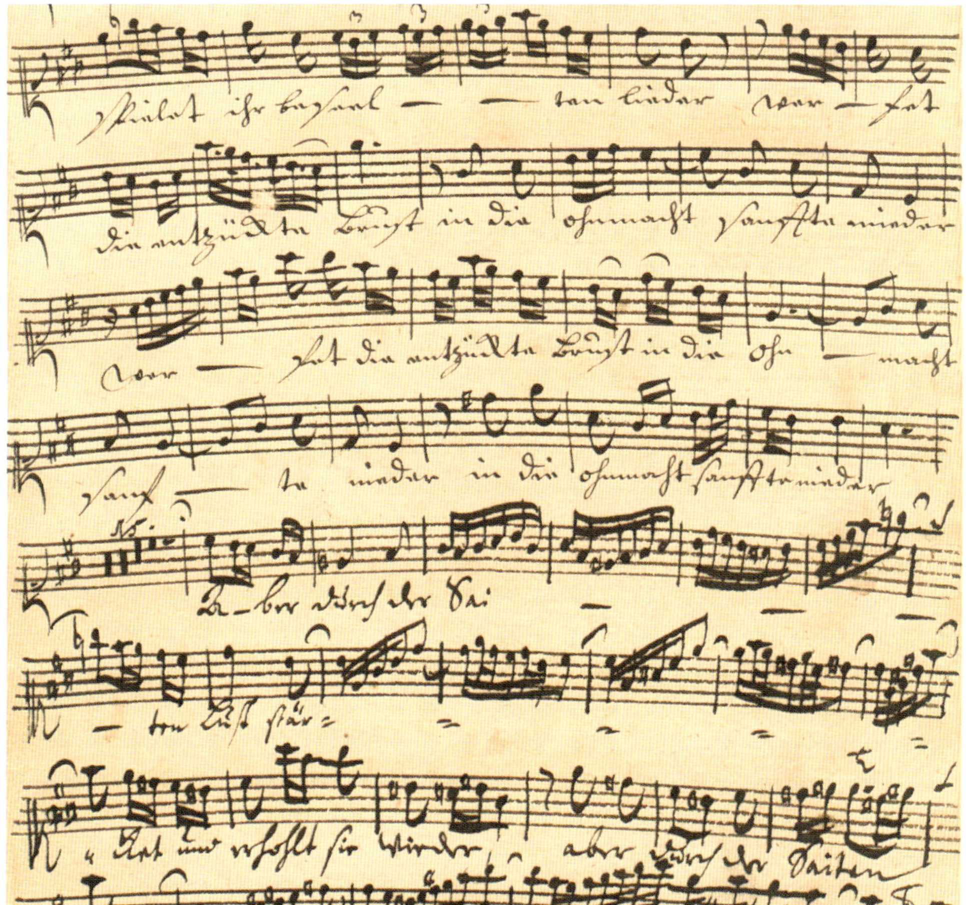

Abbildung 27: Ausschnitt aus der Sopranstimme der Kantate „O angenehme Melodei“, BWV 210a, Satz 2, die ersten vier Zeilen stammen von Anna Magdalena, Johann Sebastian setzte die Abschrift (mitten im Satz) fort

„Gouverneur der Stadt Leipzig und Vestung Pleissenburg“. Für 1732 ist seine Wohnung *„auf der Grimmischen Gasse, im Schambergerischen Haus“* und für 1736 *„auf der Peter-Strasse in Herr Appelation-Rath Küstners Hause“* angeführt.[39]
Es ist wohl davon auszugehen, dass die Aufführung eines solchen Werkes von dem so angesprochenen Förderer der Künste finanziell honoriert wurde.
Die von Anna Magdalena und Johann Sebastian verfertigte Sopranstimme ist an verschiedenen Stellen aber auch mit einem alternativen Text versehen. Sie war nicht nur für *„Flemming“*, sondern auch für mehrere *„Gönner“* eingerichtet worden (siehe Abbildung 28, S. 70).

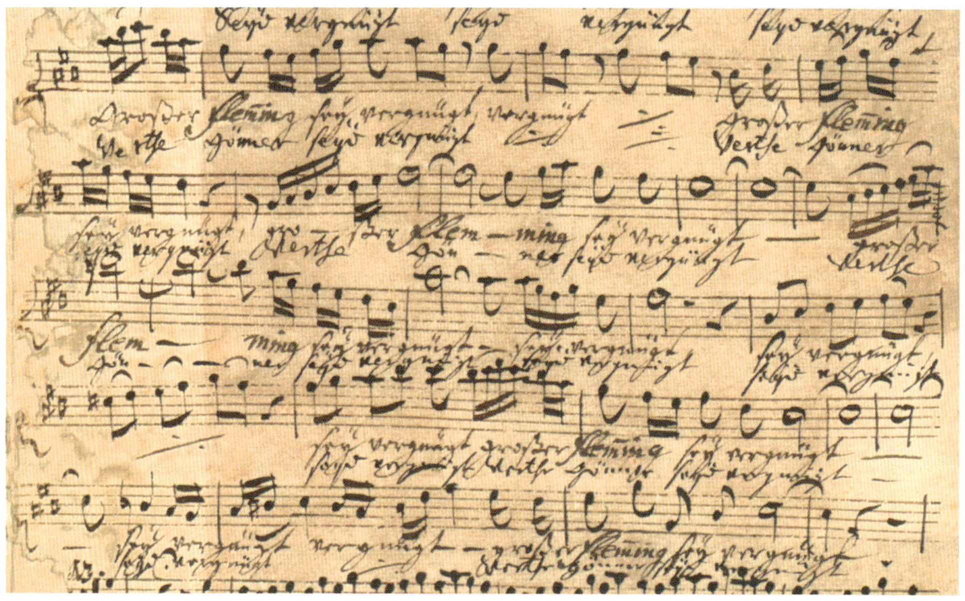

Abbildung 28: Ausschnitt aus der Sopranstimme der Kantate „O angenehme Melodei“, BWV 210a, Satz 10

Dabei ist zu erkennen, dass Anreden, die Flemming betrafen, auf Stellen geschrieben wurden, an denen Anderslautendes vorher wegradiert worden war.[40] Ein erhaltener Textdruck zeigt, dass dieses Werk im Januar 1729 zu Ehren des Herzogs Christian von Sachsen-Weißenfels gespielt wurde, als er in Leipzig weilte (siehe auch Abbildung 46, S. 154).[41] Mit einem weiteren Text („O holder Tag, erwünschte Zeit“, BWV 210) konnte diese Kantate auch als Hochzeitskantate aufgeführt werden. Dazu existieren Instrumentalstimmen und eine Sopranstimme, die nur sehr geringe Änderungen gegenüber der bereits erwähnten (BWV 210a, siehe Abbildungen 27 und 28) aufweist. Dieses Notenmaterial liefert Hinweise, dass es noch mindestens eine weitere Fassung gegeben haben muss.[42] Zusammenfassend seien dazu Ausführungen von Hans-Joachim Schulze (Direktor des Bach-Archivs Leipzig von 1992 – 2000 und langjähriger Herausgeber des Bach-Jahrbuchs) wiedergegeben: *„Die anspruchsvolle zehnsätzige Kantate [...] für Sopransolo und Instrumente, die in wenigstens fünf Fassungen für unterschiedliche Gelegenheiten – Hochzeitsfeiern, Geburtstage, Huldigungen – existiert haben muß, demnach ein gern dargebotenes Favoritstück war, dürfte gleichfalls mit der Gesangskunst Ana Magdalenas zu tun haben. Aufschlußreich sind bei dieser Komposition die Verschiedenartigkeit der Arien, die der Sängerin ein hohes Maß an*

Charakterisierungskunst abverlangen, die Ausdehnung des Werkes mit fast einer Dreiviertelstunde Aufführungsdauer sowie der geforderte Stimmumfang von zwei Oktaven, wobei im Mittelteil der ersten Arie am Ende einer schnellen Passage das dreigestrichene cis als Spitzenton erreicht wird. In Ermangelung anderer Nachrichten über die stimmlichen Fertigkeiten Anna Magdalenas bilden Rückschlüsse dieser Art einen willkommenen Ersatz.“[43]

Es hat sich von der Kantate „O holder Tag, erwünschte Zeit“ (BWV 210) auch eine Stimme erhalten, die Johann Sebastian besonders akkurat auf hochwertiges Papier schrieb.[44] Sie enthält neben der Sopranstimme den Generalbass (siehe Abbildung 29) und trägt von seiner Hand die Aufschrift *„Cantata. la Voce e Basso per il Cembalo“*.[45]

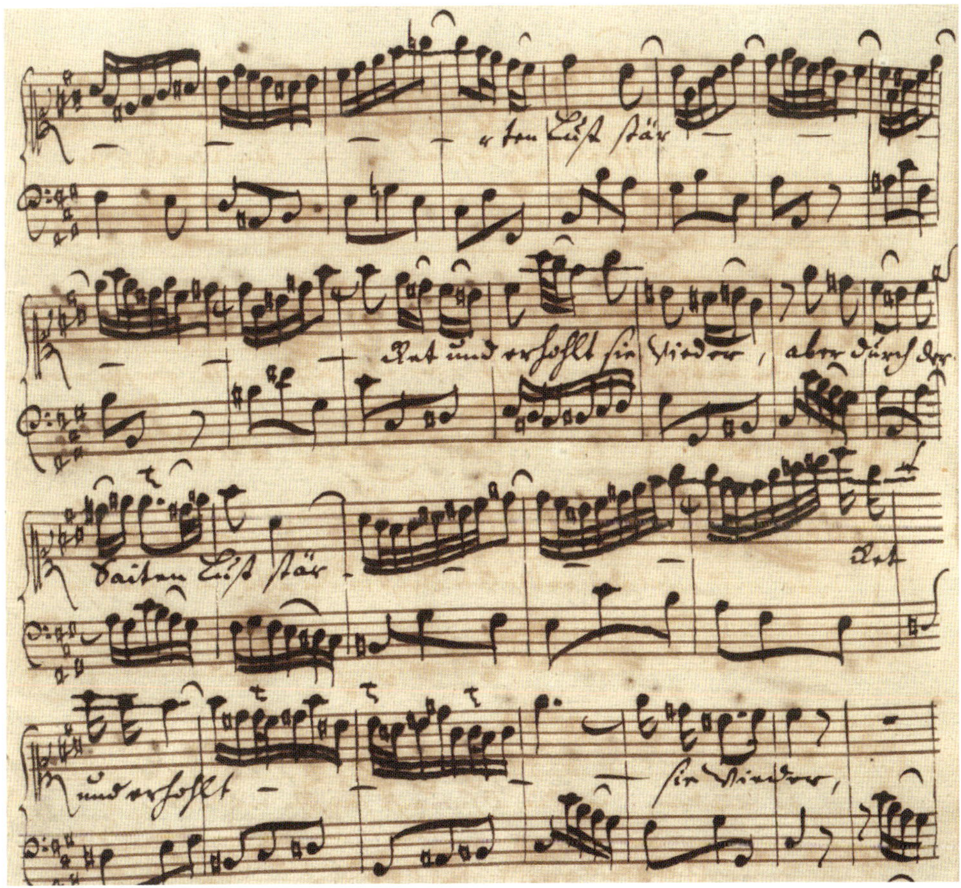

Abbildung 29: Ausschnitt aus der von Johann Sebastian Bach geschriebenen Stimme für Sopran und Cembalo der Kantate „O holder Tag, erwünschte Zeit“, BWV 210, Satz 2

Höchstwahrscheinlich wurde die Stimme dem Brautpaar, zu dessen Eheschließung das Werk erklang, als Geschenk überreicht.[46] Damit hatte Johann Sebastian eine Möglichkeit zur Verfügung gestellt, diese Kantate nur mit einer Sängerin und Cembalobegleitung zu musizieren. Es ist also durchaus möglich, dass auch er, gemeinsam mit Anna Magdalena, dieses Werk so aufführte, wenn es die Umstände erforderten.

Wie lange Anna Magdalena als Sängerin vor Publikum auftrat oder ob sie auch Gesangsunterricht gab, ist nicht bekannt. Carl Philipp Emanuel besaß ein Gemälde, das seine Stiefmutter darstellte. Im Verzeichnis seines Nachlasses, das 30 Jahre nach ihrem Tod erschien, ist es mit den Worten *„Bach, (Anna Magd.) Sopranistin, J.S. zweyte Frau. In Oel gemahlt* [...] *In goldenen Rahmen.“*[47] beschrieben. Leider ist nicht bekannt, ob es noch existiert.

Familienmitglieder

Als das Ehepaar Bach Ende Mai 1723 in die Thomasschule in Leipzig einzog,[1] hatte es fünf Kinder. Das Mädchen und die drei Jungen aus Johann Sebastians erster Ehe waren 14, 12, 9 und 8 Jahre alt.[2] Auch die gemeinsame Tochter Christiana Sophia Henrietta dürfte schon geboren gewesen sein. Ihr genauer Geburts- oder Tauftag ist allerdings nicht bekannt. Sie starb am 29. Juni 1726. In einem Schulheft von Wilhelm Friedemann ist dazu vermerkt, dass sie 3 ¼ Jahre alt wurde. Das deutet auf eine Geburt im März/April 1723 hin.[3]
In den nächsten Jahren gebar Anna Magdalena zwölf weitere Kinder.[4] Das macht es eigentlich überflüssig zu erwähnen, dass ihr der Akt der Zeugung vertraut war. Ihr dürfte die Zweideutigkeit eines Hochzeitsgedichts, das im Clavier-Büchlein von 1725 zu finden ist, durchaus bewusst gewesen sein. Dort heißt es in der zweiten Strophe:

„Cupido der vertrackte Schalk
läst keinen ungeschoren
Zum Bauen braucht man Stein und Kalgk
die löcher muß man bohren
und baud man nur ein Hennen Hauß
gebraucht man Holß und Nögel
der bauer trischt den Weitzen aus
mit groß und kleinen flegel“ [5]

Warum sie diese Zeilen aufschrieb, ist nicht bekannt und zeigt erst einmal auch nur, dass sie nicht zu prüde war, es nicht zu tun. Unbekannt ist ebenfalls, wann sie von ihr niedergeschrieben wurden, denn die Einträge in diesem Büchlein erfolgten über viele Jahre hinweg.[6]

Um einen schnellen Überblick zu erhalten, welche Töchter und Söhne im Leipziger Haushalt der Familie Bach lebten, seien sie mit ihren Lebensdaten an dieser Stelle gemeinsam aufgeführt:[7]

Name	Lebensdaten
Catharina Dorothea	getauft: 29.12.1708, gestorben 14.1.1774
Wilhelm Friedemann	geboren: 22.11.1710, gestorben: 1.7.1784
Carl Philipp Emanuel	geboren: 8.3.1714, gestorben: 14.12.1788
Johann Gottfried Bernhard	geboren: 11.5.1715, gestorben 27.5.1739
Christiana Sophia Henrietta	geboren: März/April 1723, gestorben 29.6.1726
Gottfried Heinrich	geboren: 26.2.1724, beerdigt: 12.2.1763
Christian Gottlieb	getauft: 14.4.1725, gestorben: 21.9.1728
Elisabeth Juliana Friderica	getauft 5.4.1726, gestorben 24.8.1781
Ernestus Andreas	getauft: 30.10.1727, gestorben: 1.11.1727
Regina Johanna	getauft: 10.10.1728, gestorben: 25.4.1733
Christiana Benedicta	getauft: 1.1.1730, gestorben: 4.1.1730
Christiana Dorothea	getauft: 18.3.1731, gestorben: 31.8.1732
Johann Christoph Friedrich	getauft: 23.6.1732, gestorben: 26.1.1795
Johann August Abraham	getauft: 5.11.1733, gestorben: 6.11.1733
Johann Christian	getauft: 7.9.1735, gestorben: 1.1.1782
Johanna Carolina	getauft: 30.10.1737, gestorben: 18.8.1781
Regina Susanna	getauft: 22.2.1742, gestorben 14.12.1809

Wie bereits erwähnt, wurde ein Taufeintrag für Christiana Sophia Henrietta bisher noch nicht gefunden. Aber auch für einige weitere Kinder ist der Geburtstag nicht bekannt. In der damaligen Zeit wurden in Kirchenbüchern oft nur die Taufdaten festgehalten. Kinder taufte man aber in der Regel kurz nach der Geburt.[8] Bei den Kindern Bachs, für die beide Daten bekannt sind, fand die Taufe, wie schon erwähnt, spätestens am übernächsten Tag statt.[9] Auch das Sterbedatum von Gottfried Heinrich, dem ältesten Sohn Anna Magdalenas, ist unbekannt, weil im Totenregister nur das Datum der Beisetzung notiert wurde.[10] Die Lebensdaten der Kinder werfen viele Fragen auf, über deren Antworten nur spekuliert werden kann. Wie haben die Stiefkinder Anna Magdalena angenommen? Wie war insbesondere ihr Verhältnis zur Stieftochter, die ja nur sieben Jahre jünger war als sie? Etliche der Kinder Anna Magdalenas starben als Säuglinge, einige als Kleinkinder, die schon sprechen und laufen konnten. Nur sechs von den dreizehn Kindern, die sie zur Welt gebracht hatte, überlebten sie. Das war in der damaligen Zeit aber nicht ungewöhnlich.[11] Trotzdem stellt sich

natürlich die Frage: Wie ging Anna Magdalena damit um? Für Johann Gottfried Bernhard hatte sich Johann Sebastian sehr eingesetzt und mehrere Bewerbungsschreiben verfasst. Zu einem Probespiel seines Sohnes in Mühlhausen war er mitgereist.[12] 1738 erhielt die Familie einen Brief, in dem mitgeteilt wurde, dass Johann Gottfried Bernhard, bis dahin Organist in Sangerhausen, verschwunden sei und Schulden hinterlassen habe.[13] Erfuhr Anna Magdalena von ihm, dass er sich am 1. Januar 1739 als Student in Jena eingeschrieben hatte? Wusste sie, wie das Studium finanziert werden sollte? Was empfand sie, als er kurze Zeit später starb?[14] Es ist nicht bekannt. Wilhelm Friedemann wurde 1729 an der Universität Leipzig immatrikuliert und ging 1733 als Organist der Sophienkirche nach Dresden.[15] Das Bewerbungsschreiben hatte ebenfalls sein Vater geschrieben.[16] Carl Philipp Emanuel begann 1731 sein Studium an der Universität in Leipzig und setzte es 1734 an der Universität in Frankfurt/Oder fort.[17] Was bedeuteten diese Ereignisse für Anna Magdalena? Am 30. November 1731 war ihr Vater in Weißenfels gestorben. Ihre Mutter verstarb am 7. März 1746 ebenfalls dort.[18] Tochter Elisabeth Juliana Friderica heiratete am 20. Januar 1749 Johann Christoph Altnickol und zog nach Naumburg, wo ihr Mann als Organist eine Anstellung hatte.[19] Am 4. Oktober 1749 wurde der Enkel Johann Sebastian Altnickol geboren, der aber bereits kurze Zeit später verstarb.[20]
Nur ein paar wenige persönliche Zeilen von Anna Magdalena haben überdauert. Sie schrieb sie in eine Bibel, die sie ihrem Sohn Johann Christoph Friedrich schenkte, der kurz danach eine Anstellung in Bückeburg[21] antrat: *„Zum steten Andencken und Christlicher erbauung schencket ihrem lieben Sohn dieses herliche Buch Anna Magdalena Bachin gebohrne Wülckin Deine getreu und wohlmeinde Mamma. Leipzig den 25 decmb: 1749"*[22] (siehe Abbildung 30, S. 76). Diese Zeilen berühren und dürften ein Hinweis darauf sein, dass auch Anna Magdalena im christlichen Glauben Halt, Erbauung und Trost fand. Aber gibt diese Widmung Auskunft darüber, wie sich das Verhältnis zu ihrem Sohn im täglichen Leben gestaltete? Dass er im Familienkreis Friedrich genannt wurde,[23] während Carl Philipp Emanuel mit Carl und Johann Christian mit Christel angesprochen wurden,[24] lässt sich aus Aufschriften von Umschlägen von Kantaten schließen. Solche Kenntnisse vermitteln ein wenig das Gefühl, näher an das Leben der Familie heranzukommen. Johann Sebastian könnte von engen Vertrauten Hans gerufen worden sein. Carl Philipp Emanuels jüngster Sohn war ebenfalls auf den Namen Johann Sebastian getauft worden.[25] In mehreren Briefen wurde er von seinem Vater Hans genannt.[26] Die älteste Tochter von Anna Magdalena

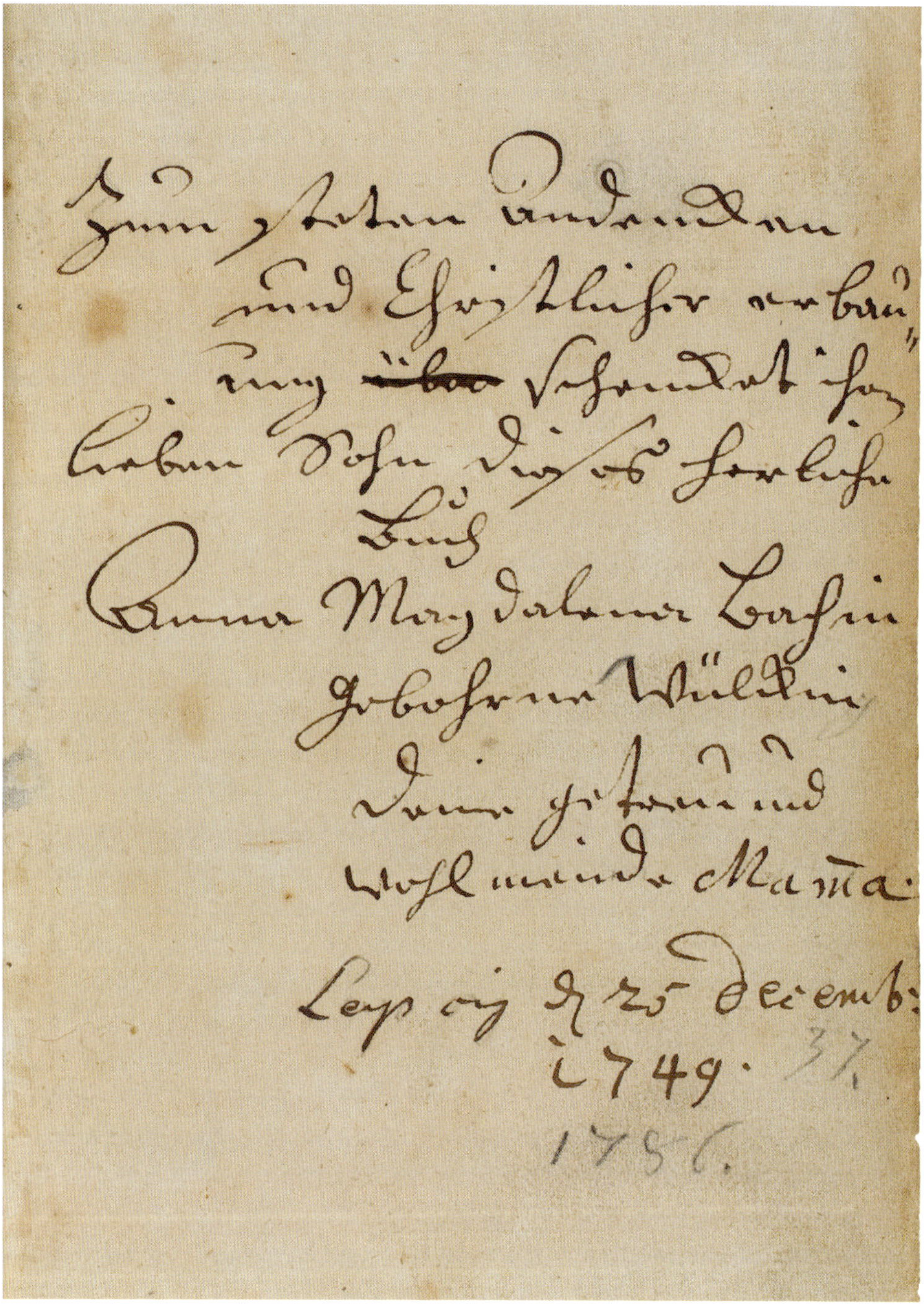

Zum steten Andencken
und Christlicher erbau
ung ~~über~~ schencket ihrem
lieben Sohn dieses herrliche
Buch
Anna Magdalena Bachin
gebohrne Wülckin
deine getreue und
wohlmeinende Mama.
Leipzig d. 25 decemb:
1749. 37.
1786.

Abbildung 30: Widmung von Anna Magdalena Bach in der Luther-Bibel, die sie ihrem Sohn Johann Christoph Friedrich schenkte

und Johann Sebastian rief man *„Ließgen"*. So erwähnt sie jedenfalls ihr Vater in einem Brief, in dem er einen Verwandten über ihre bevorstehende Hochzeit informierte.[27] Allerdings wird sie nicht in der Kaffeekantate (BWV 211) beschrieben, wo die weibliche Hauptperson den gleichen Namen trägt. 1732 ließ der Dichter Picander den Text, der für diese Kantate genutzt wurde, erstmals drucken. In diesem Jahr wurde Elisabeth Juliana Friderica Bach 6 Jahre alt. Sie war also weder heiratsfähig, wie das Liesgen in der Kaffeekantate, noch dürfte sie (zu diesem Zeitpunkt) gern Kaffee getrunken haben.[28] Da im Nachlassverzeichnis Bachs aber zwei Kaffeekannen verzeichnet sind,[29] kann nicht ausgeschlossen werden, dass sich das später änderte. Es ist sicher verlockend, im Text der Kaffeekantate eine „Homestory" zu sehen, was aber reine Phantasie ist. Der Text stammt nicht von Johann Sebastian. Bei der Kantate „Gott ist mein König" (BWV 71) ist vollkommen klar, dass aus den Worten der ersten Arie *„Ich bin nun achtzig Jahr"* nicht auf sein Alter geschlossen werden kann, weil das Jahr der Erstaufführung dieser Kantate (1708) und sein Geburtsjahr (1685)[30] bekannt sind. Auch aus anderen Texten, die er vertonte, sollten ohne weitere deutliche Hinweise keine Rückschlüsse auf sein Leben oder das seiner Familie gezogen werden.

In einem Lexikon von 1739 wird berichtet, dass *„Mütter, um ihre kleinen Kinder in Furcht und Gehorsam zu halten, am Heil. Christ-Abend, allerhand so genannte Heil. Christ Masquen, u. angekleidete Personen, als da sind: Ein Engel, der H. Christ, Knecht Ruprecht, Petrus mit dem grossen Schlüssel, Hirten, Bauren u. d. g. zu ihren Kindern, mit allerhand abgesungenen oder bloß hergesagten Reimen und Versen, in die Stube treten und selbige, nach einem ausgestandenen Examine, mit allerhand Spielwerck und andern Sachen beschencken lassen."*[31] Es mag eine hübsche Vorstellung sein, sich diesen Brauch im Hause Bach vorzustellen. In einer anderen Publikation aus dieser Zeit wird damit aber hart ins Gericht gegangen. Es würde dabei albernes *„und der Majestät des Kindes JEsu schimpffliches Zeug"* veranstaltet werden, *„welche Narrheit nichts desto minder das Absehen haben soll, den Kindern einen willigen Gehorsam gegen die Eltern, Fleiß und Ehrfurcht einzuprägen"*. Kluge Eltern würden *„keines Ruprechts bedürfen. Wenn sie nur Acht haben, daß sie die Kinder nicht zu dem Zorne reitzen, ihnen anfangs nicht zu viel nachgeben, nicht ohne Unterlaß alles zu Poltzen drehen, so, daß die Kinder, wenn sie auch nach ihrem besten Vermögen thun, dennoch ihnen nichts zu Dancke machen können, die Kinder ohne Ursach nicht tadeln und verachten, vornemlich aber in der Kinder-Zucht nicht ihre*

eigene Ehre und fälschlich eingebildete Weisheit, sondern die Vermahnung zu GOtt in Liebe und Treue vorkehren".[32]
Wie auch immer die Familie Bach es damit hielt – den Brauch, dass Kinder zu Weihnachten Geschenke erhielten, dürfte man gepflegt haben. Johann Elias Bach schrieb in verschiedenen Briefen, dass sich Anna Magdalena auf bestimmte Blumen schon freuen würde, wie *„ein kleines Kind auf den heil. Christ"* beziehungsweise sie *„höher schäzet, als die Kinder ihren Christ Beschehr"*.[33]
Zum Haushalt gehörte auch Friedelena Margaretha Bach. Sie war die Schwester der ersten Frau von Johann Sebastian und lebte bereits vor seiner Eheschließung mit Anna Magdalena in seinem Haushalt. Am 28. Juli 1729 verstarb Friedelena Margaretha Bach im Alter von 53 Jahren in Leipzig.[34] Über sie gibt es keine genaueren Informationen, aus denen hervorgeht, welche Rolle sie im Haushalt spielte. Es ist möglich, dass sie ihn nach dem Tod ihrer Schwester 1720[35] führte und für Anna Magdalena dann eine wichtige Hilfe war.[36] Vielleicht war das aber auch nicht der Fall. Es kann auch nicht ausgeschlossen werden, dass sie unter einer Behinderung litt, auf fremde Hilfe angewiesen war und deshalb bei der Familie lebte.

Viele Fragen bleiben offen, die das Familienleben im Hause Bach und vor allem den Umgang miteinander betreffen. Es geht aus den bekannten Daten über die Kinder aber hervor, dass nie alle gemeinsam im Leipziger Haushalt lebten. Einen Überblick dafür liefert das Diagramm auf der gegenüberliegenden Seite.[37] Die vier Kinder aus der ersten Ehe von Johann Sebastian Bach waren zum Zeitpunkt des Umzugs nach Leipzig zwischen 8 und 14 Jahre alt[38] und sind im Diagramm mit * gekennzeichnet. Nur 1732 lebten für einige Wochen neun Töchter und Söhne im Haushalt, ansonsten waren es weniger. In etlichen Jahren waren einige aber bereits 18 Jahre und älter. Um sich ein Bild über den Aufwand der Versorgung der Kinder zu machen, ist es wohl sinnvoller, diejenigen von ihnen zu betrachten, die unter zehn Jahre alt waren. Wenn man von der Anzahl derer, die aus dieser Altersgruppe zum jeweiligen Jahresbeginn der Jahre 1724 bis 1750 im Haushalt lebten, den Durchschnittswert errechnet, so kommt man auf eine Zahl, die unter 3 liegt.

Zeiträume, in denen die Kinder von Johann Sebastian Bach in Leipzig im gemeinsamen Haushalt der Familie lebten

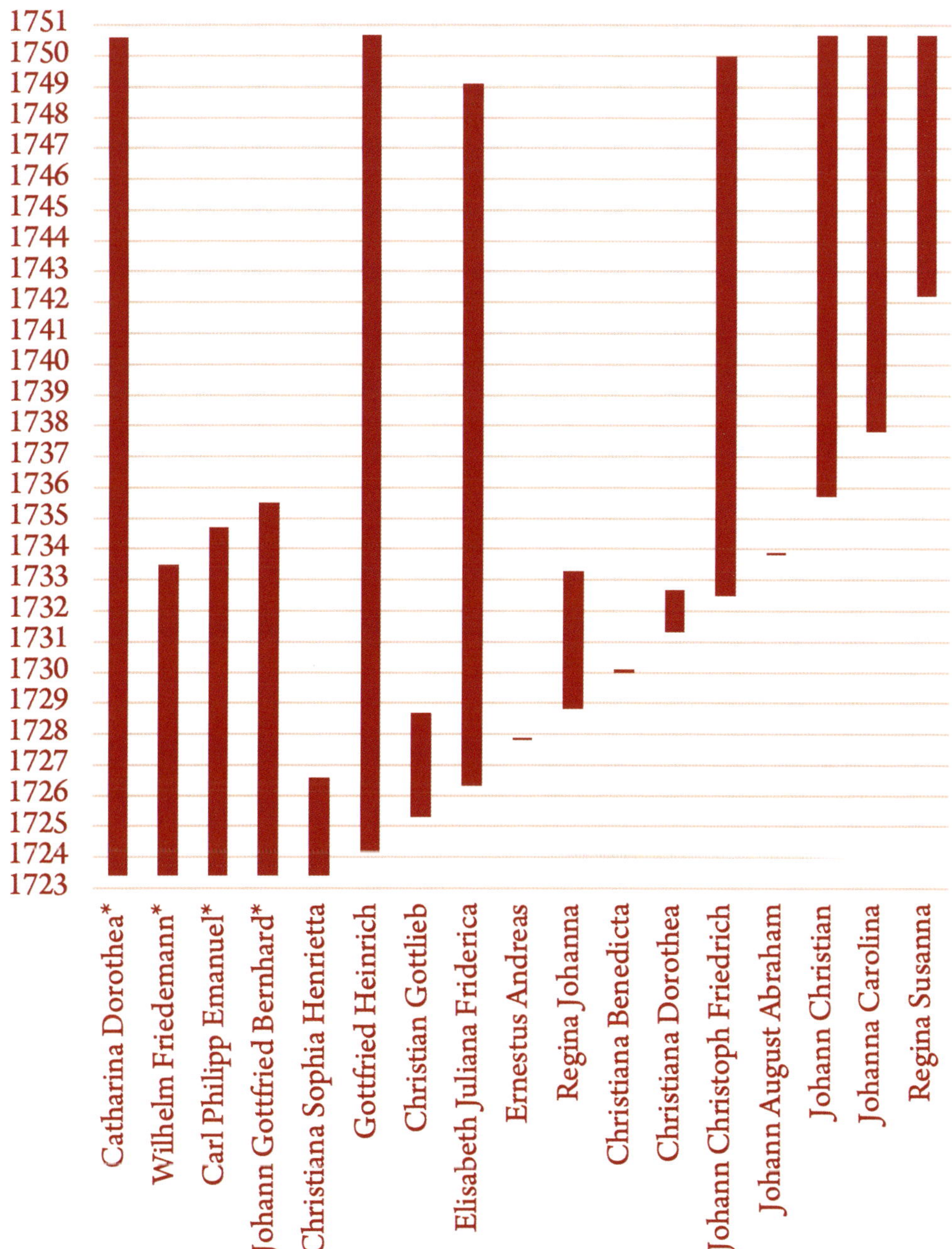

Dienstpersonal

In verschiedenen Lexika dieser Zeit wird beschrieben, dass eine junge Mutter, *„nach geschehener Entbindung der Geburt und Niederkunfft sich drey Wochen lang in dem Wochen-Bette, drey Wochen aber ausser demselbigen, und also zusammen sechs Wochen lang in ihrer Wochen-Stube reinlich und nette ausgeputzt und angekleidet aufhält, den Gevatter- und Wochen-Besuch binnen solcher Zeit annimmt und gebräuchlicher massen abwartet."* Sie wurde als *„Kind-Betterin"* bezeichnet.[1] Auch für die Ernährung von Wöchnerinnen nach der Geburt gab es besondere Empfehlungen. So sollten *„sie sich die ersten Tage durch an kräfftigen Brühen oder Süpplein genügen lassen, und ja kein Fleisch zu essen verlangen. Nach Verflüssung dreyer oder vier Tage aber mag ihnen ein wenig Tauben- Hüner- oder Kalbfleisch unverwehret seyn, jedoch mäßiglich."*[2] Es ist nicht bekannt, wie es Anna Magdalena damit genau hielt, doch stellt sich grundsätzlich die Frage, wer in diesen Zeiten ihre Kinder versorgte oder das Essen kochte. Wie wurden überhaupt die vielfältigen Aufgaben bewältigt, die bei einer Familie dieser Größe anfielen? Abhängig von ihrem Stand, konnte *„sich eine Frau mit Recht we*[i]*gern, wenn ihr der Mann solche Dinge zu muthet, die einer Magd anständiger sind"*.[3] In ihren Forschungen über Frauen in der Frühen Neuzeit kam Heide Wunder zu dem Schluss, dass heutige Vorstellungen über Schwangerschaft, Geburt und Kinderbetreuung nicht verallgemeinert werden sollten. Für die damalige Zeit galt: *„Alle Arbeiten – außer der Entbindung – konnten als Lohnarbeit delegiert werden"*.[4] Auch die Familie Bach nutzte diese Möglichkeiten. Dienstpersonal war für den Haushalt eines Thomaskantors selbstverständlich und wohnte dort auch. Nach der Thomasschulordnung von 1723 waren die Wohnungen des Rektors und des Kantors in der Thomasschule *„also zugerichtet, daß in einer jeden sie ihre Haußhaltung absonderlich führen, auch Weib, Kinder und Gesinde darinne haben können."*[5] Es wurde hier nicht von einer Person, sondern einer Mehrzahl gesprochen. Als Gesinde (auch Dienstboten) bezeichnet man *„diejenigen Personen beyderley Geschlechts"*,[6] welche *„zu Diensten oder Arbeit im Haus gehalten werden, in einer Wohnung beysammen bleiben, und in des Hausherrn Lohn und Brot stehen."*[7] Dienstpersonal kann schon für den Bachschen Haushalt in Köthen nachgewiesen werden. Für eine Taufe am 6. August 1721 wird als Patin *„Jungfer Anna Elisabeth, in diensten bey dem Herrn Capellmeister Bachen allhier"* aufgeführt.[8] Eine Magd, die im Leipziger Haushalt der Familie Bach arbeitete, ist im Nachlassverzeichnis Johann Sebastian Bachs erwähnt, weil sie noch 4 Taler zu erhalten hatte.[9] Eine Magd gehörte zum Gesinde,[10] und auch diese wird im Haushalt der Familie, in der sie diente, gewohnt haben und dort auch verköstigt worden sein, denn der ausstehende Betrag ist relativ hoch. Eine Frau, die zum Wäscheplätten angestellt wurde, erhielt zum Beispiel für ihre Arbeit von *„früh halb Sieben biß abends 10 Uhr"* 5 Groschen[11] (24 Groschen = 1 Taler).[12] Hätte sich die Magd selbst versorgen müssen, wäre ihr der Lohn in kurzen Abständen ausgezahlt worden und viel geringer gewesen.

Anna Magdalena delegierte aber deutlich mehr Aufgaben in Lohnarbeit. So gibt es Hinweise, dass sie ihre Kinder als Säuglinge von Ammen ernähren ließ. Zur damaligen Zeit gab es für die Muttermilch keine Alternative. *„In der Erziehungs- und Gesundheitsliteratur des Mittelalters wurde nur die Alternative Mutter – Amme diskutiert, Brei sollte erst dann zugefüttert werden, wenn die Milch von Mutter oder Amme nicht ausreichte. Das Überleben eines Kindes, das mit Kuhmilch aufgezogen wurde, grenzte fast an ein Wunder und findet sich dementsprechend in den Lebensbeschreibungen von Heiligen als ein Zeichen für deren Auserwähltheit."*[13] Über das Stillen heißt es in einer Beschreibung von 1739: *„Ist eine Verrichtung und Pflicht der Ammen und eigenen Mütter, so die kleinen Kinder an die Brüste legen, und selbige mit ihrer Milch Tag und Nacht unterhalten."*[14] Kinder wurden so lange gestillt, *„bis sie endlich derbere Speisen zu vertragen gewohnet werden"*,[15] wobei von mindestens 6 Monaten ausgegangen werden kann.[16] Wie einer Publikation der Bundeszentrale für gesundheitliche Aufklärung von 2001 zu entnehmen ist, liegt die Wahrscheinlichkeit einer erneuten Schwangerschaft bei einer Mutter, die voll stillt (nach Bedarf und auch nachts) sowie nicht zufüttert, in den ersten sechs Monaten nach der Geburt bei weniger als 2 Prozent.[17] Wenn Anna Magdalena selbst gestillt hätte, so wären bei den Kindern, die das Säuglingsalter überlebten, Geburtsabstände von mindestens 15 Monaten zu erwarten. In der nachfolgenden Übersicht sind die Daten für die Entbindungen Anna Magdalenas und die Abstände dazwischen für die Zeit von 1723 bis 1732 zusammengefasst:[18]

Name des Kindes	Taufdatum	zeitlicher Abstand zur nächsten Entbindung
Christiana Sophia Henrietta	Frühjahr 1723	
		weniger als 12 Monate
Gottfried Heinrich	27.2.1724	
		13 Monate
Christian Gottlieb	14.4.1725	
		11 Monate
Elisabeth Juliana Friderica	5.4.1726	
		18 Monate
Ernestus Andreas*	30.10.1727	
		11 Monate
Regina Johanna	10.10.1728	
		14 Monate
Christiana Benedicta*	1.1.1730	
		14 Monate
Christiana Dorothea	18.3.1731	
		15 Monate
Johann Christoph Friedrich	23.6.1732	

Die weiteren Geburten konnten für diese Aufstellung vernachlässigt werden, weil die Abstände keine Hinweise mehr liefern, ob die Säuglinge durch eine Amme ernährt wurden. Ernestus Andreas und Christiana Benedicta (in der Übersicht mit * markiert) starben bereits nach wenigen Tagen. Anna Magdalena stillte hier also auf keinen Fall und wurde auch relativ schnell wieder schwanger. Die Zeitabstände nach den Geburten von Christiana Sophia Henrietta, Gottfried Heinrich, Christian Gottlieb und Regina Johanna sind aber Hinweise, dass Anna Magdalena hier ebenfalls nicht stillte, sondern dafür eine Amme angestellt wurde. Für Gottfried Heinrich und Regina Johanna gibt es dafür weitere Anhaltspunkte. In der ersten Julihälfte 1724 hielt sich Anna Magdalena in Köthen auf.[19] Ihr Sohn Gottfried Heinrich war noch keine fünf Monate alt.[20] Für die zweite Märzhälfte 1729 ist ebenfalls ein Auftritt von ihr in Köthen nachweisbar.[21] Tochter Regina Johanna war zu diesem Zeitpunkt etwas über fünf Monate alt. Dass die Säuglinge auf die Reise mitgenommen wurden, kann ausgeschlossen werden. Zu dieser Zeit

galt: *„Zum Reisen gehört Geduld, Mut, guter Humor, Vergessenheit aller häuslichen Sorgen, und daß man sich durch kleine widrige Zufälle, Schwierigkeiten, böses Wetter, schlechte Kost und dergleichen nicht niederschlagen lasse.“*[22] Dabei konnte es passieren, dass Reisende gebeten wurden, die Kutsche an gefährlichen Passagen oder wegen schlechter Straßenverhältnisse zu verlassen. Die Überquerung von Flüssen konnte zu einem riskanten Abenteuer werden. Selbst im Winter fuhren Kutschen, bei denen nur ein Leinenüberzug *„die schneidende Luft“* abhielt.[23] Auch für Reiseplanungen der Familie Bach gibt es Hinweise auf das Wetter. In einem Brief nach Weißenfels wurde im November 1739 mitgeteilt, dass *„der Herr Medicus* [...] *bey ieziger Witterung“* von einer Fahrt abraten würde.[24] Es gibt einen Hinweis, dass Johann Sebastian Eigentümer von besonderer Reisebekleidung war. Johann Elias Bach bedankte sich am 7. November 1742 bei ihm und teilte mit, dass er *„den gütigst communicirten Roquelaur* [Regen- oder Reiserock][25] *u. Belz Stiefeln mit vielem Dank“* zurücksende. Durch sie sei ihm auf der Reise *„viele Güte geschehen, ob sie gleich weder Regen noch sonsten einiger Schade betroffen hat“*.[26] Unterschiedliche Streckenprofile und Straßenzustände, die sich auch witterungsbedingt ändern konnten, hatten einen großen Einfluss auf die Reisegeschwindigkeit. Als Anhaltspunkt lässt sich verschiedenen Berichten von Reisen durch Mitteldeutschland aber entnehmen, dass man damals mit einer Kutsche pro Stunde rund 5 Kilometer zurücklegte.[27] Ein angehender Student schrieb, dass er für eine Fahrt von Rostock nach Leipzig 7 Tage benötigte. Dabei wurden an 2 Tagen 4, ansonsten rund 6 Meilen gefahren[28] (1 Kursächsische Postmeile = 9,06 Kilometer).[29] Die Wegstrecke von Leipzig nach Köthen wird im Leipziger Adressbuch mit 7 Meilen angegeben.[30] Eine Übernachtung für die Bewältigung einer solchen Strecke ist also nicht auszuschließen.
Auf einer Reise nach Kassel, welche das Ehepaar Bach 1732 unternahm, übernachtete es ganz sicher unterwegs. Dabei bestand die Gefahr, dass in schlechten Wirtshäusern die Öfen rauchten, damit *„der Gast bestelle, daß man das Holz wieder herausziehn soll und dennoch bezahlen müsse“*. Die Betten konnten zu kurz sein und *„die Kissen mit blauen Überzügen versehn, damit man den Schmutz nicht wahrnehme“*. Indem *„man auf der Erde auf Stroh – seine eigenen mitgenommenen Betten und Bettücher legen“* ließ, konnte vermieden werden, in solchen Betten zu schlafen.[31] Folgende Ratschläge sind in einer Publikation von 1736 zu lesen: *„Es ist auch nicht übel gethan, wenn ein Reisender sich einen Wachsstock in einer blecher nen Büchse, nebst einem fertigen Feuerzeuge, davon man gar artig Inventionen hat, anschaffet, und selbes nebst seinem Gewehr des Abends vor sein Bette hinleget, damit er bey vorfallender Gelegenheit sich dessen mit Nutzen bediene.*

Vielweniger ist es zu verwerfen, wenn er allerhand Anwürfe, Schlösser oder solche Machinen von Eisen sich machen läst, mit denen er von innen Thüren zuschliessen kan. Es ist leicht, dergleichen zu inventiren, und muß man ihrer von unterschiedlichen Arten haben. Denn es träget sich öfters zu, daß die Kammern, in denen man schlafen muß, weder Schloß noch Riegel haben. Gelegenheit aber macht Diebe.
Wenn er sein Schlaf-Gemach solcher Gestalt versichert, so durchsuche er sein Bettzeug ein wenig, ob es auch rein. Man kan öfters nicht wissen, was vor ein siecher Leib herausgestiegen, darein sich ein gesunder wieder steigen soll. Am rathsamsten ist, man versehe sich mit einem Schlaf-Rocke und leinenen Unter-Kleidern, und lege sich damit in GOttes Namen nieder." Es konnte versucht werden, die beschriebenen Gefahren zu umgehen, indem eine vornehme Unterkunft gewählt wurde.[32]
Am 21. September 1732 trafen der Herr Capellmeister Johann Sebastian Bach und seine Ehefrau in Kassel ein. Wenn dabei der direkte Weg gewählt wurde, waren dafür von Leipzig aus 236 Kilometer zurückzulegen.[33] Abrechnungen geben darüber Auskunft, dass Johann Sebastian die Orgel von St. Martin prüfte, das Ehepaar im Gasthof „Stadt Stockholm" logierte und für die Zeit des Aufenthalts ein Diener zur Aufwartung zur Verfügung stand. Das Honorar sowie die Kosten für Reise, Unterkunft und Verpflegung bezahlten Einrichtungen der Stadt Kassel. Frühestens nach einem Orgelkonzert am 28. September reiste das Ehepaar wieder ab.[34] Nach einem Bericht von 1743 beeindruckte den Erbprinz Friedrich von Hessen-Kassel das Orgelspiel Johann Sebastians in solchem Maße, dass er ihm einen edelsteinbesetzten Ring schenkte.[35]
Die Zeit davor war für die Familie Bach recht bewegt gewesen. 1731 hatte man aus der Thomasschule ausziehen müssen. Das Gebäude wurde umgebaut und dabei auch das gesamte Dach entfernt.[36] Im Frühjahr 1732 wird die Familie wieder zurückgezogen sein,[37] denn am 5. Juni 1732 erfolgte die Wiedereinweihung, wofür Johann Sebastian eine Festkantate komponierte und aufführte.[38] Ein Zeitzeuge berichtete über ein besonderes Ereignis, das sich einige Tage später in Leipzig ereignete: *„Der 13. Junii war der Tag, da unter Anführung eines bemeldten Preußischen Commissarien 800. Emigranten an Männern, Weibern und Kindern ankamen."* Es handelte sich dabei um Menschen aus dem Erzbistum Salzburg, die aus Glaubensgründen ihre Heimat verlassen mussten und Aufnahme in den Landen des Königs in Preußen und Kurfürsten von Brandenburg Friedrich Wilhelm I. fanden.[39] *„Fast gantz Leipzig war beschäfftiget, ihnen mit Freuden entgegen zu gehen.* [...] *Die Pferde-Verleiher waren beschäfftiget, denen Herren Studiosis und andern Pferde zuzubringen, und wer nicht bey Zeiten eine Kutzsche bestellet hatte,*

konte Nachmittage keine mehr erhalten [...] man sahe, daß von denen hiesigen Bürgern, so wohl in der Stadt als Vorstadt, einige zu 20, 30, 40, ja gar 50 Personen mit sich nach Hause nahmen. [...] Den andern Tag, als den 14. Junii kamen noch eine grössere Anzahl als des vorigen Tages, derer Emigranten Nachmittage um 2 Uhr mit bey sich habenden 60 Bagage-Wagen an. [...] Es war gewißlich recht beweglich anzusehen, und zu verwundern, wie in sehr weniger Zeit eine Zahl von bey nahe 900 Mann[40] *so geschwinde unterbracht worden, dergestalt, daß die Musterschreiber genug aufzuschreiben hatten, wie viel ieder von denen Bürgern mit sich genommen. [...] Den Sonnabend als den 14. sahe man alle Gassen und Strassen der Stadt mit diesen armen Leuten angefüllet. Sie giengen herum die Stadt zu sehen [...] Viele wurden von der Gasse in die Häuser geruffen, da man sie denn nothdürfftig mit Kleidung, Wäsche, Schuh, Strümpfe und einem reichen Zehr-Pfennig rühmlichst versorgete. In denen Buchläden verehrte man ihnen schöne geistreiche Bücher zu ihrer Erbauung, wie denn solches auch von vielen andern [...] geschehen, welche ihnen gantz neu eingebundene Gebeth-Bücher, Bibeln, die Augspurgische Confession und dergleichen mehr, worüber sie eine gantz unbeschreibliche Freude bezeigten, solche mit sonderbahrer Inbrunst küsten, zustellen, sie auch von andern Speisen, und sonst wohl halten liessen. [...] Den Sonntag darauf als den 15. Junii war in allen Kirchen verordnet, daß die, welche etwan daß heilige Abendmahl von denen Emigranten geniessen wolten, darzu, nachdem man vorhero mit ihnen ein kurtzes Examen angestellet, solten admittiret werden [...] alle Prediger der Stadt liessen es an nichts ermangeln, durch ihre besondere Beredsamkeit diese Leute zu erbauen, zu trösten, sie zur Standhafftigkeit möglichst zu vermahnen.*“[41] Ob diese Menschen aus dem Erzbistum Salzburg dabei Musik von Johann Sebastian Bach hörten, ist zu vermuten, aber nicht nachzuweisen.[42] In Gottesdiensten konnte dieser auch Werke anderer Komponisten aufführen.[43] Am 16. und 17. Juni zogen die Salzburger Exulanten weiter.[44]

In welcher Form die Familie Bach an diesen Ereignissen Anteil nahm, ist nicht bekannt. Zumindest für Anna Magdalena dürfte es schwierig gewesen sein, sich in besonderem Maße einzubringen. Sie war hochschwanger. Am 21. Juni 1732 brachte sie ihren Sohn Johann Christoph Friedrich zur Welt.[45] Freud und Leid lagen aber dicht nebeneinander. Zwei Monate später, am 31. August, verstarb die 1½-jährige Tochter Christiana Dorothea.[46] Im September brach das Ehepaar dann zu dieser längeren Reise nach Kassel auf.[47] Auch hier kann ausgeschlossen werden, dass Anna Magdalena einen Säugling mit auf die Reise nahm. Der erst zwei Monate alte Johann Christoph Friedrich muss von einer Amme zu Hause gestillt worden sein.

Somit gibt es deutliche Hinweise, dass Anna Magdalena ihre ersten drei Kinder, das sechste und neunte Kind durch Ammen stillen ließ. Es kann davon ausgegangen werden, dass sie auch ihre anderen Kinder nicht selbst stillte. Das war zu ihrer Zeit nicht ungewöhnlich und vor allem bei Frauen gehobener Stände anzutreffen.[48] *„Für Hamburg wird geschätzt, daß am Ende des 18. Jahrhunderts 4000 – 5000 Ammen in bürgerlichen Hauhalten angestellt waren.“*[49]
Dass es einen Zusammenhang zwischen dem Stillen und der Verringerung der Fruchtbarkeit gibt, war übrigens auch schon zu Anna Magdalenas Zeit bekannt.[50]

Während die Eltern 1732 nach Kassel reisten, mussten aber auch andere Kinder versorgt werden. Die Töchter und Söhne, die nach gegenwärtigem Kenntnisstand Mitte September 1732 in der Familie lebten, sind hier mit Altersangaben gemeinsam aufgeführt:[51]

Name	**Alter Mitte September 1732**
Catharina Dorothea	23 Jahre
Wilhelm Friedemann	21 Jahre
Carl Philipp Emanuel	18 Jahre
Johann Gottfried Bernhard	17 Jahre
Gottfried Heinrich	8 Jahre
Elisabeth Juliana Friderica	6 Jahre
Regina Johanna	3 Jahre
Johann Christoph Friedrich	2 Monate

Wilhelm Friedemann oder Carl Philipp Emanuel werden für die Versorgung der Stiefgeschwister nicht zur Verfügung gestanden haben. Beide waren zu dieser Zeit Studenten,[52] und es war mit den damaligen Ehrbegriffen kaum vereinbar, solche Arbeiten zu übernehmen. Die diesbezügliche Einstellung beschreibt Johann Christian Müller (1720 – 1772)[53] deutlich, der zu dieser Zeit ebenfalls Student war: *„Ich erinnere mich daß ich einmal, als ich über den Markt gegangen, einen großen runden Käse, in Form unserer Schaaf Käse gesehen hatte. Ich schickte sogleich bei meiner Zuhausekunft die Aufwärterin dahin ihn einzukaufen.“*[54] Es war für Johann Christian Müller also nicht möglich, diesen Käse selbst zu kaufen, und selbstverständlich, dass er als Student eine Aufwartefrau hatte.[55] Sie putzte die Schuhe, reinigte die Stube, heizte, erledigte Einkäufe.[56] Johann Christian Müller war der Sohn eines Schmieds aus Stralsund, der Gesellen und Gehilfen beschäftigte. Zu diesem Haushalt gehörte auch dort Gesinde.[57]

Was die Versorgung der jüngeren Stiefgeschwister im Hause Bach im September/Oktober 1732 betrifft, dürfte sich der 17-jährige Johann Gottfried Bernhard Bach am Beispiel der älteren Brüder orientiert haben. Es ist auch nicht davon auszugehen, dass Catharina Dorothea diese Aufgabe allein übernahm. Dafür gab es Dienstpersonal.[58] Eine Amme verdiente deutlich mehr als eine Magd oder eine Kinderfrau. Einen Eindruck über die Relationen vermittelt eine Kopfsteuer, die 1747 eingeführt wurde. Für eine Amme musste 1 Taler im Jahr entrichtet werden, für eine Kinderfrau, die *„bey Adelichen und angesehenen bürgerlichen Personen in Dreßden und Leipzig"* arbeitete, zwei Drittel davon: 16 Groschen. War sie bei *„geringern Personen"* angestellt, betrug diese Steuer nur 4 Groschen. Für eine Haus- oder Küchenmagd mussten 8 Groschen gezahlt werden.[59] Konnte im Haushalt der Familie Bach eine Amme finanziert werden, so wird man auch weiteres Dienstpersonal gehabt haben. Für die älteste Tochter Catharina Dorothea dürfte die Abwesenheit der Eltern eine Möglichkeit gewesen sein, sich im „Haushalten" zu üben, das heißt: ein Hauswesen zu leiten und den Angestellten vorzustehen.[60] Die kleineren Geschwister mussten nicht nur ernährt, sondern auch betreut werden. Es gab in dieser Zeit den Begriff der *„Kinderstube,* [...] *allwo die kleinen Kinder mit denen Muhmen und Ammen sich befinden, und darinnen gepfleget werden."*[61] Als Muhme wurde in diesem Fall eine Frau bezeichnet, *„so auf die Kinder im Hause gantz allein bestellet ist, selbige täglich warten, reinigen und waschen, an- und ausziehen, in und aus der Schulen führen, und sie bey Tische versorgen muß."*[62]

Es ist nicht bekannt, wie man es diesbezüglich im Hause Bach genau hielt. Um eine mehrwöchige Abwesenheit der Eltern im September/Oktober 1732 zu ermöglichen, war aber auf jeden Fall Dienstpersonal notwendig. Zu diesem muss ein entsprechendes Vertrauensverhältnis bestanden haben, was sich über einen längeren Zeitraum aufgebaut hatte.

Die Darstellung aus einem Leipziger Kochbuch von 1745 (Abbildung 31, S. 88), dem auch zu entnehmen ist, wie aufwendig das Kochen damals war, liefert eine Vorstellung, wie es in einer Küche damals zuging.

Ein brennendes Feuer, das beaufsichtigt werden musste, war allein schon nötig, um eine Tasse Tee oder Kaffee zu bekommen.[63] Beides wurde im Hause Bach getrunken. Im Nachlassverzeichnis sind Tee- und Kaffeekannen aufgeführt.[64]

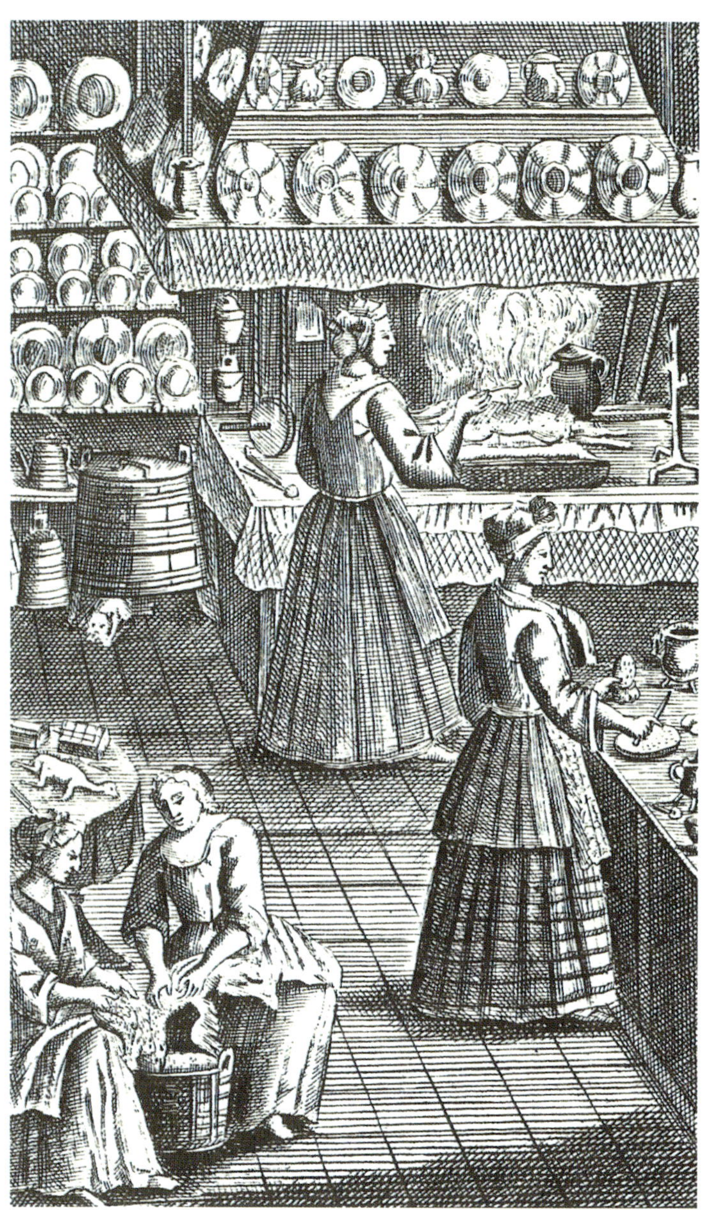

Abbildung 31: Frontispiz im Leipziger Kochbuch von Susanna Eger, 1745

Für das Feuer im Herd wurden meist *„Kohlen"* genutzt, wobei damit die *„aus hartem und festen Holtz schwartz gebrannten Stücken"* gemeint waren. Sie wurden *„Korbweise verkaufet"*.[65] Herde wurden *„hol gemauert und erbauet, damit die küpfernen Koch-Töpfe hinein gesencket, und Kohlen drunter geleget werden"* konnten.[66]

Für besondere Arbeiten im Haushalt wurden weitere Hilfskräfte herangezogen. Das beschrieb die Leipzigerin Maria Dorothea Hertel in Aufzeichnungen, die um 1740 entstanden.[67] So war das Putzen von Küchenutensilien aus Zinn, Kupfer und Messing eine Arbeit, der sich die Magd und eine zusätzlich angestellte Frau einen ganzen Tag widmeten. Auch im Haushalt der Familie Bach gab es Gegenstände aus diesen Materialien.[68] Schon in den Tagen vorher begannen die Vorbereitungen. Darauf wurde *„des Morgens früh ½ 6 Uhr die Lauge, so etliche Tage vorher mit 1 Hand voll Erbsen und fast eben so viel Ruß aus der Feuermäuer, (so läuft das Zinn nicht an) abgekocht, in ein paar mittelmäsigen Töpfen zieml. heiß gemacht, u. dann das Scheuern angefangen"*. Gespült wurde in einem großen Fass und einer kleinen Wanne mit *„Röhr oder Regen Wasser"*. Danach scheuerte man das Kupfer und Messing, *„von der Frau mit warm gemachten Essig Höfen oder Spühlicht"*, von der Magd *„mit reinem Wasser u. weißen reinem Sande"*. Am Morgen bekam die *„Frau und die Magd jede ½ Klumpen Butter u. ½ Käse"* sowie 3 Pfennige für *„Brandwein"*. Die Arbeit dauerte bis zum Abend, und die Frau erhielt dafür zwischen 4 und 6 Groschen.[69]

Zweimal im Jahr wurde im Haushalt von Maria Dorothea Hertel Wäsche gewaschen. Auch hier gab es Vorarbeiten. Die notwendigen Gefäße mussten auf Dichtheit geprüft und eventuell von einem Böttcher ausgebessert werden. Am Freitag wurde Wasser getragen. Dabei erhielt jede Wäscherin *„eine Semmel und 3. Pf. zu Brandewein."* Dann wurde die Lauge angesetzt, wozu Asche, Stroh und Seife verwendet wurde, und am Sonntag bereits verschiedene Wäschestücke eingeweicht. Am Montag machte die Magd um 4 Uhr Feuer unter dem Kessel, und um 5 Uhr kamen die Wäscher. Die Arbeit erstreckte sich über den ganzen Tag, und in der Nacht wurden *„die Hemden ausgewaschen, auch zum andern und letztenmahl aufgebrüht und zugedeckt."* Am Dienstag begannen die Arbeiten früh um 3 Uhr. Am Abend um 6 oder 7 Uhr gingen *„die Wäschers nach Hause"*. Am Mittwochmorgen kam *„die Wäsche aufm Trogen Platz im Rosental beym Förster"*. Donnerstag wurde *„biß abends 10 Uhr geblattet"*. Die Frauen, die dafür angestellt waren, wurden verköstigt, wobei sie *„früh einen Coffee u. jede ein Coffee Brodgen, nach Mittags auch einen Coffee, des abends Butter Bämme u. holländischen Käße, auch jede wie zu Mittage einen Krug Bier"* erhielten. Ihr Lohn betrug in Abhängigkeit zur Dauer der Arbeit pro Person 4 bis 5 Groschen. Am Freitag wurde von 6 Uhr bis Nachmittag um 3 oder 4 Uhr die Wäsche gerollt. Das geschah von den *„beyden Wäscherinnen u. 2 Männern oder Weiber."* Die Magd wickelte die Wäsche auf. *„Jeder Rollmann oder Frau"* bekam 2 bis 3 Groschen.

Eine Wäscherin erhielt für ihre Arbeit insgesamt einen halben Taler und wurde an den Arbeitstagen auch verköstigt.[70] Als Vergleich sei daran erinnert, dass Johann Sebastian Bach allein für die Komposition und Aufführung einer Huldigungskantate 50 Taler ausgezahlt bekam.[71] Es ist nicht davon auszugehen, dass in seinem Haushalt die finanziellen Mittel fehlten, für die beschriebenen Arbeiten zusätzliches Dienstpersonal einzustellen. Ihr Einsatz erklärt auch, warum Anna Magdalena Bach nach ihrer Eheschließung Hofsängerin blieb,[72] obwohl vier Kinder im Haushalt zu versorgen waren.[73]
Untersuchungen zu Leipziger Professoren in dieser Zeit führten Theresa Schmotz zu dem Fazit: *„Ohne Gesinde hätte kein Leipziger Professorenhaushalt* [...] *funktionieren können – und wäre ohne dessen Dienstbarkeit nicht einmal vorstellbar gewesen.“*[74] Das gilt auch für den Haushalt der Familie Bach. Um dem Gesinde vorstehen zu können, war es für Anna Magdalena notwendig, in all diesen Bereichen gute Kenntnisse und Fähigkeiten zu besitzen.[75] In einem Ratgeber dieser Zeit ist zu lesen: *„Es schaffet auch autoritas Patris & Matris-familias in einer Haushaltung grosen Nutz, und wird erfordert.* [...] *In Summa, es gehet in einer solchen Haushaltung, wann nicht ihre Eltern selbsten täglich mit grosser Hülff und Gaben hinten und vorn da und vorhanden sind, alles zu Grund und zu Boden“.*[76]

Die Aufenthalte 1724, 1725 und 1729 in Köthen sowie 1732 in Kassel sind für Anna Magdalena nur nachweisbar, weil sie in Abrechnungen erwähnt wurde.[77] Bei der Reise nach Kassel geschieht das mit den Worten *„et uxori“*[78] (und Ehefrau). Hätte der Schreiber sie nicht für wichtig erachtet, wäre diese von ihr unternommene Reise nicht bekannt.
Im November 1739 schrieb Johann Elias Bach nach Weißenfels, dass Johann Sebastian und Anna Magdalena *„nochmahligen Danck abstatten für die überhäuffte complaisance, u. da der erstere bey glücklicher Zurückkunfft ein Stückchen Arbeit gefunden, wird er entweder morgen oder kommenden Mittewoche seinen schrifftlichen Danck selbsten abstatten.“*[79] Diese Worte sind an den eigentlichen Brief angefügt[80] und der einzige Hinweis auf diese Reise.[81] So sind es kleine, oft zufällig wirkende Anmerkungen, die zeigen, dass es für Anna Magdalena möglich war, längere Reisen zu unternehmen. Heute fehlende Belege beweisen nicht, dass sie keine weiteren unternahm.

Privatschüler

Im Mai 1750, wenige Wochen vor seinem Tod, zu einer Zeit, in der er stark unter den Folgen von zwei Augenoperationen litt,[1] nahm Johann Sebastian Bach mit Johann Gottfried Müthel (1728 – 1788)[2] noch einen Privatschüler auf.[3] Es ist ein deutliches Zeichen, wie wichtig es ihm war, sein Wissen weiterzugeben und zu unterrichten.[4] Schon in der Bach-Monographie von Johann Nikolaus Forkel, die 1802 erschien,[5] werden Bachs besondere pädagogische Fähigkeiten in einem eigenen Kapitel beschrieben.[6] Forkel konnte sich bei seinem Werk noch auf persönliche Informationen von Wilhelm Friedemann und Carl Philipp Emanuel Bach stützen.[7] Johann Gottfried Müthel wurde aber nicht nur Schüler, sondern über ihn ist auch zu lesen: *„Der Kapellm. Bach nahm ihn sehr freundschaftlich auf, und räumte ihm eine Wohnung in seinem Hause ein.“*[8] Von Johann Friedrich Doles (1715 – 1797),[9] der Student an der Universität war und 1755 Thomaskantor wurde, wird ebenfalls berichtet, dass er eine Zeit lang als Schüler Bachs in dessen Hause lebte.[10] Johann Elias Bach, Student an der Universität und Vetter Johann Sebastians,[11] teilte 1741 in einem Brief mit: *„Mein Logis ist bey dem Herrn Capell Meister Bach auf dem Thomas KirchHofe.“*[12] Die Größe der Wohnung in der Thomasschule setzte der Aufnahme von zusätzlichen Personen natürlich Grenzen. Es gibt aber die Hinweise, dass Johann Elias Bach, Johann Friedrich Doles und Johann Gottfried Müthel im Haushalt wohnten. Interessant ist in diesem Zusammenhang auch der Aufenthalt von Christoph Friedrich Meißner 1734/35 in Leipzig. Er war der Sohn der ältesten Schwester von Anna Magdalena und wurde 1729 Alumne der Thomasschule. Diese Einrichtung verließ er aber bereits 1731 wieder. Als Abgangsvermerk ist zu lesen: *„ob ignauiam et squalorem inexpugnabilem“* (wegen Trägheit und anhaltender Verwahrlosung). Von Oktober 1734 bis Februar 1735 kann er dann als Kopist für Johann Sebastian Bach nachgewiesen werden. Dabei ist auffällig, dass er bei Arbeiten mitwirkte, an denen ansonsten nur Familienmitglieder beteiligt waren (BWV 14, BWV 211) oder, im Gegensatz zu anderen Kopisten, das gleiche Papier benutzte, auf dem Johann Sebastian schrieb (BWV 100). Ohne dass es bisher Belege gibt, dass Meißner ein Privatschüler Bachs war,[13] deutet dieser Umstand doch darauf hin, dass er *„in dem betreffenden Zeitraum in der Kantorenwohnung [...] arbeitete und vermutlich auch lebte“*, wie es Peter Wollny, der Leiter des Bach-Archivs Leipzig,

in einem Aufsatz über Kopisten Johann Sebastian Bachs formulierte.[14] Es gab also offensichtlich die Möglichkeit für die Familie Bach, Privatschüler in den Haushalt aufzunehmen. Beim Rektor der Thomasschule Johann August Ernesti, der von 1734 bis 1759 dieses Amt ausübte, wohnten *„immer gut zahlende"* Schüler, die auch privaten Unterricht von ihm erhielten.[15] Dass die Wohnungen in der Thomasschule auch für die Unterbringung von Privatschülern genutzt wurde, scheint also nicht ungewöhnlich gewesen zu sein.
Es war für Studenten üblich, dass sie sich zu zweit ein Zimmer teilten, wofür es den Begriff Stubenbursche gab.[16] Einen solchen erwähnt auch Johann Elias Bach während seiner Zeit im Haushalt der Familie Bach in Leipzig.[17] Die wechselnde Anzahl der Kinder und auch ihr Heranwachsen wird unterschiedliche Wohnraumbelegungen mit sich gebracht haben. Am 28. Juli 1729 starb Schwägerin Friedelena Margaretha.[18] Zwischen 1733 und 1735 zogen die drei ältesten Söhne aus.[19] Frei werdender Wohnraum könnte für die Aufnahme von Privatschülern genutzt worden sein.
Diese ständigen Veränderungen lassen es auch fraglich erscheinen, ob Johann Sebastian in den 27 Jahren, die er in der Thomasschule lebte, immer nur in einem Raum komponiert haben sollte. Carl Philipp Emanuel berichtete über ihn: *„Wenn ich einige, NB nicht alle, Clavierarbeiten ausnehme, zumahl, wenn er den Stoff dazu aus dem Fantasiren auf dem Claviere hernahm, so hat er das übrige alles ohne Instrument componirt, jedoch nachher auf selbigem probirt."*[20]

Neben solchen Privatschülern, die im Haushalt lebten, wurden dort auch viele weitere unterrichtet.[21] Leider gibt es dazu keine zusammenfassende Aufstellung von Bachs Hand.[22] Um Auskünfte zu erhalten, ist man auf Quittungen, Berichte oder Hinweise in Bewerbungsschreiben angewiesen. Bisher sind mehr als sechzig gesicherte und über vierzig potentielle Schüler Bachs namentlich bekannt.[23]
Ein Privatschüler war zum Beispiel Eugen Wentzel Graf von Würben, für dessen *„auf dem Clavier gegebene Lexion"* Johann Sebastian 1747 quittierte, dass sie ihm *„anwiederumb mit Sechs Rthalern seynd bezahlet worden"*.[24] Von Würben, der seit Februar 1746 an der Leipziger Universität studierte,[25] nahm bei Johann Sebastian Bach Unterricht in einem Fach, das zu den *„Academischen Nebendingen"* zählte. Mit diesem Begriff wurden Studiengebiete zusammengefasst, die *„nicht eben nothwendig, sondern, einige nur zur Gemüths Belustigung und Aufmunterung, nach getriebenen schweren Studien; andere in gewisser Maasse, zur Zierde dienen, einige auch dann und wann, zu dessen Recommendation etwas beytragen können"*.
Dazu gehörte neben Zeichnen, Malen, Drechseln, Reiten, Fechten, Tanzen oder

Schwimmen auch die *„Instrumental- und Vocal-Music"*, und in einer Universitätsstadt dürfte es eine entsprechende Nachfrage nach Unterricht gegeben haben.[26] Solche Privatstunden wurden bezahlt. Es gab aber wohl auch andere Möglichkeiten eines Ausgleichs für Unterrichtsstunden. Für Bernhard Dieterich Ludewig (1707 – 1740)[27] schrieb Johann Sebastian 1737 in einem Zeugnis, dass dieser sein Theologiestudium abgeschlossen habe, ging auf dessen vielfältige musikalische Aktivitäten ein und bestätigte, dass er ihn in den Bereichen, da er *„in Musicis nicht wißend gewesen"*, unterrichtet habe. Es ist dem Schreiben aber auch zu entnehmen, dass Ludewigs Fähigkeiten Bach bewogen, ihm seine *„kleine Familie zu treüfleißiger Information zu untergeben"*.[28] Bernhard Dieterich Ludewig wirkte also bei der Familie Bach als Privatlehrer.

In diesem Haushalt mussten ständig Noten kopiert werden. Der Thomaskantor Johann Friedrich Doles berichtete 1778: *„Daß die Schüler von allen meinen Vorfahren jederzeit zu Notenschreiben sind gebraucht worden, beruht in der Erfahrung. Ob ihnen die vorigen Cantores auch außergottesdienstliche Musikalien zu schreiben zugemuthet haben, vermag ich mit weniger Gewißheit zu behaupten, als ich versichern kan, daß sie zu Zeiten des seeligen Bachs weit öfterer und häufiger mit Notenschreiben sind heimgesucht worden als zu den meinigen."*[29] Bei einer Heranziehung von Schülern der Thomasschule ohne jegliche Gegenleistung könnte es aber Grenzen gegeben haben. Eigentümer der Aufführungsmaterialien war der Kantor. 1862 beschrieb der Thomaskantor Moritz Hauptmann die Situation an der Thomasschule: *„Es ist wohl von jeher gewesen wie jetzt, daß der Cantor alles für sein Geld schaffen mußte was gebraucht wurde, und dies war nach seinem Tode Eigenthum der Familie, die es mit sich nahm."*[30]

Dass es sich hier um beträchtliche Werte handelte, zeigt eine Aussage von Carl Philipp Emanuel Bach, der im März 1768 seine Stellung als Musikdirektor in Hamburg angetreten hatte. Er schrieb 1771 an einen Bekannten, dass er für seine Arbeit die Partituren von sechs Kantatenjahrgängen hätte abschreiben lassen und bemerkte dazu, *„rechnen Sie einmahl nach, was dieses kostet"*.[31] Auch Johann Sebastian Bach hatte dem Rat von Mühlhausen mitgeteilt, dass er, um seinen Amtspflichten möglichst gut nachkommen zu können, *„nicht sonder kosten, einen guthen apparat der auserleßensten kirchen Stücken"*[32] angeschafft habe.

Es wäre dadurch naheliegend, dass Privatschüler Unterrichtskosten auch durch das Kopieren von Noten begleichen konnten.[33] Als Kopist ist zum Beispiel Johann Heinrich Bach nachweisbar,[34] der ab 1724 Alumne der Thomasschule war. Er scheint sich aber oft im Haushalt seines Onkels Johann Sebastian aufgehalten zu haben und dürfte auch ein Privatschüler von ihm gewesen sein.[35] Je nach Situation wird Johann Sebastian Bach Kopisten aber auch bezahlt haben. So vermutet es zum Beispiel Peter Wollny für Heinrich Wilhelm Ludewig und Johann Nathanael Bammler. Beide hatten das Alumnat der Thomasschule verlassen und sind in einer Zeit, in der sie bereits Studenten an der Universität waren, als Kopisten für Bach nachweisbar.[36] Dass sie finanzielle Mittel für ihre Studien durch diese Tätigkeit erarbeiteten, wäre sehr plausibel.

Ohne Privatschüler wird es für Johann Sebastian Bach kaum möglich gewesen sein, verschiedene seiner Werke in den Leipziger Hauptkirchen aufzuführen. In einem Schriftstück, das er im Sommer 1730 an den Leipziger Rat sandte, teilte er mit: *„der Numerus derer zur Kirchen Music bestellten Persohnen bestehet aus 8 Persohnen, als 4. StadtPfeifern, 3 KunstGeigern und einem Gesellen."*[37] Stadtpfeifer konnten für verschiedene Instrumente eingesetzt werden.[38] Sie spielten auch Streichinstrumente, so wie Kunstgeiger auch Blasinstrumente spielten.[39] Diese von der Stadt angestellten Musiker erhielten für ihre städtischen und kirchlichen Verpflichtungen ein relativ geringes Grundgehalt. Privilegien sicherten ihnen aber zu, dass nur sie bei bestimmten privaten Anlässen musizieren durften. Sie unterhielten kleine Ensembles, in denen vor allem Familienmitglieder und Schüler mitwirkten.[40] Ob sie diese Ensemblemitglieder auch für die Gottesdienste zur Verfügung stellten, ist fraglich. Zumindest erwähnte Johann Sebastian das nicht in seiner Eingabe an den Rat. Er wies auf die Schwierigkeiten hin, wenn die fehlenden Instrumentalisten durch Choristen oder Studenten der Universität ersetzt werden müssen.

Unter den Bedingungen, die Johann Sebastian in seiner Eingabe vom Sommer 1730 beschrieb, ist es kaum vorstellbar, dass seine Matthäus-Passion aufgeführt werden konnte. Sie war aber bereits in Leipzig erklungen.[41] Diese Eingabe könnte von Johann Sebastian also ein Hinweis an den Rat gewesen sein, dass er Privatschüler haben musste, für die er entsprechende Zeit benötigte. Nur so konnte er sicher sein, mit verlässlichen Musikern die ihm zur Verfügung gestellten Kräfte ergänzen zu können. Einige Wochen vorher hatte man ihm bei einer Ratsversammlung nämlich Nachlässigkeiten im Schuldienst vorgeworfen.[42]

Mit seiner Eingabe wird er wohl nicht erwartet haben, dass die Anzahl der Stadtpfeifer und Kunstgeiger durch den Rat beträchtlich erhöht werden würde, was auch nicht geschah.[43] Eine Aufstockung hätte zusätzliche Kosten für die Stadt bedeutet. Vor allem aber wären wohl die Stadtpfeifer und Kunstgeiger gegen solche Pläne gewesen. Eine höhere Anzahl von ihnen hätte ihre zusätzlichen Einnahmen natürlich verringert. Bach stammte aus einem Stadtpfeifer-Haushalt. Ihm waren solche Zusammenhänge bekannt.

Unterrichtet wurden im Haushalt der Familie Bach in besonderer Weise auch die eigenen Kinder. Carl Philipp Emanuel berichtete, dass er im Komponieren und Klavierspiel nie einen anderen Lehrmeister als seinen Vater hatte.[44] Das Clavier-Büchlein für den ältesten Sohn Wilhelm Friedemann zeigt, wie ernsthaft sich Johann Sebastian Bach dieser Ausbildung widmete.[45] In anrührender Weise ist das Clavier-Büchlein für Anna Magdalena Bach von 1725 ebenfalls ein Nachweis für die musikalische Ausbildung der Kinder. Es beginnt mit eigenen Werken, die Johann Sebastian dort eintrug. Es folgen Abschriften von Anna Magdalena und kleine Werke, die durch die Kinder dort eingetragen wurden.[46] Es ist leider nicht bekannt, warum das geschah. War es eine besondere Auszeichnung oder Teil eines Unterrichts, bei dem es sekundär war, ob die Kinder dazu gerade Lust hatten oder nicht? Auf jeden Fall ist es ein Hinweis, dass Anna Magdalena an der musikalischen Ausbildung der Kinder beteiligt war.

Familienmitglieder konnten dann auch beim Unterrichten anderer Schüler eingesetzt werden. Von Christoph Nichelmann ist zu lesen, dass er neben dem Unterricht bei Johann Sebastian Bach *„auch noch besonders Anweisung von dessen ältestem Hrn. Sohne, Wilh. Friedemann Bach im Clavierspielen“*[47] erhielt.

Anna Magdalena war in ihren jungen Jahren zur Sängerin ausgebildet worden.[48] Schon der Umstand, dass sie *„Einige Reguln vom General Bass“* in ihr Clavier-Büchlein von 1725 schrieb,[49] zeigt, dass auch sie, in welcher Form auch immer, in diese Ausbildungsprozesse von Schülern involviert war. Verantwortlich war Anna Magdalena für die Organisation der Versorgung und Unterbringung der Personen, die im Haushalt lebten, also auch für Privatschüler, die dort wohnten. Das gehörte zu den Aufgabenfeldern der Ehefrau – der „Haus-Mutter“.[50] Deren Wirkungsfeld war aber deutlich größer. Ihre Mitarbeit in geschäftlichen Bereichen war typisch für diese Zeit. In Zedlers „Universal Lexicon“, eine der wichtigsten deutschsprachigen Enzyklopädien des 18. Jahrhunderts, welche in Leipzig und Halle erschien, ist zu lesen: *„Haus-Mutter, ist die Gehülffin des Haus-Vaters, folglich die andere Haupt-Person einer Haus-Wirthschafft, ohne welche selbige nicht leicht in guter Ordnung angestellet und geführet werden mag. In Anbetrachtung der ehelichen Gesellschafft ist sie als Ehe-Frau und Mutter anzusehen, in Absicht der Herrschafft und Haushaltung aber, als die Frau vom Hause und Befehlshaberin zu achten.“*[51] Bei Abwesenheiten ihres Mannes musste Anna Magdalena organisieren, dass die Arbeiten, für die er verantwortlich war, erfüllt wurden. So verwundert es nicht, dass nach seinem Tod bei ihr am 24. August 1750 *„die Kirchen Music auf heüt über 8 Tage bey den bevorstehenden Raths Wechsel“* bestellt wurde.[52] Es wurde selbstverständlich davon ausgegangen, dass sie in der Lage war, eine solche

Aufführung zu organisieren. In solchen Situationen war Anna Magdalena als Haus-Mutter nicht nur alleinige *„Befehlshaberin“*[53] der Kinder und des Gesindes, sondern auch der Privatschüler, die im Haushalt lebten. Sie musste Anweisungen erteilen und die Erfüllung von Aufgaben überprüfen können. Musikalische Kenntnisse und Fähigkeiten waren notwendig, um dieser Aufgabe nachzukommen und als Autorität anerkannt zu werden.[54] Theresa Schmotz belegte bei ihren Forschungen über Leipziger Professoren dieser Zeit mit etlichen Beispielen, dass diese auf ihren Fachgebieten ihre Ehefrauen förderten. Zusammenfassend schreibt sie: *„Die Professoren hatten meist das Wissen und die Fähigkeiten, die ihren Gattinnen in jungen Jahren beigebracht worden waren,*[55] *erheblich zu erweitern, doch viele dieser Frauen zeigten sich letztlich sehr interessiert, dem Ehemann bei seiner wissenschaftlichen Arbeit zu assistieren.“*[56]
Die Clavier-Büchlein für Anna Magdalena von 1722 und 1725 bekommen vor diesem Hintergrund eine besondere Bedeutung. Beide Büchlein enthalten Eintragungen Johann Sebastian Bachs. In dem einen Fall handelt es sich um Frühfassungen der Claviersuiten, die später unter dem Namen „Französische Suiten“ (BWV 812 – 816) bekannt wurden, im anderen um Frühfassungen der Partiten III und VI (BWV 827 und 830)[57] – alles anspruchsvolle Werke. Nach Auffassung des englischen Bachforschers Peter Williams ist es kaum zu übersehen, dass die beiden Notenbüchlein von Anna Magdalena Bach das stete Bemühen ihres Mannes deutlich machen, *„ihre musikalische Entwicklung zu fördern.“*[58]
Beim Clavier-Büchlein von 1725 sind die Blätter an allen drei Seiten im Schnitt vergoldet. Der mit grünem Pergament überzogene Deckel ist mit goldenen Prägungen verziert. Auf der Vorderseite stehen die Jahreszahl „1725“ und die Initialen „A M B“, die später durch Carl Philipp Emanuel Bach zu „Anna Magdal Bach“ ergänzt wurden.[59] Wie sie dieses Büchlein nannte, ist nicht bekannt. Die Bezeichnung Clavier-Büchlein ist eine Übernahme ihrer Formulierung auf einem eingeklebten Zettel (siehe Abbildung 32), der sich im Büchlein von 1722 befindet, das nur als Fragment erhalten ist.[60]
Vielleicht waren diese Büchlein Geschenke von Johann Sebastians, aber weder in dem einen noch dem anderen steht eine Widmung von ihm, die sie als solche ausweisen. So sollte nicht ausgeschlossen werden, dass die Initiative von Anna Magdalena ausging, sie Buchbinder beauftragte und ihren Mann dann bat, Werke einzutragen, die sie studieren wollte. Es ist auffällig, dass auf dem Blatt, auf dem Anna Magdalena *„Clavier-Büchlein vor Anna Magdalena Bachin ANNO 1722“* schrieb, auch einige Buchtitel durch Johann Sebastian notiert sind (siehe Abbildung 32).[61] Im Büchlein von 1725 lässt die Qualität der Schrift Johann Sebastians auf den letzten Seiten der

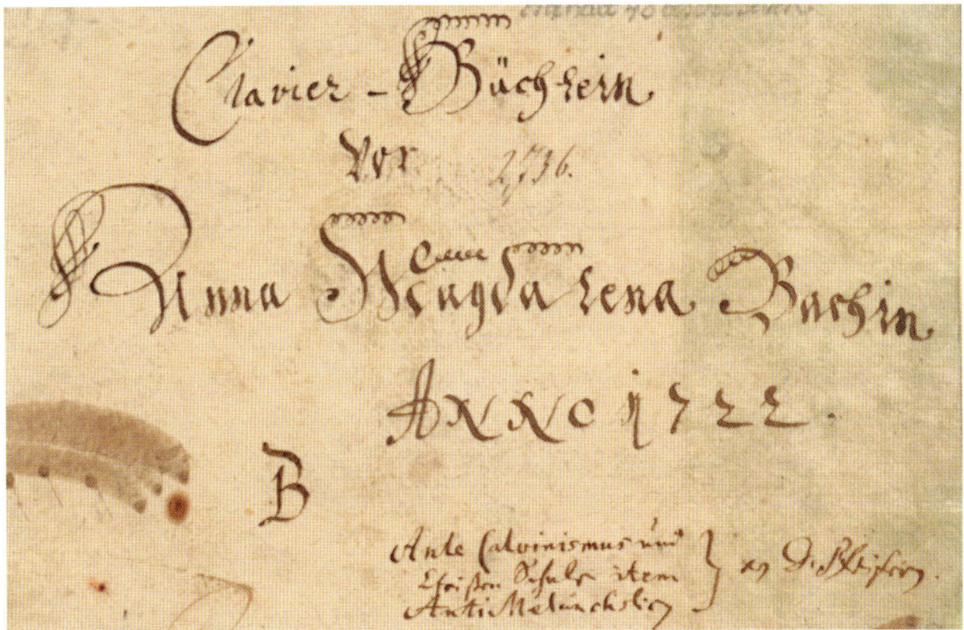

Abbildung 32: Eintrag von Anna Magdalena Bach im Clavier-Büchlein von 1722

Partita VI deutlich nach.[62] Eigenartig wirken dort auch einige später hinzugekommene, recht unbefangene Beiträge der Kinder, der Umstand, dass einige Seiten herausgetrennt wurden,[63] das zweideutige Hochzeitsgedicht, das Anna Magdalena eintrug,[64] oder die nach wenigen Zeilen abgebrochenen Generalbassregeln, die Sohn Johann Christoph Friedrich schrieb.[65] Das passt nicht zu einem „Liebesgeschenk", welches besonders wertgehalten wurde. Es ist aber ohne weiteres für ein Büchlein nachvollziehbar, in dem man Inhalte zusammentrug, die der Weiterentwicklung musikalischer Fähigkeiten dienten. So werden die kleineren Werke, die in der Mehrzahl von Anna Magdalena dort eingetragen wurden, für die Ausbildung der Kinder genutzt worden sein. Dass die Frau Capellmeisterin und ehemalige Hofsängerin solche „Anfängerstücke" notierte, um sie im privaten Rahmen vorzutragen, kann wohl ausgeschlossen werden, ja eine solche Vorstellung erscheint bei Vergegenwärtigung ihres Standes und ihrer musikalischen Fähigkeiten schon beleidigend. Die *„Reguln vom General Bass"*, die sie dann selbst in das Büchlein schrieb,[66] zeigen, dass sie sich auch mit Grundlagen des Komponierens beschäftigte. Wie weit sie dabei ging, ob sie den Wunsch hatte, eigene Werke zu schaffen, sind Fragen, über die sich zwar Vermutungen anstellen lassen, die aber bei der bisherigen Quellenlage nicht zu beantworteten sind.

Ehefrau eines Gelehrten

Johann Friedrich Agricola (1720 – 1774),[1] der von Johann Sebastian Bach unterrichtet worden war, schrieb 1750 über seinen Lehrer: *„Nicht alle Gelehrte sind vermögend einen Neuton zu verstehen; aber diejenigen, die es in den tiefsinnigen Wissenschaften so weit gebracht haben, daß sie ihn verstehen können, finden hingegen ein desto größeres Vergnügen und einen wahren Nutzen, wenn sie seine Schrift lesen.“*[2] Das Wortspiel mit „Neuton“ und „Newton“, das auf Isaac Newton, einen der bedeutendsten Wissenschaftler, Bezug nimmt, ist offensichtlich.[3] Drei Jahrzehnte später schrieb der Musiker und Kritiker Christian Friedrich Daniel Schubart: *„Was Newton als Weltweiser war, war Sebastian Bach als Tonkünstler.“*[4]
Als 1737 Johann Sebastian Bach von Johann Adolph Scheibe (1708 – 1776)[5] in einer Publikation als „Musicant“[6] bezeichnet wurde, sah das der Leipziger Dozent für Rhetorik Magister Johann Abraham Birnbaum (1702 – 1748)[7] als eine Beleidigung an und antwortete darauf öffentlich: *„Nun urtheile der vernünfftige leser selbst, ob es wohl dem Herrn Hof-Compositeur zu einem ihm gebührenden vollkommenen lobe gereichen könne, wenn man ihn den vornehmsten unter den musicanten betittelt. Dieses ist meines erachtens eben so viel, als wenn ich einen grundgelehrten mann dadurch ein besonderes ehrengedächtniß stifften wollte, daß ich ihn den ersten in der letzten classe der schulknaben nennte.“*[8]
Im Nekrolog über Johann Sebastian Bach, der 1754 durch die Societät der Musicalischen Wissenschaften veröffentlicht wurde, heißt es: *„Hat jemals ein Tonkünstler die verstecktesten Geheimisse der Harmonie in die künstlichste Ausübung gebracht; so war es gewiß unser Bach. [...] In die Societät der musikalischen Wissenschafften ist er im Jahr 1747 im Monat Junius [...] getreten. Unser seel. Bach ließ sich zwar nicht in tiefe theoretische Betrachtungen der Musik ein, war aber desto stärcker in der Ausübung.“*[9] Die Aufnahmebedingungen dieser Societät waren streng. *„Blosse practische Musikverständige können [...] in dieser Societät keinen Platz finden, weil sie nicht im Stande sind, etwas zur Aufnahme und Ausbesserung der Musik beyzutragen. [...] Die nützlichsten Mitglieder aber sind, welche in der Theorie und Praxi zugleich wohl bewandert. Die Mitglieder müssen also alle studirt und sonderlich in der Philosophie und Mathematik sich wohl umgesehen haben, es mag solches auf Akademien oder zu Hause geschehen seyn.“*[10]

Im Nekrolog auf Johann Christoph Friedrich Bach, der 1795 in Bückeburg verstarb,[11] ist zu lesen: *„Der Vater des Bückeburgischen Bach war der [...] berühmte Johann Sebastian Bach, groß durch seine Kunst im Contrapunkte und durch seine weitausgebreiteten theoretischen Kenntnisse in der Musik."* Weiter wird der Vater als *„großer Meister, dessen Andenken noch nicht erstorben ist und dessen Compositionen das Studium aller Kenner des reinen Satzes ausmachen"*, beschrieben.[12] Die Sammlung von Nekrologen, denen dieses Zitat entnommen ist, beschränkte sich nicht auf Musiker. Erinnert sei in diesem Zusammenhang auch daran, dass der *„berühmte Bach"* in einer umfangreichen Beschreibung Leipzigs aus dem Jahr 1784 als *„der Vater der Tonkunst"*[13] bezeichnet wurde. Das sind nicht die einzigen Beispiele. Im Zeitraum von 1751 bis 1800 sind aus jedem Jahr Schriftstücke bekannt, in denen Johann Sebastian Bach erwähnt wird.[14] Er war also mitnichten unmittelbar nach seinem Tod in Vergessenheit geraten. Er war ein anerkannter Gelehrter in der Tonkunst, bei dem es eine ganz enge Verbindung von Theorie und Praxis gab. Nach dem Verständnis der damaligen Zeit wurde auch Anna Magdalena dieser Anerkennung teilhaftig, trat sie doch mit der Eheschließung *„in die Würde ihres Mannes"*[15] ein.

Im Katalog der Natur- und Mineraliensammlung des Leipziger Ratsherrn Johann Christoph Richter (1689 – 1751)[16] ist in den einleitenden Worten zu lesen: *„Diejenigen, welche in Betrachtung derer Geschöpfe Vergnügen finden [...] sind ungewiß, ob sie an der Sache selbst, welche sie in möglichster Vollkommenheit zu besitzen bemühet gewesen, oder an der Sache Ordnung und geschickten Zusammenhange, das gröste Vergnügen gefunden. [...] Der unzertrennliche Zusammenhang derer Geschöpfe ist, in denen Natur-Reichen, die Würckung des Schöpfers selbst, dessen weiseste Absichten man ohne große Bemühung so gleich ersehen muß, wenn man alle Geschlechter und Arten derer Cörper aus einem gewissen, obgleich kleinen, Theile der Natur-Lehre beysammen in der ihnen angeschaffenen Reihe siehet."*[17] Hat Johann Sebastian Bach bei seinen „Forschungen im Reich der Töne und Klänge" Ähnliches empfunden, als er an das Ende seiner Reinabschrift des nachmaligen ersten Teils seines „Wohltemperierten Claviers" (BWV 846 – 869) die Buchstaben S.D.G. – Allein Gott die Ehre – setzte?[18] In diesem Werk schritt er chromatisch mit dem Paar Präludium und Fuge einmal durch die Tonarten. Der Vergleich zum Aufbau eines Lexikons drängt sich auf. Im „Musicalischen Opfer" stellte er die Möglichkeiten der künstlerischen Verarbeitung eines „königlichen" Themas innerhalb ganz bestimmter Regeln dar.[19] Auch die „Kunst der Fuge" kann so als das Ergebnis seiner „Forschungsarbeiten"

gesehen werden. Dem Sächsischen Kurfürsten hatte er 1733 Arbeiten *„von derjenigen Wißenschafft, welche ich in der Musique erlanget"*, überreicht.[20]
Ein Beispiel, wie tief er in die Möglichkeiten dieser Welt eingedrungen war, liefert Carl Philipp Emanuel, der über seinen Vater schrieb: *„Bey Anhörung einer starck besetzten u. vielstimmigen Fuge, wuste er bald, nach den ersten Eintritten der Thematum, vorherzusagen, was für contrapuncktische Künste möglich anzubringen wären u. was der Componist auch von Rechtswegen anbringen müste, u. bey solcher Gelegenheit, wenn ich bey ihm stand, u. er seine Vermuthungen gegen mich geäußert hatte, freute er sich u. stieß mich an, als seine Erwartungen eintrafen."*[21]

Vor diesem Hintergrund dürfte ihn die Arbeit mit den Schülern der Thomasschule nicht befriedigt haben. In einem Schreiben an den Rat teilte er 1730 mit, dass es im Chor *„17 zu gebrauchende, 20. noch nicht zu gebrauchende, und 17 untüchtige"* Sänger gäbe.[22] Es hat nicht den Anschein, dass er dem mit besonders intensiver Probenarbeit entgegenwirkte, denn kurze Zeit vorher war in einem Ratsprotokoll festgehalten worden, der Kantor *„halte die Singestunden nicht"*.[23] Über die von der Stadt angestellten Musiker, die bei den Kirchenmusiken mitwirkten, schrieb er: *„Von deren qualitäten und musicalischen Wißenschafften aber etwas nach der Warheit zu erwehnen, verbietet mir die Bescheidenheit. Jedoch ist zu consideriren, daß Sie theils emeriti, theils auch in keinem solchen exercitio sind, wie es wohl seyn solte"*.[24] Sie hatten Anstellungen auf Lebenszeit.[25] Auch hier war ihm also klar, dass er an der Situation kaum etwas ändern konnte. Carl Philipp Emanuel berichtete später über seinen Vater: *„Sein Gehör war so fein, daß er bey den vollstimmigsten Musiken, auch den geringsten Fehler zu entdecken vermögend war. Nur Schade, daß er selten das Glück gehabt, lauter solche Ausführer seiner Arbeit zu finden, die ihm diese verdrießlichen Bemerkungen ersparet hätten."*[26] Dass bei den Aufführungen in den Kirchen etliche Ausführende an ihre Grenzen stießen, macht auch ein Bericht von Johann Matthias Gesner (1691 – 1761)[27] deutlich. Da dieser von 1730 bis 1734 Rektor an der Leipziger Thomasschule war, ist es sehr wahrscheinlich, dass sich seine Ausführungen von 1738 auf die Leipziger Verhältnisse beziehen. Er lobt Bachs Fähigkeiten und geht dann darauf ein, wie dieser bei Aufführungen *„auf alle zugleich achtet und von 30 oder gar 40 Musizierenden diesen durch ein Kopfnicken, den nächsten durch Aufstampfen mit dem Fuß, den dritten mit drohendem Finger zu Rhythmus und Takt anhält, dem einen in hoher, dem andern in tiefer, dem dritten in mittlerer Lage seinen Ton angibt; wie er ganz allein mitten im lautesten Spiel der Musiker, obwohl er selbst den schwierigsten Part* *hat, doch sofort merkt, wenn irgendwo etwas nicht stimmt; wie er alle zusammenhält und überall abhilft und wenn es irgendwo schwankt, die Sicherheit wiederherstellt; wie er den Takt in allen Gliedern fühlt, die Harmonien alle mit scharfem Ohre prüft, allein alle Stimmen mit der eigenen begrenzten Kehle hervorbringt."*[28] Da Gesner in diesem Bericht auch auf das Orgelspiel Bachs eingeht, ist davon auszugehen, dass er die Aufführung in einer Kirche beschreibt. Dabei waren das Angeben von Tönen oder das Stampfen mit dem Fuß wohl notwendig, damit ein Werk bis an sein geplantes Ende mit allen dafür vorgesehenen Mitwirkenden aufgeführt werden konnte.

Über die Qualität des Chores und die der ihm zur Verfügung gestellten Ratsmusiker hatte sich Johann Sebastian schon in seiner Kantoratsprobe im Februar 1723 eine Meinung bilden können.[29] Er wird damals auch versucht haben, weitere Informationen zu erhalten. Ein Brief aus dem Jahr 1714 zeigt, dass er über die zu erwartenden Arbeitsbedingungen im Vorfeld Erkundigungen einzog. Damals schlug er die Organistenstelle an der Liebfrauenkirche in Halle aus und teilte die Gründe den Verantwortlichen mit.[30]

Es wäre für ihn natürlich möglich gewesen, technisch einfachere Werke zu komponieren und aufzuführen. Bei seinen Qualitäten hätten auch solche Kompositionen in den Gottesdiensten ihren Zweck erfüllt. Laut Arbeitsvertrag sollte die Musik dort so beschaffen sein, dass sie die Zuhörer *„zur Andacht aufmuntere"* und dabei nicht zu lang und *„opernhafftig"* sei.[31] Sich durch das Unvermögen von Musikern in seinen kompositorischen Möglichkeiten einengen zu lassen, wollte und konnte Johann Sebastian Bach aber offensichtlich nicht akzeptieren. Johann Adolph Scheibe kritisierte ihn 1737 mit den Worten: *„Weil er nach seinen Fingern urtheilt, so sind seine Stücke überaus schwer zu spielen; denn er verlangt die Sänger und Instrumentalisten sollen durch ihre Kehle und Instrumente eben das machen, was er auf dem Claviere spielen kan. Dieses aber ist unmöglich."*[32] Johann Nikolaus Forkel schrieb über Johann Sebastian Bach: *„Er meynte, der Künstler könne wohl das Publicum, aber das Publicum nicht den Künstler bilden. Wenn er von jemand um ein recht leichtes Clavierstück gebeten wurde, welches oft geschah, pflegte er zu sagen: ich will sehen, was ich kann. Er wählte in solchen Fällen gewöhnlich ein leichtes Thema, fand aber bey der Bearbeitung immer so viel gründliches darüber zu sagen, daß das Stück dennoch nicht leicht werden konnte. Wenn nun hernach geklagt wurde, daß es doch zu schwer sey, lächelte er und sagte: Ueben Sie es nur recht fleißig, so wird es schon gehen; Sie haben ja fünf eben so gesunde Finger an jeder Hand wie ich."*[33]

Damals waren wohl nur wenige Menschen in der Lage, seine Werke befriedigend spielen zu können.[34] Bei den Kirchenmusiken konnten ausgewählte Schüler von ihm solistische Passagen übernehmen und Aufführungen insgesamt sicherer machen. Probleme mit der Intonation oder im rhythmischen Zusammenspiel werden aber durch weniger begabte Spieler verursacht und können von einzelnen exzellenten Spielern nicht ausgeglichen werden. Das wusste Johann Sebastian Bach. Als er nach Leipzig kam, begann er sofort im großen Umfang Kantaten zu schaffen.[35] Die Zeit, die er dafür benötigte, muss ihm aber doch gefehlt haben, um sich in seine neuen Aufgaben einzuarbeiten und die Ausführenden an das hohe Niveau heranzuführen, welches für die Aufführungen seiner Werke eigentlich nötig war. Hätte er nicht auch, wie in späteren Jahren, Werke anderer Komponisten nutzen können?[36] So schuf er aber in den ersten Leipziger Jahren einen Grundstock eigener Kantaten, die sicher seiner Reputation dienten. Hatte er dabei vielleicht auch die Ausbildung von Meisterschülern im Sinn, mit denen er diese Werke durchgehen wollte? Dass er die musikalische Ausgestaltung des Gottesdienstes für pädagogische Ziele nutzte, ist durch Johann Nikolaus Forkel überliefert: *„Zu seiner Zeit wurde in der Kirche während der Communion gewöhnlich ein Concert oder Solo auf irgend einem Instrument gespielt. Solche Stücke setzte er häufig selbst, und richtete sie immer so ein, daß seine Spieler dadurch auf ihren Instrumenten weiter kommen konnten. Diese Stücke sind aber meistens verloren gegangen.“*[37] Auftrittsmöglichkeiten für Schüler schaffte Johann Sebastian auch, als er 1729 ein Collegium Musicum übernahm.[38] Hier konnten seine Privatschüler praktische Erfahrungen sammeln, und wenn sie mit ihrem Können brillierten, war das auch eine Werbung für die pädagogischen Fähigkeiten ihres Lehrers.

In einem Brief von 1708 schrieb Johann Sebastian Bach von einem *„Endzweck, nemlich eine regulirte kirchen music zu Gottes Ehren“*.[39] Es erscheint aber fraglich, ob daraus abgeleitet werden kann, dass es sein alleiniges Lebensziel war, innerhalb von Kirchenmauern möglichst gute Aufführungen zu leiten.[40] In besagtem Brief bat er den Rat der Stadt Mühlhausen um seine Entlassung aus dem Kirchendienst als Organist. Er dürfte seine bisherige Stelle in Mühlhausen beschrieben haben, bei der er für eine *„kirchen music zu Gottes Ehren und Ihren Willen nach“*[41] verantwortlich war. Wenn es für ihn das Lebensziel war, Kirchenmusik zu machen, ist es kaum verständlich, dass er den höfischen Dienst in Köthen antrat, bei dem diese nicht zu seinen Aufgaben gehörte.[42]

Es ist durchaus nachvollziehbar, dass er seine Arbeit in den Leipziger Kirchen oft als Last empfand. Zumindest äußerte er sich so 1739. Der Leipziger Rat hatte ihm mitgeteilt, dass die bevorstehende Karfreitagsmusik *„bis auf darzu erhaltene ordentliche Erlaubniß unterbleiben solle.“* Bach ließ daraufhin übermitteln: *„es wäre ja allemahl so gehalten worden, er fragte nichts darnach, denn er hätte ohnedem nichts darvon, und wäre nur ein onus“*[43] (onus – Last). Das bedeutet nicht, dass Johann Sebastian Bach kein Interesse an den Inhalten hatte, die in den Kirchen verkündet wurden. Er setzte sich auch im häuslichen Bereich mit theologischen Fragen auseinander. Davon zeugen zum Beispiel seine Einträge in einer dreibändigen Calov-Bibel.[44] Solche in Bibeln geschriebene eigene Betrachtungen zu bestimmten Stellen sind allerdings nicht ungewöhnlich. Johann Christian Müller (geboren 1720) berichtet über seine Schulzeit in Stralsund, dass er sich eine Bibel so binden ließ, dass sich zwischen den bedruckten Seiten immer Leerseiten befanden, die er für Notizen nutzen konnte.[45] Auffällig ist, dass sich die Einträge von Johann Sebastian vor allem auf Verbindungen des Bibeltextes zur Musik beziehen. Diese Suche, das eigene Tun in Einklang mit biblischen Aussagen zu bringen, war typisch für seine Zeit.[46] Ob die Texte, die Johann Sebastian vertonte,[47] immer in genauer Weise seine Ansichten wiedergeben, wird nur schwer nachzuweisen sein. Dass Auslegungen der Bibel für sein Leben aber eine sehr wichtige Rolle spielten, wird auch aus seiner Formulierung auf einer Quittung deutlich: *„Diese Teütsche und herrliche Schrifften des seeligen D. M. Lutheri, (so aus des großen Wittenbergischen General-Superintendentens u. Theologi D. Abrah: Calovii Bibliothec, und woraus Er vermuthlig seine große Teütsche Bibel colligiret; so auch nach deßen Absterben in des gleichfals großen Theologi D. J.f. Mayers Hände kommen) habe in einer auction erstanden pro 10 thl. anno 1742. mense Septembris. Joh: Sebast: Bach.“*[48] Diese Zeilen sind sicher auch ein deutlicher Hinweis, dass für ihn die Lehren Martin Luthers ein wichtiger Leitfaden waren. Etliche weitere Werke des Reformators befanden sich in der Bibliothek Johann Sebastian Bachs[49] (siehe Anhang 1). Für seine Anstellung in Leipzig musste er sich einer theologischen Prüfung unterziehen und unterschrieb die Konkordienformel, die letzte lutherische Bekenntnisschrift von 1577.[50] Johann Sebastian Bach wird sich als Lutheraner empfunden haben. Das war für ihn aber kein Hinderungsgrund, in Köthen in den Dienst eines calvinistischen Landesherren zu treten,[51] bei welchem er, wie er es 1730 schrieb, *„vermeinete* [seine] *Lebenszeit zu beschließen“*.[52] Es hinderte ihn 1733 auch nicht daran, seinen nunmehrigen Landesherren, der katholisch war,[53] um *„ein Praedicat von Dero Hoff-Capelle“* zu bitten und dafür zu

versprechen, mit *„schuldigsten Gehorsam, iedesmahl auf* […] *Königlichen Hoheit gnädigstes Verlangen, in Componirung der Kirchen Musique“* zur Verfügung zu stehen.[54] Es stand seinem lutherischen Bekenntnis auch nicht entgegen, eine *„große catholische Messe“* zu komponieren. So wurde seine h-Moll-Messe (BWV 232) im Nachlassverzeichnis von Carl Philipp Emanuel Bach bezeichnet.[55]
Der Umstand, dass er seine Aufgaben in den Leipziger Kirchen als Last empfinden konnte, steht auch nicht im Widerspruch zu der Aussage, dass *„aller Music, also auch des General Basses Finis und End Uhrsache anders nicht als nur zu Gottes Ehre und Recreation des Gemüths seyn“* soll, der nach Philipp Spitta die Einstellung Johann Sebastian Bachs wiedergibt.[56] *„Wo dieses nicht in acht genommen wird da ists keine eigentliche Music sondern ein Teuflisches Geplerr und Geleyer.“*[57] Es dient auch der Ehre Gottes zu zeigen, welch eine Vielfalt seine Schöpfung besitzt und dient der Rekreation des Gemüts, wenn man in den entstehenden Werken diese Schönheiten bewundern kann. Dass es damals in den Leipziger Kirchen für ihn nicht unbedingt umsetzbar war, wird er von Anfang an gewusst haben und musste es hinnehmen. Diese Stadt bot ihm andere Möglichkeiten. Die Universität zog junge Menschen an. Während der Messe trafen sich in Leipzig Menschen aus ganz Europa.[58] Es ist kaum eine Stadt in Deutschland vorstellbar, in der sich Bach ein größeres Angebot an Schülern erhoffen konnte, die ihn verstanden und denen er sein Wissen und Können weitergeben konnte.[59] Aus diesem Blickwinkel kann er als ein Gelehrter gesehen werden, der sich in Leipzig der Forschung und Lehre widmete.[60] Diese Sichtweise ist nicht neu. „Johann Sebastian Bach: The Learned Musician“ (Der gelehrte Musiker) lautet der englische Titel der umfangreichen Bach-Monographie von Christoph Wolff,[61] dem langjährigen Leiter des Bach-Archivs Leipzig und Professor an der Harvard University.
Auch die Titel der wenigen Werke, die Johann Sebastian Bach im Druck veröffentlichte,[62] deuten auf seine Schwerpunkte „Lehre“ und „Forschung“ hin. 1727 erschien im Eigenverlag, betitelt mit „Clavier Ubung“ die Partita Nr. 1. In den nächsten Jahren folgten weitere Partiten. Diese fasste Bach 1731 in einem Druck als „Clavir-Ubung […] Opus 1“ zusammen.[63] Die dann folgenden Veröffentlichungen trugen die Titel: „Zweyter Teil der Clavier Ubung“, „Dritter Theil der Clavier Übung“ (siehe Abbildung 34, S. 115) und „Clavier Ubung“.[64] Dass diese Werke *„denen Liebhabern zur Gemüths Ergoetzung“*[65] dienen, ist, neben ihrem Lehransatz, ebenfalls ein Wesenszug von ihnen.
Drucken ließ Bach „Einige canonische Veraenderungen über das Weynacht-Lied: Vom Himmel hoch da komm ich her“.[66] Dieses Werk hatte er vorher an

die Societät der Musicalischen Wissenschaften geliefert,[67] womit er in gewissem Sinne seine „Forschungsergebnisse“ Fachleuten vorstellte. Beim „Musicalischen Opfer“,[68] das 1747 erschien,[69] zeigte er die Möglichkeiten beim Umgang mit dem vorgegebenen „königlichen“ Thema auf und regte zur Auseinandersetzung damit an. Für ein sofortiges Musizieren sind die darin enthaltenen Kanons nicht eingerichtet. So ist beim ersten nur eine Stimme abgedruckt. Die Überschrift und der gespiegelte Notenschlüssel am Ende zeigen an, dass sich die Melodie, rückwärts gespielt, mit sich selbst begleiten lässt (siehe Abbildung 33).

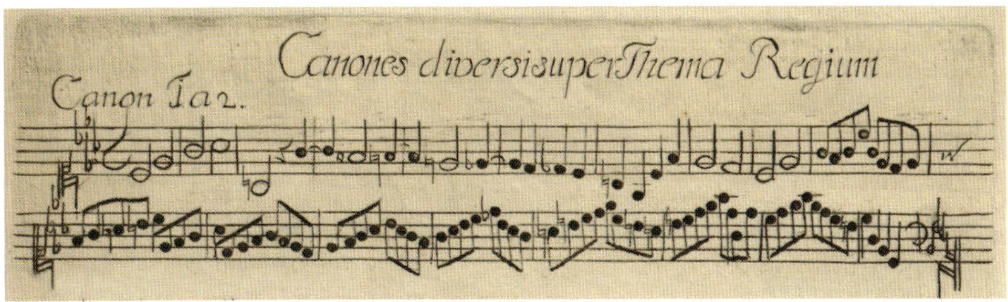

Abbildung 33: Canon 1, aus: „Ein Musicalisches Opfer“ von Johann Sebastian Bach, Erstdruck 1747

Erwähnt sei, dass Johann Sebastian Bach nur noch ein weiteres Werk drucken ließ: „Sechs Chorale von verschiedener Art auf einer Orgel mit 2 Clavieren und Pedal vorzuspielen“.[70] Es ist hier aber nicht sicher, ob dabei die Initiative vom Verleger Johann Georg Schübler ausging.[71] Den Druck der „Kunst der Fuge“ bereitete Johann Sebastian Bach noch selbst vor, konnte ihn aber nicht mehr verwirklichen. Dieses Werk gilt als *„ein Kompendium des instrumentalen Kontrapunkts unter Ausnutzung sämtlicher Möglichkeiten, bei äußerster Konzentration und höchsten technischen Ansprüchen.“*[72]

Johann Sebastian Bach veröffentlichte im Druck nur ausgewählte Werke und stellt sich damit als ein Musiker vor, der sich tiefgründig mit der Tonkunst auseinandergesetzt hat und seine Erkenntnisse weitergibt. Da liegt der Gedanke nahe, dass er so auch in der Öffentlichkeit wahrgenommen werden wollte.

Aufgrund ihres Schwierigkeitsgrades dürften seine gedruckten Werke für die meisten Chorschüler der Thomasschule (mehr als zwei Drittel hatte Bach 1730 als noch nicht zu gebrauchen oder untüchtig eingestuft)[73] ungeeignet gewesen sein. Damit konnte kein möglichst einheitliches Niveau im Chor geschaffen werden. Insofern standen diese Veröffentlichungen in keiner Verbindung zu seinen Amtsgeschäften in Leipzig.

In diesem Zusammenhang ist es auch interessant, noch einmal das Gemälde von Elias Gottlob Haußmann zu betrachten (siehe Abbildung 5, S. 21). Wie schon erwähnt, ist es das einzige bekannte Bild, bei dem davon ausgegangen werden kann, dass Johann Sebastian Bach dafür Modell saß.[74] Es stellt ihn nicht dar, wie er in der Schule arbeitet oder eine Aufführung in der Kirche leitet. Er erscheint in einer formellen Kleidung eines Privatmannes und präsentiert ein Zeugnis seiner Gelehrsamkeit (siehe Ausschnitt Abbildung 5).

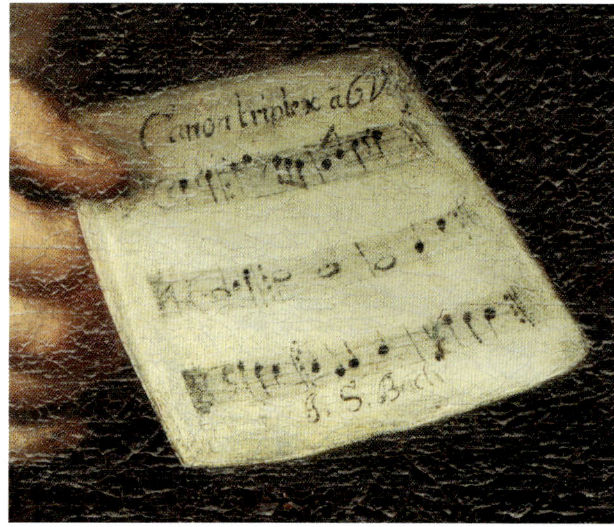

Ausschnitt Abbildung 5: Johann Sebastian Bach, Gemälde von Elias Gottlob Haußmann, 1746

Er zeigt dem Betrachter ein Blatt mit der Überschrift „Canon triplex á 6 Voc:“ und einigen Notenzeilen unter denen „J. S. Bach“ steht.[75] Es handelt sich also um einen von ihm komponierten Kanon, eine Melodie, welche sich regelkonform, in diesem Fall sechsstimmig, mit sich selbst begleiten lässt. Genauere Hinweise gibt Bach aber nicht. Bei dergleichen Rätselkanons können die einzelnen Stimmen zum Beispiel auf verschiedenen Tonhöhen einsetzen und/oder die Melodie von hinten nach vorn erklingen und/oder die Intervalle umgekehrt werden. Um das Rätsel auf dem Gemälde zu lösen, ist es notwendig, sich ausgiebig mit der Materie zu beschäftigen, welcher Johann Sebastian Bach sein Leben widmete – dem Eindringen in die Geheimnisse der Tonkunst. Er wendet sich an Fachleute. Diese Absicht, verbunden mit dem Wunsch, durch seine Arbeit außergewöhnlich talentierte Schüler auszubilden, wird auch auf der Titelseite der Reinschrift „Das Wohltemperirte Clavier" (BWV 846 – 869) von 1722 deutlich. Dort schrieb er, dass dieses Werk von ihm zum *„Nutzen und Gebrauch der Lehr-begierigen Musicalischen Jugend, als auch derer in diesem studio schon habil seyenden"* geschaffen worden sei.[76] In Leipzig nutzte er diese anspruchsvollen Kompositionen[77] in seinem Privatunterricht.[78]

Vor diesem Hintergrund ist wohl davon auszugehen, dass es ihn nicht nur aus finanziellen Gründen sehr traf,[79] als er in Leipzig den Titel eines Universitätsmusikdirektors nicht erhielt. Im Zuge der Wiederbesetzung der Stelle des Thomaskantors, der gleichzeitig Musikdirektor der Stadt Leipzig war, und die sich ein Jahr hinzog, trennte sich die Universität 1723 von dem Brauch, dass damit auch das Amt des Universitätsmusikdirektors übernommen wurde. Bach war nur noch für den sogenannten Alten Gottesdienst zuständig.[80] In den Adressbüchern der Stadt Leipzig wird Johann Gottlieb Görner als Universitätsmusikdirektor geführt,[81] und es ist kein Schriftstück bekannt, in dem Johann Sebastian Bach diesen Titel für sich selbst angibt. Anna Magdalena hätte über seine diesbezüglichen Gefühle wohl nähere Auskünfte geben können. Für ihr Leben waren die Be- und Empfindlichkeiten ihres Mannes von Bedeutung. Dazu gehörte auch, worin er seine Lebensaufgaben sah, denen er sich widmen wollte.

Jahreseinkünfte

Der Umgang mit den Geldmitteln, die für die Versorgung der im Haushalt lebenden Personen zur Verfügung standen, lag gewöhnlich in der Verantwortung der Haus-Mutter.[1] Das wird im Haushalt der Familie Bach nicht anders gewesen sein. Inwieweit aber Anna Magdalena auch in anderen Bereichen für die Finanzen zuständig war oder wer besser mit Geld umgehen konnte, ist nicht bekannt. Hinweise gibt es aber für die Beantwortung der Frage: Wie viel Geld stand der Familie überhaupt zur Verfügung?

Johann Sebastian Bach erhielt in Leipzig durch die Stadt eine Besoldung von etwas weniger als 88 Talern pro Jahr. Dazu kamen 13 Taler an Holz- und Lichtgeld, Deputate an Wein, Korn und Holz. Mit dem Amt waren viele weitere Einkünfte verbunden, so Zahlungen aus Stiftungen, Einnahmen aus Kurrende-Umgängen, Honorare bei Hochzeiten und Beerdigungen.[2] Einsparungen erbrachte die mietfreie Wohnung in der Thomasschule.[3] Einen Anhaltspunkt, welche Mietkosten in Leipzig zu veranschlagen waren, liefert eine Rechnung von 1731/32. Während des Umbaus der Thomasschule 1731/32 bezog die Familie ein Ausweichquartier, wofür die Stadt im Vierteljahr 30 Taler bezahlte.[4] 1730 schrieb Johann Sebastian Bach in seinem Brief an Georg Erdmann über seine Jahreseinnahmen: *„Meine itzige station belaufet sich etwa auf 700 rthl.“*.[5] Diese 700 Taler waren aber eine schwankende Größe. Nach Bachs Auskunft konnte allein die unterschiedliche Anzahl an Bestattungen Unterschiede von 100 Talern pro Jahr bewirken. Es ist aber nicht auszuschließen, dass er in diesem Brief nur die Summe der Einkünfte mitteilte, die mit seiner Anstellung in Verbindung standen, private Einkünfte aber nicht berücksichtigte. Ein Familienbudget von rund 700 Talern dürfte nämlich kaum ausreichend gewesen sein, wenn zwei Söhne studierten. 1729 hatte sein Sohn Wilhelm Friedemann ein Studium an der Universität Leipzig aufgenommen. Carl Philipp Emanuel folgte ihm 1731.[6] Welche Kosten damit verbunden waren, geht zum Beispiel aus einer städtischen Akte dieser Zeit hervor. Die Aufstellung erfolgte nach den Angaben von Georg Michael Teutscher, der in Leipzig studierte:

„Specificatio derer jähr. benöthigten Gelder zu Fortsetzung meines Sudierens, als:

1. - Hauß-Zinß	-	-	-	*24. rl*
2. - Aufwarte Geld	-	-	-	*4. -*
3. - der Traiteur Mittags u. Abends		-	-	*60. -*
4. - Wäscher Lohn	-	-	-	*8. -*
5. - Collegia	-	-	-	*50. -*
6. - Sprach Mstr	-	-	-	*24. -*
7. - Peruquen Macher	-	-	-	*8. -*
8. - Exercitien Mstr.	-	-	-	*26. -*
9. - Bücher, Wäsche	-	-	-	*44. -*
10. - all Jahr ein Kleid a.	-	-	-	*50. -*
11. - Schuh, Strümpffe, Huth d' Espange Cafftan, Schnallen, Stieffeln, Hahr Beutel, Kleider, u. Flicker Lohn, Jahrmarckts Gelder	-	-	-	*25. -*
12. - Extra die Woche a 2 rl.	-	-	-	*104. -*
13. - Anatomien zu besuchen it. Chymische Sachen, Retorten und Materialien	-	-	-	*37. -*
14. - Holtz, Licht, Kühn, Kohlen		-	-	*18. -*
facit				*500 rl.“*[7]

Die Einzelposten ergeben nicht die Summe von 500 Talern, doch wurde auf diesen Betrag aufgerundet. Der Student Georg Michael Teutscher lebte in ärmlichen Verhältnissen,[8] und es ist davon auszugehen, dass seine Angaben nicht überzogen waren. Er hatte sie im Auftrag der Universität gemacht, an die er sich wandte, weil er finanzielle Unterstützung durch seinen Vater bekommen wollte. Johann Wolfgang Goethe, der 1765 in Leipzig mit einem Studium begann, erhielt von seinem Vater jährlich um die 800 Taler.[9] Verschiedene Posten aus der Aufstellung Teutschers dürften für Bachs Söhne entfallen sein, wenn sie weiterhin im Haushalt des Vaters lebten und dort versorgt wurden. Aber auch wenn die jeweilige Summe nur halb so hoch gelegen haben sollte, waren das Beträge, die mit einem Familieneinkommen von rund 700 Talern nicht hätten bestritten werden können. In seinem Brief an Erdmann erwähnte Johann Sebastian diesbezügliche Schwierigkeiten aber überhaupt nicht. Dass

diese Summen aufgebracht wurden, ist übrigens auch ein deutliches Zeichen, welche Wichtigkeit Bach dieser "außermusikalischen" Ausbildung[10] seiner Söhne beimaß. Es soll dabei nicht unerwähnt bleiben, dass ihnen ihr Universitätsstudium auch andere Berufsfelder eröffnet hätte, wenn sie daran wirklich interessiert gewesen wären.
Es gibt einen weiteren Hinweis, dass die Gesamteinnahmen der Familie Bach pro Jahr über 700 Talern gelegen haben dürften. Carl Philipp Emanuel bewarb sich in Leipzig zweimal um die Stelle, die sein Vater inne gehabt hatte – 1750 und 1755.[11] Kurz vor der zweiten Bewerbung erhielt König Friedrich II. die Mitteilung, sein Cembalist Carl Philipp Emanuel Bach[12] könne *„nicht Mehr mit 300 rt pension lehben Er hätte alle jahr die Zeit seines dienstes 600 rt Zu gesetzet* [...] *Er bittet Ew Königl Maj um ver Mehrung seiner Pension, oder untherthänigst um seine dimißion. Die Noth triebe hir Zu, sonst würde er Ew K Maj mit den Zu Friedensten Hertesten dienen allein Er Kont Mit seine Familie Nicht lehben"*.[13] Daraus lässt sich schlussfolgern, dass Carl Philipp Emanuel vor der Eingabe über ungefähr 900 Taler pro Jahr verfügen konnte, wobei es sich bei 600 Talern offenbar um Privateinnahmen handelte. Hätte er davon ausgehen müssen, dass sein Gesamteinkommen in Leipzig nur rund 700 Taler betragen würde, so wäre seine Bewerbung dort kaum nachvollziehbar.

Unterschiedliche Lebenshaltungskosten müssen bei einer Betrachtung von Jahreseinkünften dieser Zeit besonders beachtet werden. Johann Sebastian schrieb dazu an Erdmann: *„In Thüringen kan ich mit 400 rthl. weiter kommen als hiesiges Ohrtes mit noch einmahl so vielen hunderten, wegen der exeßiven kostbahren Lebensarth."*[14] Es ist fraglich, ob es sich hier um eine genaue Analyse handelt, die wie eine Umrechnungsgröße genutzt werden kann. Es ist eher davon auszugehen, dass er sein Lebensgefühl beschrieb. Es gab nicht eine *„Lebensarth"* in der damaligen Zeit. Die *„Lebensarth"* des einzelnen Menschen war immer standesabhängig. Johann Sebastian wird vor allem die Ausgaben vor Augen gehabt haben, die er für seinen Stand als notwendig ansah.[15] Wie an der Eingabe von Carl Philipp Emanuel zu sehen ist, wurde auch der Begriff *„Noth"* standesabhängig genutzt.
Letztlich lebte Johann Sebastian Bach nach diesem Brief an Georg Erdmann noch weitere 20 Jahre, bis zu seinem Tod, in Leipzig.[16] Auch seine Witwe verließ die Stadt nicht. Sie lebte dort mit ihren Kindern[17] bis zu ihrem Tod am 27. Februar 1760.[18] Wie erwähnt, bewarb sich Sohn Carl Philipp Emanuel 1750 und

1755 um die Stelle seines Vaters.[19] Tochter Elisabeth Juliana Friderica Altnickol zog mit ihren beiden Töchtern nach dem Tod ihres Mannes, der 1759 verstorben war,[20] von Naumburg wieder nach Leipzig.[21] Ihre Kinder waren beim Tod des Vaters 4 beziehungsweise 8 Jahre alt.[22] Diese Stadt war, wie es Johann Sebastian in seinem Brief an Erdmann formulierte, *„ein sehr theürer Ort“*.[23] Offensichtlich gab es für die genannten Personen dort aber Einkunftsmöglichkeiten, mit denen sie das kompensieren konnten.

Wie aber sind die bisher angesprochenen Geldbeträge einzuordnen? Der Lohn von Bergleuten im Freiberger Revier in Kursachsen, wo vor allem Silbererz abgebaut wurde,[24] kann für diese Zeit den Abrechnungen von Bergwerken entnommen werden. Bei diesen Bergleuten ist von einer Arbeitszeit in der Grube von 8 Stunden auszugehen.[25] Ein Doppelhäuer, das war ein ausgebildete Bergmann,[26] verdiente dort in einem Jahr zum Beispiel knapp 59 Taler.[27] Es ist bekannt, dass Bergleute versuchten, durch weitere Tätigkeiten ihr Einkommen aufzubessern.[28] Um das zu berücksichtigen, soll von zusätzlichen Einkünften von 25 Prozent ausgegangen werden. Das ergibt für einen Doppelhäuer aufgerundet 75 Taler Einnahmen pro Jahr oder für einen Bergknecht 55 Taler.[29]
Die Arbeitszeit von angestellten Handwerkern in Leipzig dürfte meist vom Tageslicht abhängig gewesen sein. Zu den Angaben aus Quellen der damaligen Zeit[30] soll deshalb von zusätzlichen Verdienstmöglichkeiten von 10 Prozent ausgegangen werden. Das ergibt Jahreseinkünfte für Zimmerleute von rund 110 Talern, für Maurer von ungefähr 105 Talern oder für Handlanger von rund 50 Talern.[31]
In einer Akte aus dem Jahr 1747 wird von *„notorischen Armen, welche zu ihren Lebens-Unterhalt fast sonst nichts, als die Almosen-Gaben, wißen“*[32] gesprochen. In den Aufstellungen des Leipziger Almosenamtes sind Einzelpersonen nur in Einzelfällen aufgeführt. Es lässt sich aber ein Durchschnittswert ermitteln, der bei 6 Groschen pro Woche lag.[33] Das sind 13 Taler pro Jahr. Es gab auch noch Sondergaben und andere Unterstützungen.[34] So lässt sich der jährliche Betrag, der für das bloße Überleben einer Person in Leipzig zur Zeit Bachs nötig war, nur schwer festlegen. Als ganz grober Schätzwert kann von 30 Talern ausgegangen werden.[35] Der in kursächsischen Diensten stehende Carl August von Gersdorf (1705 – 1787)[36] schrieb in einer Studie über den Handel: *„Man gebe jeder Familie wöchentlich 3 Thlr. zum Verdienst und Circulation* […] *Wenn nun nur so viel Geld gleich ausgetheilet wöchentlich im Lande circulirte, so würden die Einwohner bey*

frugaler Lebensart weder zu betteln noch zu stehlen nöthig haben." Dabei setzte er an, dass neun Personen in zwei Familien leben.[37] Das ergibt für eine Person einen Betrag, der knapp unter 35 Talern liegt.

Diese Angaben zeigen, dass bei den angeführten Beispielen von Bergleuten und Handwerkern das Einkommen des Mannes für die Versorgung einer größeren Familie nicht ausreichte. Es war aber in dieser Zeit üblich, dass die Ehefrauen und auch die Kinder durch Tätigkeiten ebenfalls Einkünfte erzielten. Moritz John Elsas widmet in „Umriss einer Geschichte der Preise und Löhne in Deutschland" dem Punkt *„Tagelöhne für Frauen"* mehrere Seiten.[38] Heide Wunder stellte bei ihren Forschungen über Ehepaare in der Frühen Neuzeit fest: *„Die meisten Frauen wurden durch die Eheschließung nicht ‚versorgt', vielmehr brachten Braut und Bräutigam gemeinsam das zusammen, was die Begründung einer selbständigen Existenz als Ehepaar ermöglichte. Diese mußte – meist zeitlebens – durch die Arbeit der Eheleute gesichert werden: durch die Haushaltsführung im engeren Sinne, aber bei Gelegenheit und Bedarf durch alle erdenklichen Arbeiten."*[39]

Einige der angeführten Jahreseinkünfte sind hier zum besseren Überblick zusammengefasst:[40]

Personengruppe	**Einkünfte pro Jahr**
Einzelperson auf unterstem Lebensniveau in Leipzig	rund 30 Taler
Handlanger in Leipzig	rund 50 Taler
ausgebildeter Bergmann im Freiberger Revier (Erzgebirge)	rund 75 Taler
angestellter Maurer in Leipzig	rund 105 Taler
Familie von Carl Philipp Emanuel Bach	rund 900 Taler (vor 1755) mehr als 1.400 Taler (nach 1755)

Es sei noch einmal darauf hingewiesen, dass diese Angaben grobe Schätzwerte sind und nur als Orientierungspunkte dienen sollen. Auch die genauen Jahreseinnahmen, die der Familie von Johann Sebastian Bach zur Verfügung standen, sind letztlich nicht zu bestimmen. Aber unabhängig davon, ob sie bei 700 Talern oder deutlich darüber lagen, betrugen sie ein Vielfaches von dem, was Bergleute im Erzgebirge, angestellte Handwerker oder Tagelöhner in Leipzig verdienten.

Als ein Beispiel für Relationen sei auch noch eine Rechnung vom 5. Mai 1738 angeführt. Für eine *„Ihro Königlichen Majest: etc. gebrachte Abend Musique“* erhielt Johann Sebastian Bach von der Universität 50 Taler, die Stadtpfeifer 8 Taler. Er hatte dafür die Kantate „Willkommen, ihr herrschenden Götter der Erden“ (BWV Anh. 13) komponiert und die Aufführung *„unter Trompeten und Paucken Schall vor dem Apelischen Hause am Marckte“* zu Ehren des anwesenden Königspaares und der ältesten Prinzessin geleitet.[41]
Natürlich gab es Personen, die über deutlich höhere Jahreseinkünfte verfügen konnten als Johann Sebastian und seine Familie, wohl auch Musiker. So wurde Felice Salimbeni, der als einer der größten Sänger seiner Zeit galt, durch den Kursächsischen Hof eine jährliche Pension von 4.000 Talern zugesprochen.[42] Johann Joachim Quantz schrieb in seinen Lebenserinnerungen: *„Im November des 1741 Jahres wurde ich zum letztenmale von Seiner Majestät von Preussen nach Berlin berufen, und von Höchstdenenselben mir mit so vortheilhaften Bedingungen, Dienste angeboten, daß ich sie anzunehmen mich nicht länger weigern konte. Zweytausend Thaler jährliche Besoldung auf Lebenszeit; ausserdem eine besondere Bezahlung meiner Composition; hundert Dukaten für jede Flöte die ich liefern würde; die Freyheit nicht im Orchester, sondern nur in der Königlichen Kammermusik zu spielen, und von Niemands als des Königs Befehl abzuhangen, verdienten wohl einen Dienst aufzugeben, wo ich solche Vortheile niemahls zu hoffen hatte.“*[43]

Johann Sebastian scheint es mit finanziellen Dingen sehr genau genommen zu haben. Natürlich musste eine große Familie versorgt werden, und auch aus beruflichen Gründen waren verschiedene Anschaffungen notwendig. Allerdings ging er in seinen Briefen auf Einnahmen und Ausgaben recht häufig ein.[44] Zum Teil erscheint das fast kleinlich.[45] Man kann nur darüber spekulieren, ob es ein Zufall ist, dass sich gerade solche Briefe erhalten haben oder ob hier ein Hinweis vorliegt, dass seine Beschäftigung damit über ein normales Maß hinaus ging. Gegen einen kleinlichen Umgang mit dem Geld spricht nämlich der Umstand, dass er ein Bergwerk finanziell unterstützte, ohne dabei gewinnorientiert zu agieren (siehe S. 175 ff.).[46]

Ehe- und Geschäftspartner

Die Wohnung der Familie Bach war nicht nur der Bereich, in dem sich die Familie und weitere dort wohnende Personen aufhielten. In ihr spielten sich auch große Teile des Erwerbslebens ab. Hier wurde komponiert. Es wurden Noten kopiert, die man auch für Aufführungen einrichtete, es wurde geübt, für Auftritte geprobt oder auch unterrichtet. Verschiedene Privateinnahmen, die Johann Sebastian in seinem Brief an Erdmann nicht berücksichtigt haben dürfte, wurden hier erwirtschaftet. Einen Anhaltspunkt für die Beträge, die zum Beispiel von Privatschülern, die auch im Haushalt lebten, verlangt wurden, liefert Philipp David Kräuter, der 1712 in Weimar Bachs Schüler war. Für *„Kost u: Information"* bezahlte er 80 Taler für ein Jahr. Unterricht wurde ihm *„in der Composition und Clavier, als auch in andern Instrumenten"* erteilt. Weiter berichtete er: *„die übrige Zeit wende ich vor mich allein zum exerciren und decopiren an, dann derselbe mir alle Music Stück, die ich verlange, communiciert, habe auch die Freyheit alle seine Stück durchzusehen"*.[1] Die Einnahmen durch Privatunterricht werden also einen wesentlichen Teil der Einkünfte der Familie Bach ausgemacht haben.[2]

Die Familie Bach betrieb auch einen Musikalienhandel.[3] Es sind etliche Zeitungsanzeigen bekannt, durch die Interessenten erfuhren, dass verschiedene Musikalien, die neu erschienen waren, beim Capellmeister Bach in Leipzig erworben werden konnten.[4] Zum einen bot er seine gedruckten Kompositionen an, die er zum Teil selbst verlegt hatte[5] (siehe Abbildung 34). Da sie als hochanspruchsvoll galten, waren die Kunden wohl vor allem Fachleute.[6]
Im Hause Bach vertrieb man aber auch gedruckte Werke anderer Komponisten, und es wurde Notenmaterial verliehen. Eine solche Ausleihe ist zum Beispiel durch den Kantor Johann Wilhelm Koch aus Ronneburg nachweisbar.[7] Zum Stimmensatz vom Sanctus (BWV 232) hatte Bach auf der ersten Partiturseite vermerkt: *„NB. Die Parteyen sind in Böhmen bei Graff Sporck"*.[8] Es ist nicht bekannt, ob er sie wieder zurück erhielt, denn beim Verleih konnte es auch zu Verlusten von Noten kommen.[9] Auf eine Anfrage wurde aus dem Hause Bach 1742 geantwortet, dass *„ausgeschriebene Stimmen einem Bassisten, Nahmens Büchner geliehen"* worden seien, er sie aber *„noch nicht zurücke geschickt"* habe. Im gleichen Brief wird auch auf Erfahrungen Johann Sebastians eingegangen: *„die partitur*

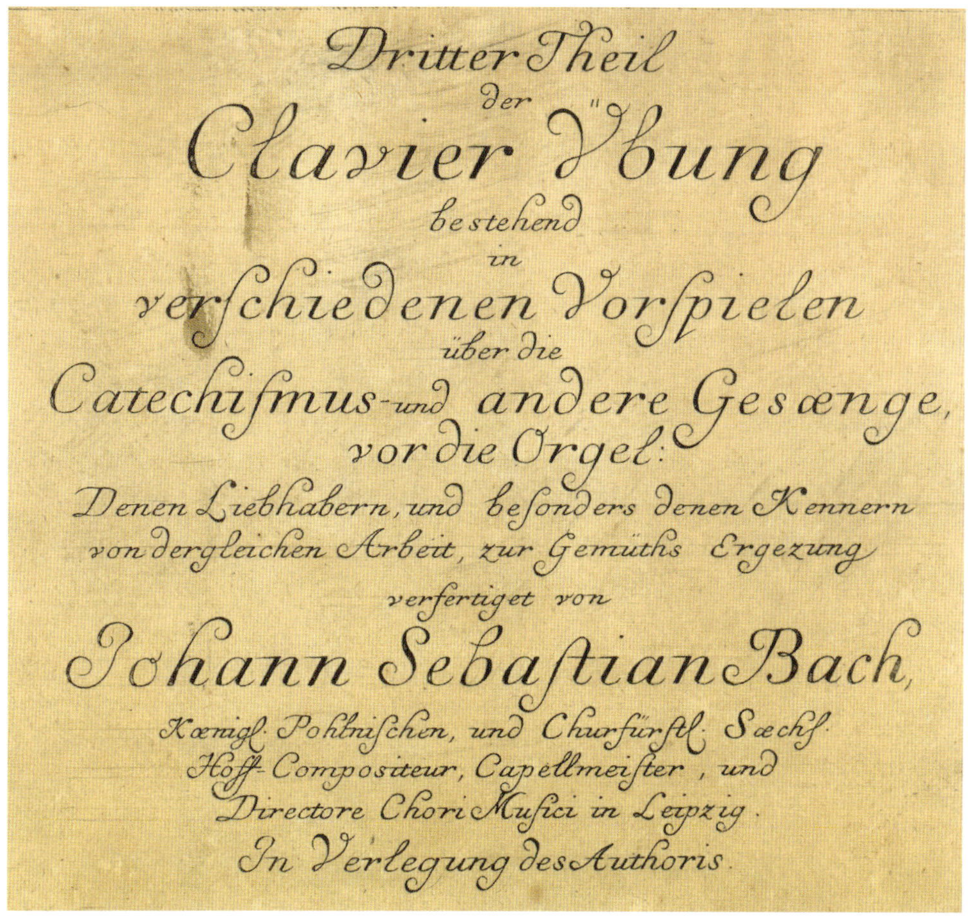

Dritter Theil
der
Clavier Übung
bestehend
in
verſchiedenen Vorſpielen
über die
Catechiſmus- und andere Gesænge,
vor die Orgel:
Denen Liebhabern, und beſonders denen Kennern
von dergleichen Arbeit, zur Gemüths Ergezung
verfertiget von
Johann Sebaſtian Bach,
Kœnigl. Pohlniſchen, und Churfürstl. Sæchſ.
Hoff-Compositeur, Capellmeiſter, und
Directore Chori Muſici in Leipzig.
In Verlegung des Authoris.

Abbildung 34: Titel der gedruckten Clavier Übung Teil III von Johann Sebastian Bach „In Verlegung des Authoris"

aber will er nicht aus den Händen geben, weil er auf solche Art schon um viele Sachen gekommen ist".[10] Für Kopien, die der Ausleihende davon anfertigte, war es üblich, eine Gebühr einzufordern.[11] Ein solcher Handel mit Musikalien war nicht ungewöhnlich. Klaus Hortschansky, der sich intensiv damit beschäftigte, schrieb: *„Ein beträchtlicher Teil des Musikalienhandels lag bis zum Ausgang des 18. Jahrhunderts in den Händen der Musiker selbst. Handschriftliche Musikalien waren schon von altersher ein Handelsobjekt, das Musiker unter ihresgleichen zu finanziellem Gewinn zu nutzen suchten. Sie ließen auf Bestellung Kopien von ihrem Privatbestand machen, sie liehen die Handschriften gegen eine Gebühr zur Kopienahme aus oder sie boten selbst angefertigte Abschriften eigner und fremder Werke zum Kauf an."*[12]

Am Musikalienhandel im Hause Bach war Anna Magdalena aktiv beteiligt.[13] Sie schrieb Noten ab. Eigentümer solcher Abschriften war zum Beispiel Georg Heinrich Ludwig Schwanberg (auch Schwanenberg, 1696 – 1774),[14] ein Schüler von Johann Sebastian.[15] Für ihn ist der Besitz einer Kopie der Sonaten und Partiten für Violine solo (BWV 1001 – 1006) und der Suiten für Violoncello solo (BWV 1007 – 1012) nachweisbar. Auf das Titelblatt (siehe Abbildung 35) schrieb er mittig: *„Pars 1. Violino Solo senza Basso composèe par Sr. Jean Seb: Bach. Pars 2. Violoncello Solo. senza Basso. composèe par Sr. J. S. Bach. Maitre de la Chapelle et Directeur de la Musique a Leipsic"*. Unten rechts auf dieser Titelseite notierte er: *„ecrite par Madame Bachen. son Epouse."* (geschrieben von Frau Bach, seiner Ehefrau).[16] Für spätere Forschungen spielte dieser Hinweis auf Anna Magdalena als Schreiberin eine wichtige Rolle, um sie als Kopistin etlicher anderer Werke zu identifizieren.[17] Anna Magdalena fertigte diese Abschrift höchstwahrscheinlich 1727 oder 1728. Darauf deutet auch das von ihr genutzte Papier hin,[18] und für diese Jahre ist Schwanberg in Leipzig nachweisbar.[19] Bei der Abschrift der Sonaten und Partiten für Violine solo nutzte sie ein Autograph ihres Mannes aus dem Jahr 1720. Sie hielt sich bis in Einzelheiten an diese Vorlage und übernahm sogar die Raumaufteilung.[20] Während aber die Artikulationsbögen beim Autograph ihres Mannes sehr präzise sind, agierte sie dabei deutlich ungenauer.[21] Ihre Abschrift der Cello-Suiten hat eine große Bedeutung, denn es existiert kein Autograph mehr von Johann Sebastian Bach. Allerdings kann daraus nicht geschlossen werden, dass Anna Magdalena diese Cello-Suiten komponiert hat. Dem widerspricht schon der Titel von Schwanberg.[22] Er machte keinen Unterschied zwischen den Sonaten und Partiten für Violine solo, die Anna Magdalena nachweislich abschrieb, und den Cello-Suiten. Es gibt bei den von ihr geschriebenen Noten keine Korrekturen, die auf einen kreativen Prozess schließen lassen können. Bei der Herausgabe der Cello-Suiten für die revidierte Neue Bach-Ausgabe[23] machte auch Andrew Talle (Professor an der Northwestern University/USA) deutlich, dass Anna Magdalena bei der Niederschrift etliche Schreibfehler unterliefen. Überzeugend wies er nach, dass sie mit der Musik der Cello-Suiten nicht so vertraut war,[24] wie es der Fall gewesen wäre, wenn sie das Werk komponiert hätte.

Gibt es von den Cello-Suiten noch andere Kopien,[25] so ist die Sonate für Violine und Basso continuo G-Dur von Johann Sebastian Bach (BWV 1021) nur in einer Abschrift von Anna Magdalena überliefert, die ihr Mann mit Ergänzungen versah.[26] Darauf notierte Christoph Ernst Abraham Albrecht von Boyneburg Jahrzehnte später: *„Unter mehreren Handstücken meines Onkels väterl. Seite, der in*

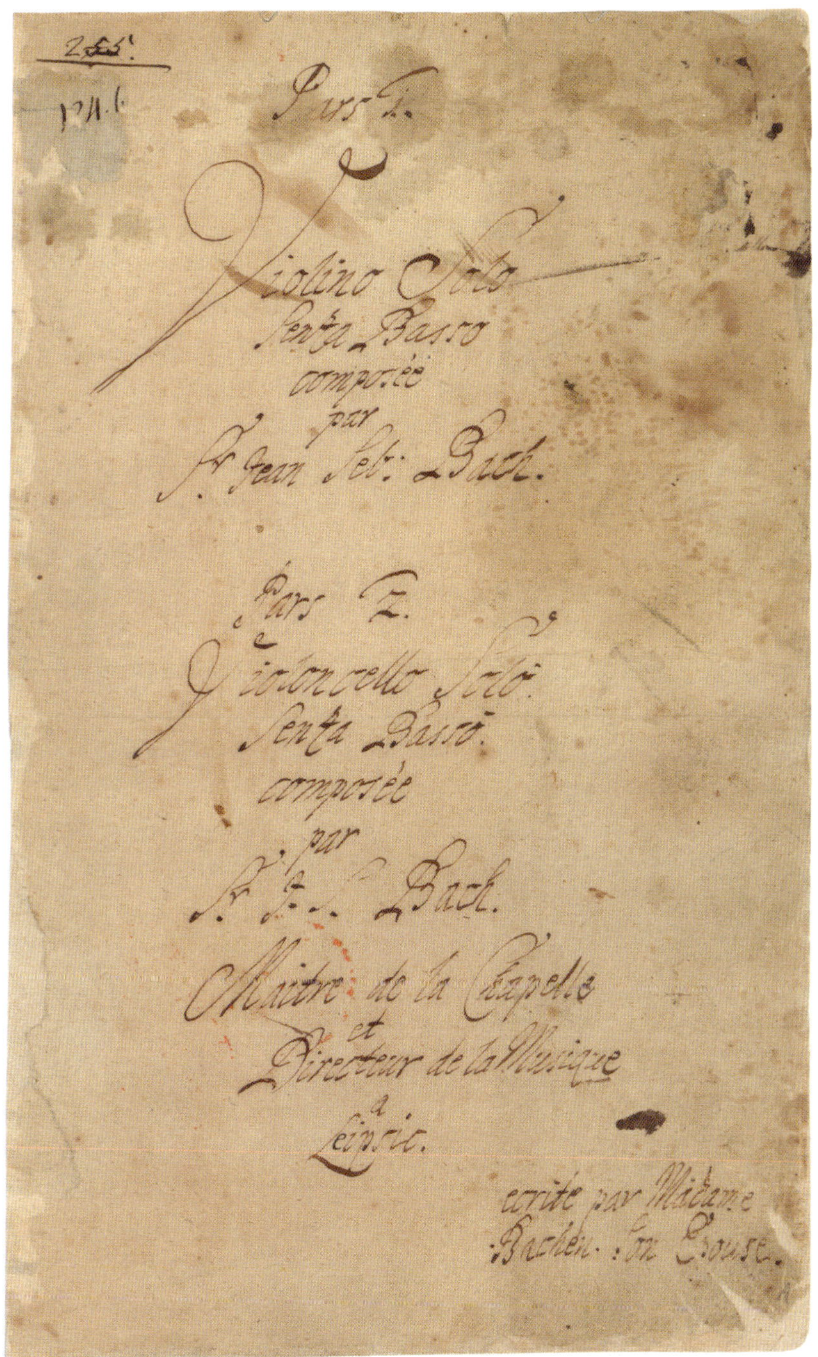

Pars 1.

Violino Solo
senza Basso
composée
par
Sr. Jean Seb: Bach.

Pars 2.

Violoncello Solo.
Senza Basso.
composée
par
Sr. J. S. Bach.
Maitre de la Chapelle
et
Directeur de la Musique
a
Leipsic.

ecrite par Madame
Bachen. son Epouse.

Abbildung 35: Georg Heinrich Ludwig Schwanberg: Titel für die Abschriften der Sonaten und Partiten für Violine solo und der Suiten für Violoncello solo

Leipzig auf der Akademie Unterricht von diesem großen Mann genoß, aufgefunden." Dieser Onkel war Heinrich Abraham von Boyneburg (1713 – nach 1776?),[27] der wohl in ähnlicher Weise wie Georg Heinrich Ludwig Schwanberg, im Zuge des Unterrichts bei Johann Sebastian, auch Eigentümer von Musikalien wurde, die Anna Magdalena angefertigt hatte.[28] Sein Stand deutet darauf hin, dass er dafür einen finanziellen Gegenwert leistete.[29] 1799 schickte der genannte Neffe an Johann Nikolaus Forkel die Partita BWV 831 in der früheren c-Moll-Fassung – ebenfalls eine Abschrift von Anna Magdalena. Es ist davon auszugehen, dass dieses Werk auf ähnliche Weise in den Besitz seines Onkels gelangt war.[30]

Anna Magdalena unterstützte ihren Mann auch bei sonntäglichen Aufführungen in den Kirchen. Für mehr als fünfzehn Kantaten kann nachgewiesen werden, dass sie Einzelstimmen anfertigte.[31] Dabei war sie nicht Hauptkopist, sondern fertigte einzelne Stimmen, die offensichtlich noch gebraucht wurden.[32] Ein interessantes Beispiel der Zusammenarbeit liefert dabei die Violinstimme der Kantate „Ach Gott, wie manches Herzeleid" (BWV 58). Diese Abschrift, die 1733 oder 1734 entstand, wurde von Anna Magdalena begonnen, dann von Johann Sebastian fortgeführt und von ihr beendet[33] (siehe Abbildung 36). Es sei daran erinnert, dass auch die Sopranstimme der Kantate „O angenehme Melodei" (BWV 210a) von Johann Sebastian und Anna Magdalena gemeinsam geschrieben wurde[34] (siehe Abbildung 27, S. 69).

Über ihre Handschrift ist bereits im ersten Teil der Bach-Monographie von Philipp Spitta 1873 zu lesen: *„Ihre Notenschrift ist etwas weniger leicht als die Sebastians und von dieser in der Form des C-Schlüssels, der Quadrate und Kreuze und andrer Kleinigkeiten unterschieden, doch sehr flüssig und ausgeschrieben, ohne eine Spur weiblicher Ungeübtheit, ebenso die Buchstabenschrift, welche gleichfalls in einzelnen Formen von der des Gatten abweicht; aber der ganze Ductus von Noten sowohl als Buchstaben ist oft der Bachschen Handschrift so ähnlich, daß die Unterscheidung schwer fällt."*[35] Zu ihren Abschriften stellte Hans-Joachim Schulze allerdings fest: *„vielfach* [ist] *ein etwas willkürlicher Umgang mit der Rechtschreibung zu beobachten – mehr als Toleranz und mangelndes Regelwerk der Zeit erlaubten.* [...] *In der Praxis des Bachschen Haushaltes hat dies zu einer plausiblen, aber selbst für Experten lange Zeit schwer zu durchschauenden Arbeitsteilung beim Abschreiben von Noten geführt: Anna Magdalena beschränkte sich auf den reinen Notentext, während Johann Sebastian Titelseiten, Satzüberschriften und andere Textanteile ergänzte. Blieb Anna Magdalena hierbei sich selbst überlassen, ergaben sich häufig genug Unsicherheiten und Fehler.*

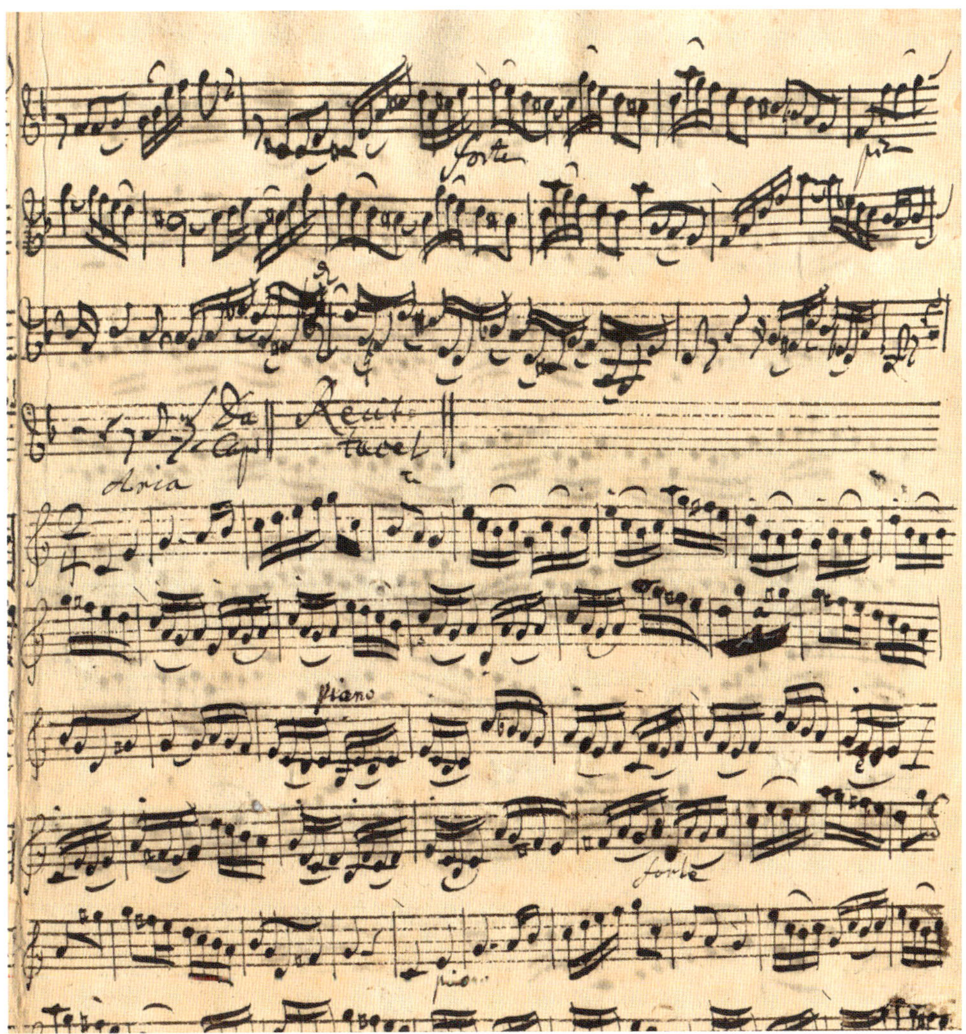

Abbildung 36: Ausschnitt aus der Stimme „Violino 1." der Kantate „Ach Gott, wie manches Herzeleid" BWV 58, Sätze 3 – 5, die ersten vier Zeilen stammen von Johann Sebastian, Anna Magdalena setzte die Abschrift dann fort

Früh erkannt und gewürdigt worden ist die auffallende Ähnlichkeit der Notenschrift beider Eheleute. Leider fehlt es an Schriftzeugnissen Anna Magdalenas aus der Zeit vor ihrer Verheiratung, und so bleibt die Frage unbeantwortet, ob diese Ähnlichkeit zufällig ist oder aber das Ergebnis bewußter Anpassung von seiten der Frau."[36]
Wie wichtig Anna Magdalena für ihren Mann als Kopistin war, ist nur schwer abzuschätzen. Auf jeden Fall unterstützte sie ihn mit dieser Tätigkeit bei seiner

Arbeit und trug zu den Einkünften des Haushalts bei. Ihre Abschriften sind aber auch Belege, dass sie Kenntnisse über solche Arbeiten besaß, dass sie Zeitabläufe und bis zu einem gewissen Grad auch die Qualität einschätzen konnte. Sie war in der Lage, solche Arbeiten zu überwachen.

Im Haus der Familie Bach wurde ein Instrumentenverleih und -verkauf betrieben.[37] So quittierte Johann Sebastian 1749 den Erhalt von 115 Talern für ein *„Piano et Forte"*, das für den Grafen Branitzky bestimmt war.[38] Für 1747 existieren verschiedene Quittungen, auf denen Johann Sebastian bestätigte, dass er durch einen Bevollmächtigten des Grafen von Würben *„vor das Clavier zu leyhen"* pro Monat 1 Taler und 8 Groschen bekommen habe.[39] Für 1750 ist nachzuweisen, dass *„H. CapellMstr. Bachen* [...] *ein Clavicin viertheljährig vor 3"* Taler an den Studenten Oetzmann vermietete. In diesem Fall gab es Schwierigkeiten. Oetzmann war eine Rate schuldig geblieben. Bach legte Beschwerde bei der Universität ein und verlangte das Instrument zurück. Als Beschluss ist für Oetzmann festgehalten: *„Offeriret sich den vierteljährlichen Zins anietzo oder auf Johannis zu bezahlen, verspricht auch Johannis das Clavicin Herr CapellMeister Bachen zurück zugeben."*[40]
Mit den Abläufen solcher Vermietungen muss Anna Magdalena vertraut gewesen sein, sonst wäre eine Vereinbarung bei der Nachlassverteilung nicht nachvollziehbar. Für die Musikinstrumente, die im Nachlassverzeichnis aufgeführt sind, darunter acht Tasteninstrumente,[41] legten die Erben fest, dass diese bis Ostern 1751 – Ostersonntag war in diesem Jahr der 11. April[42] – verkauft werden sollten, wobei sie ein Vorkaufsrecht hatten. Dafür wurde vereinbart, dass Anna Magdalena diese *„Instrumente biß zu deren würcklichen Verkauff behalten, und den Nutzen davon alleine ziehen"* könne.[43] Dieser *„Nutzen"* kann nur aus den Mieteinnahmen bestanden haben, die durch bestehende Mietverträge noch eingingen. Um sie zu erhalten, musste Anna Magdalena die bestehenden Verträge kennen und über die Abläufe Bescheid wissen. Hätte sie sich erst in die Thematik einarbeiten müssen, wäre als Verantwortlicher Gottlob Sigismund Hesemann (Jahrgang 1725)[44] geeigneter gewesen. Er war ein Sohn der Halbschwester von Anna Magdalenas Vater. Aus Weißenfels stammend, studierte er in Leipzig an der Universität Jura[45] und hatte Johann Sebastian bei der Beschwerde gegen den Studenten Oetzmann vor der Universität vertreten.[46] Er war also mit dem Instrumentenverleih vertraut. Bei den Vorgängen zur Nachlassverteilung unterstützte er die Familie.[47]

Ein Hauswesen wie das der Familie Bach, in dem sich neben dem privaten familiären Leben auch große Teile des Erwerbslebens abspielten, war typisch für die Zeit, in der sie lebten. Erst später wurde der Haushalt mehr und mehr zum alleinigen privaten Raum für die Familie, weil sich gewerbliche Arbeitsbereiche zunehmend nach außerhalb verlagerten.[48] Heide Wunder schreibt dazu: *„die heutige Vorstellung, daß die Ehefrau für den Ehemann und die Kinder arbeite, rückt die Position der ‚Hausfrau' in der Frühen Neuzeit in ein falsches Licht, weil sie den Ehemann als Alleinverdiener und Ernährer voraussetzt. Das traf für Mittelalter und Frühe Neuzeit noch weniger als heute zu."*[49] Auch für die Frau Capellmeisterin Anna Magdalena Bach galten die bereits erwähnten Worte aus einem Lexikon von 1735: Sie war die *„andere Haupt-Person einer Haus-Wirthschafft, ohne welche selbige nicht leicht in guter Ordnung angestellet und geführet werden mag."* Sie war als *„Befehlshaberin zu achten."*[50]

Dass Mitte des 18. Jahrhunderts Ehefrauen Geschäfte mit ihrem Mann gemeinsam führten, zeigen auch die Leipziger Adressbücher ganz deutlich. Es sind dort zum Beispiel *„Kramer nach dem Alphabete, nebst Gewölbern"* aufgeführt. Ein Kramer betrieb einen „Kram-Laden". Das war *„ein bequemer Ort, da allerhand Waaren aufgestellet, und in das kleine, nach dem Gewicht, Maß oder Elle verkauffet"* wurden.[51] Im Adressbuch von 1753 sind 250 Handlungen verzeichnet, von denen 29 durch Witwen betrieben wurden. Sie führten die Handlungen nun ohne ihren Mann weiter (siehe Abbildung 37, S. 122).[52] Wie der Ausschnitt aus dem Adressbuch deutlich zeigt, wurden die Handlungen unter den Namen von Männern angeführt. Ein gemeinsames Betreiben durch beide Ehepartner war aber üblich. *„Eine Kram-Frau wird die geachtet, die mit ihrem Mann gemeinsam Krämerey treibet, aus und einkauffet, offene Laden und Fenster hält, mit Gewicht, Wage, Maß, und Elle, aus- und einwäget, und misset, wiewohl nicht allezeit nöthig, daß sie mit zu dem Kram sitze, sondern gnug ist, wenn beyde Ehe-Leute gleichen Gewinnst und Verlust miteinander haben."*[53] Dass diese Frauen als Witwen in der Lage waren, die Handlungen weiterzuführen, ist naheliegend. Die Fähigkeit der Ehefrau, die Geschäfte in Abwesenheit des Ehemannes allein führen zu können, war dann auch eine „Altersversicherung". *„Nicht zuletzt folgte aus den großen Altersunterschieden vieler Eheleute bei der Wiederverheiratung, daß jüngere Frauen häufig verwitweten. Für dieses ‚Lebensrisiko' mußte die Ehefrau vorbereitet sein, um als Witwe einen standesgemäßen Lebensunterhalt finden und das Erbe der Kinder erhalten zu können."*[54]

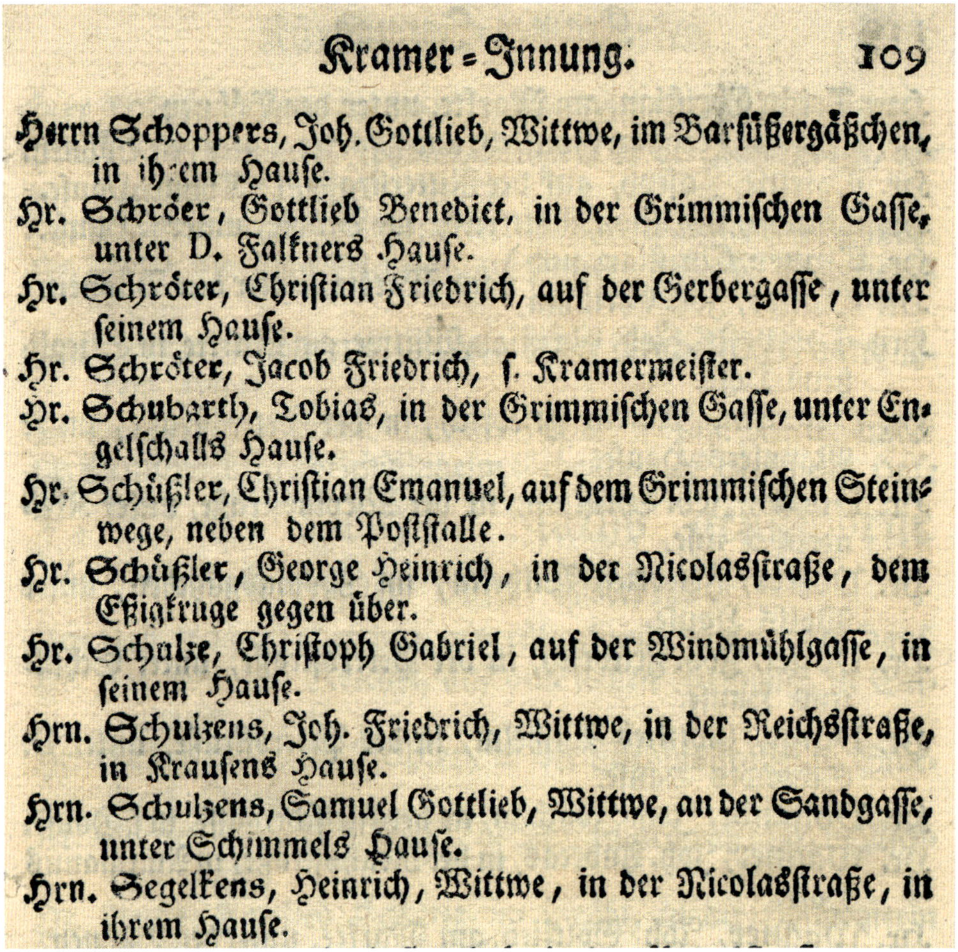

Kramer = Innung. 109

Herrn Schoppers, Joh. Gottlieb, Wittwe, im Barfüßergäßchen, in ihrem Hause.

Hr. Schröer, Gottlieb Benedict, in der Grimmischen Gasse, unter D. Falkners Hause.

Hr. Schröter, Christian Friedrich, auf der Gerbergasse, unter seinem Hause.

Hr. Schröter, Jacob Friedrich, s. Kramermeister.

Hr. Schubarth, Tobias, in der Grimmischen Gasse, unter Engelschalls Hause.

Hr. Schüßler, Christian Emanuel, auf dem Grimmischen Steinwege, neben dem Poststalle.

Hr. Schüßler, George Heinrich, in der Nicolasstraße, dem Eßigkruge gegen über.

Hr. Schulze, Christoph Gabriel, auf der Windmühlgasse, in seinem Hause.

Hrn. Schulzens, Joh. Friedrich, Wittwe, in der Reichsstraße, in Krausens Hause.

Hrn. Schulzens, Samuel Gottlieb, Wittwe, an der Sandgasse, unter Schimmels Hause.

Hrn. Segelkens, Heinrich, Wittwe, in der Nicolasstraße, in ihrem Hause.

Abbildung 37: Ausschnitt aus „Kramer nach dem Alphabete, nebst Gewölbern" im Leipziger Adressbuch für 1753

Viele wirtschaftliche Unternehmen konnten in der damaligen Zeit überhaupt nur aufgrund der gemeinsamen Verantwortlichkeit von Ehefrau und Ehemann betrieben werden.[55]

Eine Mitwirkung Anna Magdalena Bachs bei den im Haus ablaufenden geschäftlichen Aktivitäten war also überhaupt nicht ungewöhnlich. Gemeinsam mit ihrem Mann, dem Haus-Vater, stand sie dem Hauswesen als Haus-Mutter vor. Beide bildeten ein Arbeitspaar.[56] Dabei agierten sie nicht gleichberechtigt, wohl aber sich gegenseitig ergänzend.[57] Anna Magdalena kannte sich in den Beständen der Musikalien aus. Nachweisbar ist ihre Mitwirkung bei der Beschriftung der Titelumschläge der Choralkantaten.[58] Auf ihre Kenntnis bei der Zuordnung bestimmter Werke deutet auch eine Notiz auf einer Continuostimme hin, die zur Matthäus-Passion (BWV 244) gehörte. Diese Einzelstimme wurde als *„zur Groß Bassion"* gehörend beschriftet, was höchstwahrscheinlich von ihr vorgenommen wurde.[59] Sie war in der Lage, nach dem Tod ihres Mannes die Aufführung der Kantate zum Ratswechsel zu organisieren, die bei ihr bestellt wurde.[60]

Vor diesem Hintergrund bekommt eine Bitte von Johann Elias Bach[61] in einem Brief vom 5. August 1741 eine zusätzliche Bedeutung. Johann Sebastian, der gerade in Berlin weilte, wurde um baldige Rückkehr gebeten. *„Das leztere wünschen wir deswegen balde erfüllet zu sehen, weil sich unsere liebwertheste Frau Mamma schon seither acht Tagen sehr unbaß befindet, u. man nicht weiß, ob etwa aus der hefftigen Wallung des Geblütes gar ein schleichendes Fieber, oder sonsten üble Folgerungen entstehen möchte, worzu noch dieses kömmt, daß Barholomäi u. sodann die hiesige Rathswahl in wenig Wochen gefällig ist, da wir denn nicht wüßten, wie wir uns in Abwesenheit Ew. HochEdelgeb. deßfalls verhalten solten."*[62] Die Ratswahl fand immer am Montag nach Barholomäi statt,[63] 1741 war das der 28. August.[64] Dieser Termin stand bereits vor der Abreise Johann Sebastians fest. Wenn seine Anwesenheit zu dieser Zeit unbedingt erforderlich war, wäre das bei der Reiseplanung bereits berücksichtigt worden, und Johann Elias hätte aus diesem Grund nicht um baldige Rückkehr bitten müssen. Dass er es tat, dürfte in einem Zusammenhang mit der Erkrankung von Anna Magdalena gestanden haben. Sie konnte ihren Aufgaben nicht mehr nachkommen, die für die Weiterführung der Geschäfte bei Abwesenheit von Johann Sebastian notwendig waren, und man bat deshalb um seine Rückkehr.

Was den Gesundheitszustand von Anna Magdalena betraf, musste dann am 9. August mitgeteilt werden: *„Schmerzen empfinden wir gleichwohl über die zunehmende Schwachheit unserer Hochwerthesten Fr Mamma, indem dieselbe schon seither 14 Tagen nicht eine einzige Nacht nur eine Stunde Ruhe gehabt, u. weder sizen noch liegen kan, so gar, daß man mich in vergangener Nacht geruffen u. wir nicht anders meynten, wir würden sie zu unserm größten Leidwesen gar verliehren."*[65] Anna Magdalena erholte sich wieder, musste aber noch im September 1741 Verwandten zu einem geplanten Besuch in Weißenfels mitteilen: *„mein bißheriger u. fortwährender kräncklicher Zustand beraubet mich leider solcher vergnügten Stunden, u. das Einrathen der Meinigen will nicht gestatten, eine solche Reise vorzunehmen,* *wovon nach ihrer Meinung entweder eine merkliche Beßerung oder gänzlicher ruin meiner Gesundheit abhängen könnte"*.[66] Im Februar 1742 brachte Anna Magdalena Tochter Regina Susanna zur Welt.[67]

In der Wohnung der Familie Bach erklang ständig Musik. Die Eltern, die Kinder und die Privatschüler mussten üben, es wurde unterrichtet und für bevorstehende Auftritte geprobt. Mit dem Clavichord gab es ein Tasteninstrument, das für solche Verhältnisse bestens geeignet war. Der Erfurter Organist, Lehrer und Musikinstrumentenbauer Jacob Adlung[68] schrieb 1758 über dieses Instrument: *„Zum Lernen ist das Clavichord das beste Clavier; ja auch zum Spielen* [...] *Eine Beschreibung davon herzusetzen ist nicht nöthig, weil alle Kinder solch Instrument kennen"*.[69] Das dürfte heute kaum noch der Fall sein. Bei einem Clavichord schlägt durch den Tastendruck eine Tangente aus Messing an eine Saite. Die dabei entstehende Schwingung erzeugt einen sehr zarten Klang, so dass Clavichorde gut für kleine Räume, nicht aber für große Konzertsäle geeignet sind. So war das Clavichord aber nicht nur zum *„Lernen* [...] *das beste Clavier"*,[70] sondern in einem großen Haushalt, in dem mehrere Personen üben mussten, auch wegen seiner geringen Lautstärke vorteilhaft. Beim Umbau der Thomasschule wurde geplant, dass jeder Alumne ein *„Cabinett"* bekommen solle, *„darinnen er Studiren und daneben sein Clavier haben kan."*[71] Damit können nur Clavichorde gemeint gewesen sein. *„Was den Preiß der Clavichordien betrift; so ist derselbe, nach Beschaffenheit der Arbeit, sehr verschieden. Man kann zuweilen eins für 16. ggl.* [Groschen] *haben: aber die dienen gut zum Feuer, wenn man Fische kochen will;* [...] *Man hat aber auch welche für 2, 4, 6, 10, 15, 20, 30, und mehrere Thaler."*[72] Neben diesen verschiedenen Qualitäten und Größen gab es Clavichorde auch mehrmanualig und mit Pedal.[73]

In seinem Brief an Georg Erdmann vom Oktober 1730 schrieb Johann Sebastian über die Familie: *„Insgesamt aber sind sie gebohrne Musici, u. kan versichern, daß schon ein Concert Vocaliter u. Instumentaliter mit meiner Familie formiren kan, zumahln da meine itzige Frau gar einen sauberen Soprano singet, auch meine älteste Tochter nicht schlimm einschläget."*[74] Unter einem *„Concert"* wurde im 18. Jahrhundert jede musikalische Zusammenkunft verstanden, *„gleichgültig ob sie mit oder ohne Auditorium (umgangs- oder darbietungsmäßig), privat oder öffentlich, durch Laien oder Berufsmusiker abgehalten"* wurde.[75] Wollte Johann Sebastian in diesem Brief mitteilen, dass er mit Familienmitgliedern regelmäßig „Hausmusik" machte? Wenn darunter ein Musizieren ohne jegliche weitere Absicht,

nur zur Freude der Teilnehmenden verstanden wird, ist das sehr fraglich. Üben ist in diesem Sinne keine „Hausmusik". Es ist eine zeitlich aufwendige Auseinandersetzung mit dem eigenen Unvermögen. Gelingt es, Verbesserungen zu erzielen, kommt dabei auch Freude auf. Wer sich damit begnügt, wird sich nicht weiter verbessern. Ständige Arbeit an sich selbst ist die Voraussetzung, um ein guter Sänger oder Instrumentalist zu werden und zu bleiben, wofür Unzufriedenheit mit dem gegenwärtigen Können notwendig ist. Gemeinsame Proben für Auftritte vor Publikum sind in diesem Sinne ebenfalls keine „Hausmusiken".
Als Johann Sebastian im Oktober 1730 diesen Brief schrieb, waren seine drei Söhne aus erster Ehe 19, 16 und 15 Jahre alt.[76] Der älteste, Wilhelm Friedemann, erhielt 1733 die Organistenstelle an der Sophienkirche in Dresden.[77] Carl Philipp Emanuel bewarb sich im gleichen Jahr um die Anstellung als Organist an der Wenzelskirche in Naumburg,[78] und Johann Gottfried Bernhard wurde 1735 Organist in Mühlhausen.[79] Sie waren Meisterschüler ihres Vaters.[80] Dieser beherrschte nicht nur Tasteninstrumente. Darüber, dass er Violine und Bratsche spielte, berichtete sein Sohn Carl Philipp Emanuel.[81] Für Wilhelm Friedemann kann Geigenunterricht nachgewiesen werden.[82] Anna Magdalena hatte eine musikalische Ausbildung erhalten und war fürstliche Hofsängerin gewesen.[83] Die Erwähnung der ältesten Tochter, der damals 21-jährigen Catharina Dorothea, lässt darauf schließen, dass sie in einem solchen hochkarätigen Ensemble ebenfalls mitwirken konnte, was nur mit einer musikalischen Ausbildung möglich gewesen sein dürfte.[84] Es gibt aber leider keine Quellen, aus denen hervorgeht, wie umfangreich diese war und inwieweit Catharina Dorothea ihre diesbezüglichen Fähigkeiten auch später nutzte. Einen Auftritt von Familienmitgliedern belegt die bereits erwähnte Abrechnung von Köthen aus dem Jahr 1729, mit welcher Auszahlungen an den *„CapellMeister Bachen, deßen Ehefrau und Sohne auß Leipzig"* für die Mitwirkung an den *„Trauer Musiquen des Hochseeligen Fürsten Leopolds"* bestätigt wurden.[85] Gemeinsames Musizieren mit Familienmitgliedern war also eine Möglichkeit, zusätzliche Einnahmen zu erwirtschaften, und dass diese Johann Sebastian nicht unwichtig waren, geht aus dem Brief an Georg Erdmann ebenfalls hervor.
Im Oktober 1730 lebten im Haushalt noch drei weitere Kinder, die zwischen 2 und 6 Jahre alt waren.[86] Es ist nicht davon auszugehen, dass sie schon in der Lage waren, künstlerisch ein gemeinsames Musizieren mit den älteren Familienmitgliedern zu bereichern. Beim Musizieren mit Mitwirkenden, deren Fähigkeiten schwächer sind, so dass für die anderen Beteiligten kaum musikalischer

Genuss entsteht, kann das Miteinander erfreuen. Im Hause Bach wird es aber auch immer den Anspruch gegeben haben, die musikalischen Fähigkeiten der Mitwirkenden zu verbessern, und Johann Sebastian wird kaum seine Aufgaben als Lehrer außer Acht gelassen haben. Dass sich ein häusliches Musizieren bei ihm wohl immer an einem Anspruch messen lassen musste, macht auch folgende Überlieferung deutlich: *„Wenn er Abends sich zu Bette gelegt, spielten – das hatte er so eingeführt – wechselweise seine drey früh musicalischen Jungens ihn in'n Schlaf […], wenn sichs nicht so traf, daß er vor Aerger wach dabey blieb. […] Philipp Emanuel, (er hat mir die Geschichte selber erzählt;) eines Abends, paßte daher auf; und – so wie er nur eben merkte, daß der Vater zu schnarchen begann, .. wips! wips! auf vom Clavier, mitten in einem unaufgelösten Accord; und – lief fort. Vater Sebastian wacht von dem Mislaute sogleich auf. Die Dissonanz quält, martert, ängstigt sein Ohr. Erst, glaubt er, daß Emanuel, nur .. etwa Wasser zu lassen, hinausgegangen sey, und wieder hereinkommen wird. Da nichts davon geschieht; quält er sich immer mehr; steht, so schön warm er auch schon liegt, auf; im Hemde; heraus aus dem Bett; grabbelt und tappt sich in der Dunkelheit hin ans Instrument; ergreift den dissonirenden Accord, und .. schließt ab.“*[87] Eine andere Quelle, die sich auf Johann Christian beruft, schildert 1775 einen ähnlichen Vorgang. Dieser hätte nur mechanisch auf dem Klavier phantasiert und mit einem *„Sextquart“* aufgehört. Der Vater, der im Bett lag und von dem der Sohn dachte, er schliefe, fuhr auf und *„resolvirte die Sextquart.“*[88]

Vom Clavier-Büchlein für Anna Magdalena Bach von 1722 haben sich nur Fragmente erhalten.[89] Auch das von 1725 liefert keine Hinweise auf Hausmusiken der Familie Bach. Es befinden sich darin keine Werke, die für drei und mehr Musiker für ein gemeinsames Musizieren eingerichtet sind. Anrührend sind natürlich die Einträge von Kindern der Familie.[90] Es ist aber wohl davon auszugehen, dass ein pädagogischer Aspekt im Vordergrund stand. Ob das Schreiben in diesem Buch von den Kindern als Belohnung empfunden wurde oder vielleicht auch unter Widerständen erfolgte, ist eine Frage, über die sich trefflich streiten lässt. Im Übrigen sollten die Texte der dort enthaltenen Choräle und Arien nicht zum Credo der Familie erhoben werden.[91] Es ist möglich, dass die Werke wegen der Texte ausgewählt wurden. Wahrscheinlicher ist es aber, dass die musikalische Begleitung im Vordergrund stand. Die Möglichkeit, Texte auszutauschen, hat Johann Sebastian immer wieder praktiziert.[92]

Über den Unterricht, den Heinrich Nicolaus Gerber erhielt, berichtete dessen Sohn: *„In der ersten Stunde legte Bach meinem Vater seine Inventiones vor. Nachdem*

er diese zu Bachs Zufriedenheit durchstudirt hatte, folgten eine Reihe von Suiten und dann das temperirte Klavier. Dies letztere hat ihm Bach mit seiner unerreichbaren Kunst dreymal durchaus vorgespielt; und mein Vater rechnete die unter seine seligsten Stunden, wo sich Bach, unter dem Vorwande, keine Lust zum Informiren zu haben, an eines seiner vortrefflichen Instrumente setzte und so diese Stunden in Minuten verwandelte."[93] Hätte Johann Sebastian wirklich keine Lust zum Unterrichten gehabt, wäre der Schüler von ihm früher entlassen worden. So hatte sein Spielen auch in diesem Fall einen pädagogischen Hintergrund.
All das schließt nicht aus, dass es im Hause Bach Gelegenheiten geben konnte, in denen man sich an Musik einfach nur erfreute. So schrieb Johann Elias Bach im August 1739 an einen Bekannten in Ronneburg, dass *„eben zu der Zeit etwas extra feines von Music passirte, indem sich mein Herr Vetter von Dreßden* [Wilhelm Friedemann], *der über 4 Wochen hier zugegen gewesen, nebst den beyden berühmten Lautenisten, Herrn Weisen u. Herrn Kropffgans etliche mal bey uns haben hören laßen"*.[94] Ein ehemaliger Thomasschüler berichtete 1759 auch von musikalischen Darbietungen im Hause Bach, wenn Carl Philipp Emanuel oder Johann Christoph Altnickol zu Besuch kamen.[95] In solchen Fällen dürfte die seltene Situation eingetreten sein, dass hervorragende Künstler den Ansprüchen Johann Sebastians genügten und pädagogische Aspekte in den Hintergrund rückten. Oft wird es anders gewesen sein. Carl Philipp Emanuel berichtete davon, dass viele Musiker seinen Vater kennenlernen und *„sich vor ihm hören lassen"* wollten.[96] Dabei bekam er auch *„sehr unbedeutendes Spielen"* zu hören. Wenn Johann Sebastian in solchen Fällen *„nicht im mindesten unfreundlicher"* wurde,[97] so war das aber kein Zeichen, dass er sich grundsätzlich an Musik erfreute.

Wie Carl Philipp Emanuel ebenfalls mitteilte, liebte sein Vater das Gespräch mit *„braven Leuten"*, so dass dessen *„Haus einem Taubenhause u. deßen Lebhaftigkeit vollkommen"* glich.[98] Diese Besuche werden auch bewirtet worden sein, was in die Verantwortung der Ehefrau fiel.[99] Legte Anna Magdalena dabei selbst Hand an oder gab sie nur Anweisungen an das Dienstpersonal? Nahm sie an den Gesprächen teil?
Für viele Bereiche im Hauswesen der Familie Bach gibt es keine Anhaltspunkte, wie die Aufgaben zwischen den Ehepartnern genau verteilt waren. Wer kam besser mit den Angestellten zurecht? Zu wem gingen die Kinder, wenn sie sich jemandem anvertrauen wollten? Wie ging man mit ihnen um, eher streng oder nachsichtig? In der sich auf Johann Christian berufenden Geschichte vom

einschlafenden Vater, den ein unaufgelöster Akkord störte, heißt es wörtlich: *„Mein Vater lag im Bett', und ich glaubt', er schlief. Aber, er fuhr vom Bett auf, gab mir eine Ohrfeige, und resolvirte die Sextquart."*[100] Hat Johann Sebastian seinen Sohn wirklich geschlagen oder setzte es der Schreiber 1775 nur hinzu, weil er ein solches „erzieherisches" Element für selbstverständlich hielt? Körperliche Züchtigungen galten damals als eine wichtige Erziehungsmethode. Zum Beispiel ist in der Thomasschulordnung von 1723 zu lesen, dass ein Schüler der, *„ehe der Gottesdienst völlig geendiget, sich aus der Kirche hinaus schleichen, oder ohne erhebliche Ursachen, zumahlen an Sonn- und Fest-Tagen, gar ausbleiben"* würde, *„iedes mahl nach befundenen Umständen, mit der Ruthe, dem Carcer oder sonsten ernstlich bestrafet"* werden solle.[101] Auch Johann Sebastian Bach hatte sich in seinem Arbeitsvertrag verpflichten müssen, dass er die ihm anvertrauten Schüler *„freundlich und mit Behutsamkeit tractiren, daferne sie aber nicht folgen wollen, solche moderat züchtigen, oder gehöriges Orts melden"* würde.[102] Es gab auch den Begriff der *„Hauß-Zucht"*. Darunter wurde *„diejenige Art der Züchtigung oder Bestraffung"* verstanden, *„welche Ehe-Männern, Eltern und Herrschafften über ihre halsstarrigen und ungehorsamen Ehe-Weiber, Kinder und Gesinde, denen Rechten nach, zustehet."* So war es *„einem Manne nicht verwehrt, seine Frau häuslich zu züchtigen, wenn es nur nicht zu arg"* geschah, *„daß eine Art der Grausamkeit daraus"* wurde. In diesem Falle musste *„er sich gefallen lassen, daß er nach Gutbefinden des Richters, mit Gefängniß, Landes-Verweisung und wohl gar mit Staupen-Schlägen gestraffet"* wurde.
Die Eltern konnten, *„denen gemeinen beschriebenen Rechten zu Folge, Krafft der ihnen zustehenden väterlichen Gewalt, ihre ungehorsame Kinder mit Worten, Schlägen, ja auch mit Gefängnis züchtigen"*.[103] Wie hielt es das Ehepaar Bach damit? Ordnete sich Anna Magdalena in allen Bereichen ihrem Mann unter, wie es Ratgeber für das Eheleben empfahlen,[104] oder gab es Bereiche, in die sich ihr Ehemann nicht einmischte? Gab es bei ihnen Auseinandersetzungen über Entscheidungsgewalten? Bildliche Darstellungen zum „Kampf um die Hosen" deuten darauf hin, dass diese auch von den Frauen mit drastischen Mitteln geführt werden konnten.[105]

Für die Beantwortung der vielleicht nicht so bedeutenden Frage: „Las Anna Magdalena Zeitungen?", gibt es zumindest Hinweise. In der vierseitigen Ausgabe der „Leipziger Zeitungen", ein Blatt, das an mehreren Tagen in der Woche erschien, wurde am Mittwoch, dem 30. September 1739 mitgeteilt: *„Denen*

Liebhabern der Bachischen Clavier-Ubung dienet zur freundlichen Nachricht daß der dritte Theil derselben fertig, und nunmehro bey dem Autore in Leipzig zu haben sey" (siehe auch Abbildung 34, S. 115).[106] In dem in Leipzig am Samstag erscheinenden „Extract der eingelauffenen Nouvellen" war am 30. September 1747 zu erfahren: *„Da das unterm 11 May a. c. in denen Leipziger- Berliner- Franckfurter- und andern Gazetten versprochene Königl. Preußische Fugen-Thema nunmehro die Presse paßiret; Als wird hierdurch bekannt gemacht, daß in bevorstehender Michaelis-Messe solches so wohl bey dem Autore, Capellmeister Bachen, als auch bey dessen beyden Herren Söhnen in Halle und Berlin, zu bekommen seyn werde"*.[107] Diese Anzeigen dürften in der Familie zumindest überprüfend gelesen worden sein. Somit ist es durchaus möglich, dass Anna Magdalena diese Blätter, die an mehreren Tagen in der Woche erschienen, auch sonst las. Umfangreich waren die Schilderungen von Geschehnissen aus anderen Ländern. Es kann nur darüber spekuliert werden, ob sie sich dafür interessierte. Auf der letzten Seite waren dann Anzeigen zu finden, die ihr Umfeld betrafen. So erfuhr man zum Beispiel am 29. April 1747, *„daß allhier vor dem Peters-Thore in der Closter-Gasse ein lebendiger Rhinoceros"*[108] zu sehen sei.[109] Weitere Informationen über dieses Tier lieferte ein Handzettel (siehe Abbildung 38, S. 130). Es ist auffällig, dass man auch hier Bezüge zur Bibel herstellte, angeregt wurde, zu *„forschen emsiglich bei Tag und Nacht"* und die Feststellung erfolgte, *„GOtt hats gemacht, daß sich der Mensch darob ergötzet."* Sind da nicht Parallelen zu den Zeilen *„Dem höchsten Gott allein zu Ehren, dem Nechsten, draus sich zu belehren"* erkennbar, die Johann Sebastian Bach auf die Titelseite seines Orgelbüchleins schrieb?[110]

Die Information in der Zeitung vom 27. September 1747, *„daß der bekannte Mund- und Zahn Arzt, Johann Gottlob Gäbler, vorietzo in seinem Logis zu Leipzig auf dem Neuen Neumarckt im Pelican, im Hofe zur rechten Hand eine Treppe hoch, in und ausser den gewöhnlichen Messen, iederzeit wohnhaft anzutreffen"* sei, war für sie vielleicht nicht unwichtig. Es war in der Anzeige weiter zu erfahren: *„Selbiger curiret alle Schmerzen der Zähne, weiß auch solche mit besonderer Geschicklichkeit auszunehmen, und vom Tartaro zu reinigen, auch die hohlen Zähne mit Gold und andern Metallen auszufüllen, und Zähne einzusetzen"*.[111] Eine ganz ähnliche Mitteilung hatte es am 22. April 1747 bereits für *„Johann Heinrich Merleck, Königl. Poln. Churfürstl. Sächsischer Zahnarzt,"* gegeben. Er logierte in der Petersstraße.[112] Wusste Anna Magdalena etwas über die Erfolgsaussichten dieser Behandlungen?

Es wird allen resp. Liebhabern in Leipzig kund gethan.

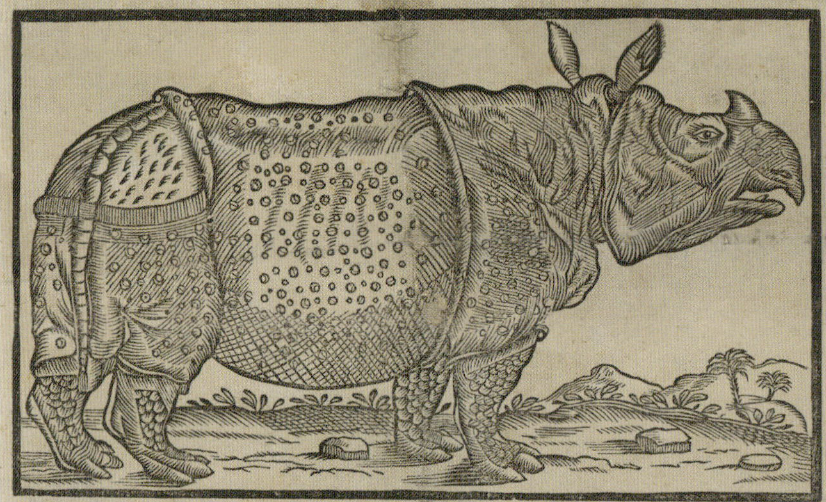

DAß anjetzo allhier ankommen ist ein lebendiger *RHINOCEROS*, der nach vieler Gedancken der *Behemoth* seyn solle, nach der Beschreibung Hiobs, Cap. 40. v. 10. Es ist Verwunderns-würdig vor einem Jedweden, der dasselbe kommt zu sehen: und ist das erste Thier von dieser Sorte, welches hier ist gewesen; ist ohngefehr 8. Jahr alt, und gleichsam noch ein Kalb, dieweil dasselbe noch viel Jahre wächset, und die Thiere auf hundert Jahre alt werden. Es wieget anjetzo beynahe 5000. Pfund, es ist viel grösser und schwärer als wie es aus Bengalen im Jahr 1741. als es 3. Jahr alt gewesen ist, und durch den Capitain *Douwemout* nach Holland überbracht worden. Es ist in Asia, unter der Herrschafft des grossen Moguls, in der Landschafft Asem, welches von hier bey 4000. Meilen weit lieget, gefangen worden. Dieses Wunder-Thier ist dunckel-braun, hat keine Haare, gleichwie der Elephant, doch

SO wunderbahr ist GOtt in seinen Creaturen,
Man findet überall der Allmacht weise Spuhren.
Von so viel Tausenden ist keins so groß und klein,
Wo dessen Herrlichkeit nicht wird zu sehen seyn.
Betrachte dieses Thier, so du hier vor dir siehest,
Und mach den Schluß, ob du mit Recht dich nicht bemühest,
Im Buche der Natur nach GOttes Wunder-Macht
Zu forschen emsiglich sowohl bey Tag als Nacht;
Das Auge wundert sich, der Mund muß frey bekennen:
GOtt ist wie Allmachts-voll so wundersam zu nennen!
Und dieses treibet uns zu dessen Lobe an,
Der wohl niemahlen gnug gepriesen werden kan,
Besonders wann man auch noch dieses hinzu setzet:
GOtt hats gemacht, daß sich der Mensch darob ergötzet.

Dieses Thier kan von 9. Uhr frühe biß Mittag um 12. Uhr und Nachmittag von 2. biß 6. Uhr Abends gesehen werden,

Hohe Standes-Persohnen geben nach hohen Belieben. Andere einen halben Gulden, und 4. Groschen, nachdem der Platz ist.

Dieser Zettul ist gleichfalls bey den Thier zu bekommen vor 1. Groschen. Die grossen Kupfferstiche vor 1. halben Gulden, und die kleine Kupfferstiche mit dem Mohren 2. Groschen.

NB. Es dienet denen resp. Liebhabern zur Nachricht, daß dieses Thier sich nur ein 10. biß 12. Tage hier aufhalten wird.

Abbildung 38: Ausschnitte aus einem Handzettel mit Informationen über das 1747 in Leipzig gezeigte Indische Nashorn

Ein anderes Angebot befand sich ganz in ihrer Nähe: *„Im Thomas-Gäßgen in Hrn. D. Altners Hause sind nachfolgende Ost-Indische Waaren zu haben: Alle Sorten bester Thee, Kisten und Pfunde, Rhabarbara* [...] *Thee-Service, Porcellaine und Schildkrötene Tabatieres"*.[113] Dahingegen war *„Frauenzimmer-Seiffe, zu welcher keine Schmincke kömmt, und welche bey Manns- und Weibs-Personen die Haut rein und unbefleckt erhält, wie solche Mr. Piastre in Amsterdam verfertiget* [...] *frisch zu haben in Leipzig auf der Nicolai-Strasse im Blumbachischen Haus, dem goldnen Horne gegen über, bey Hr. L. Heinrich Wincklern"*.[114] Vielleicht ließ eine Nachricht Anna Magdalenas Herz höher schlagen, die in Leipzig am 1. August 1739 erschien: *„in Carlsruh sind zu bekommen allerhand schöne Blumen-Zwiebeln, als: Tulipanen, Crocus, Tacetten, Jonquilles, Ranunckeln, Anemonen, und sind die Catalogi davon bey Hrn. Fried in Leipzig gratis zu haben."*[115] 1740 schrieb nämlich Johann Elias Bach an seine Mutter nach Schweinfurt: *„ich habe schon einsmal die liebe Mutter und Schwester gebethen, daß sie mir etliche Pflanzen von gelben Nelcken vor unsere Fr. Baase* [Anna Magdalena] *hier in Leipzig überschicken möchten, ich habe sie einmal versprochen und sie hat mich schon vielmals daran erinnert, welches auch nur vor etlichen Tagen geschehen"*.[116] In einem anderen Brief von ihm ist zu lesen, dass Anna Magdalena ihre Blumen pflegen würde, *„wie man kleine Kinder zu warten pfleget, damit ja keines davon eingehen möge."*[117] 1742 wurde ein Bekannter um *„etliche Nelken Pflanzen, in specie* [...] *eine so genanndte Himmel blaue Nelken Pflanze"* gebeten, die sie gern besitzen wollte.[118]

In einem Reisebericht aus dieser Zeit ist über Leipzig zu erfahren: *„Die Fensterluchten waren aus einem Stein gehauen, die Fenstern selbst in der Vertiefung mit großen Glasscheiben in höltzernen Einfassungen einer Ellen lang, wovor von oben bis unten die schönsten Blumentöpfe mit Loorbeer, Roßmarin- und Myrthen Bäumen, allerlei Lavcoyen, Gelbe Veilchen und andern Blumen standen, wozwischen zuweilen kleine grüne Vogelbauerchen, worin sich der Nachtigall beim Kühlen zu seiner Zeit, auch andere singende Vögel hören ließen."*[119] 1740 schrieb Johann Elias in einem Brief, dass er von einem speziellen Hänfling gehört habe, *„welcher durch die geschickte Anweisung seines LehrMeisters sich besonders im Singen hören ließe"*. Weil nun Anna Magdalena *„eine große Freundin von dergleichen Vögeln"* sei, frage er an, ob er den Vogel für sie erwerben könne.[120]

So waren diese Liebhabereien Anna Magdalenas in Leipzig wohl recht verbreitet. Es gibt leider keine genaueren Hinweise, inwieweit sie hier einer allgemeinen Mode folgte oder unabhängig davon ein besonderes Interesse an Blumen und Vögeln hatte.

Es ist auch nicht bekannt, wie das Ehepaar Bach ein Ereignis aufnahm, von dem ein Chronist für den 6. März 1726 berichtete: *„Abends um 6 Uhr entstand ein allgemeines Schrecken, indem auf dem Schüler-Chore in der Niclas-Kirche ein Feuer aufgegangen, und in voller Gluth zu denen Fenstern über der großen Kirch-Thüre herausgeschlagen, ehe noch das geringste wahrgenommen werden mögen"*. Es wurde festgestellt, dass dieses Feuer bereits den Tag über geglimmt haben musste. Am Morgen bei einer Braut-Messe, hätten *„die, so Instrumenta zu spielen haben, ein Kohl-Feuer gebrauchet, und solches nicht ausgedämpfet, sondern aus Ohnachtsamkeit nur verdeckt unter die Banck beym Fenster hingesetzet"*. Die Bank fing schließlich Feuer, *„welches endlich gedachter maßen in solche Gluth ausgebrochen"*. Der Türmer gab Feueralarm, und es gelang den Ratsknechten, *„so gemeiniglich die ersten bey dergleichen Unfall seynd"*, das Feuer mit Handspritzen zu löschen. *„Hingegen wurde mit Niederreisung der Bäncke auf dem Schüler-Chore und was nur im Wege war, damit alles genau durchsuchet werden konnte, den gantzen Abend zugebracht, und dieses um so viel mehr, weil der Dampff und Rauch in der Kirche, wofür fast kein Mensch bleiben können, ie länger ie mehr zuzunehmen schien, und sich lange nicht verziehen wollte"*.[121]

Hier handelte es sich um einen der Arbeitsorte von Johann Sebastian. Durch die Thomasschule wurde *„die Music in denen Stadt-Kirchen, wie auch auf Hochzeiten und Begräbnissen bestellet"*, und das lag in der Verantwortung des Thomaskantors.[122] Er erhielt dafür auch ein Extra-Honorar. Jahrzehnte später berichtete der Küster der Nikolaikirche Carl Ephraim Haupt, der von 1744 bis 1748 Alumne der Thomasschule war: *„Von einer ganzen Brautmeße bekommt der Herr Cantor 2. thllr. die er allemahl erhalten, und 1. thlr. statt einer Doppel-Flasche Wein: welche ich als Schüler dem seeligen Cant. Bach vielmahl selbst in natura gehohlt habe"*.[123]

Bachs Vorgänger im Amt Johann Kuhnau erwähnte in einer Eingabe, dass die Schüler sich im Winter an einem *„Kohl-Feuer in der Nicolas-Kirche"* wärmen könnten.[124] Der Gebrauch einer solchen Wärmequelle war also nicht ungewöhnlich und auch nicht untersagt.

Es ist anzunehmen, dass das Ehepaar Bach ähnliche Empfindungen hatte wie der Chronist: *„Es hatte aber die göttliche Gnade alle fernere Gefahr abgewendet: Und war dabei dieses das gröste Glücke, daß der Ausbruch solchen Schreckens sich nicht bis in die späte Nacht verzögert hatte, denn vermutlich die Gefahr noch grösser würde gewesen seyn."*[125] Ob sich Johann Sebastian dabei Vorwürfe machte, weil er nicht auf einen sorgsamen Umgang mit dem Kohl-Feuer geachtet hatte, ja, ob er bei dieser Braut-Messe überhaupt zugegen war, ist nicht bekannt.

Auch über die Reaktionen der Familien bei anderen Ereignissen, die sie betrafen, gibt es keine Hinweise. Wie erging es ihr, als sich im Juli 1733 ein schweres Gewitter über Leipzig entlud? Ein Blitz traf das Dach der Thomaskirche, *„davon es ein darauf stehendes eisernes Creutze, 2. Centner schwer, glatt hinweg geschlagen, das Schiefer-Dach mit grosser Gewalt beschädiget, und aus dem Sparrwerck und Balcken viele und mancherley Späne gerissen.“* Das war nur wenige Meter von ihrer Wohnung geschehen. Ein anderer Blitz schlug bei diesem Gewitter in den *„Kirch-Thurm zu St. Nicolai in des Thürmers Stube“* ein und hatte den *„Thürmer nebst seinem Weib und Kindern zu Boden geworffen, des Thürmers Schwester aber gänztlich getödtet“*.[126]
Über ein Ereignis am 11. April 1749 berichtete der zeitgenössische Chronist Johann Salomon Riemer:[127] *„abends ½ 8 Uhr entstund im Amthaus an der Thomaskirche ein erschrecklich gewaltsames Feuer, so beinahe 3 Stockwerk einäscherte* [...] *Die benachbarten Häuser haben gewaltig großen Schaden erlitten. Es ist auch Gott zu danken, daß die St. Thomaskirche, weil der Wind meistens auf dieselbe losging, sich ritterlich durch gute Obsicht zu halten* [vermochte], *anderergestalt die halbe Stadt nach der Burgstraße in die Asche gelegt worden wäre.“*[128] Die Thomasschule befand sich, weniger als 100 Meter vom Amtshaus entfernt, auf der anderen Seite der Thomaskirche[129] (siehe auch die Abbildung auf dem Nachsatz, wo das Amtshaus als das Gebäude mit der Nummer 16 zu sehen ist und in der darunter stehenden Legende auf die Katastrophe hingewiesen wird).
Die Besetzung Leipzigs durch preußische Truppen während des Zweiten Schlesischen Krieges erwähnte Johann Sebastian im Zusammenhang mit seinem ältesten Enkel in Berlin, der *„ohngefehr üm die Zeit gebohren, da wir leider! Die Preußische Invasion hatten“*. Diese Besetzung während des Zweiten Schlesischen Krieges erfolgte am 30. November 1745 und dauerte bis zum 1. Januar 1746 an.[130] Über den Dezember 1745 berichtet Riemer, dass Kontribution verlangt wurde. *„Da nun solche nicht völlig zusammengebracht werden konnten, mußte das Gold- und Silbergeschmeide von allen Inwohnern aufs Rathaus überbracht werden, welches bis zur völligen Bezahlung als ein Reservatum aufbehalten wurde.“*[131] Es gibt keine Hinweise, was diese Verordnung im Speziellen und dieser Krieg im Allgemeinen für die Familie Bach an konkreten Folgen mit sich brachte. Es können darüber nur Vermutungen angestellt werden.

Durch die Forschungen über Johann Sebastian sind verschiedene Ereignisse aus seinem Leben bekannt geworden. Sie hatten Einfluss auf sein Leben und damit auch auf das von Anna Magdalena. Vor diesem Hintergrund soll auf einige von ihnen an dieser Stelle besonders eingegangen werden.

Es war an den Leipziger Hauptkirchen üblich gewesen, dass der Kantor die Lieder für die Gottesdienste auswählte. Das änderte sich 1728, als der Subdiakonus an der Nikolaikirche Magister Gottlieb Gaudlitz (1694 – 1745)[132] dieses Recht für sich beanspruchte und das Konsistorium zu seinen Gunsten entschied.[133] Dagegen legte Johann Sebastian Bach beim Rat der Stadt Protest ein und verwies auf Gebräuche sowie Gewohnheiten.[134] Diese waren in der damaligen Zeit dem Recht gleichgesetzt. *„Bey denen Juristen ist die Gewohnheit oder das Herkommen, so durch einen langen Gebrauch in einer Societät, Policey oder Gemeine, daß es ein Recht sey, vernünfftig eingeführet und hergebracht ist, auch vor Recht gehalten, ob es gleich nicht durch Gesetze geboten.“*[135] Allerdings war der Rat der Stadt im Streit zwischen Bach und Gaudlitz nicht weisungsberechtigt. In Leipzig gab es eine dreifache Jurisdiktion. Die Stadt, die Universität und das Konsistorium hatten voneinander unabhängige Rechtsprechungen.[136] Das Konsistorium war für kirchliche Belange zuständig.[137] In den Leipziger Adressbüchern wird Johann Sebastian Bach als „Kirchen-Bedienter“ aufgeführt.[138] Als Kantor der Thomasschule war er durch den Leipziger Rat angestellt, der die Geschicke der Stadt lenkte.[139] Als „Universitäts-Verwandter“ gehörte er zur Universität.[140] Alle drei Institutionen waren letztlich dem Kurfürsten unterstellt.[141] Dass es dadurch zu Kompetenzstreitigkeiten kam, hatte Johann Sebastian spätestens 1723 erlebt, als bei seiner feierlichen Amtseinführung ein Vertreter des Konsistoriums anmerkte, dass sich diese Institution bei den Entscheidungen ungenügend berücksichtigt gesehen hatte.[142]

Es bestand die Möglichkeit, diese komplizierte Machtkonstellation auszunutzen,[143] und das versuchte Johann Sebastian wohl auch bei dem Streit mit Gaudlitz. Es ist fraglich, ob er sich dabei Erfolgsaussichten ausrechnete. Vielleicht wollte er vor allem deutlich machen, dass man ihm übernommene Gebräuche und Gewohnheiten nicht widerstandslos streitig machen könne.

Wann Anna Magdalena diese Strukturen kennenlernte, wird kaum zu klären sein, auch nicht, ob dabei die Auseinandersetzung ihres Mannes mit Magister Gaudlitz eine Rolle spielte. Sie muss sie aber gekannt haben, denn als Witwe nutzte sie die Möglichkeiten, die sich durch die dreifache Jurisdiktion[144] in Leipzig ergaben.[145] Ihren Kurator bekam sie auf ihr Ansuchen durch das Konsistorium bestätigt.[146] Fragen, welche die Vormundschaft über die unmündigen Kinder betrafen, verhandelte sie mit der Universität.[147] Für die Weiterzahlung des Gehalts ihres verstorbenen Mannes wandte sie sich an den Rat der Stadt. Auch hier berief sie sich auf einen Brauch, der vor *„langen Zeiten her bey der Schule zu St: Thomae eingeführet“* worden war.[148] Anders als ihr Mann 1728, war sie aber erfolgreich.[149]

Ein anderes Ereignis: Der Student Hans Carl von Kirchbach bestellte bei Johann Sebastian eine *„Trauer Music so Bey der Lob- und Trauer Rede, welche auff das Absterben Ihro Königlichen Maj. und Churfürstlichen Durchlaucht zu Sachsen, Frauen Christianen Eberhardinen Königin in Pohlen etc. und Churfürstin zu Sachsen“* in der Paulinerkirche, der Kirche der Universität, erklingen sollte.[150] Dabei fühlte sich der Universitätsmusikdirektor Johann Gottlieb Görner[151] übergangen. Er wandte sich am 9. Oktober 1727 an die zuständige Universitätsbehörde und bat: *„Herrn von Kirchbach dahin anzuhalten, daß er mir die bey dem vorhabenden solennen Actu auffzuführende Music componiren und aufführen laße, oder äussersten Falls wenn wegen Kürtze der Zeit oder sonst was eingewendet werden sollte, des entzogenen honorarii halber behörige Satisfaction gebe.“*[152] Von Kirchbach entgegnete, dass er Bach die Aufführung der Musik bereits versprochen habe. Dieser hätte schon *„seit 8. Tagen dran componiret“* und wäre auch schon bezahlt worden.[153] Man einigte sich darauf, dass Görner durch Kirchbach 12 Taler erhielt, *„weilen ihm als Directori Musices zukäme daß er die Music in der Pauliner Kirche aufführe, er der von Kirchbach aber mit dem Cantore Bachen contrahiret hätte, welcher nicht berechtiget wäre dergleichen Musiqven aufzuführen“*.[154] Bach sollte ein Schriftstück unterzeichnen und damit bestätigen, dass dieser Fall eine Ausnahme wäre und er daraus keine zukünftigen Rechte ableiten würde. Ein Beauftragter der Universität versuchte zweimal vergeblich, von ihm die Unterschrift zu erhalten. Auch von Kirchbach wurde angehalten, die Unterschrift Bachs unter diesen Revers zu *„verschaffen“*.[155] Es ist davon auszugehen, dass auch er dabei nicht erfolgreich war. Über den weiteren Fortgang geben die Akten keinen Aufschluss.[156]

1729 wurde Johann Gottlieb Görner Organist an der Thomaskirche. Bis dahin war er in dieser Funktion an der Nikolaikirche tätig gewesen. In beiden Fällen war er Johann Sebastian untergeordnet.[157] Dass der Streit von 1727 ihre Zusammenarbeit auf Dauer belastete, ist wenig wahrscheinlich.[158] Zumindest für Anna Magdalena muss Görner eine Persönlichkeit gewesen sein, die ihr Vertrauen besaß. Nach dem Tod ihres Mannes schlug sie ihn als Vormund ihrer unmündigen Kinder bei der Nachlassverteilung vor, und er kam dieser Aufgabe auch nach.[159] Dazu war eine engere Zusammenarbeit notwendig.[160]

Ging es bei diesem Ereignis von 1727 um eine Auseinandersetzung mit der Universität, so betrifft ein Ereignis von 1730 den Rat der Stadt. Im August wurden in einer Beratung Beschwerden zur Arbeitseinstellung von Johann Sebastian vorgebracht. Im Protokoll ist zu lesen, er sei ohne *„genommenen Urlaub verreiset"*, *„halte die Singestunden nicht"* und *„es kämen auch andere Beschwerden dazu"*. Die Übernahme seiner Unterrichtsstunden durch seinen Kollegen Magister Petzold[161] funktionierte ebenfalls nicht so, wie man es sich vorstellte. Der Kantor wurde als *„incorrigibel"* bezeichnet und der Vorschlag gemacht, ihm *„die Besoldung zu verkümmern"*.[162] Drei Wochen später teilte der Ratsherr Jacob Born mit: *„Mit dem Cantor Bachen habe Er geredet, der aber schlechte lust zur arbeit bezeige"*.[163] Einen Monat später empfahl der Ratsherr Stieglitz, dass einige Lehrer für Vertretungsdienste höher entlohnt werden sollten als ursprünglich vorgesehen. Dabei schlug er auch Bach vor. Bei der Auszahlung wurde dieser aber nicht berücksichtigt.[164] Es hat den Anschein, dass hier der Vorschlag, ihm *„die Besoldung zu verkümmern"*, umgesetzt wurde.

Mit dem Wissen um Johann Sebastians vielfältige Aktivitäten außerhalb des Aufgabenbereichs eines Kantors der Thomasschule erscheint eine solche Entwicklung eigentlich nicht verwunderlich. Für diese Tätigkeiten brauchte er vor allem Zeit.[165] Dass er sich die nötigen Entlastungen im Schuldienst schuf, ist nachzuvollziehen. Es mag ihm umso leichter gefallen sein, wenn die Aussage des Rektors zutrifft, dass *„seine Autorität"* in der Schule *„ohnedem zu weilen nicht zureichen"*[166] wollte. Sein Arbeitsvertrag bot Johann Sebastian dafür Möglichkeiten. Dort sicherte er zu, er wolle *„10.) Die Information in der Schule und was mir sonsten zuthun gebühret, treulich besorgen, 11.) Und da ich solche selbst zuverrichten nicht vermöchte, daß es durch ein ander tüchtiges Subjectum, ohne E. E. Hochweisen Raths, oder der Schule, Beytrag, geschehe, veranstalten"*.[167] Er konnte seine Aufgaben also delegieren, wofür er die Kosten selbst tragen musste. Dadurch konnte er wählen, ob er seine Kraft in der Thomasschule der musikalischen Ausbildung von untauglichen oder mittelmäßigen Schülern widmete und sich bei Aufführungen über Musiker ärgerte, die seinen Ansprüchen nicht genügten,[168] oder sich mit Privatschülern umgab, die ihn verstanden und die sein Wissen begeistert aufnahmen. Die Möglichkeiten, die ihm sein Vertrag bot, scheint er ausgiebig genutzt zu haben. 1734 beschwerte sich der Ratsherr Dr. Christian Ludwig Stieglitz als Vorsteher der Thomasschule, dass ihm dieses Amt *„durch den Cantor sehr schwer gemacht werde, indem derselbe gar nicht in der Schuhle thäte, was ihme zu thun obliege."*[169] Nach dem Tode Bachs fallen im Rat

Bemerkungen wie: *„Die Schule brauche einen Cantorem u. keinen CapellMeister"* oder auch *„Herr Bach wäre zwar wohl ein großer Musicus aber kein Schulmann gewesen"*.[170] Bei seinem Nachfolger Gottlob Harrer (1703 – 1755)[171] wurde der Punkt 11 im Arbeitsvertrag, der für Johann Sebastian so wichtig war, gestrichen.[172] Nach Harrers Ableben, er starb am 19. Juli 1755,[173] erinnerte ein Ratsherr noch einmal daran, *„daß das Cantorat auf vorigen Fuß, wie bey Herrn Kunauen gesezet werde und der neüe sowohl die Music als auch die Information beobachte, immaßen bey Herrn Bachen viele Desordres vorgegangen."*[174]

Als sich Carl Philipp Emanuel Bach 1755 um diese Position bewarb, gab er an, dass er aber *„bey der Schule keine Dienste thun"*[175] könne. Er hatte studiert und dürfte das nötige Fachwissen für das Unterrichten an der Thomasschule gehabt haben. Wie sein Vater besaß er aber starke Ambitionen, sein Wissen an Meisterschüler weiterzugeben.[176] Dafür brauchte er Zeit. Die entsprechenden Entlastungen konnte sich sein Vater noch durch den Punkt 11 in seinem Arbeitsvertrag schaffen. Da ein Unterrichten an der Thomasschule für dieses Amt aber als *„nothwendig erfordert"* wurde, spielte Carl Philipp Emanuel bei diesem Auswahlverfahren keine Rolle. Die Stelle erhielt ein anderer ehemaliger Schüler seines Vaters – Johann Friedrich Doles.[177]

War die Kritik des Rats an der Arbeitseinstellung Johann Sebastians bei den Gesprächen innerhalb der Familie 1730 ein wichtiges Thema? In dem bereits mehrfach erwähnten Brief an Georg Erdmann vom Oktober 1730 schrieb Johann Sebastian, dass er *„in stetem Verdruß, Neid und Verfolgung leben"* müsse und sich genötigt sehe, sein *„Fortun anderweitig zu suchen"*.[178] Er fragte Erdmann, ob er eine entsprechende Stelle für ihn wisse und für ihn eine Empfehlung aussprechen könne. Wie sprach Johann Sebastian mit Anna Magdalena darüber? Waren seine diesbezüglichen Worte in dem Brief an Erdmann das Ergebnis eines vorübergehenden Ärgers? Hatte er überhaupt die Absicht, die Stelle aufzugeben? Vielleicht erfuhr Anna Magdalena durch ihren Mann ja auch, dass er nur glauben machen wollte, dass er es vorhätte. Georg Erdmann lebte als kaiserlich-russischer Hofrat in Danzig.[179] War er überhaupt der geeignete Ansprechpartner für einen Musikdirektor, der eine neue Stelle suchte? Auffällig ist, dass Bach, außer einigen Hinweisen über seine Einkünfte, keine genaueren Informationen lieferte, was für eine neue Stelle er sich vorstellte. Er teilte auch nicht mit, ob es ihm immer noch wichtig war, dass die Söhne am Ort eine Universität besuchen sollten, was er als einen Grund für seinen Wegzug aus Köthen in diesem Brief angeführt hatte. Letztlich sind keine Bewerbungsschreiben von ihm bekannt, die belegen würden, dass er diese Absicht wirklich ernsthaft zu verwirklichen suchte. Er blieb bis an sein Lebensende in Leipzig.

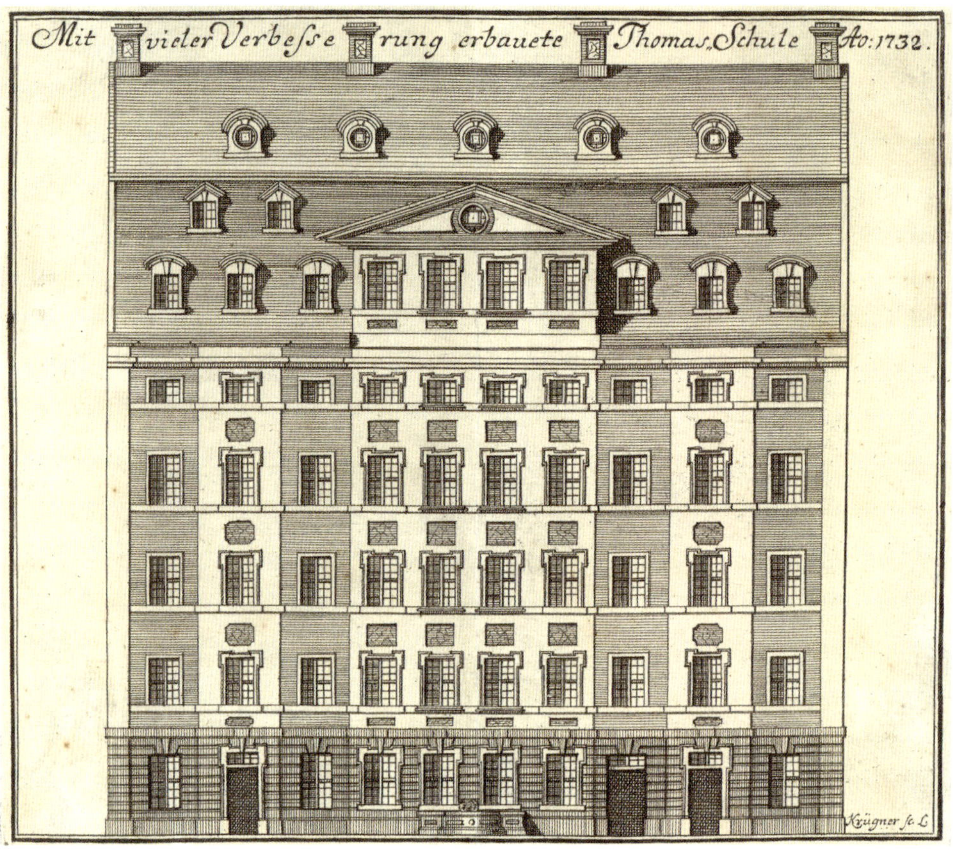

Abbildung 39: Thomasschule, Radierung von Johann Gottfried Krügner d. Ä., 1732

Die meisten Leipziger Ratsherren waren Juristen oder Kaufleute.[180] Der gesamte Rat war in drei Gruppen aufgeteilt, *„jeder Rath aus 12. Personen, davon jeder ein Jahr um das andere wechsels-weise das Regiment führet."*[181] Bei bestimmten Anlässen, wie der Wahl des Thomaskantors, stimmten alle Ratsherren ab.[182]

Die Protokolle der Ratssitzungen sind nur Zusammenfassungen der Redebeiträge, und höchstwahrscheinlich wurde auch nicht jede Meinung öffentlich ausgesprochen. Es ist aber auch mit diesen Einschränkungen zu bemerken, dass sich die Ratsherren nicht immer einig waren, was Johann Sebastian Bach betraf.[183]

Es ist in diesem Zusammenhang vielleicht interessant, dass von Johann Friedrich Doles aus der Zeit, in der er von 1744 bis 1755 Kantor in Freiberg war,[184]

deutlich mehr Auseinandersetzungen mit seinem Rektor und dem Superintendenten, also seinen Vorgesetzten, bekannt sind,[185] als bei Johann Sebastian Bach in Leipzig. Das Aufgabenfeld der beiden war recht ähnlich.[186] In seiner Dissertation über Johann Friedrich Doles schrieb Helmut Banning: *„Daß Doles nach so vielen Kontroversen ein ertragreiches Weiterarbeiten im Freiberger Kantorat für unmöglich halten mußte, ist einleuchtend. Nichts wird ihm daher erwünschter gewesen sein als ein baldiger Stellenwechsel."*[187] Zu seiner Bewerbung um das 1755 freigewordene Thomaskantorat teilte der Leipziger Bürgermeister Dr. Born in einer Ratsversammlung mit: *„Er vor seine Persohn habe seine Reflexion auf Doles in Freyberg, welcher ein außerordentl. gutes Lob habe; Wegen derer Beschuldigungen habe Er selbst Erkundigung eingezogen, u. solche ungegründet befunden"*.[188]
Hätte der Leipziger Rat Johann Sebastian Bach wirklich zwingen wollen, sein Verhalten zu ändern, wären dafür wohl Möglichkeiten vorhanden gewesen. So durfte er laut Arbeitsvertrag *„Ohne des regierenden Herrn Bürgermeisters Erlaubnüß"* nicht die Stadt verlassen.[189] Johann Sebastian Bach verreiste oft. Bis in die letzten Jahre seines Lebens gibt es Belege dafür.[190] Oftmals sind es Abrechnungen oder nur kleine Nebensätze, die dafür Hinweise liefern. So entschuldigte sich Johann Sebastian Mitte Mai 1745 in einem Brief, in dem es um eine Stellenbesetzung ging, dass er nicht früher schreiben konnte, *„eine fast 5wöchentliche Reise"*[191] hatte ihn daran gehindert. Nur durch diese Erwähnung ist sie bekannt. Wenn ihm die dafür notwendige Genehmigung nicht erteilt worden wäre, so hätte er 1732 nicht mit Anna Magdalena zu einer Orgelprüfung nach Kassel fahren können.[192] Auch Reisen nach Dresden, wie 1725, 1731, 1736, 1738 oder 1741 (bei denen teilweise auch nachweisbar ist, dass er dort Konzerte gab)[193] oder Orgelprüfungen wie Mitte der 1730er Jahre in Weißensee (Thüringen)[194] oder 1746 in Naumburg[195] wären nicht möglich gewesen.[196] Das gilt auch für die Reise 1747,[197] die mit einem Aufenthalt in Potsdam und einer Begegnung mit Friedrich II. verbunden war, aus der das „Musicalische Opfer" (BWV 1079) hervorging.[198]
Schutz vor unangenehmen Maßnahmen von Vorgesetzten in der Stadt Leipzig boten höfische Titel. Johann Sebastian Bach war „Hochfürstlich Anhalt-Cöthnischer würcklicher Capellmeister".[199] Dass ihm ein Titel vom Landesherren noch hilfreicher wäre, spricht er in seinem Schreiben 1733 an den kursächsischen Hof ganz deutlich an: *„Ich habe einige Jahre und bis daher bey denen beyden Haupt-Kirchen in Leipzig das Directorium in der Music gehabt, darbey aber ein und andere Bekränckung unverschuldeter weise auch iezuweilen eine Verminderung derer mit*

dieser Function verknüpfften Accidentien empfinden müßen, welches aber gänzlich nachbleiben möchte, daferne Ew. Königliche Hoheit mir die Gnade erweisen und ein Praedicat von Dero Hoff-Capelle conferiren, und deswegen zu Ertheilung eines Decrets, gehörigen Orths hohen Befehl ergehen laßen würden".[200]

Johann Sebastian Bach erhielt den Titel *„Compositeur bey der Königlichen HofCapelle"*[201] und diese Ernennung durch seinen Landesherren nutzte er dann auch bei einer Auseinandersetzung, die 1736 eskalierte.[202] Für die Erfüllung seiner Dienstpflichten benötigte er Präfekten, *„weil ich zugleich in allen Kirchen nicht seyn kann"*, wie er es selbst formulierte.[203] Das Wesentliche dieser Auseinandersetzung kann einem Brief Johann Sebastian Bachs vom 12. Februar 1737 entnommen werden: *„Es hat der Rector der Schule zu St. Thomae allhier Herr M. Johann August Ernesti jüngsthin sich unterstanden, mir bey dem ersten Chor, welches von denen Alumnis der bemeldten Schule formiret wird, ein untüchtiges Subjectum zum Praefecto wieder meinen Willen aufzudringen".*[204]

In umständlichen Worten hatte er sich bereits im Sommer 1736 beim Rat beschwert. Ernesti schilderte den Fall in einem geschliffenen Stil aus seiner Sicht.[205] Mehrmals steht Aussage gegen Aussage. Ohne an dieser Stelle genauer auf die einzelnen Argumente einzugehen, ging es Ernesti wohl letztlich darum, dass die Autorität der Hierarchien gewahrt bleiben müsse. In der Thomasschulordnung war ganz eindeutig festgelegt, dass er über seine Kollegen die tägliche Aufsicht habe, diese ihn *„als ihr Haupt"* anzuerkennen hätten.[206] Ernesti sah die Autorität des Rats und speziell auch die seinige in Gefahr. *„Ew. Magnificenz und Hoch-Edle Herrlichkeiten wißen aber beßer, als ich es sagen kann, wie nöthig die Auctoritaet einem Rectori ist, u. daß ein Rector ohne Auctoritaet nicht allein ein unnützer, sondern auch schädlicher Mann ist."*[207]

Johann Sebastian sah hier einen Eingriff bei einer Entscheidung, die er mit seiner musikalischen Kompetenz zu treffen hatte und sah ebenfalls seine Autorität angegriffen.[208] Musste er aber nicht auch befürchten, dass diese Auseinandersetzung ganz starke Auswirkungen auf viele weitere Bereiche seines Lebens haben konnte? Er hatte ein großes Interesse daran, Privatschüler auszubilden, sein Wissen an sie weiterzugeben. Er war ein Konzertvirtuose und Orgelfachmann, der regelmäßig Reisen unternahm.[209] Carl Philipp Emanuel berichtete einmal über seine Jugend: *„es reisete nicht leicht ein Meister in der Musik durch diesen Ort, ohne meinen Vater kennen zu lernen und sich vor ihm hören zu lassen. Die Grösse dieses meines Vaters in der Komposition, im Orgel und Clavierspielen, welche ihm eigen war, war viel zu bekannt, als daß ein Musikus vom Ansehen, die Gelegenheit, wenn*

es nur möglich war, hätte vorbey lassen sollen, diesen grossen Mann näher kennen zu lernen.“[210] Johann Sebastian Bach brauchte Zeit für solche Begegnungen und Aktivitäten. Sie wären kaum möglich gewesen, wenn er alle Aufgaben, die sein Amt mit sich brachte, selbst erledigt hätte. Für seine zeitliche Entlastung war er auf Präfekten angewiesen und musste sich auf sie verlassen können. Wenn es sich dabei um Schüler handelte, deren musikalische Ausbildung er in besonderer Weise förderte, war ein solches Vertrauen wohl deutlich berechtigter als bei Kräften, die ihm vom Rektor vorgeschrieben wurden und bei denen eine solche Verbindung nicht vorhanden war.
Der Rat entschied nicht nach den Vorstellungen von Johann Sebastian Bach. So wandte sich dieser an das Leipziger Konsistorium mit der Bitte: *„Bey meinem Officio mich zu schützen, und dahero dem Herrn Rector. M. Ernesti, daß er mich in solchem ferner nicht beeinträchtigen, der Erwehlung derer Praefectorum ohne mein Wißen und Willen* […] *hinkünfftig enthalten solle, ernstlich zu bedeuten“.*[211] Schließlich schrieb Johann Sebastian Bach auch an den Kurfürsten. Seinen Brief begann er mit den Worten: *„Daß Ew. Königliche Maiest. aus allerhöchsten Gnaden mir das Praedicat Dero Hoff-Componisten angedeyhen laßen, solches venerire Zeit Lebens mit allerunterthänigstem Dancke. Gleichwie nun dahero Ew. Königlichen Majest. allergenädigste Protection ich mir in allertieffster Zuversicht zueigne, so unterwinde mich auch, um selbige bey meinen iezigen Bedrückungen allergehorsamst anzusuchen.“*[212]
Der Dresdner Hof schrieb daraufhin dem Leipziger Konsistorium, dass *„Unser HoffComponist, Johann Sebastian Bach, sich über den jezigen Rectorem bey der Schule zu St. Thomae in Leipzig, M. Johann August Ernesti* […] *beschweret“* hätte. Bach habe größte *„Bekränckung“* und Herabwürdigung erfahren müssen. *„Wir begehren darauf hiermit, ihr wollet, auf solche Beschwerde, nach Befinden, die Gebühr verfügen.“*[213] Das Konsistorium leitete diese Aufforderung an den Rat und den Superintendenten weiter. Der Hof schrieb nichts vor, aber erwartete etwas. Dieses Vorgehen bot die Möglichkeit, einen Kompromiss zu finden, bei dem alle Beteiligten ihr Gesicht wahren konnten. Dass man einen solchen nicht schriftlich fixierte, ist naheliegend. So verwundert es nicht, dass keine weiteren Akten zu diesem Vorgang existieren.[214]
Johann Sebastian hatte wohl weiterhin Präfekten zur Verfügung, deren musikalisches Vermögen er für diese Aufgabe als ausreichend erachtete und auf die er sich verlassen konnte.[215] So schrieb Gottfried Benjamin Fleckeisen, der in den 1740er Jahren die Thomasschule besuchte: *„Was mich anbelanget, so bin ich 9 Jahr auf der Thomas Schule in Leipzig als Alumnus gewesen, und habe daselbst*

4. Jahr als Praefectus dem Choro musico vorgestanden. Zwey ganzer Jahr habe die Music in den Haupt-Kirchen zu S. Thomae, und Nicolai an Statt des Capellmeisters aufführen, und dirigiren müssen".[216] Johann Nathanael Bammler erhielt 1749 von Johann Sebastian ein Zeugnis, in dem zu lesen war, dass Bammler *„ein 10.Jähriger Alumnus der Thomas-Schule gewesen; auch sich als ein fleißiger so wohl in literis als musicis Alumnus gezeiget,* [...] *daß er als Praefectus so wohl Vocaliter als Instrumentaliter wohl hat gebraucht werden können."*[217]

Wenn es Johann Sebastian nicht mehr möglich gewesen wäre, Schüler seines Vertrauens als Präfekten wählen zu können, so hätte das auf die Arbeitsorganisation im Hauswesen beträchtliche Auswirkungen gehabt. Damit war die Frage, wer sie einsetzen durfte, auch für Anna Magdalena von Bedeutung. Spätestens bei der Abwesenheit ihres Mannes musste auch sie mit ihnen zusammenarbeiten, war *„Befehlshaberin"*.[218] Bei der Aufführung der Ratswahlkantate, die nach dem Tod ihres Mannes bei ihr bestellt wurde,[219] wird das mit Sicherheit eine Rolle gespielt haben.

Die Auseinandersetzung mit Ernesti zeigt auch, dass Johann Sebastian in Leipzig eine Position besaß, die es ihm erlaubte, für seine Interessen zu streiten und sie wohl auch durchzusetzen. Unabhängig von deren Ausgang ist es sehr wahrscheinlich, dass persönliche Verletzungen zurückblieben. Es existiert ein Bericht über die Schulgeschichte, der von einem ehemaligen Leipziger Studenten verfasst wurde. In ihm ist über die Auswirkungen dieses Streits zwischen dem Kantor Johann Sebastian Bach und dem Rektor Johann August Ernesti zu erfahren: *„beide wurden seit der Zeit Feinde. Bach fing nun an die Schüler zu hassen, die sich ganz auf Humaniora legten und die Musik nur als Nebenwerk trieben und Ernesti ward Feind der Musik.* [...] *Er brachte es durch sein Ansehen bey dem Bürgermeister Stieglitz dahin, daß ihm (wie seinem Vorgänger Gesner) die besondere Schulinspection erlassen und dem vierten Collegen übertragen wurde. Traf nun die Reihe der Inspection den Cantor Bach, so berief sich dieser auf Ernesti, kam weder zu Tische noch zu Gebet, und diese Vernachlässigung hatte den widrigsten Einfluß auf die sittliche Bildung der Schüler."*[220]

Wenn Bach sich wirklich so verhalten haben sollte, wird das von seinen Kollegen wohl nicht mit Wohlwollen aufgenommen worden sein, denn die Inspektionen mussten ja von irgendjemandem gemacht werden.

Welchen Einfluss dieser Streit auf das Leben im gleichen Haus hatte, ist nicht bekannt (es sei daran erinnert, dass der Kantor und auch der Rektor in der Thomasschule wohnten). Johann August Ernesti war 1733 Pate von Johann August

Abraham Bach geworden, der allerdings bereits einige Tage nach der Geburt starb.[221] 1735 wurde er Pate von Johann Christian Bach.[222] Letzterer zog erst nach dem Tod seines Vaters 1750 zu seinem Halbbruder nach Berlin.[223] War es für Anna Magdalena möglich, darauf einzuwirken, dass sich der Streit zwischen ihrem Mann und dem Rektor auf berufliche Dinge beschränkte?

1747 begab sich Johann Sebastian Bach auf eine Reise, die für seine öffentliche Wahrnehmung eine große Bedeutung erlangen sollte.[224] In Potsdam wurde er von Friedrich II. zu einer Abendmusik geladen. Dabei erhielt er vom preußischen König ein Thema, das er in einer Fuge ausführen sollte. Eine Berliner Zeitung berichtete: *„Es geschahe dieses von gemeldetem Capellmeister so glücklich, daß nicht nur Se. Majest. Dero allergnädigstes Wohlgefallen darüber zu bezeigen beliebten, sondern auch die sämtlichen Anwesenden in Verwunderung gesetzt wurden. Herr Bach fand das ihm aufgegebene Thema so ausbündig schön, daß er es in einer ordentlichen Fuga zu Papiere bringen, und hernach in Kupfer stechen lassen will.“*[225] Nach Leipzig zurückgekehrt, setzte er dieses Vorhaben in die Tat um. Unter dem Titel „Musicalisches Opfer“ widmete er das gestochene Werk *„Sr. Königlichen Majestät in Preußen“*. Auf dem Widmungsblatt ist zu lesen: *„Ew. Majestät weyhe hiermit in tiefster Unterthänigkeit ein Musicalisches Opfer, dessen edelster Theil von Deroselben hoher Hand selbst herrühret“*. Bach beschreibt dann, dass er sich bei dem Treffen nicht in der Lage gesehen hatte, ohne eine entsprechende Vorbereitung das Thema so zu verarbeiten, wie es möglich wäre. *„Ich fassete demnach den Entschluß, und machte mich sogleich anheischig, dieses recht Königliche Thema vollkommener auszuarbeiten, und sodann der Welt bekannt zu machen.“*[226] Das „Musicalische Opfer“ enthielt aber nicht nur eine Fuge, in der Bach das *„Königliche Thema“* nun entsprechend ausgearbeitet hatte. Es waren *„Zwo Fugen, ein Trio, und etliche Canones“*.[227] Es ging Johann Sebastian hier wohl nicht vorrangig darum, dem König ein Geschenk zu machen. Dann hätte er ihm das Werk als Manuskript übereignen können, wie er es bei der Bewerbung um einen Titel am kursächsischen Hof tat.[228] Beim „Musicalischen Opfer“ scheint er weitergehende Intentionen gehabt zu haben. Er war in der Lage, seine Meisterschaft mit einem „königlichen“ Thema zu zeigen, zu dem es eine ganz besondere Geschichte gab. Dieses Werk machte er *„der Welt bekannt“*. Die Widmung war damit auch eine Werbemaßnahme für sein Werk. Nicht umsonst wohl ließ er 200 Exemplare des Widmungstextes bei Breitkopf drucken.[229] Dass er mit dem Werk auch Geld verdienen wollte, zeigt seine Mitteilung an Johann Elias Bach,

dem er auf Anfrage antwortete, dass dieser die *„Preußische Fuge"* bei ihm für 1 Taler erhalten könne.[230] Das Werk scheint dann auch Abnehmer gefunden zu haben.[231] 1760 wurde von Johann Gottlob Immanuel Breitkopf (1719 – 1794)[232] das „Musicalische Opfer" für 1 Taler und 12 Groschen angeboten.[233] Offensichtlich ging dieser Geschäftsmann davon aus, dass noch immer eine Nachfrage bestand. Carl Philipp Emanuel schrieb 1774 an Johann Nikolaus Forkel: *„Ich habe nichts vom musikalischen Opfer, es ist aber sehr bekannt u. leicht zu haben."*[234]
Ein Nachweis, dass sich Friedrich II. für diese Widmung erkenntlich zeigte, wurde bisher nicht gefunden. Das ist aber kein Beweis, dass er es nicht tat. Zumindest erinnerte er sich noch mehr als 25 Jahre später an die damaligen Ereignisse. Baron van Swieten sprach 1774 mit ihm nach einem Orgelkonzert von Wilhelm Friedemann Bach und berichtete dazu: *„Diejenigen, die seinen Vater gekannt haben, finden aber, daß er ihm nicht ebenbürtig sei. Der König teilt diese Ansicht, und um sie mir zu beweisen, sang er mit lauter Stimme das Thema einer chromatischen Fuge, die er dem alten Bach gegeben hatte, der sofort daraus eine Fuge setzte"*.[235]
Carl Philipp Emanuel schrieb 1774, dass sein Vater in *„Berlin u. Dreßden besonders geehrt"* wurde.[236] Obwohl inzwischen der Siebenjährige Krieg stattgefunden hatte, in dem sich beide Regenten als Gegner gegenüberstanden und der für Kursachsen mit einer empfindlichen Niederlage endete,[237] scheint er es nicht unpassend gefunden zu haben, die beiden Höfe nebeneinander zu erwähnen. Offensichtlich sah er die Anerkennung eines gekrönten Hauptes nicht in einem Zusammenhang mit politischen Auseinandersetzungen. Es gibt auch keinen Hinweis, dass der kursächsische Hof die Reise Johann Sebastians 1747 an den Hof in Potsdam mit Missfallen beobachtet hätte.
Dass ihr eigentlicher Grund für Johann Sebastian darin bestand, vom König einen Titel zu erhalten, ist nicht zu belegen. Ein solcher hätte nicht die Vorteile gebracht, wie der des Hofcompositeurs beim Präfektenstreit. Das schließt nicht aus, dass er einen Titel dankend angenommen hätte, wäre er ihm verliehen worden. Ob er mit nun 62 Jahren hoffte, beim König eine Anstellung zu erhalten, ist fraglich. Damit hätte er sich in eine höfische Abhängigkeit begeben. Carl Philipp Emanuel sagte einmal über Carl Heinrich Graun, der Capellmeister an der königlichen Kapelle in Berlin war, dieser *„hätte noch weit mehr Sachen lieffern können von großem Gehalt des Genies, wenn ihn der König nicht so genirt hätte u. das Genie litte nicht den geringsten Zwang."*[238] Carl Philipp Emanuel, der 1747 als Kammermusiker im Dienste Friedrich II. stand,[239] versuchte dann auch mehrfach, wie bereits erwähnt, die Anstellung seines Vaters in Leipzig zu erhalten.[240]

Unabhängig davon vermehrten diese Reise und ihre Auswirkungen die Würde von Johann Sebastian Bach und damit die seiner Ehefrau.[241] Wie Anna Magdalena ein Ereignis von 1749 aufnahm, ist hingegen nicht sicher. Im Juni dieses Jahres ließ der Königlich Polnische und Kurfürstlich Sächsische Premierminister, Seine Exzellenz Heinrich Reichsgraf von Brühl,[242] durch Gottlob Harrer dem Leipziger Rat ein Schriftstück überreichen, in dem es hieß: *„Überbringer dieses, der Compositeur bey meiner Cappelle, Harrer, ist dasjenige Subjectum, so ich Ew: HochEdelgebohrnen bey meiner Anwesenheit in Leipzig zu künfftiger remplacirung der dasigen Capell-Director-Stelle, bey sich dereinst ereignenden Abgang Herrn Bachs, recommendiret habe."*[243] Der Premierminister bat darum, Harrer zu prüfen und ihm zu bestätigen, dass er nach Bachs Ableben dessen Nachfolger werden würde. Man kam ihm in dieser Sache entgegen, und Harrer durfte eine Probemusik *„auf dem großen musicalischen Concert-Saale im drey Schwanen aufm Brühl"*[244] machen. Dabei mag auch eine Rolle gespielt haben, dass sich der Rat mit dem Premierminister in Verhandlungen befand, in denen es um sehr viel Geld ging.[245] Ein Dekret, das Harrer die Stelle zusicherte, wie von Brühl erbeten, erhielt Harrer aber nicht. Nach dem Tod von Johann Sebastian Bach schrieb Reichsgraf von Brühl aus Warschau nämlich noch einmal an den Rat und empfahl Harrer erneut.[246] Dieser war allerdings bereits einige Tage zuvor durch den Rat zu Bachs Nachfolger gewählt worden.[247]

Ob dieses Vorgehen für Johann Sebastian ein Affront war, dürfte davon abhängen, ob die Vergabe von Stellen vor dem Tod des Inhabers damals üblich war oder nicht. In der Welt des Premierministers von Brühl war es üblich. An ihn wurden oft Anfragen gerichtet, in denen Antragsteller um eine noch besetzte Stelle baten.[248] Bekamen sie die Zusage, konnten noch mehrere Jahre verstreichen, bis die Position frei wurde. So erhielt der Kammerjunker Hans George Wilhelm von Troyf (auch von Troyff) im Juni 1750 die *„Anwarttschafft"* über die Aufsicht der Merseburgischen und Veßraer Gestüte.[249] Diese Position hatte der Kammerherr Wilhelm August von Brandenstein inne. Erst dem „Königlich Polnischen und Churfürstlich Sächsischen Hof- und Staats-Calender auf das Jahr 1755" ist zu entnehmen, dass von Troyf die Stelle übernahm.[250]

Auch im Umfeld von Johann Sebastian wurde so verfahren. In Leipzig war 1738 Johann Christian Oschatz zum Kunstgeiger berufen und zugleich zum Stadtpfeifer ernannt worden. Dabei hatte er die Versicherung erhalten, dass er die nächste freiwerdende Stadtpfeiferstelle bekommen würde. Mit dem Ableben des Stadtpfeifers Johann Caspar Gleditsch übernahm er 1747 dessen Stelle.[251] In diesen Vorgang war auch Johann Sebastian Bach involviert.[252]

Georg Philipp Telemann schrieb in seinen Lebenserinnerungen: *„Anno 1723. berief mich Leipzig an die Stelle weiland Herrn Johann Kuhnau, Musikdirectoris und Cantoris daselbst, welche Ehre der Nachfolge mir bereits vor 20. Jahren zugedacht war: weil jenes Schwächlichkeit dessen baldigen Tod vermuthen ließ“*.[253] Kuhnau starb dann aber erst 1722.[254]
Der Einsatz von Brühls muss aber kein Hinweis darauf sein, dass er Kenntnis von einem besorgniserregenden Gesundheitszustand Johann Sebastians hatte. Der Musikdirektor von Leipzig hatte ein *„dergestaltiges Hohes Alter erreichet, daß deßen überhabende Function vielleicht in kurzem zur Vacanz gedeyhen möchte“*.[255] So lautet eine Formulierung aus einem Gesuch um die nachfolgende Übernahme eines anderen Amtes, das an von Brühl gerichtet worden war.
Auffällig ist, dass Johann Sebastian 1749, also in dieser Zeit, für eine Wiederaufführung der Kantate „Geschwinde, geschwinde, ihr wirbelnden Winde“ (BWV 201) Änderungen am Text vornahm. Statt *„Ergreiffe Phoebus nun die Leyer wieder, Es ist nichts lieblicher als deine Lieder“* sollte es zunächst heißen *„Verdopple, Phöbus nun Musik und Lieder, tobt gleich Hortensius und ein Orbil darwider“*. Johann Sebastian veränderte die letzten Worte dann aber noch in: *„tobt gleich Birolius und ein Hortens darwider“*.[256] Diese beiden Namen beziehen sich wohl auf Quintus Hortensius Hortalus, einen römischen Redner,[257] und auf Lucius Orbilius Pupillus, einen Lehrer, der durch seine strengen Züchtigungen bekannt war.[258] Es ist sicher nicht vollkommen auszuschließen, dass mit *„Birolius“* eine Anspielung auf von Brühl erfolgt sein könnte. Besonders hintergründig wäre sie aber nicht gewesen. Seine Exzellenz Heinrich Reichsgraf von Brühl[259] wurde wohl kaum als Lehrer gesehen, und dass er wider *„Musik und Lieder“* toben würde, war nur schwer nachvollziehbar. Er unterhielt eine eigene Kapelle, und es gibt etliche Hinweise, dass sie ihm wichtig war und qualitativ der Königlichen Kapelle kaum nachstand.[260] Von Johann Sebastian Bach ist bekannt, dass er die Qualität des Dresdner Musiklebens schätzte.[261] Bei einer Anspielung auf von Brühl bei der Änderung des Textes wäre eigentlich auch die Variante *„Briolius“* zu erwarten. Wie schon Philipp Spitta vermutete, dürfte Johann Sebastian mit dieser Textänderung wohl eher auf Ereignisse in Freiberg/Sachsen reagiert haben.[262] Dort war seit 1744 Bachs ehemaliger Schüler Johann Friedrich Doles Kantor.[263] Für ein Singspiel, das im Oktober 1748 aufgeführt wurde, hatte Doles die Musik komponiert.[264] Damit im Zusammenhang stehend, verfasste im Mai 1749 der Rektor des Gymnasiums Johann Gottlieb Biedermann eine Programmschrift,[265] in der er die schulische Musikpflege kritisierte. Dabei nutzte er die Gelegenheit, *„die Tonkünstler sammt der Musik häßlich abzumahlen und verächtlich zu machen“*.[266]

Anerkannte Musiker setzten sich mit diesem Programm öffentlich auseinander.[267] Johann Sebastian schickte es an den Nordhäuser Organisten Christoph Gottlieb Schröter und bat ihn, es zu rezensieren und zu widerlegen, *„weil er hiesiger Gegend niemand dazu geschickter wüste, noch finden könnte"*.[268] Zu dieser Auseinandersetzung würde der neue Text *„Verdopple, Phöbus nun Musik und Lieder, tobt gleich Birolius und ein Hortens darwider"*[269] passen, mit seinen Anspielungen auf einen römischen Redner[270] und einen Lehrer.[271]
Christoph Gottlieb Schröter kam Bachs Bitte nach und stellte es ihm frei, seine Ausführungen zu veröffentlichen. Als das dann aber geschah, bemerkte Schröter, dass der Text erhebliche Änderungen erfahren hatte und war äußerst verstimmt. Seine Formulierung *„Der so fleißige als geschickte Herr M. Biedermann"* hatte man zum Beispiel in *„Es hat der in alten Heydnischen und Fabelhafften Schrifften, vielleicht mehr, als in den wahren Worte Gottes, belesene Herr M. Biedermann"* geändert. Es war auch ein zusätzlicher Absatz eingefügt worden.[272] Welchen Anteil Johann Sebastian daran hatte, konnte nicht geklärt werden. Allerdings ist davon auszugehen, dass er an einer möglichst scharfen Entgegnung Interesse hatte. Im Dezember 1749 äußerte er einem Kollegen gegenüber die Hoffnung, dass durch entsprechende Kritiken Biedermanns *„Dreckohr gereiniget, und zur Anhörung der Musik geschickter gemacht"* werden würde. Die Verballhornung des Wortes Rektor in Dreckohr sahen auch Freunde kritisch.[273]

Ob Anna Magdalena von der Probemusik Gottlob Harrers oder diesen Auseinandersetzungen ihres Mannes besonders berührt wurde, muss offenbleiben. In zunehmender Weise dürfte sie sich aber Sorge um seine Gesundheit gemacht haben. Im Nekrolog wird ihm ein *„überaus gesunder Cörper"* bescheinigt, was sich erst in den letzten Lebensmonaten geändert haben soll.[274] Auffällig ist aber, dass sich bereits davor seine Handschrift deutlich veränderte. Vergleiche zeigen, dass sie ungelenker und klobiger wurde (siehe Abbildungen 40 und 41, S. 148).[275]

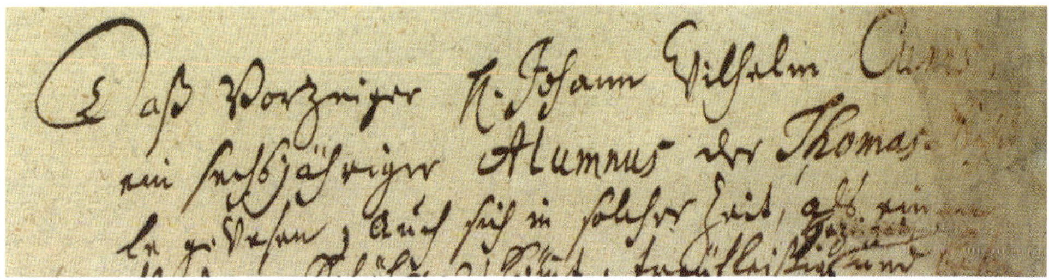

Abbildung 40: Ausschnitt aus dem Zeugnis von Johann Sebastian Bach für Johann Wilhelm Cunis, 12. März 1748

Daß Vorzeiger dieses, H. Johann Nathanael Bammler ein 10. Jähriger Alumnus der Thomas-Schule gewesen

Abbildung 41: Ausschnitt aus dem Zeugnis von Johann Sebastian Bach für Johann Nathanael Bammler, 12. April 1749

Johann Nikolaus Forkel, der sich auf Berichte von Wilhelm Friedemann und Carl Philipp Emanuel stützen konnte,[276] schrieb, dass die Schwäche der Augen von Johann Sebastian immer mehr zunahm, *„bis endlich eine sehr schmerzhafte Augenkrankheit daraus entstand."*[277] Über die genauen Ursachen kann letztlich nur gemutmaßt werden.[278] Wann die Schmerzen so stark wurden, dass sie eine deutliche Beeinträchtigung der Schaffenskraft mit sich brachten, ist nicht bekannt. Sie dürften schließlich aber maßgeblich dazu beigetragen haben, dass nach Mitteln gesucht wurde, diesem Leiden entgegenzuwirken. Anzeigen, in denen Augenspezialisten (Oculisten) ihre Erfolge anpriesen und ihre Hilfe anboten, sind in Leipziger Zeitungen immer wieder zu finden.[279] Im Januar 1750 ist aber in einem Bericht von einem Dr. Taylor, der sich gerade in Frankfurt aufhielt, zu lesen: *„Gestern aber waren verschiedene Glieder des Magistrats bey dessen vorgenommenen Operationen zugegen; wie er denn auch von ihnen ansehnlich ist beschenket worden. Selbigen Tages wurde ihm ein von der ganzen Medicinischen Fakultät unterschriebenes und besiegeltes Certificat überreichet, worinn dessen Verdienste der Billigkeit und ihrem besondern Werthe nach um so mehr anerkannt werden, als von der grossen Menge Personen, die sich seiner Hülfe hieselbst bedienet haben, keinem einzigen der geringste Zufall zugestossen; und was noch mehr ist, so hat sich kein einziger gefunden, welcher die vorher angepriesene Würckung der Operation nicht verspüret hätte. Übrigens wird er, seiner von allen Orten begehrten Hülfe ungeachtet, künftige Mittwoche seine Reise von hier nach Cassel, Gotha und so weiter nach den vornehmsten Städten Teutschlands fortsetzen."*[280] Es ist gut vorstellbar, dass eine solche Zeitungsmeldung Hoffnungen bei der Familie Bach weckte. Von Erfolgen der Behandlungsmethoden John Taylors[281] war dann auch aus Kassel zu erfahren. Dabei wird auch auf Aufenthalte in Gießen und Marburg eingegangen, wo *„ihm die Professores ieder Universität mit vieler Achtung begegnet sind. Indem er an* *iedem Orte Proben von seiner Operation abgeleget, so haben ihm die Universitäten bey der Abreise Diplomata einhändigen lassen, welche in den bündigsten Ausdrückungen abgefasset sind, und den Begriff, den sie von seiner Person und seiner ausserordentlichen Wissenschaft hegen, zu erkennen geben.“*[282]

Am 18. März 1750 war dann in der Zeitung zu lesen, dass Ritter Taylor in Gotha angekommen sei. *„Vorgestern frühe hatte er die Ehre den Durchl. Herrschaften vorgestellet zu werden, in deren höchsten Gegenwart, wie auch in Beyseyn des ganzen Hofs, er gegen Abend seinen kostbaren Apparatum sehen ließ, und zugleich in einem mündlichen Vortrage die neue Art und Weise, das verlohrne Gesicht wieder herzustellen, zeigte, wie er bereits an allen Höfen, die er auf seinen Reisen besuchet, mit Beyfall gethan hat. Ohngeachtet der ausserordentlichen Anzahl derer, die seinetwegen von allen Orten angelanget sind, ist er dennoch gesonnen, binnen wenig Tagen wieder ab- und über Leipzig nach Berlin zu reisen.“*[283]

Von Möglichkeiten zu erfahren, durch die Menschen ihr „Gesicht“ wiedererlangten, womit in diesem Zusammenhang das Sehvermögen gemeint ist,[284] dürfte Johann Sebastian sehr interessiert haben. Die Berichte über Taylor machten einen seriösen Eindruck, und es handelte sich dabei auch um Nachrichten und nicht um Anzeigen. Die Möglichkeit einer Hilfe gegen das Leiden würde sich demnächst in unmittelbarer Nähe befinden. Eine Mischung aus Hoffnung und Angst dürfte im Hause Bach die Überlegungen geprägt haben, sich einer solchen Behandlung zu unterziehen oder nicht. Das Ergebnis dieser Abwägungen, gegen diese schmerzhafte Augenkrankheit vorzugehen, wird im Nekrolog in die Worte gefasst: *„Er wolte dieselbe, theils aus Begierde, Gott und seinem Nächsten, mit seinen übrigen noch sehr muntern Seelen- und Leibeskräften, ferner zu dienen, theils auf Anrathen einiger seiner Freunde, welche auf einen damals in Leipzig angelangten Augen Arzt, viel Vertrauen setzeten, durch eine Operation heben lassen.“*[285]

Über die Erfolge von *„Ritter Taylor. Oculisten Sr. Großbritannischen Majestät“* ist Ende März dann auch aus Leipzig zu erfahren: *„Der Adel und die Facultät finden sich fleißig bey ihm ein, und die Entdeckungen, die er gethan hat, werden als die vorzüglichsten für das menschliche Geschlecht, die seit vielen Jahren geschehen sind, angesehen. Sein Apparatus zu solchem Ende ist der zahlreichste und kostbarste, den man iemahls gesehen hat. Der Zulauf der Leute von allerley Stande nach seinem Quartier ist, wie sonst allenthalben, ausserordentlich“.*[286] Unter diesen Personen befand sich auch Johann Sebastian Bach. Zeitungen berichten weiterhin von Erfolgen der Behandlungen. In einer Berliner Zeitung vom 4. April 1750 ist zu lesen, dass der *„Capellmeister Bach, welcher durch den häufigen Gebrauch der Augen sich desselben* *beynahe ganz beraubet hatte, operiret, und zwar mit dem erwünschtesten Erfolge, so daß er die völlige Schärfe seines Gesichts wieder bekommen hat"*. Von einem Erfolg seiner Operation berichtet auch eine Leipziger Zeitung.[287] Im *„Auszug eines Schreibens von einem öffentlichen Lehrer der Medicin in Leipzig, im May 1750"* ist aber zu lesen: *„Hier haben sie eine gegründete und unpartheiische Nachricht von des Ritter Taylors nachgelassenen Patienten; Denn so oft mir schwarz verbundene Augen oder solche Personen vorgekommen, die sich seiner Cur unterworfen, habe ich mich ihrer Umstände erkundiget. Verschiedene aber sind bis jezzo noch nicht zum Vorschein gekommen. Darunter Hr. B--, welchen er am Stahr operirt, und etliche tage drauf in den öffentlichen Zeitungen gerühmt, daß er vollkommen sehen könnte: da doch derselbe wegen wieder aufgetretenen Stahrs des Gesichts beraubet gewesen, bis er ihn zum andern mahl wieder operirt, von welcher Zeit an er doch immer Zufälle von Entzündungen und dergleichen erlitten"*.[288]

Aus dem Nekrolog für Johann Sebastian Bach ist über die Operation zu erfahren: *„Doch diese, ungeachtet sie noch einmal wiederholet werden mußte, lief sehr schlecht ab. Er konnte nicht nur sein Gesicht nicht wieder brauchen: sondern sein, im übrigen überaus gesunder Cörper, wurde auch zugleich dadurch, und durch hinzugefügte schädliche Medicamente, und Nebendinge, gäntzlich über den Haufen geworfen"*.[289]

Man sollte vorsichtig sein, die damaligen medizinischen Methoden nach heutigen Maßstäben zu beurteilen. Reinhard Ludewig, der sich als Mediziner mit den Krankheiten Johann Sebastian Bachs und diesen Operationen intensiv beschäftigte, schreibt dazu, dass *„Taylor ‚die Lehre von der Augenheilkunde und Optik' seiner Zeit beherrschte wie kaum ein anderer und in zahlreichen Schriften darüber publizierte."* Er hatte zweifellos beachtliche Erfolge aufzuweisen, aber auch Misserfolge, Kollegen-Neid und berechtigte Kritik zu verkraften. Diese betrafen auch seine Werbemethoden.[290]

Die operativen Eingriffe fanden bei Johann Sebastian Ende März und Anfang April 1750 statt[291] und dürften eine Menge Geld gekostet haben. Reinhard Ludewig schreibt: *„Je nach Stand kassierte Taylor für damalige Verhältnisse ganz ungewöhnliche Honorare zwischen 100 Reichstalern und 1000 Dukaten für eine Behandlung oder als Vorschuß für eine Kur 1000 Goldstücke; notfalls nahm er auch eine goldene Uhr in Zahlung."*[292]

Johann Sebastian war auch nach diesen Operationen noch aktiv. Am 26. Mai 1750 bat er in einem Brief einen Bekannten in Frankenhausen: *„An Hrn. Schrötern bitte mein Compliment zu machen, bis daß ich selber im Stande bin zu schreiben,* *da ich mich alsdenn, der Veränderung seiner Recension wegen, entschuldigen will, weil ich gar keine Schuld daran habe; sondern solche einzig demjenigen, der den Druck besorget hat, zu imputiren ist.“*[293] Johann Gottfried Müthel wurde im Mai 1750 von Johann Sebastian als Schüler aufgenommen und wohnte auch im Haushalt.[294] Zwischen dem 8. April und 5. Mai 1750 erfolgte die Kassierung einer finanziellen Unterstützung für den Ursula Erbstolln. Johann Sebastian Bach, der Anteilseigner an diesem Bergwerk war, kam der Zahlung nach.[295] Im Juni 1750 wandte er sich an die Universität, um seine finanziellen Forderungen bei der Verleihung eines Tasteninstruments gegen einen Studenten durchzusetzen, wobei Gottlob Sigismund Hesemann seine Sache vertrat.[296]

Johann Sebastian war also nachweislich in der Lage, nach diesen Operationen verschiedene Sachen zu regeln und konnte dabei auf Unterstützung zurückgreifen. Er wird wohl gewusst haben, dass sein Zustand lebensbedrohlich war, und es wäre deshalb naheliegend, dass er sich auch um die Verteilung seines Nachlasses und die Versorgung seiner Angehörigen Gedanken machte und entsprechende Vorkehrungen traf.

Seine Hoffnung, wieder zu genesen, die er in seinem Brief vom 26. Mai 1750 geäußert hatte, erfüllte sich nicht. Im Nekrolog ist zu lesen, dass er nach den Operationen fast immer kränklich war. *„Zehn Tage vor seinem Tode schien es sich gähling mit seinen Augen zu bessern; so daß er einsmals des Morgens ganz gut wieder sehen, und auch das Licht wieder vertragen konnte. Allein wenige Stunden darauf, wurde er von einem Schlagflusse überfallen; auf diesen erfolgte ein hitziges Fieber, an welchem er, ungeachtet aller möglichen Sorgfalt zweyer der geschicktesten Leipziger Aerzte, am 28. Julius 1750, des Abends nach einem Viertel auf 9 Uhr, im sechs und sechzigsten Jahre seines Alters, auf das Verdienst seines Erlösers sanft und seelig verschied.“*[297]

Die verwitwete Frau Capellmeisterin

Wie verkraftete Anna Magdalena den Tod ihres Mannes? Wie hatte sie die Zeit davor erlebt? Es können nur Mutmaßungen angestellt werden. Auf jeden Fall war sie nun Witwe, und damit begann für sie, unabhängig von ihrem seelischen Zustand, ein neuer Lebensabschnitt.
„Daß der Wittben-Stand ein elendes und sehr miserabeles Leben sey, wird wohl niemand läugnen, indem die Wittben ihres Beschirmers, und Ernährers beraubet seynd, und deswegen in denen Rechten [...] *nicht unbillig unter die armseligen, und miserabeln Personen gezehlet werden, ohne Unterscheid, wes Standes, Würden, und Vermögens sie seynd“,*[1] ist in einer Publikation von 1721 zu lesen. Eine ähnliche Sichtweise wird in einem Lexikon, welches Mitte des 18. Jahrhunderts in Leipzig und Halle erschien, wiedergegeben. Dort heißt es, dass *„die Wittwen, gleich den Waysen, ob sie auch schon hohen Standes und guten Vermögens sind* [...] *unter die miserablen oder Mitleidens-würdigen Personen gezehlet“* wurden.[2] So war auch Anna Magdalena jetzt eine „arme Witwe“. Dieser Begriff war aber ein Topos,[3] der keine Hinweise auf die finanzielle Situation einer Witwe geben muss. Dass Witwen bei Anträgen ihre Situation so darstellten, dass eine Unterstützung als gerechtfertigt angesehen werden konnte, ist nachzuvollziehen. Bei ihren Forschungen über Witwen der Frühen Neuzeit stellte Gesa Ingendahl dazu fest: *„Nicht zuletzt die Bittschriften der Witwen selbst nutzten alle angelagerten Vorstellungen des Witwen-Mangels, um ihren Antrag auf materielle und immaterielle Unterstützungen erfolgreich durchzubringen.“*[4]

Führte ein Ehepaar zur damaligen Zeit ein Geschäft gemeinsam, so trat der Name der Frau fast nie in Erscheinung. Das änderte sich, wenn der Mann verstarb. Im Leipziger Adressbuch auf das Jahr 1732 sind zum Beispiel *„sämtliche vier privilegirte Apothecker“* verzeichnet, darunter *„Hr. Johann Heinrich Lincke, auf der Grimmischen Gasse in seinem Hause, in der Löwen-Apothecke.“*[5] Im Adressbuch für das Jahr 1736 ist zu lesen: *„Hr. Johann Heinrich Linckens Wittwe, auf der Grimmschen Gasse, zur Löwen-Apothecke“*[6] (siehe Abbildungen 42 und 43).

Die sämtliche vier privilegirte Apothecker,
nach dem Alphabeth.
Hr. Johann Heinrich Lincke, auf der Grimmischen Gasse in seinem Hause, in der Löwen-Apothecke.

Abbildung 42: Ausschnitt aus dem Leipziger Adressbuch für 1732

Die sämtliche vier Privilegirte Apothecker,
nach dem Alphabeth.
Hr. Johann Heinrich Linckens Wittwe, auf der Grimmschen Gasse, zur Löwen-Apothecke.

Abbildung 43: Ausschnitt aus dem Leipziger Adressbuch für 1736

Es handelte sich dabei um Maria Elisabeth Linck (auch Lincke oder Linke)[7] geborene Döring. 1710 hatte sie Johann Heinrich Linck geheiratet, der 1734 verstarb. Sie übernahm die Verantwortung für die Weiterführung des Geschäfts. Die Einträge in Adressbüchern folgender Jahre zeigen,[8] dass sie für die Leitung dieses Unternehmens die notwendigen Fähigkeiten besessen haben muss (siehe Abbildungen 44 und 45).

4) Die sämtlich vier privilegirten Apothecken
nach dem Alphabeth.
Herr Johann Heinrich Linckens Wittbe, auf der Grimmischen Gasse zur Löwen-Apothecke.

Abbildung 44: Ausschnitt aus dem Leipziger Adressbuch für 1747

1) Apotheker.
Herr George Gottfried Gallisch, in der Grimmischen Gasse; zur König Salomons-Apotheke.
Hrn. Joh. Heinrich Linkens, Wittwe, in der Grimmischen Gasse, zur Löwen-Apotheke.

Abbildung 45: Ausschnitt aus dem Leipziger Adressbuch für 1755

1757 verstarb sie, und ihr Sohn Johann Heinrich Linck (1734 – 1807) wurde Eigentümer der Apotheke.[9]
Weiterführungen von Unternehmen durch Witwen waren in der damaligen Zeit üblich. Das wird zum Beispiel auf gedruckten Titelseiten sichtbar[10] (siehe Abbildung 46).

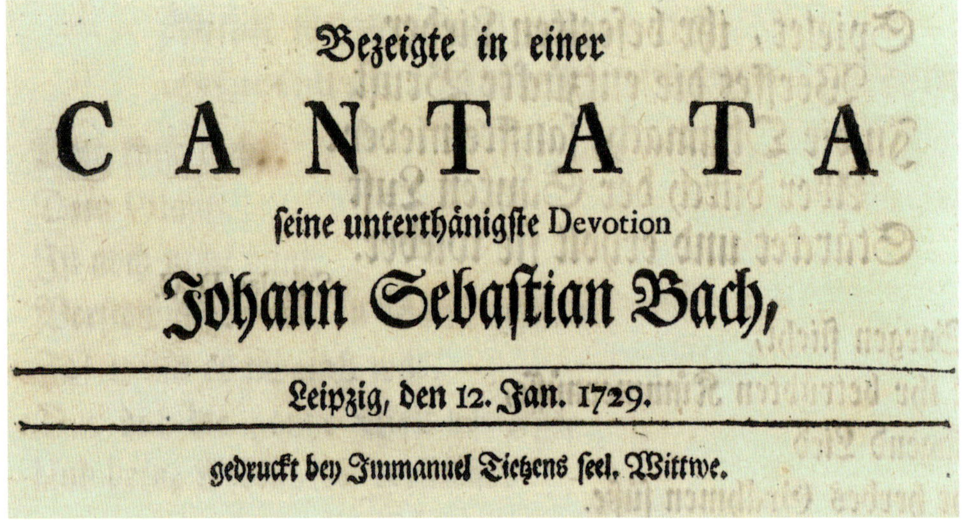

Bezeigte in einer
CANTATA
seine unterthänigste Devotion
Johann Sebastian Bach,

Leipzig, den 12. Jan. 1729.

gedruckt bey Immanuel Tietzens seel. Wittwe.

Abbildung 46: Ausschnitt der Titelseite des Textdruckes einer Huldigungsmusik für Herzog Christian zu Sachsen-Weißenfels

Es sei auch daran erinnert, dass nach dem Adressbuch für 1753 mehr als 10 Prozent der Leipziger Kramerhandlungen durch Witwen betrieben wurden (siehe Abbildung 37, S. 122).[11] Möglich war das nur, weil die Frauen bereits zu Lebzeiten des Mannes bei den Geschäften mitwirkten und somit die nötige Erfahrung besaßen, sie fortzuführen.
Auch Anna Magdalena tritt als Vertreterin des Musikdirektors von Leipzig ganz kurz in Erscheinung. Bei ihr wurde, wie schon erwähnt, eine Kantate bestellt. In einem Protokoll der Stadt vom 24. August 1750 heißt es dazu: *„Bestellet der Thür Knecht bey des verstorbenen Cantoris Herrn Bachs Witbe die Kirchen Music auf heüt über 8 Tage bey den bevorstehenden Raths Wechsel“.*[12] Anna Magdalena muss also in der Lage gewesen sein, einer solchen Aufgabe gerecht zu werden.
Das Amt ihres Mannes konnte Anna Magdalena nicht übernehmen. Sie musste nach anderen Möglichkeiten suchen, ihr Überleben zu sichern. Zunächst stand

für sie aber die Regelung der notwendigen Abläufe an, die sofort nach dem Tod ihres Mannes vorgenommen werden mussten. Das Begräbnis ihres Mannes war zu organisieren. Den amtlichen Dokumenten ist zu entnehmen, dass Johann Sebastian Bach am Freitag, dem 31. Juli 1750, beigesetzt wurde. So ist es im Leichenbuch der Richterstube, dem der Leichenschreiberei und dem der Totengräber verzeichnet.[13] Die Überführung mit dem Leichenwagen erfolgte gratis.[14] Johann Sebastian Bach wurde auf dem Johannisfriedhof beerdigt.[15]

Über die damalige Begräbniskultur in Leipzig schrieb 1894 der Leiter des Leipziger Stadtarchivs Gustav Wustmann nach intensivem Studium von Dokumenten: *„Daß vollends jemand ein Grab durch einen Denkstein bezeichnete (eiserne Kreuze waren damals nicht in Mode), kam im Jahre ein-, zwei-, höchstens dreimal vor, in manchen Jahren, z. B. in Bachs Todesjahr, gar nicht.“* Ein fehlender Grabstein ist also kein Hinweis darauf, dass bei der Beerdigung Bachs gespart werden musste. Weil dafür eine besondere Gebühr zu zahlen war, ist bekannt, dass er in einem Eichensarg beigesetzt wurde.[16] Dazu fand Gustav Wustmann heraus: *„In Bachs Todesjahr [...], wo in Leipzig 1400 Personen starben, sind nur 12 Personen in eichenen oder kiefernen Särgen in freier Erde begraben worden“*.[17]

Der *„Sarg gemacht von eichnen pfosten mit Schwartz gebeitzten Leisten“*[18] für die Beerdigung des Leipziger Professors Ulrich Junius im Jahr 1726 kostete 10 Taler, ohne dass die Beschläge berücksichtigt sind.[19] Für die Fertigung eines Eichensargs wurden bei einer Beerdigung 1749 in Königsbrück 10 Taler ausgewiesen. Die Beschläge dazu kosteten etwas mehr als 6 Taler. Für das gesamte Begräbnis sind knapp 191 Taler notiert.[20] Für die Beisetzung von Dr. Christian Friedrich Börner 1753 in Leipzig wurden knapp 199 Taler bezahlt. Ein nicht näher beschriebener Sarg mit *„Handhaben“* wird dabei mit 19 Talern angegeben.[21]

Die Universität Leipzig bezahlte 1762 die Beisetzung eines Studenten mit etwas mehr als 6 Talern. Dabei entfielen auf den Fichtenholzsarg knapp 3 Taler.[22] Ein Eichensarg für Johann Sebastian Bach deutet auf deutlich höhere Begräbniskosten hin. Es kann nicht ausgeschlossen werden, dass dafür eine dreistellige Summe an Talern aufgewendet wurde. In seinem Nachlassverzeichnis sind unter den Beträgen, die aus dem Nachlass noch bezahlt werden mussten, auch 18 verschiedene Posten aufgeführt, die nicht näher beschrieben sind. Zusammen addieren sie sich auf knapp 144 Taler.[23] Zumindest einige dieser 18 Posten könnten in einem Zusammenhang mit der Beisetzung stehen.[24] Über deren genauen Ablauf gibt es leider keine zeitgenössischen Berichte. So ist auch nicht bekannt, welche Musik dabei erklang.[25]

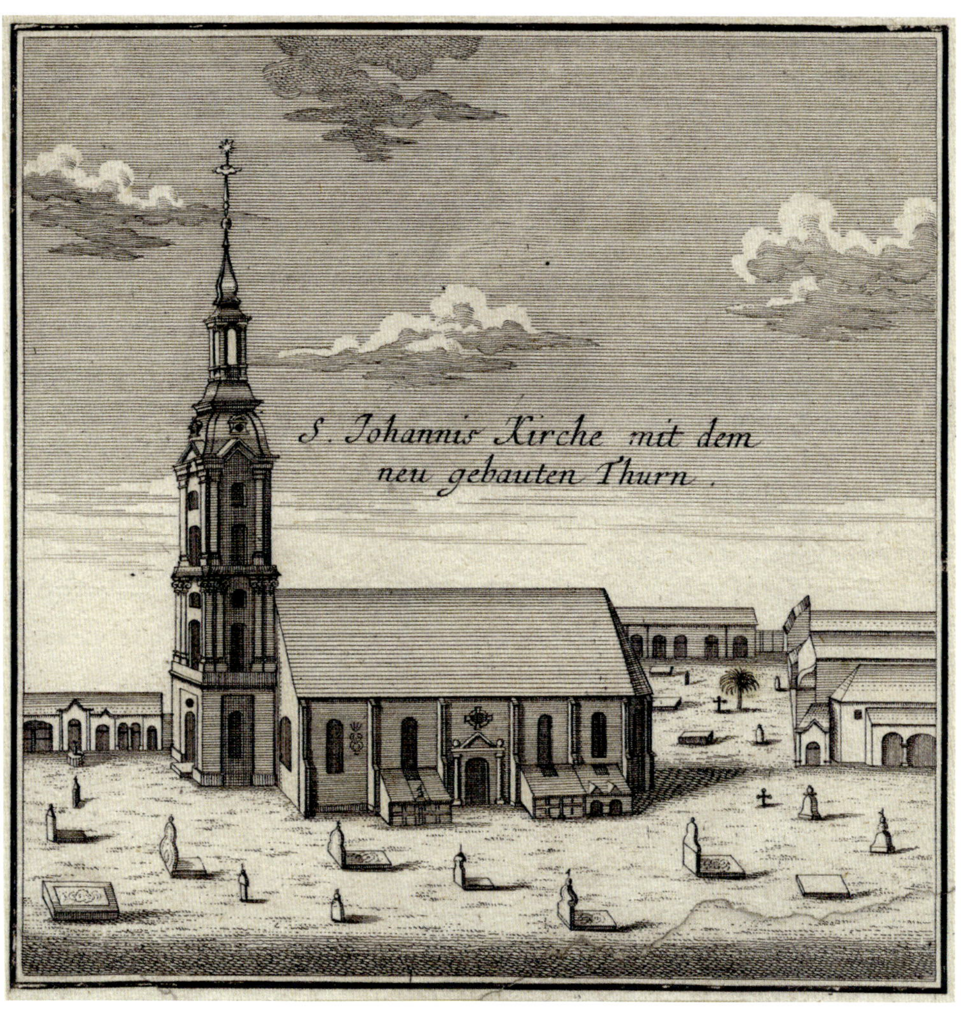

Abbildung 47: Johanniskirche und Johannisfriedhof, Kupferstich von Joachim Ernst Scheffler, 1749

Die Witwe und ihre Kinder

Als Johann Sebastian Bach starb, lebten noch drei von den Kindern, die er in seine neue Ehe mitgebracht hatte. Von den Kindern, die in dieser zur Welt kamen, überlebten ihn nur sechs.[1] Für einen besseren Überblick seien sie hier, mit einigen Anmerkungen versehen, gemeinsam aufgeführt:[2]

Name des Kindes	Alter beim Tod des Vaters	Anmerkungen
Catharina Dorothea	41 Jahre	unverheiratet
Wilhelm Friedemann	39 Jahre	Musikdirektor in Halle/Saale
Carl Philipp Emanuel	36 Jahre	Königl. Kammermusiker in Berlin
Gottfried Heinrich	26 Jahre	geistig behindert
Elisabeth Juliana Friderica	24 Jahre	verheiratet mit dem Naumburger Organisten Johann Christoph Altnickol
Johann Christoph Friedrich	18 Jahre	Hofmusiker in Bückeburg, unmündig
Johann Christian	14 Jahre	unmündig
Johanna Carolina	12 Jahre	unmündig
Regina Susanna	8 Jahre	unmündig

Dass die beim Tod ihres Vaters 41-jährige Catharina Dorothea nach seinem Tod noch bei der Stiefmutter lebte, ist sehr unwahrscheinlich. In den Vereinbarungen über die Nachlassverteilung verpflichtete sie sich, für die Verköstigung und sonstige Versorgung bei den Verhandlungen über die Aufteilung an diese einen Ausgleich zu zahlen.[3] Das wäre nicht verständlich, wenn sie noch zum Haushalt Anna Magdalenas gehört hätte. Ihr Bruder Wilhelm Friedemann, der in Halle wohnhaft war, hatte für sie die Vormundschaft *„in genere"* übernommen.[4] Damit war es seine Aufgabe, dass er *„bey derselben ihren Contracten seine Auctorität und Einwilligung gebe, und selbige hierdurch kräfftig mache."*[5] Wenn Catharina Dorothea noch in Leipzig gewohnt hätte, wäre das nur mit großem Aufwand möglich gewesen. Es ist anzunehmen, dass sie im Haushalt ihres Bruders lebte.[6] Ihr

Umzug könnte bereits vor dem Tod ihres Vaters erfolgt sein. Bei der Erbaufteilung erhob Wilhelm Friedemann Einspruch gegen eine väterliche Schenkung an seinen Halbbruder Johann Christian, dem sich Catharina Dorothea anschloss. Anna Magdalena, ihr Schwiegersohn Johann Christoph Altnickol und der bereits als Haussekretär ihres Mannes erwähnte Gottlob Sigismund Hesemann bestätigten aber diese Schenkung.[7] Offensichtlich wurde sie vor Zeugen ausgesprochen, und Catharina Dorothea war dabei nicht anwesend. Es könnte ein Hinweis sein, dass sie zu diesem Zeitpunkt bereits nicht mehr im Haushalt ihres Vaters wohnte. In Leipzig ist sie erst wieder 1771 nachweisbar.[8]

Über Johann Christian, den jüngsten Sohn von Anna Magdalena, schrieb sein Halbbruder Carl Philipp Emanuel: *„Gieng nach des seeligen Vaters Tode zu seinem Bruder C. P. E. nach Berlin, welcher ihn erzog u. informirte."*[9] Da eine musikalische Ausbildung durch den Vater nun nicht mehr erfolgen konnte, ist dieser Schritt leicht nachzuvollziehen. Es war auch überhaupt nicht ungewöhnlich, dass für die Ausbildung das Elternhaus in diesem Alter verlassen wurde.[10] Aus einem Prüfungsbericht Johann Sebastian Bachs für Alumnenanwärter der Thomasschule geht hervor, dass die meisten Prüflinge 13 und 14 Jahre alt waren und bei Aufnahme ihren Heimatort verließen.[11]

Gottfried Heinrich, der älteste Sohn von Anna Magdalena, wurde 1763 in Naumburg beigesetzt.[12] Daraus ließe sich schlussfolgern, dass er nach dem Tod des Vaters zu seiner Schwester Elisabeth Juliana Friderica Altnickol zog, wo sie mit ihrer Familie lebte.[13] Ein Dokument aus dem Jahr 1753 zeigt aber, dass Gottfried Heinrich weiter bei seiner Mutter in Leipzig wohnte (siehe Abbildung 48). Dieses Schriftstück wurde erst 2015 entdeckt und eine Auswertung 2019 im

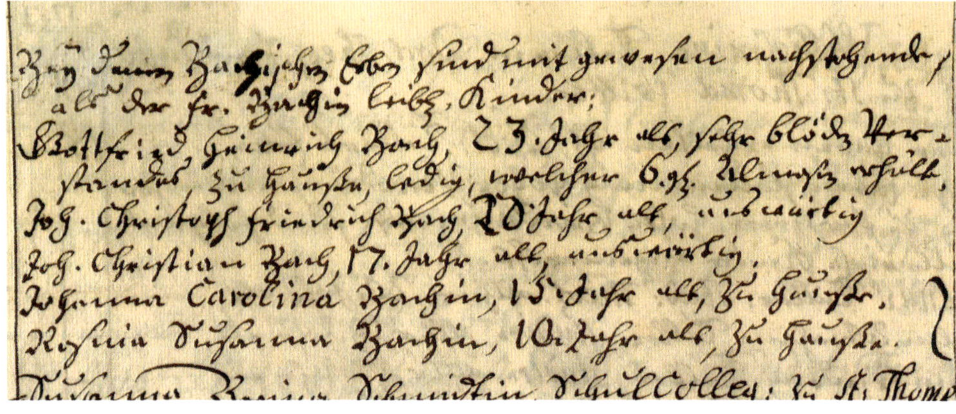

[illegible] nachstehende,
als der Fr. Bachin leibl. Kinder:
Gottfried Heinrich Bach, 23. Jahr alt, [illegible]
[illegible] zu Hause, ledig, [illegible] 6 gr. [illegible]
Joh. Christoph Friedrich Bach, 20. Jahr alt, [illegible]
Joh. Christian Bach, 17. Jahr alt, [illegible]
Johanna Carolina Bachin, 15. Jahr alt, zu Hause.
Regina Susanna Bachin, 10. Jahr alt, zu Hause.
[illegible] Schul Colleg: zu St. Thoma

Abbildung 48: Eintrag in den Dokumenten zum Stiftsrat Bornschen Legat 1753

Zuge einer Dissertation veröffentlicht.[14] Für Auszahlungen aus dem Stiftsrat Bornschen Legat, das durch die Leipziger Almosenstube verwaltet wurde, sind die leiblichen Kinder Anna Magdalena Bachs aufgeführt. Es ist dort zu lesen, dass Gottfried Heinrich Bach *„zu Hauße"* lebe, *„ledig"* und *„sehr blöden Verstandes"* sei. Für seine Brüder Johann Christian und Johann Christoph Friedrich ist hingegen *„auswärtig"* notiert.[15] Letzterer war, wie bereits erwähnt, seit Anfang 1750 Hofmusiker in Bückeburg.[16] Johann Christian lebte bei seinem Bruder Carl Philipp Emanuel in Berlin.[17]

In dem Schriftstück von 1753 sind für Gottfried Heinrich Almosenzahlungen von 6 Groschen angegeben. Das muss vorher beantragt worden sein.[18] Nach dieser Quellenlage ist davon auszugehen, dass er nach dem Tod des Vaters weiterhin bei seiner Mutter lebte. Carl Philipp Emanuel schrieb über ihn: *„incliniert ... inspecie zum Clavierspielen. War ein großes Genie, welches aber nicht entwickelt ward."*[19] Die Bezeichnung *„sehr blöden Verstandes"* deutet darauf hin, dass Gottfried Heinrich unter einer geistigen Behinderung litt und auf Betreuung angewiesen war. Bei der Nachlassverteilung wurde ihm *„seines blöden Verstandes halber"*[20] ein Vormund zur Seite gestellt. Ob er überhaupt jemals dauerhaft in Naumburg lebte, ist fraglich. Leipzig war ihm vertraut, und er erhielt dort eine Unterstützung. Seine Schwester Elisabeth Juliana Friderica Alnickol zog nach dem Tod ihres Mannes spätestens 1760 wieder nach Leipzig.[21] Warum Gottfried Heinrich 1763 in Naumburg beigesetzt wurde,[22] ist nicht bekannt. Er könnte dort während eines Besuchs verstorben sein. Wäre Naumburg sein dauerhafter Wohnort gewesen, hätte wohl auch Carl Philipp Emanuel keine Zweifel gehabt, als er später zu Gottfried Heinrich notierte, dass dieser *„in Leipzig, oder Naumburg"*[23] verstorben sei.

Dass die beiden jüngsten Töchter Johanna Carolina und Regina Susanna bei der Mutter wohnten, geht ebenfalls aus den Akten des Stiftsrat Bornschen Legats hervor.[24] Es gibt dafür auch Hinweise in den Quittungen des Graffschen Legats.[25]

Nach dem Tod ihres Mannes verließ von den Kindern Anna Magdalenas also nur Johann Christian Leipzig, da er für seine musikalische Ausbildung zum Halbbruder zog. Hätte man befürchten müssen, dass die lebensnotwendige Versorgung der Familienmitglieder in Leipzig nicht mehr zu gewährleisten war, so wären sie wohl auf die Familien der Angehörigen verteilt worden. Eine entsprechende Fürsorge galt in der damaligen Zeit als Christenpflicht.[26] Auch in der

Armenordnung der Stadt Leipzig von 1704 wird auf die Verpflichtungen der *„Bluts-Freunde“*[27] hingewiesen. In der Familie Bach hatte man es so gehalten. Der beim Tod seines Vaters 9-jährige Johann Sebastian blieb nicht bei seiner Stiefmutter, sondern wurde von seinem Bruder in Ohrdruf aufgenommen.[28] Friedelena Margaretha, die Schwester der bereits 1720 verstorbenen ersten Frau von Johann Sebastian,[29] lebte bis zu ihrem Tode 1729 im Haushalt ihres Schwagers in Leipzig.[30]

Als ihr Ehemann starb, war Anna Magdalena 48 Jahre alt. Sie sah sich offensichtlich in der Lage, die Verantwortung für zwei Mädchen im Alter von 8 und 12 Jahren sowie für einen 26-jährigen geistig behinderten Sohn zu übernehmen und sie versorgen zu können.

Das Gnadenhalbjahr

Um für ihr Auskommen und das ihrer Kinder zu sorgen, gehörte es für Anna Magdalena auch dazu, sich um Gelder zu kümmern, auf die sie meinte, Anspruch zu haben. So wandte sie sich am 15. August 1750 in einem Brief an den Leipziger Rat und beantragte die weitere Auszahlung des Gehalts ihres Mannes. Dabei berief sie sich auf einen Brauch, der *„bey der Schule zu St: Thomae“* vor langen Zeiten eingeführt worden sei, *„daß die Wittben derer verstorbenen Cantorum annoch das Gnaden halbe Jahr nach dem Tode ihrer EheMänner erhalten, solches auch meine antecessorin die Cunauin, und vor solcher die Schellin, und deren Vorfahren“* bekommen hätten.[1] Diese Weiterzahlung betraf das laufende und das folgende Quartal.[2] Anna Magdalena wies in dem Brief darauf hin, dass ihr Mann verstorben sei und sie sich nunmehr im *„betrübtesten Wittben Stand“* befinden würde. Von einer finanziellen Notlage ist dort nichts zu lesen.

Am 28. August 1750 wies der Leipziger Rat die Einnahmestube an, dass der *„Fr. Annen Magdalenen Bachin die auf die qvartale Crucis u. Luciae a: c: gefällige Besoldung gegen quittung bezahlet“* werden solle.[3] Somit hatte der Rat ihre Anfrage in knapp zwei Wochen positiv beantwortet. Die betreffenden Summen von jeweils 21 Talern und 21 Groschen zahlte man ihr am 23. September 1750 und am 5. Januar 1751 aus. Verbunden damit erhielt sie jedes Mal auch 4 Scheffel Korn.[4] Es handelte sich aber nicht um zusätzliches Geld, das der Rat zur Verfügung stellte. Die Witwe von Bachs Nachfolger im Amt Gottlob Harrer, der 1755 starb, schrieb an den Rat, dass *„die Frau Wittwe, von gedachten meines seeligen Mannes Vorfahren, Herrn Johann Sebastian Bachs, die Einkünffte des Cantorats ein halbes Jahr genoßen, auch mein seeliger Mann deswegen vier Monathe das Amt verwaltet, ohne etwas von den Einkünfften“* erhalten zu haben.[5] Ihr Mann hatte dem Verzicht zugestimmt. 1750 ist in den Akten vermerkt: *„Die verwittibte Frau Bachin suche an, ihr das halbe Gnaden Jahr zu gestatten* […] *Herr Harrer habe bey seiner Abreyße declariret, daß er sich deßen wolle gefallen laßen, wenn dereinst seine Wittbe dießes beneficium ebenfallß zu hoffen hätte.“*[6]

Ob Anna Magdalena auch über verschiedene Umstände Bescheid wusste, die sich rathausintern nach ihrem Antrag vom 15. August 1750 abspielten, ist sehr fraglich. Der Rat hatte für die Entschlussfassung die Ratseinnahmestube um genauere Informationen gebeten. Diese bestätigte, dass die Witwen von Bachs

Amtsvorgängern das *„halbe GnadenJahr“* erhalten hatten und die nachfolgenden Kantoren auf dieses Geld verzichteten. Es wurde aber darauf aufmerksam gemacht, dass es bei Herrn Bach anders war. Da das Amt vor seinem Dienstantritt fast ein Jahr nicht besetzt war, hatte er nicht zu Gunsten der Witwe auf sein Gehalt verzichtet, sondern es wurde für zwei Quartale von der Stadt an die Witwe von Johann Kuhnau gezahlt. Johann Sebastian erhielt dann bereits die Zahlungen für das ganze Jahr 1723.[7] Sein Amt trat er aber erst Ende Mai 1723 an.[8] Das gab die Ratseinnahmestube zu bedenken. Dessen ungeachtet bewilligte der Leipziger Rat aber das Ansuchen der Witwe Anna Magdalena Bach.[9] Die Nachricht sollte ihr durch den Rektor der Thomasschule mitgeteilt werden, wie aus einer Akte vom 29. August 1750 hervorgeht. Die Zusage für *„ein halbes Gnaden-Jahr“* wurde mit der Hoffnung verbunden, *„daß sie sich den Umstand wegen derer Kirchen-Lieder, wovon der Herr Prof. Ernesti mit ihr sprechen würde, gefallen laßen dürffte, überdies daß sie, wenn ihres verstorbenen Mannes Successor hieher kommen wolte, vor selbigen bey Zeiten eine oder ein paar Stuben räumen möchte, damit solche renoviret werden könnten.“*[10] Der Rat hatte also auch Bitten an die Witwe Anna Magdalena Bach. Das Gnadenhalbjahr setzte er dabei aber nicht als Druckmittel ein. Eine Anweisung zur Auszahlung war bereits am 28. August 1750 aktenkundig gemacht worden.[11]

Die Anfrage *„wegen derer Kirchen-Lieder“* führte mit großer Sicherheit zur Übernahme von 44 Originalstimmensätzen[12] von Choralkantaten, die heute Eigentum der Thomasschule Leipzig sind.[13] Da der neue Thomaskantor Gottlob Harrer zuvor Capelldirector der Privatkapelle des Premierministers von Brühl war,[14] dürfte er über keinen größeren Bestand an geistlicher Figuralmusik für die Gottesdienste verfügt haben. Es ist möglich, dass der Leipziger Rat ein Interesse an den Stimmensätzen hatte, damit die dortigen Aufführungen ohne Bruch weitergeführt werden konnten.[15] Ob dabei an ein Ausleihen oder einen Erwerb gedacht wurde, ist ebenso wenig bekannt wie der Termin der Übergabe. Es ist aber kaum davon auszugehen, dass Anna Magdalena die Stimmensätze aus Dankbarkeit für das Gnadenhalbjahr kostenlos übergab. Die Weiterzahlung des Gehalts ihres Mannes für das Quartal, in dem er verstorben war, stand ihr ohnehin zu.[16] Für das weitere Quartal erhielt sie knapp 22 Taler.[17] Die Stimmensätze der Choralkantaten hatten einen viel höheren finanziellen Wert. 1761 erschien ein *„Verzeichniß Musicalischer Werke, allein zur Praxis, sowohl zum Singen, als für alle Instrumente, welche nicht durch den Druck bekannt gemacht worden; […] welche in richtigen Abschriften bey Joh. Gottlob Immanuel*

Breitkopf, in Leipzig, [...] zu bekommen sind. Erste Ausgabe. Leipzig, in der Michaelmesse 1761.“[18] In ihm wurden auch Kopien der gleichen Kantaten angeboten, von denen der Rat damals Stimmensätze von Anna Magdalena erhalten haben dürfte, weil sie sich heute im Besitz der Thomasschule befinden.[19] Die in diesem Katalog enthaltenen Preise für Kopien dieser Stimmsätze können folgender Aufstellung entnommen werden:[20]

Titel	**BWV**	**Preise**
Wo soll ich fliehen hin	5	1 Taler, 4 Groschen
Nun komm, der Heiden Heiland	62	2 Taler
Ich hab in Gottes Herz und Sinn	92	1 Taler, 16 Groschen
O Wunderkraft der Liebe (Herr Christ, der einge Gottessohn)	96	1 Taler, 4 Groschen
Du Friedefürst, Herr Jesu Christ	116	1 Taler
Meinen Jesum laß ich nicht	124	20 Groschen
Ich freue mich in dir	133	1 Taler, 8 Groschen

Der Durchschnittswert dieser Stimmensätze beträgt 1 Taler und 7 Groschen. Das als Anhaltspunkt nehmend, würde der Wert von 44 Stimmensätze bei mehr als 50 Taler liegen. Natürlich konnte Anna Magdalena nicht genau wissen, welche Preise Breitkopf 1761 für die Kantaten verlangen würde. Ihr und auch ihren Stiefsöhnen dürfte aber sehr wohl bewusst gewesen sein, dass es sich um beträchtliche Werte handelte. Es ist deshalb nicht davon auszugehen, dass Anna Magdalena diese Stimmensätze kostenlos abgab. Sicher wird der Rat aber auf ein wohlwollendes Entgegenkommen gehofft haben, auch bei der Bitte, ob sie *„eine oder ein paar Stuben“* für den Nachfolger räumen könne.[21] War es dann günstig, Johann August Ernesti damit zu beauftragen, dass er mit Anna Magdalena diese Dinge *„ausmachen möchte“*?[22] War der Streit zwischen ihm und Johann Sebastian nicht mehr im Bewusstsein?[23] Hatte Anna Magdalena dabei vielleicht auch eine ausgleichende Position eingenommen? Auch mit dem Universitätsmusikdirektor Johann Gottlieb Görner hatte es einmal Streit gegeben.[24] Das hinderte sie aber nicht daran, ihn bei der Nachlassverteilung als Vormund ihrer Kinder vorzuschlagen.[25]

Wie schnell Anna Magdalena den Wünschen des Rats nachkam, ist nicht bekannt. Es ist dazu nur überliefert: *„Gab gedachte Fr Bachin: daß E. E. Hochw.*

Rathe sie sich bestens empfehlen und vor die Gnade, so man ihr erzeigen wolte, vielmahls bedancken, auch übrigens versprechen ließe, alles zu thun, was ihr möglich wäre, zur Antwort".[26]

Der Nachfolger ihres Mannes Gottlob Harrer trat sein Amt Anfang Oktober 1750 an.[27] In der *„Rechnung der Kirchen zu St. Thomae in Leipzig. Vom 1. January bis 31. December Anno 1751"* befinden sich auch Hinweise auf eine umfangreiche Renovierung der Kantorenwohnung in der Thomasschule.[28] Es ist dort aber nicht festgehalten, wann mit den Arbeiten begonnen wurde, und somit lassen sich auch keine Rückschlüsse daraus ziehen, in welchem Monat Anna Magdalena aus der Wohnung auszog.

Das Nachlassverzeichnis

Im zweiten Band seiner Bach-Monographie, der 1880 erschien, druckte Philipp Spitta die *„Specificatio der Verlassenschaft des am 28. July 1750 seel. verstorbenen Herrn Johann Sebastian Bachs weyl. Cantoris an der Schule zu St. Thomae in Leipzig“*[1] ab. Es handelt sich dabei um die Abschrift eines Dokuments, das spätestens im November 1750 entstanden war.[2] Als Grundlage für die Aufteilung des Erbes sind dort in verschiedenen Rubriken eine große Anzahl von Gegenständen beschrieben und auf Taler, Groschen und Pfennig genau taxiert (siehe Anhang 1). Das erweckt den Eindruck, es wäre hier ganz akribisch all das, was Johann Sebastian Bach hinterlassen hatte und dem ein finanzieller Wert beigemessen wurde, gesichtet, aufgelistet und geschätzt worden. Es fällt auf, dass keine Musikalien verzeichnet sind. Das lässt den Schluss zu, dass die Verantwortlichen keinen finanziellen Wert darin sahen, weil sie sich damit nicht auskannten. Am Ende der Aufstellung wurden alle Taxierungswerte mit dem angeführten Bargeld addiert. Das Ergebnis könnte als der finanzielle Wert dessen gedeutet werden, was Johann Sebastian Bach nach einem Leben voller Arbeit bei seinem Tode hinterlassen hatte.

Leicht entsteht aus dieser Sicht das Bild einer Witwe, die Fremden Zugang zu ihrer Wohnung gestatten musste und dann erlebte, wie all das, was sie umgab, auseinandergerissen und nach den Maßstäben von Außenstehenden abgeschätzt wurde. Von den im Nachlassverzeichnis aufgeführten Posten erhielt Anna Magdalena ein Drittel (siehe Anhang 2), während die anderen zwei Drittel unter den Kindern, von denen einige bereits über ein Einkommen verfügten, gleichmäßig verteilt wurden.[3] Dadurch wird das Bild noch um die Vorstellung erweitert, dass sich hier eine Witwe mit Resten begnügen musste, weil ihr Mann sie nicht als Alleinerbin eingesetzt hatte und die erwachsenen Kinder nicht den Anstand besaßen, auf ihre Anteile zu verzichten. Solche Schlussfolgerungen halten einer eingehenden Prüfung aber nicht stand. *„So viel nun die Nichtigkeit eines Testaments überhaupt anbetrifft; so ist insonderheit ein Testament, in welchem des Testirers Kinder oder Eltern übergangen seyn, dem Rechte nach selbst null und nichtig“*.[4] Darauf weist ein Lexikon der damaligen Zeit ausdrücklich hin. Ein Pflichtanteil (Legitima) war der *„Theil des Vermögens, so Eltern ihren Kindern aus Verordnung derer Gesetze nothwendig verlassen müssen.“*[5] Dabei war es unerheblich, ob die Kinder bereits über eigenes Einkommen verfügten, denn die Legitima musste hinterlassen werden, auch *„wenn sie schon sonsten von gutem Vermögen seyn."*[6] Nach Bachs Tod gab es neun Kinder, die Anspruch auf ihren Pflichtanteil hatten.[7] Bei dieser Ausgangslage war es für Johann Sebastian rechtlich gar nicht möglich, Anna Magdalena als Alleinerbin einzusetzen.[8] Die *„Specificatio der Verlassenschaft des am 28. July 1750 seel. verstorbenen Herrn Johann Sebastian Bachs"* wurde auf Veranlassung der Vormundschaftsdeputation der Leipziger Universität erstellt.[9] Bei „Universitätsverwandten", zu denen er gehört hatte,[10] wachte diese Institution darüber, dass unmündige Kinder die ihnen zustehenden Erbanteile erhielten und diese verantwortungsvoll verwaltet wurden.[11] Die Vormundschaftsdeputation war nicht dem Universitätsgericht gleichgesetzt, sondern ein Gremium, das über die Durchsetzung einer Rechtspraxis wachte.[12] In ähnlicher Weise wirkte die Vormundschaftsstube der Stadt über die Erbansprüche von unmündigen Kindern, die unter ihre Jurisdiktion fielen.[13]

In einem Brief vom 21. Oktober 1750 teilte Anna Magdalena der Universität mit, sie habe sich entschlossen, *„mit der Verzicht, nicht wieder zu heyrathen, die Vormundschaft"* der Kinder *„namentlich Johann Christoph Friedrich Bach, alt 18. Jahr, Johann Christian Bach alt 15. Jahr, Johanna Carolina Bachin, alt 12. Jahr, Regina Susanna Bachin alt 9. Jahr"* zu übernehmen.[14] Sie erklärte sich also bereit, die Erbanteile ihrer unmündigen Kinder zu verwalten.[15] Die Vormundschaftsordnung der Universität legte dazu fest: *„würde sie sich aber wieder verheyrathen, soll sie die Vormundschafft ihrer Kinder, auf vorgehende Schluß-Rechnung aufgeben"*. Bei einer erneuten Eheschließung von Anna Magdalena wäre für die Verwaltung dieser Erbanteile ein anderer Vormund eingesetzt worden.[16] Die Formulierung Anna Magdalenas *„mit der Verzicht, nicht wieder zu heyrathen"* bedeutete also nur, dass sie gegenwärtig nicht die Absicht hatte, eine neue Ehe einzugehen, nicht aber, dass sie sich verpflichtete, nie wieder zu heiraten.

Da sie bei der Nachlassverteilung eigene Interessen vertrat, bat sie in dem Schreiben vom 21. Oktober auch darum, als Vormund, *„iedoch nur allein zur Theilung"*, den Musikdirektor der Universität und Organisten der Thomaskirche Johann Gottlieb Görner einzusetzen.[17] Es ist anzunehmen, dass sie im Vorfeld bei Görner anfragte, ob er als Vormund für die Teilung zur Verfügung stehen würde.[18]

Am 24. Oktober 1750 wurde durch die Universität *„Frau Anna Magdalena, Johann Sebastian Bachs, Cantoris an der Kirchen zu St. Thomae alhier, nachgel. Wittbe, ihren mit nur ernannten, ihren Ehemanne erzeugten unmündigen Kindern* [...] *zur Vormünderin Amts und Obrigkeits wegen confirmiret und bestätiget* [...], *welche*

auch in Person zugegen, solche Vormundschaft [...] *willig auf sich genommen und ernannter ihrer Kinder Nutzen und Bestes iederzeit zu suchen und zu befördern versprochen, und mit gegebenen Handschlage gerichtl. angelobet.“*[19]
Mit der Entscheidung, diese Aufgaben selbst zu übernehmen, widerrief Anna Magdalena eine Mitteilung, die am 17. Oktober 1750 verfasst und an die Universität geschickt worden war. Darin hatte sie mitgeteilt: *„Weiln nun einer Mutter, wenn solche selbst keinen Tutorem* [Vormund] *vor ihrer Kinder vorzuschlagen weiß, oblieget, binnen gesetzter Zeit um Bestätigung eines Tutoris anzuhalten; Als gelanget an E. Magnificenz, Hochwürdige und HochEdelgebohrne Herren mein unterthänigstes Bitten, Dieselben wollen die Gnade haben und meinen unmündigen Kindern des nähesten einen Tutorem verordnen und bestätigen.“*[20] Es soll nicht unerwähnt bleiben, dass Anna Magdalena beide Briefe von einem Schreiber aufsetzen ließ, der bereits für ihren Mann tätig war. Höchstwahrscheinlich war es Gottlob Sigismund Hesemann.[21]
Die beiden Schriftstücke vom 17. und 21. Oktober 1750 an die Universität zeigen, dass sich Anna Magdalena mit den zu erwartenden Aufgaben beschäftigt hatte. Sie hatte sich letztlich gegenüber der Universität dazu bereit erklärt, *„alsbald nach ihrer Bestätigung oder zum wenigsten einerhalb Monatsfrist, entweder in Gegenwart 2. unserer Deputirten, durch unsern Actuarium oder in Beyseyn Zweyer unpartheyischer redlicher Personen, durch einen geschickten Notarium, ein ordentlich Inventarium aller auf ihre Pflegbefohlenen verfälleten Verlaßenschafft, an beweg- und unbeweglichen Güthern, Brieflichen Urkunden und Handschrifften und so viel sich damahln, oder auch künfftig, als zur Erbschafft gehörig, finden möchte“*[22] zu erstellen. Nachdem die unmündigen Kinder ihr jeweiliges Erbe erhalten hatten, war es dann Anna Magdalenas Aufgabe, deren Anteile zu verwalten,[23] wobei sie für deren Erhalt mit ihrem Besitz haftete.[24] Nach der Vormundschaftsordnung der Universität war für die Erbanteile der unmündigen Kinder, *„ihrer Verwaltung halber, jährlich richtige Rechnung“* zu erstatten.[25] Darin wurde zum Beispiel dargestellt, wie Geld angelegt war oder wie mit den Zinsen umgegangen wurde. Bei erreichter Volljährigkeit der einzelnen Schutzbefohlenen war eine Abschlussrechnung zu erstellen und der Erbanteil zu übergeben.[26] Im Gegensatz zu Abrechnungen in anderen Erbfällen haben sich diejenigen von Anna Magdalena leider nicht erhalten.[27]

Bei all diesen Vorgängen konnte sich die Witwe Anna Magdalena Bach von ihrem Kurator beraten lassen. Auf ihr Ansuchen war *„der Ehrenveste und Hochgelahrte*

Herr Dr. Friedrich Heinrich Graf, des Königlich Pohlnischen und ChurFürstlich Sächßischen Ober-Hoff-Gerichts wie auch Consistorii alhier Advocatus, derselben zum Curatorn in genere bestätiget worden". Er sollte von nun an *„seiner Curandin Bestes in allen deren in- und außer Gerichte vorfallenden Angelegenheiten mit aller Treue und Sorgfalt gebührend beobachten, sowohl ihr nach besten Wißen, Verstande und Vermögen überall dabey beyräthig und beyständig seyn"*.[28]
Anna Magdalena bekam von ihrem Kurator nicht ihre Handlungen vorgeschrieben. *„Der Curator der Weibsperson kann ihr keineswegs befehlen, sondern er ertheilet ihr Rath und bestättiget ihre Handlungen durch seine Gegenwart und Einwilligung, damit sie nicht Schaden leide."*[29] Seine Aufgabe war es also, zu beraten und darauf zu achten, *„daß sie von andern nicht hintergangen werde"*.[30] Außergerichtliche Sachen konnten ohne seine Einwilligung verrichtet werden. *„Weibspersonen, die Kaufmanschaft treiben, sie seyen ledig, verheyratet oder Wittwen, treiben ihr Geschäfte ohne den Curator."* Bei *„gerichtlichen Handlungen haben die Weibspersonen iedertzeit einen Curator vonnöthen."*[31] Ob solche Verfahren von den einzelnen Frauen als eine Unterstützung oder eine Bevormundung empfunden wurden, müsste im Einzelfall untersucht werden. Interessant ist in diesem Zusammenhang vielleicht ein Vorgang, mit dem sich ein kursächsisches Gericht 1709 beschäftigen musste. Eine gewisse Anna Christina Richter aus Wolkenstein wollte einen Kaufvertrag als ungültig erklärt bekommen. Das Verkaufte war in der Zwischenzeit im Wert gestiegen. Dabei argumentierte sie, dass sie bei Abschluss des Vertrags *„keinen Vormunden gehabt hätte, und sich nunmehro laediret befände."* Das Gericht entsprach ihrem Ansinnen nicht und wies darauf hin, dass sie den Kaufgegenstand zum Zeitwert verkauft und den Vertrag somit, zum damaligen Zeitpunkt, *„zu ihrem Vortheil geschlossen"* habe.[32]
Dr. Friedrich Heinrich Graff war mit der Familie Bach schon seit längerer Zeit verbunden. 1742 hatte er das Patenamt bei der Tochter Regina Susanna übernommen.[33] Mit ihm stand Anna Magdalena ein ausgewiesener Rechtsexperte zur Seite. Geboren 1713, wurde er bereits im Alter von 15 Jahren an der Leipziger Universität immatrikuliert und schloss seine Studien mit der juristischen Promotion 1734 ab. Etliche Jahre nach Anna Magdalenas Tod wurde er auch Ratsherr und als solcher 1776 Stadtrichter (siehe Abbildung 49).[34]

Das Nachlassverzeichnis verfasste Anna Magdalena gemeinsam mit ihrem Stiefsohn Wilhelm Friedemann und Gottlob Sigismund Hesemann.[35] Die Statuten der Vormundschaftsdeputation legten fest, dass man *„das verfertigte Inventarium*

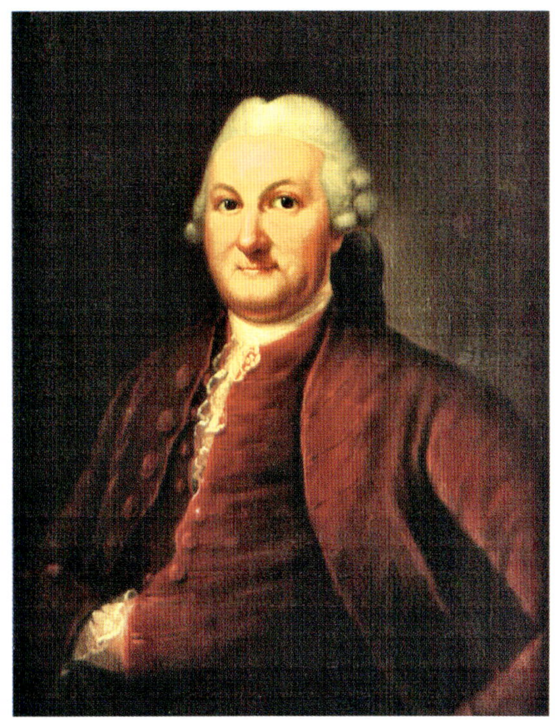

Abbildung 49: Dr. Friedrich Heinrich Graff, Gemälde von Ernst Gottlob (zugeschrieben), um 1776

unsern Verordneten ungesäumt im Originali fürlegen, unsern Actuarium davon Abschrifften in die Vormundschafft Bücher eintragen laßen, und wann solches geschehen, das Original in gute Verwahrung wieder zurück nehmen".[36] Während das Original des Nachlassverzeichnisses von Johann Sebastian Bach nicht mehr vorhanden ist, sind zwei Kopien erhalten geblieben.[37]

Bereits Charles Sanford Terry schrieb in seiner in den 1920er Jahren veröffentlichten Bach-Monographie: *„Das Inventar ist offenbar unvollständig* [...] *die Einrichtung muß mehr Gegenstände enthalten haben als hier verzeichnet stehen."*[38] Eine genauere Untersuchung des Vorganges bringt zumindest das Ergebnis, dass Anna Magdalena etliche Dinge zustanden, die nicht im Verzeichnis aufgeführt werden mussten.[39] Statuten der Universität Leipzig ist zu entnehmen, dass im Falle des Todes vom Ehemann *„das Weib die Freyheit und Willkühr haben soll, entweder ihr eingebrachtes Guth wieder zu fordern, oder, nach Einwerffung ihrer Güther, aus Ihres Mannes Verlassenschafft den dritten Theil nebst der vollen Gerade zu nehmen."*[40] Anna Magdalena übernahm den dritten Teil des Nachlasses[41] und damit auch zuzüglich die Gerade. Unter diesem Begriff wurde zusammengefasst, womit Ehefrauen täglich umgingen und was *„selbige in ihren Beschlüß und*

Versorgung, auch sonst zu ihrem täglichen Gebrauche in der Haushaltung nöthig haben".[42] Die Regeln, was zu welchen Zeiten an welchen Orten dazugehörte, waren aber nicht einheitlich.[43] Auch gab es einiges, *„so mit denen Gerade-Stücken grosse Verwandtschafft"* hatte, aber nicht dazugerechnet wurde.[44]

Anna Magdalena erhielt als Gerade die Kleidungsstücke, die sie zu tragen pflegte. Sie übernahm auch *„Küsten, Kasten, Truhen, Laden* [...] *Feder-Betten, wenn gleich die Kinder und das Gesinde drauf geschlafen* [...] *Banck-Pfüle* [lange schmale Kissen],[45] *Stul-Küssen* [...] *leinen Geräthe, an Bett-Tüchern, Ziechen* [Bettüberzüge],[46] *Tisch- Tafel- auch Teller- und Schnupf-Tüchern, Bade- und Haar-Mantel, Handqvelen* [Handtücher],[47] *Schleyer, Brüstgen, Hemden, Schürtzen, Hals-Kragen, Hals-Tücher* [...] *Um- und Vorhänge, Teppiche* [...] *Decken, Matratzen* [...] *Geschmeide aus Gold und Silber, es sey mit Edelgesteinen versetzet oder nicht* [...] *Scheren, samt Futteralen, Nadel-Büchsen, Nadel- und Nehe-Küssen, Nehe-Pulte, Fingerhüte, Spindeln, Bürsten, Kämme, Kamm-Futter, Platt-Eisen und Plattglocken, Zahnstocher und andere zu den Zähnen dienliche Instrumenta* [...] *Spiegel, so die Frau zu ihrem täglichen Gebrauch gehabt"*.[48] Bei diesen Gegenständen ist davon auszugehen, dass sie im Haushalt der Familie Bach vorhanden waren. Bei vielen anderen, die auch zur Gerade gehörten, ist es nicht bekannt, so dass nicht festgestellt werden kann, was Anna Magdalena alles erhielt. Grundsätzlich waren die Geradestücke für ihr weiteres Leben von sehr großer Wichtigkeit,[49] und sie übernahm damit beträchtliche Werte. Das soll an einem Beispiel kurz erläutert werden: Im Nachlassverzeichnis sind zum Beispiel *„7. höltzerne Betten"* aufgeführt,[50] worunter sich auch ein oder mehrere Doppelbetten befunden haben können.[51] Für diese müssen Federbetten, Kissen, Decken und Bezüge vorhanden gewesen sein, die zur Gerade gehörten.[52] Geschlafen wurde damals meistens in Räumen, die nicht heizbar waren.[53] Somit waren diese Gegenstände überlebenswichtig. Über deren Taxierungen gibt zum Beispiel eine Aufstellung Auskunft, die Dr. Friedrich Heinrich Graff, der Kurator von Anna Magdalena, nach dem Tod seiner Frau Anna Regina, die 1750 verstarb,[54] erstellte.[55] Unter der Überschrift *„An Feder-Betten"* erscheinen dort zum Beispiel:

„No. 1.) Ein Bette auf 1. Person, bestehend in 2. Unter-Betten und 2. Pfühlen von blau und weißen Barchend (ein dichtes Gewebe, halb aus Baumwolle und halb aus Leinwand),[56] *1. Decke Bette und 2. Haupt-Küßen von rothgatterichten seidenen Zeuge* *40.* [Taler ...]

No. 3) Ein Bette auf 1. Person blaß rothstreiffigt, bestehend in 2. Unterbetten 3. Pfühlen 2. Haupt-Küßen und 1. Decke-Bette 30. [Taler]
No. 4) Ein Bette auf 1. Person bestehend in 1. Unter-Bette, 2. Pfühlen 2. Haupt-Küßen, 1. Decke-Bette 25. [Taler ...]
No. 7) Ein Gesinde-Bette, bestehend in 1. Unterbette, 1. Pfuhl 1. Haupt Küßen und 1. Decke Bette 10. [Taler]"[57]

Dazu kamen dann noch Textilien, die als *„Bettzeug"* zusammengefasst auf insgesamt knapp 63 Taler geschätzt wurden.[58] Der Wert *„An blau und weisen und Gesinde Bettzeug"* wurde mit etwas mehr als 38 Talern angegeben.[59]

Es ist nicht bekannt, welche Qualität die entsprechenden Sachen im Haushalt der Familie Bach hatten. Aber selbst wenn nur von einem Wert ausgegangen wird, der dem entspricht, welcher in der Aufstellung von Graff für das *„Gesinde-Bette"* und *„Gesinde Bettzeug"* angegeben wurde, hätte Anna Magdalena allein mit der Übernahme von Federbetten, Kissen, Decken und Bezügen für sieben Betten einen Wert übernommen, der über einhundert Talern lag.[60]

„Alle Bücher, darinnen die Frau gelesen, es seyn geistliche oder weltliche, Artzney- Historien-Bücher, Romane" waren ebenfalls Geradestücke und wurden Eigentum von Anna Magdalena, ohne dass sie im Nachlassverzeichnis erscheinen.[61] Es wurde bereits darauf eingegangen, dass sie ihrem Sohn Johann Christoph Friedrich zu Weihnachten 1749 eine Bibel schenkte[62] und Christiana Sybilla Bose von ihr zum Geburtstag das Buch „Betrachtungen über das gantze Leiden Christi" erhielt. Der Einbanddeckel der Bibel trägt *„vorderseitig die Prägung A. M. B., rückseitig die Jahreszahl 1738"*.[63] Auch das Buch, das später Christiana Sybilla Bose als Geschenk erhielt, hatte Anna Magdalena als Eigentümerin mit ihrem Namen und einer Jahreszahl versehen[64] (siehe Abbildung 25, S. 66). Sie schätzte Bücher offenbar, und da sie alle übernehmen konnte, in denen sie gelesen hatte, sind im Nachlassverzeichnis nur Teile der Bibliothek aufgeführt, die zu Lebzeiten ihres Mannes im Haushalt vorhanden war.[65] Einen interessanten Hinweis, wie bei Erfassung der im Nachlassverzeichnis aufgeführten Bücher vorgegangen sein dürfte, liefern zwei dort verzeichnete Titel. Lange Zeit war es nicht möglich, für die Einträge *„Jauckleri Richtschnur der Christlichen Lehre"* und *„Heinischii Offenbahrung Joh."*[66] die Autoren herauszufinden. Hans-Joachim Schulze kam der Gedanke, dass bei der Erstellung des Nachlassverzeichnisses eine Person die Titel der Bücher vorgelesen haben könnte und eine andere sie aufschrieb. In Mundart gesprochen, wäre dann mit „Jaukler" der Name „Gaugler" gemeint, mit „Heinisch" der Name „Heunisch". Georg Gaugler und Caspar Heunisch konnten die Titel dann

auch zugeordnet werden.[67] Damit wird auch deutlich, dass es sich beim Nachlassverzeichnis nicht um einen Katalog handelt, in dem man die verschiedenen Posten für Interessenten eindeutig beschreiben wollte. Die Titel und Autoren bei Büchern sollte es nur möglich machen, dass man sie unterscheiden und Taxierungen zuordnen konnte. Das gilt auch für die Musikinstrumente. Fünf Instrumente sind unter dem Begriff *„Clavecin"* angeführt, bei denen zur Unterscheidung bei einem *„fournirt"* und bei einem weiteren *„kleiner"* angegeben wurde.[68] Um was für Tasteninstrumente es sich dabei genau handelte, war für das Nachlassverzeichnis nicht wichtig. Bei noch ausstehenden Zahlungen wurden dann auch nur Nummern verwendet.[69]
Bei seinen Forschungen über *„Bachs theologische Bibliothek"* verglich Robin A. Leaver die Taxierungen der dort aufgeführten Bücher mit Preisen, die er einer umfangreichen Bücherliste des Leipziger Buchhändlers Georgi aus dem Jahr 1742 entnahm.[70] Er kam zu dem Fazit: *„Allgemein kann man sehen, daß die Bibliothek unterbewertet worden ist. Der Gesamtwert im Nachlaßverzeichnis beträgt 38 Taler 17 Groschen. Wenn man aber die Preisliste von Georgi her nimmt, […] dann kommt man auf eine Gesamtsumme von 106 Talern. So beträgt der Wert von Bachs Bibliothek, wie er im Nachlaßverzeichnis angegeben ist, gegenüber ihrem tatsächlichen Wert etwa ein Drittel oder weniger."*[71]

Im Nachlassverzeichnis fehlt auch vieles, was nicht zur Gerade gehörte.[72] Sämtliche Hausgeräte aus Ton, Holz, Steingut, Porzellan oder Glas, wie Becher, Kannen, Pfannen, Tiegel, Töpfe oder Krüge, sind nicht enthalten. Zwar haben sie *„mit denen Gerade-Stücken grosse Verwandtschafft"*,[73] gehörten aber zum Erbe und wären im Nachlassverzeichnis deshalb zu erwarten.[74] In einem Leipziger Kochbuch von 1745 ist das *„Model eines Küchen Inventarii"* aufgeführt.[75] Beim Vergleich mit den im Nachlassverzeichnis aufgeführten Geräten aus Zinn, Messing und Kupfer[76] ist festzustellen, dass man dort nur Rudimente eines Kücheninventariums aufgelistet haben kann. Der Bestand, der für die Versorgung des Haushalts der Familie Bach notwendig war, muss deutlich größer gewesen sein. Auch bei den Textilien Johann Sebastians gibt es große Lücken. Es sind zwar silberne Schuhschnallen, aber keine entsprechenden Schuhe aufgeführt. Beinkleider, Socken, Hausröcke, Westen, Schuhwerk für das Haus, Unterhemden, Handschuhe oder Kopfbedeckungen fehlen ebenfalls.[77] Solche Kleidungsgegenstände waren damals üblich. Sie können zum Beispiel als Eigentum des Orgelbauers Gottfried Silbermann, der 1753 verstarb,[78] nachgewiesen werden, der übrigens auch *„Ein Zahn-Bürstgen"* oder einen Wärme-Stein aus Serpentin besaß.[79]

Wie schon erwähnt, war Johann Sebastian auch Eigentümer von besonderer Reisebekleidung. Aber weder *„den gütigst communicirten Roquelaur“* (Regen- oder Reiserock)[80] noch die *„Belz Stiefeln“* findet man im Nachlassverzeichnis. Johann Elias Bach hatte sie sich 1742 ausgeliehen und *„mit vielem Dank“* zurückgesendet.[81] Wenn Carl Philipp Emanuel über seinen Vater berichtete: *„Niemand konnte ihm seine Instrumente zu Dancke stimmen u. bekielen. Er that alles selbst.“*,[82] so muss dieser das nötige Werkzeug dafür gehabt haben. Es sind keine Schreibfedern, Tinte, Papier oder Rastrale, mit deren Hilfe Notenlinien gezogen wurden,[83] im Nachlassverzeichnis aufgeführt, alles Sachen, die Johann Sebastian aber besessen hatte.[84] Vor allem sind dort aber keine Musikalien verzeichnet.[85] Dabei besaßen die handgeschriebenen sowie gedruckten Noten Johann Sebastian Bachs nicht nur einen ideellen, sondern auch beträchtlichen finanziellen Wert.[86] Im Katalog Breitkopfs von 1761 wurden deutlich mehr Kantanten von ihm angeboten, als die bereits im Zusammenhang mit dem Gnadenhalbjahr erwähnten (siehe S. 163). Weitere Kantaten Bachs bot Breitkopf im nächsten Katalog an, der 1764 herauskam. Da sie im Preis noch höher lagen, ist wohl davon auszugehen, dass es eine Nachfrage gab. In beiden Katalogen sind mehr als dreißig Kantaten Johann Sebastian Bachs angeführt.[87] Wenn man von den dort angegebenen Preisen den Durchschnittswert ermittelt, so kommt man für den kopierten Stimmensatz einer Kantate auf 1 Taler und 10 Groschen. Partituren kosteten ungefähr zwei Drittel des Stimmensatzes.[88] Um einen ganz groben Überblick über diese finanziellen Werte zu erhalten, soll davon ausgegangen werden, dass sich im Haushalt der Familie Bach für jede Kantate ein Stimmensatz und die Partitur befand[89] und dass ein Kantatenjahrgang aus 53 Kantaten bestand.[90] Sich an den Preisangaben von Breitkopf orientierend, sind das mehr als 120 Taler für einen Jahrgang. Es soll davon fünf gegeben haben. Im Nekrolog über Johann Sebastian Bach ist zu lesen:

„Die ungedruckten Werke des seligen Bachs sind ungefehr folgende:

1) *Fünf Jahrgänge von Kirchenstücken, auf alle Sonn- und Festtage.*
2) *Viele Oratorien, Messen, Magnificat, einzelne Sanctus, Dramata, Serenaden, Geburts- Namenstags- und Trauermusiken, Brautmessen, auch einige komische Singstücke.*
3) *Fünf Paßionen, worunter eine zweychörige befindlich ist.*
4) *Einige zweychörige Moteten.*
5) *Eine Menge von freyen Vorspielen, Fugen, und dergleichen Stücken für die Orgel, mit dem obligaten Pedale.*

6) *Sechs Trio für die Orgel mit dem obligaten Pedale.*
7) *Viele Vorspiele vor Chorale, für die Orgel.*
8) *Ein Buch voll kurtzer Vorspiele vor die meisten Kirchenlieder, für die Orgel.*
9) *Zweymahl vier und zwantzig Vorspiele und Fugen, durch alle Tonarten, fürs Clavier.*
10) *Sechs Toccaten fürs Clavier.*
11) *Sechs dergleichen Sviten.*
12) *Noch sechs dergleichen etwas kürzere.*
13) *Sechs Sonaten für die Violine, ohne Baß.*
14) *Sechs dergleichen für den Violoncell.*
15) *Verschiedene Concerte für 1. 2. 3. und 4. Clavicymbale.*
16) *Endlich eine Menge anderer Instrumentalsachen, von allerley Art, und für allerley Instrumente."*[91]

(Später fügte Carl Philipp Emanuel noch an, dass hierbei *„15 Zweystimmige Inventiones u. 15 dreystimmige Sinfonien, ingleichen 6 kurze Vorspiele"* vergessen worden wären.)[92]

An gedruckten Werken, die zu Bachs Lebzeiten erschienen, sind im Nekrolog angeführt:

„1) *Erster Theil der Clavier Uebungen, bestehend in sechs Sviten.*
2) *Zweyter Theil der Clavier Uebungen, bestehend in einem Concert und einer Ouvertüre für einen Clavicymbal mit 2. Manualen.*
3) *Dritter Theil der Clavier Uebungen, bestehend in unterschiedenen Vorspielen, über einige Kirchengesänge, für die Orgel.*
4) *Eine Arie mit 30 Variationen, für 2 Claviere.*
5) *Sechs dreystimmige Vorspiele, vor eben so viele Gesänge, für die Orgel.*
6) *Einige canonische Veränderungen über den Gesang: Vom Himmel hoch da komm ich her.*
7) *Zwo Fugen, ein Trio, und etliche Canones, über das obengemeldete von Seiner Majestät dem Könige in Preussen, aufgegebene Thema; unter dem Titel: musicalisches Opfer."*[93]

Breitkopf bot in Katalogen, die er 1760 und 1777 herausgab, auch diese Drucke an.[94] Dabei wurden zum Beispiel für den ersten Teil oder den dritten Teil der *„Clavier-Uebung"* jeweils 5 Taler verlangt.[95] Johann Sebastian verkaufte den ersten Teil der Clavier-Übung für 2 Taler[96] und den dritten für 3 Taler.[97] Wie viele Exemplare dieser beiden Werke bei seinem Ableben noch gedruckt in seinem

Haushalt waren, ist nicht bekannt. Nach seinen Preisforderungen hätten aber allein jeweils 20 Exemplare dieser beiden Werke einen Verkaufswert von 100 Talern gehabt.
Es ist unwahrscheinlich, dass der Musikdirektor Wilhelm Friedemann Bach aus Halle[98] oder auch die Frau Capellmeisterin Anna Magdalena Bach, die das Nachlassverzeichnis verfassten, diese Werte der hinterlassenen Musikalien nicht kannten und sie deshalb nicht aufführten. Außerdem wurden dort auch *„11. Oberhembden“* ohne Taxierungsangaben aufgeführt, die dann den unmündigen Kindern überlassen wurden.[99] Dass es sich bei den hinterlassenen Musikalien um beträchtliche finanzielle Werte handelte, werden auch der Thomasorganist Johann Gottlieb Görner aus Leipzig[100] oder der Organist zu St. Wenzel in Naumburg Johann Christoph Altnickol[101] gewusst haben, die das Nachlassverzeichnis beglaubigten.[102]
Diese Lücken im Nachlassverzeichnis könnten dadurch zu erklären sein, dass es für Johann Sebastian möglich war, Schenkungen vorzunehmen. Zumindest eine war der Vormundschaftsdeputation auch bekannt, und sie wurde von ihr nicht für ungültig erklärt. Wie bereits erwähnt, wurde durch einige Erben Einspruch gegen eine väterliche Schenkung an Johann Christian angemeldet.[103] Schenkungen konnten auch erst auf den Todesfall wirksam werden.[104]

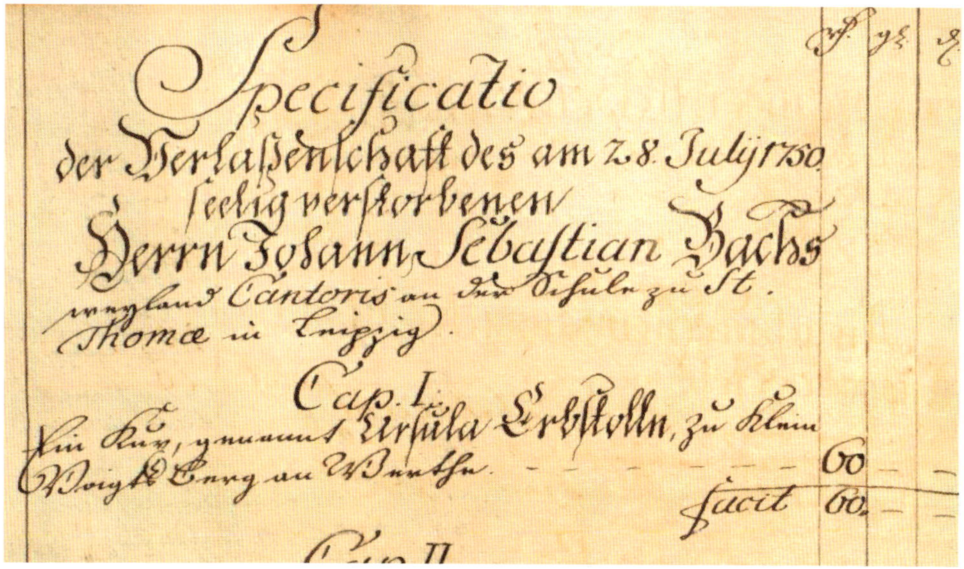

Specificatio
der Verlaßenschaft des am 28. July 1750
seelig verstorbenen
Herrn Johann Sebastian Bachs
weyland Cantoris an der Schule zu St.
Thomae in Leipzig.
Cap. I.
Ein Kux, genannt Ursula Erbstolln, zu Klein
Voigtsberg an Werthe - - - - - - - 60
facit 60

Abbildung 50: Ausschnitt aus der „Specificatio der Verlaßenschaft des am 28. July 1750. seelig verstorbenen Herrn Johann Sebastian Bachs weyland Cantoris an der Schule zu St. Thomae in Leipzig“

Sind mit den Musikalien beträchtliche finanzielle Werte, die Johann Sebastian Bach besaß, im Nachlassverzeichnis nicht aufgeführt, so erscheint dort ein Posten mit einer relativ hohen Taxierung, der diesen Verkaufswert nicht annähernd besaß. *„Ein Kux, genannt Ursula Erbstolln, zu Klein VoigtsBerg an Werthe … 60* [Taler]*"*[105] wurde notiert (siehe Abbildung 50, S. 175). Ein Kux ist ein ideeller Anteil an einem Bergwerk.[106] Dieser gehörte zum Ursula Erbstolln, einem kursächsischen Silberbergwerk, das in der Nähe von Kleinvoigtsberg rund 10 Kilometer nördlich von Freiberg liegt.

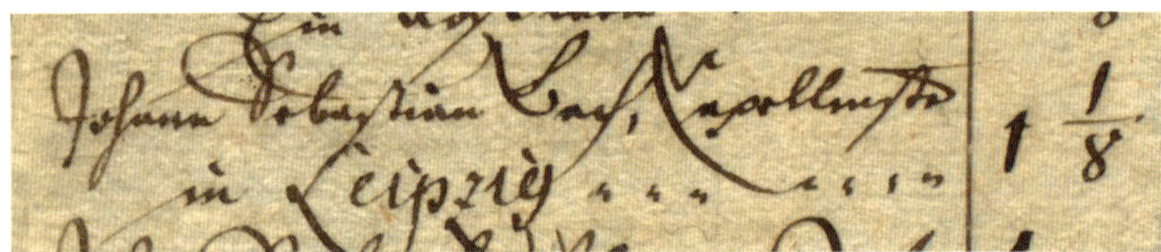

Abbildung 51: Eintrag im Gewerkenverzeichnis des Zechenregisters vom Ursula Erbstolln für das 4. Quartal 1750

Schon die Größe des Anteils ist im Nachlassverzeichnis nicht korrekt angegeben. Ab dem ersten Quartal 1750 besaß Johann Sebastian Bach 1⅛ Kuxe,[107] und in dieser Höhe übernahmen auch die Erben diesen Anteil (siehe Abbildung 51), wie Unterlagen des Bergwerks zu entnehmen ist.[108] Die Wertangabe im Nachlassverzeichnis entspricht der Taxierung für 1 Kux dieses Bergwerks, wie sie in den sogenannten Ausbeutbögen, die quartalsweise durch das Bergamt herausgegeben wurden, verzeichnet ist.[109] Das war aber kein Kaufwert. Auf diesen scheinbaren Widerspruch geht ein Lexikon aus dem 18. Jahrhundert mit folgenden Worten ein: *„Nun wird man fragen: warum setzt man denn auf den Ausbeute-Bogen bisweilen einen ganz ansehnlichen Werth auf die Kuxe derjenigen Gruben, von welchen man weis, daß sie nicht in denjenigen Umständen sind, diesen Werth zu verdienen, und vielmahls denselben ein geringerer, auch wohl gar kein Werth könnte beygelegt werden?* […] *Hierauf dient zur Antwort, daß bey Bestimmung des Preises der Kuxe bey jeder Grube hauptsächlich auf die Tage-Gebäude, als z. B. Hut- und Wäsch-Häuser, Pochwerke, Göpel etc. wie auch auf die Maschinen in der Grube, desgl. auf ausgezimmerte Schächte, und nur in einem geringern Grade auf die gegenwärtigen Anbrüche in den Gruben, Rücksicht genommen wird."*[110] Der Ursula Erbstolln besaß neben den Schachtanlagen verschiedene Gebäude und auch Einrichtungen zur Übertragung von Wasserkraft.[111] Er war aber, wie die meisten kursächsischen

Gruben, auf die finanzielle Unterstützung der Anteilseigner angewiesen. Im ersten Quartal 1750 gab es im Freiberger Revier 8 Bergwerke, die Gewinne an ihre Anteilseigner auszahlten. 10 Gruben waren dazu nicht in der Lage, konnten aber ohne finanzielle Zuschüsse arbeiten. Dagegen waren 186 Bergwerke auf solche angewiesen. Die Chancen, dass sich eine solche Grube zu einer gewinnauszahlenden Zeche entwickelte, lagen um die 3 Prozent.[112] Die Zuzahlungen, zu denen die Anteilseigner aufgefordert wurden, legte man alle drei Monate neu fest. Im ersten Quartal 1750 hatte der Ursula Erbstolln 75 Anteilseigner,[113] die pro Kux 1 Taler als Zubuße, so wurde diese finanzielle Unterstützung genannt, zahlen sollten.[114] Johann Sebastian Bach kam dem nach.[115] Das war nicht selbstverständlich. In den Abrechnungen des Ursula Erbstollns sind Aufstellungen zu finden, auf denen ausstehende Zubußen vermerkt sind, die sich bei etlichen Anteilseignern auf viele Quartale summierten.[116]

Johann Sebastian besaß diesen Bergwerksanteil seit dem vierten Quartal 1746 und hatte bereits vorher Erfahrungen als Kuxbesitzer gemacht.[117] Viele Anteilseigner trennten sich von ihren Anteilen, indem sie keine Zubuße mehr zahlten und ihre Anteile schließlich eingezogen wurden. Ihre Anzahl für 1749 und 1750 kann der Zusammenstellung entnommen werden:[118]

Quartal	Anzahl der Anteilseigner, die Anteile verfallen ließen	Gesamtanzahl der Kuxe, die wieder an das Bergwerk fielen
IV/1749	12 Anteilseigner	21 11/12 Kuxe
I/1750	9 Anteilseigner	14 ½ Kuxe
II/1750	3 Anteilseigner	4 Kuxe
III/1750	4 Anteilseigner	7 ⅓ Kuxe
IV/1750	2 Anteilseigner	8 Kuxe

Solche Anteile, die an das Bergwerk zurückgefallen waren, wurden von Zeit zu Zeit neu verteilt. Im ersten Quartal 1750 hatte Bach ⅛ Kux übernommen, den er umsonst bekam.[119] Das sind deutliche Zeichen, dass der Bergwerksanteil dieser Grube keinen Handelswert von 60 Talern besaß.

Falls die Erben davon nichts wussten, so wäre es für sie einfach gewesen, sich kundig zu machen. Einmal im Quartal wurde die Zubuße kassiert. In der zweiten Jahreshälfte 1750 geschah das von Mittwoch, dem 8. Juli bis Mittwoch, dem 5. August 1750 sowie von Mittwoch, dem 7. Oktober bis Mittwoch, dem 4. November.[120] Bei der Familie Bach kann nachgewiesen werden, dass der Leipziger Zubußbote Johann Christoph Stiehl die Kassierung vornahm.[121] Er hätte gefragt werden können, wie groß der Anteil überhaupt ist. Das war auch dem Zubußzettel zu entnehmen, der bei der Kassierung vorgelegt wurde.[122] Dass der Zubußbote Auskunft über den Wert von Bergwerksanteilen geben musste, gehörte zu seinen Aufgaben.[123] So wandte sich der Vormund der unmündigen Kinder des 1745 verstorbenen Stadtleutnants Christian Stirner aus Leipzig an Johann Christoph Stiehl. Unter anderem sollte er Auskunft über den Wert von Anteilen an der *„Palm-Baum Fund-Grube beym Drey Creützen“* geben.[124] 1 Kux dieser Grube wurde in den Ausbeutbögen dieser Zeit auf 45 Taler taxiert.[125] Stiehl antwortete, dass man ein Dutzend Kuxe dieses Bergwerks für wenige Groschen bekommen könnte, wenn man sich nur verpflichtet sehen würde, Zubuße zu bezahlen.[126] Ähnlich wäre wohl auch seine Auskunft zum Ursula Erbstolln ausgefallen.

Zusammenfassend kann festgehalten werden, dass die *„Specificatio der Verlaßenschaft des am 28. July. 1750. seelig verstorbenen Herrn Johann Sebastian Bachs weyland Cantoris an der Schule zu St. Thomae in Leipzig“*[127] nicht sein gesamtes Eigentum enthält, und dass es bei den Taxierungsangaben Ungenauigkeiten gibt. Dieses Verzeichnis ist nur bedingt geeignet, um auf die Lebensverhältnisse von Johann Sebastian Bach zu schließen. Es scheint hiermit einer Pflicht Genüge getan worden zu sein, bei der die Verfasser[128] die vorhandenen Spielräume ausnutzten. Der Pflichtanteil der Kinder konnte *„durch Gewohnheit oder special-Gesetze wohl gemindert, aber nicht gantz und gar aufgehoben werden.“*[129] Auffällig ist die juristische Kompetenz der Verantwortlichen. Wilhelm Friedemann kann als juristisch informiert gelten, hatte er doch dieses Fach an der Leipziger Universität studiert.[130] Gottlob Sigismund Hesemann war seit 1745 Student an der juristischen Fakultät der Universität Leipzig[131] und verteidigte dort 1752 seine Dissertation.[132] Wie bereits erwähnt, war er ein Verwandter von Anna Magdalena[133] und hatte bereits Johann Sebastian in einem Fall vor der Universität vertreten.[134] Anna Magdalena wurde durch ihren Kurator, den Rechtsanwalt Dr. Friedrich Heinrich Graff unterstützt, welcher der Familie schon länger verbunden war.[135] Es ist durchaus möglich, dass Johann Sebastian mit ihnen die Verteilung seines Nachlasses besprochen hatte und dass sie nun seine Vorstellungen umsetzten.

Auch in der Vormundschaftsdeputation befanden sich mehrere Juristen.[136] Dieses Gremium nahm aber vor allem eine überwachende Funktion wahr. Karin Gottschalk kam bei ihren Forschungen in Akten der Vormundschaftsstube der Stadt Leipzig zu dem Schluss, dass das ganze Verfahren von den Informationen der erbenden Parteien und anderer Personen abhing. Da es die Möglichkeit gab, bei unterschiedlichen Ansichten die beaufsichtigende Einrichtung anzurufen,[137] stand es auf einer soliden Basis.[138] Auch bei der Verteilung des Nachlasses von Johann Sebastian Bach standen sich mehrere Gruppen mit unterschiedlichen Interessen gegenüber. Die erwachsenen Kinder vertraten die ihren. Der geistig behinderte Gottfried Heinrich Bach wurde durch seinen Kurator Gottlob Sigismund Hesemann unterstützt,[139] die unmündigen Kinder durch Johann Gottlieb Görner bei der Teilung vertreten.[140] Anna Magdalena konnte zur Durchsetzung ihrer Interessen auf die Unterstützung von Dr. Friedrich Heinrich Graff vertrauen.[141]

Alle Erben akzeptierten das Nachlassverzeichnis als *„durchgehends vor richtig"*.[142]

Die Verteilung des Nachlasses

Auf den 11. November 1750 ist ein Schriftstück datiert, das mit *„Erb-vergleich Herrn Johann Sebastian Bachs hinterlaßenen Erben"* überschrieben ist.[1] Der Begriff „Erbvergleich" erscheint auch mehrfach im Inhalt (siehe Anhang 2).[2] Es sind dort aber nur die Vereinbarungen der Erben über die Verteilung der Posten festgehalten, die im Nachlassverzeichnis aufgeführt wurden.[3] Verschiedene Vorgänge bei dieser Aufteilung lassen jedoch Rückschlüsse darauf zu, wie mit weiterem Eigentum umgegangen wurde. Ganz wichtig ist die Feststellung: Es war möglich, Einspruch einzulegen, der letztlich der Universität vorgelegt wurde. So meldeten, wie bereits in anderem Zusammenhang erwähnt, Wilhelm Friedemann, der auch Carl Philipp Emanuel vertrat,[4] und Catharina Dorothea Bedenken gegen eine Schenkung an, von der ihnen nichts bekannt war.[5] Es handelte sich dabei um *„3. Clavire nebst Pedal"*, die Johann Christian von seinem Vater bekommen hatte. Anna Magdalena, ihr Schwiegersohn Johann Christoph Altnickol und Gottlob Sigismund Hesemann bestätigten hingegen diese Schenkung. Der Vormund der unmündigen Kinder Johann Gottlieb Görner akzeptierte sie ebenfalls. Für die Kinder aus erster Ehe ist notiert, dass sie das nur unter Vorbehalt taten.[6] Ob Wilhelm Friedemann dabei Rücksprache mit Carl Philipp Emanuel nahm, ist fraglich. Wie das Nachlassverzeichnis war auch diese auf den 11. November 1750 datierte schriftliche Vereinbarung kein Schriftstück, in dem einzelne Gegenstände wie in einem Katalog für Interessenten deutlich beschrieben wurden. Der Umstand, dass Görner auf Ansprüche der anderen unmündigen Kinder nicht bestand, deutet darauf hin, dass mit der Formulierung *„3. Clavire nebst Pedal"* nicht drei einzelne Instrumente gemeint waren. In diesem Falle hätten zwei von ihnen verkauft und das Geld an die drei anderen unmündigen Kinder, die er vertrat, aufgeteilt werden können. Der Weimarer Stadtorganist Johann Gottfried Walther[7] schrieb 1736 an einen Bekannten, dass sein jüngerer Sohn nach Jena ziehen würde und er *„an deßen Equipage, neml. 2 Clavichordiis u. 1 Pedale, jetzo arbeiten laße, wofür 13 rdl. zahlen soll. Er will auch das Studium Juridicum ergreiffen, und das Clavier anbey ferner excoliren"*.[8] Walther schrieb hier von einem Instrument, das über drei Resonanzböden mit den entsprechenden Besaitungen verfügte. Zwei davon wurden mit Manualen und eins mit Pedalen bedient. Ein zweimanualiges Pedalclavichord der Bachzeit befindet sich im Museum für

Musikinstrumente der Universität Leipzig.[9] Es wurde von Johann David Gerstenberg (Orgelbauer in Geringswalde) 1760 gefertigt. Im „Katalog des Musikhistorischen Museums“ von 1903 beschrieb es der Leipziger Verleger und Sammler alter Musikinstrumente Paul de Wit unter anderem mit den Worten: *„Dieses äusserst seltene Instrument vereinigt eigentlich in sich 3 Instrumente, wovon zwei mit der Hand gespielt, das dritte als Orgelpedal mit den Füssen zu behandeln ist.“*[10] Die Bezeichnung *„3. Clavire nebst Pedal“* für ein zweimanualiges Pedalclavichord ist also auch in der Vereinbarung der Erben Bachs durchaus treffend.[11] Ein solches Instrument war für die Ausbildung sehr wichtig,[12] einfach zu transportieren und damit für Johann Christian ein sinnvolles Geschenk.[13] Die Formulierung vom 11. November 1750, dass Johann Christian es *„bei sich hat“*,[14] deutet darauf hin, dass er Leipzig zu diesem Zeitpunkt bereits verlassen hatte. Da Johann Gottlieb Görner die Schenkung akzeptierte, scheint es sich dabei um keinen großen Wert gehandelt zu haben, der seinen anderen Schutzbefohlenen verloren ging. Wenn es ähnlich wie das Instrument einzustufen ist, das Johann Gottfried Walther für seinen Sohn fertigen ließ, wären es für jedes Kind von Bach weniger als 1 Taler gewesen, was bei einem Verkauf der *„3. Clavire nebst Pedal“* verteilt worden wäre. Verwunderlich ist, dass in einem solchen Fall ein Einspruch erhoben wurde. Es sollte aber nicht vollkommen ausgeschlossen werden, dass diese Auseinandersetzung bewusst Aufnahme in die schriftliche Vereinbarung über die Aufteilung des Erbes fand, um der Vormundschaftsdeputation der Universität deutlich zu machen, dass man um ein Einspruchsrecht wusste und es nutzte.

Die Anfechtung dieser Schenkung erweckt aber trotzdem den Eindruck, dass unter den Erben niemand über eine Autorität verfügte, der sich alle anderen unterordneten. Obwohl Anna Magdalena die Schenkung bestätigte, wurde das von anderen Erben nicht akzeptiert.[15] Dass es für so einen komplexen Bestand wie die Musikalien keine Einsprüche an die Vormundschaftsdeputation gab, deutet auf eine Autorität im Hintergrund hin, deren Vorgaben sich alle Erben unterordneten – Johann Sebastian Bach.[16] Es ist allerdings fraglich, ob Anna Magdalena eine Verteilung akzeptiert hätte, wenn ihr Anteil deutlich kleiner ausgefallen wäre, als ihr nach dem Recht zustand. Für sie war es die Grundlage ihrer weiteren Existenz. Die Musikalien, die ihr Mann hinterließ, besaßen einen beträchtlichen Wert.[17] Wenn sie bei deren Verteilung weniger als ein Drittel erhalten hätte, dann wäre auch ihr Kurator Dr. Friedrich Heinrich Graff verpflichtet gewesen, dagegen Protest einzulegen. Er hatte dafür zu sorgen, *„daß sie von andern nicht hintergangen werde“*.[18]

Auch die unmündigen Kinder und der behinderte Gottfried Heinrich hatten Anspruch auf ihre Anteile, wobei ihre Kuratoren dafür verantwortlich waren, dass sie diese auch erhielten.[19] Jedem Kind standen zwei Siebenundzwanzigstel des Erbes zu, was auch den Musikalienbestand betraf.[20] Bis zur jeweiligen Volljährigkeit der unmündigen Kinder verwaltete Anna Magdalena deren Erbanteile.[21] Den von Gottfried Heinrich könnte sie ebenfalls in ihrer Obhut gehabt haben, da er bei ihr wohnte.[22] Als Eigentümerin beziehungsweise Verwalterin von mehr als zwei Dritteln des musikalischen Nachlasses ihres Mannes war Anna Magdalena in der Lage, Kopien anzubieten und konnte einen Musikalienhandel, wie er bereits zu Lebzeiten ihres Mannes betrieben wurde, weiterführen.[23] Genau das machte einige Jahrzehnte später Johanna Maria Bach (1724 – 1795)[24] in Hamburg.[25] Nach dem Tod ihres Mannes Carl Philipp Emanuel Bach ließ sie 1790 ein umfangreiches Verzeichnis drucken, in dem große Teile des Nachlasses aufgeführt wurden. Unter anderem ist dort zu lesen: *„Wer von diesen Musikalien etwas zu besitzen wünscht, beliebe sich an die verwittwete Frau Capellmeisterin Bach zu wenden, die für richtige und saubere Copien Sorge tragen wird."*[26] Ähnliche Pläne könnten für Anna Magdalena der Grund gewesen sein, dass sie die Aufgabe übernahm, die Erbanteile ihrer unmündigen Kinder zu verwalten.[27] Das war, wie bereits geschildert, mit einem größeren Aufwand für sie verbunden. Sie musste das Nachlassverzeichnis erstellen und jährlich schriftlich darstellen, wie mit den vier Anteilen umgegangen worden war.[28] Wenn sie von den Musikalien aus dem Erbe der Kinder Kopien erstellte und diese Abschriften verkaufte, so wäre das mit Zinseinnahmen aus Kapitalbeträgen im Erbanteil unmündiger Kinder vergleichbar. Es kann nachgewiesen werden, dass solche der Mutter zugesprochen wurden, weil sie die Kinder versorgte.[29] Bei pfleglicher Behandlung der Musikalien wäre den Kindern an ihrem Eigentum nichts verloren gegangen. Mit dem 21. Geburtstag wurde die Volljährigkeit erreicht, und es bestand ein Anspruch auf die Übergabe des Erbes.[30] Ob die beiden jüngsten Söhne[31] allerdings die Übersendung ihrer vollständigen Anteile an den Musikalien zu diesem Zeitpunkt einforderten, ist fraglich. Dieses Alter erreichte Johann Christoph Friedrich 1753. Er war zu diesem Zeitpunkt Hofmusiker in Bückeburg[32] und benötigte für seine Position zum Beispiel keine Kantaten. Als Johann Christian 1756 volljährig wurde, lebte er bereits in Italien,[33] und höchstwahrscheinlich nahm er keine größeren Notenbestände dorthin mit.[34]

Für den Leipziger Rat scheint es selbstverständlich gewesen zu sein, dass Anna Magdalena über Musikalien verfügen konnte. Bereits im August 1750 begann man Verhandlungen mit ihr über eine Übernahme *„derer Kirchen-Lieder“*,[35] mit denen höchstwahrscheinlich Choralkantaten ihres Mannes gemeint waren.[36] Die Anfrage erging nicht an einen der Söhne. Carl Philipp Emanuels Adresse war ja nicht unbekannt, hatte er sich doch kurz davor um die Nachfolge seines Vaters beworben.[37]

Es gibt Hinweise zu weiteren Werken, über die sie verfügt haben könnte: 1755 fertigte der Alumne der Leipziger Thomasschule Christian Friedrich Penzel[38] Abschriften von Choralkantaten Bachs an, von denen mehr als 10 erhalten geblieben sind.[39] Dabei griff er auch auf Partituren zurück.[40] Es könnte sein, dass diese Eigentum von Wilhelm Friedemann Bach waren.[41] In diesem Fall wären sie von Halle, wo er wohnte,[42] zu Penzel nach Leipzig geschickt worden. Möglich ist aber auch, dass sie zum Musikalienbestand gehörten, auf den Anna Magdalena in Leipzig Zugriff hatte. In diesem Fall wäre es für Penzel wohl bedeutend einfacher gewesen, an diese Noten heranzukommen.[43] Der Bachforscher Yoshitake Kobayashi fand heraus: *„Die Originalpartituren des Choralkantatenjahrgangs sind zum Teil spätestens 1759 zusammen mit Stimmendubletten in den Besitz des nachmaligen Merseburger Kantors Christian Friedrich Penzel gelangt.“*[44] Dass die 19 Kantaten, die Yoshitake Kobayashi anführt, davor Eigentum von Anna Magdalena waren, sollte durchaus in Erwägung gezogen werden. Sie sind bis auf eine nicht identisch mit den erwähnten, die Penzel 1755 abschrieb.[45] Bekannt ist, dass Wilhelm Friedemann weitere Partituren des Choralkantatenjahrgangs deutlich später zum Verkauf anbot.[46] Das belegt aber nicht, dass er sofort nach dem Tod des Vaters Eigentümer aller Partituren dieses Jahrgangs wurde.

1777 verhandelte Johann Philipp Kirnberger (1721 – 1783)[47] mit dem Leipziger Verlag Breitkopf über eine Neuausgabe von Chorälen Bachs. Dabei erwähnte er in einem Brief an Johann Gottlob Immanuel Breitkopf: *„Sie haben mir auch gemeldet, daß Sie selbst noch 150 Stück von den Bachischen Erben an Sich gekauft hätten“*.[48]

1803 teilte der Verlag Breitkopf & Härtel auf eine Anfrage mit: *„die meisten unserer S. Bachschen Sachen von seiner oder seiner Söhne Hand geschrieben, sind der S. Bachschen Familie von unseren Vorgängern um ziemlich hohe Preise abgekauft worden“*.[49] Wie bereits erwähnt, wurden in Katalogen dieses Verlags, die ab 1761 in Leipzig erschienen, etliche Werke von Johann Sebastian Bach als Abschriften angeboten.[50] Es ist möglich, dass Originale, die für diese Kopien benötigt wurden, aus dem Anteil von Anna Magdalena stammten.[51]

In seinen Untersuchungen zur Frühfassung der Matthäus-Passion stellte Andreas Glöckner in seinem 2004 veröffentlichten Kritischen Bericht der Neuen

Bach-Ausgabe fest, dass Anna Magdalena Bach, wie viele Kantorenwitwen, *„ihren Lebensunterhalt wohl auch durch das Ausleihen oder Veräußern von Musikalien maßgeblich“* bestritten habe.[52]
Verkäufe von Musikalien durch die Witwe Anna Magdalena Bach sind aber nicht zwangsläufig Beweise, dass sie in bitterem Elend lebte. Entscheidend dürften für sie die Preisangebote gewesen sein. Über ihr Eigentum konnte sie verfügen, und wenn sie von den entsprechenden Werken Kopien besaß, ging in ihrem Bestand auch nichts verloren. In den Monaten nach dem Tod ihres Mannes, als sie die Anfrage des Rates wegen *„derer Kirchen-Lieder“*[53] erhielt, befand sie sich jedenfalls in keiner finanziellen Notsituation, die ihre physische Existenz bedrohte. Das wird durch ihr Verhalten bei der Nachlassverteilung deutlich. Sie übernahm die Schuldobligation ihrer Schwester Johanna Christina Krebs, welche der Familie Bach 58 Taler schuldete. Nach einer Anstellung am Hof in Zerbst war ihr Mann Johann Andreas Krebs wieder Hoftrompeter in Weißenfels geworden.[54] Als der letzte Herzog von Sachsen-Weißenfels Johann Adolph II. am 16. Mai 1746 starb, erlosch diese Sekundogenitur, und ihr Landbesitz fiel an Kursachsen zurück.[55] Die Bezüge von Johann Andreas Krebs reduzieren sich deutlich. In einer Akte ist sein Name mit dem Zusatz *„in kränkl. und unvermögenden Umständen“* versehen.[56] Nach seinem Tod 1748 bat seine Witwe, ihr zu ihrem *„dürfftigen Unterhalt eine Pension angedeyhen zu laßen.“*[57] Ihr Name erscheint bei der Verteilung der Pensionen nicht.[58] Als 1751 *„Theils durch Absterben, Theils durch weitere Versorgung einiger Fürstl. Weißenfelßischen ehemaligen Pensionairs“* 263 Taler frei geworden waren, wurden diese an andere Personen *„ihrer nothleidenen Umstände halber“* verteilt. *„Johannen Christinen Krebsin“* bekam eine jährliche Unterstützung von 12 Talern zugesprochen.[59]
Bei der Nachlassverteilung im November 1750 zahlte Anna Magdalena an die Kinder 38 Taler und 16 Groschen, um die Schuldobligation ihrer Schwester zu erhalten. Nun war sie in der Lage, mit dieser Obligation als mit ihrem *„wohlerlangten Eigenthum nach Gefallen schalten und gebaahren“* zu können.[60] Die Lebensumstände ihrer Schwester stellen sich nicht so dar, dass Anna Magdalena erwarten konnte, den Betrag zurück zu erhalten. Das konnten die beiden Schwestern aber jetzt zwischen sich ausmachen. Johanna Christina Krebs verstarb am 1. Januar 1753.[61]
Anna Magdalena wurde Eigentümerin aller Möbel und aller Gegenstände aus Zinn, Kupfer und Messing, die im Nachlassverzeichnis aufgeführt sind. Davon gehörte ihr ein Drittel. Die weiteren zwei Drittel kaufte sie den anderen Erben

entsprechend der jeweiligen Taxierungen ab.[62] Damit besaß sie unter anderem 7 Betten, 18 Stühle und 6 Tische zuzüglich eines Schreibtisches.
Diese Gegenstände wollte sie haben. Ansonsten hätte die Möglichkeit bestanden, mit ihnen wie bei der *„Tabatiere von Agath in Gold gefasst"* zu verfahren, die im Nachlassverzeichnis auf 40 Taler taxiert worden war.[63] Sie wurde von den Erben als *„ein Stück, so eines Theils bloß vor den Liebhaber, andern Theils auf ein Kindes-Looß zu schwer"* eingeschätzt und ein Verkauf vereinbart. Der Erlös sollte dann zu zwei Dritteln an die Kinder und zu einem Drittel an Anna Magdalena gehen.[64] Für den Verkauf von Hausrat und Möbeln gab es damals Auktionen, zu denen Verzeichnisse regelmäßig in den „Leipziger Zeitungen" erschienen.[65] Möbel aus dem Nachlass Bachs, die keiner der Erben haben wollte, hätten dort verkauft und das Geld, wie bei der Tabatiere, unter den Erben aufgeteilt werden können. Anna Magdalena musste auch nicht die Gegenstände aus dem Posten *„An Kleidern und was darzu gehöret"* den anderen Erben abkaufen, worunter sich *„1. Stock mit Silber beschlagen"* und *„1. paar silberne Schuh-Schnallen"* befanden.[66] Da sie es trotzdem tat, ist davon auszugehen, dass sie Eigentümerin dieser Sachen sein wollte, weil sie Verwendungszwecke dafür sah.
Um einen Überblick zu erhalten, welche Beträge an Geld Anna Magdalena bei der Aufteilung der im Nachlassverzeichnis aufgeführten Posten erhielt, seien die entsprechenden Angaben hier vollständig aufgeführt:[67]

Beträge, die sie erhielt:	
an barem Geld	77 Taler, 6 Gr.
an Schaustücken (mit Ausgleichzahlungen von den anderen Erben)	8 Taler, 14 Gr., 8 Pf.
Ausgleichzahlungen der anderen Erben bei der Bücherverteilung	5 Gr., 8 Pf.[68]
Einnahmen zusammen	**86 Taler, 2 Gr., 4 Pf.**

Beträge, die Anna Magdalena als Ausgleichzahlungen an die anderen Erben zahlte:	
für die Obligation	38 Taler, 16 Gr.
für Silberwerk und andere Kostbarkeiten	1 Taler, 12 Gr., 4 Pf.
für Zinn-, Kupfer- und Messinggegenstände	11 Taler, 6 Gr.
für Kleider	10 Taler
für Hausgerätschaften (Möbel)	19 Taler, 12 Gr., 9 Pf.

Anteil, den sie an der gemeinschaftlichen Begleichung von Schulden (Debita passiva) zahlte:	38 Taler, 23 Gr., 2 Pf.
Ausgaben zusammen	**119 Taler, 22 Gr., 3** Pf.
Einnahmen minus Ausgaben	**– 33 Taler, 19 Gr., 11 Pf.**

So gab Anna Magdalena bei dieser Verteilung fast 34 Taler mehr aus, als sie dabei erhielt.[69] Das konnte sie nicht mit dem Erbe der unmündigen Kinder ausgleichen. Deren Anteile wurden ihr mit der Verpflichtung übergeben,[70] für die *„Erhaltung der armen Waysen und münderjährigen Vermögens"*[71] verantwortlich zu sein.

Anna Magdalena muss also über finanzielle Mittel verfügt haben, um bei der Verteilung so agieren zu können. Zwischen August und Dezember sind auch noch einige letztmalige Auszahlungen aus Legaten nachzuweisen, die ihr Mann zu seinen Lebzeiten bezogen hatte, weil sie mit seinem Amt in Verbindung standen. Dazu kamen noch Nachzahlungen für *„Wachs-Kertzen und Lichte"*. Insgesamt handelte es sich dabei um 24 Taler.[72] Außerdem hatte sie im September 1750, wie schon erwähnt, die erste Auszahlung von 21 Talern und 21 Groschen erhalten, die ihr bei der Beantragung des Gnadenhalbjahrs zugesprochen wurden.[73] Es ist aber davon auszugehen, dass sie über weitere finanzielle Mittel verfügte. Ansonsten ist ihre Übernahme der Schuldobligation ihrer Schwester nicht nachvollziehbar.[74]

Für den Bergwerksanteil beschlossen die Erben, dass er gemeinschaftliches Eigentum werden solle.[75] In einem solchen Fall wurde in den Dokumenten des Bergwerks der Name des Erblassers nicht geändert.[76] So war es auch unerheblich, wie hoch die Taxierung im Nachlassverzeichnis angesetzt worden war. Die angeführten 60 Taler hätten nur eine Bedeutung gehabt, wenn ein Erbe Alleineigentümer geworden wäre. Dann hätten den anderen Erben Ausgleichszahlungen zugestanden.[77]

Es gab keine Verpflichtung, einen solchen Bergwerksanteil zu übernehmen. Das kann an mehreren Beispielen nachgewiesen werden.[78] Es war den Erben Bachs auch bekannt, dass mit diesem hinterlassenen Bergwerksanteil Zubußzahlungen verbunden waren. In der Vereinbarung legten sie nämlich fest, er solle *„der Frau Wittbe zur Verwahrung und Besorgung der Zubuße überlaßen seyn, diese auch ihren 3.ten Theil daran haben, und auf die übrigen ⅔tel* *die verlegte Zubuße iedesmahl nach beschehener Eintheilung derselben von iedem Kinde wiederbekommen"*.[79]

Im ersten Quartal 1751 bezahlte Anna Magdalena dann die fällige Zubuße und auch die Beträge, die in den beiden letzten Quartalen 1750 nicht entrichtet worden waren.[80] Insgesamt waren das 3 Taler und 9 Groschen, die in der Zeit zwischen Mittwoch, dem 6. Januar und Mittwoch, dem 3. Februar 1751 kassiert wurden.[81] Diese Zahlung entsprach der Summe der Löhne, die ein Lehrhäuer und drei Bergknechte für ihre Arbeit einer Woche in dieser Grube erhielten.[82] Zwei Drittel davon hätte Anna Magdalena von den anderen Erben zurückverlangen können. Das wären von jedem 6 Groschen gewesen. Sie wohnten aber nicht alle in Leipzig, sondern auch in Bückeburg, Berlin, Halle/Saale und Naumburg.[83] Vielleicht wurden die Beträge verrechnet. Es kann aber auch nicht ausgeschlossen werden, dass Anna Magdalena darauf, vor allem bei den unmündigen Kindern, verzichtete.

Ende des ersten Quartals 1751 sind für den Bergwerksanteil Bachs keine ausstehenden Zubußen mehr notiert. Damit gehörten seine Erben zu einer Minderheit beim Ursula Erbstolln. Zu dieser Zeit hatte diese Grube 77 Anteilseigner. Dabei sind für 50 von ihnen ausstehende Zubußzahlungen verzeichnet.[84] Es ist aber die letzte Zahlung, welche die Erben Bachs vornehmen. Im ersten Quartal 1752 fällt der Anteil zurück an das Bergwerk.[85]

Es ist ein eigenes Thema, dem Grund dieser Handlungsweise nachzuspüren, das hier nicht weiter behandelt werden soll.[86] Nur so viel: Es lag wohl in der Absicht der Erben, dieses bergmännische Engagement von Johann Sebastian zu beenden, indem die ausstehenden Zubußen noch einmal bezahlt wurden. Dabei könnten sie sich an eine Empfehlung für den zubußzahlenden Anteilseigner gehalten haben: Er solle *„gedencken, was er giebt, als wenn er es armen Leuten gebe."*[87] Man musste dieses Geld aber auch übrighaben. Anna Magdalena hatte es offensichtlich.

Für die im Nachlassverzeichnis aufgeführten Musikinstrumente vereinbarten die Erben, dass man sich *„binnen hier und Ostern, solche ins Geld zu sezen bemühen wolle"*. Insgesamt war dieser Bestand dort auf 371 Taler und 16 Groschen taxiert worden. Wie bei der *„Tabatiere von Agath in Gold gefasst"*[88] sollten zwei Drittel des Erlöses aus diesem Verkauf gleichmäßig unter den Kindern verteilt werden, ein Drittel die Witwe erhalten. Es ist auffällig, dass für den Verkauf der Instrumente, die sich in Leipzig befunden haben dürften, nicht festgelegt

wurde, wer dafür verantwortlich sein sollte. Es ist nur festgehalten, dass Anna Magdalena diese *„Instrumente biß zu deren würcklichen Verkauff behalten, und den Nutzen davon alleine ziehen“* dürfe.[89] Damit war sie die Ansprechpartnerin für Kaufinteressierte. Es wurde diesbezüglich keine Zusammenarbeit mit dem Thomasorganisten Johann Gottlieb Görner notiert, der als Vormund der unmündigen Kinder bei der Nachlassverteilung[90] in die Vorgänge involviert war. Die beiden Stiefsöhne, Experten für Tasteninstrumente, lebten in Halle/Saale und Berlin.[91] Sie konnten höchstens mit etlichen Tagen Verzögerung ihr Einverständnis oder ihre Ablehnung zu einem Kauf mitteilen. Das deutet darauf hin, dass man Anna Magdalena als kompetent ansah, diese Verkäufe, bei denen es um erhebliche Geldsummen ging, zu organisieren.[92]
Mit dem *„Nutzen“*, den sie von den Instrumenten haben konnte, wird wohl kaum gemeint gewesen sein, dass sie damit die Erlaubnis hatte, darauf zu musizieren. Aus Mietverträgen werden noch Einkünfte zu erwarten gewesen sein, denn, wie bereits erwähnt, es wurden zu Lebzeiten von Johann Sebastian Instrumente verliehen. Quittungen von 1747 zeigen, dass *„vor das Clavier zu leyhen“*[93] pro Monat 1 Taler und 8 Groschen verlangt wurden.[94] Für 1750 ist bekannt, dass *„H. CapellMstr. Bachen* [...] *ein Clavicin viertheljährig vor 3“* Taler vermietete.[95] Allein an Tasteninstrumenten sind im Nachlassverzeichnis neben einem *„fournirt Clavecin“* für 80 Taler drei weitere für 50 Taler, ein kleineres für 20 Taler, zwei Lautenwerke[96] zu je 30 Talern und *„1. Spinettgen“* mit 3 Talern angeführt.[97] Für den Verkauf der Instrumente war vereinbart worden, dass *„ein iedes derer Erben das Vorrecht vor einen Frembden, wenn es sich demselben gleichsezen wolle“*, habe.[98] Es ist nicht auszuschließen, dass Anna Magdalena auf diesen Formulierungen bestand, weil sie davon Gebrauch machen wollte.[99] Nach den Taxierungen hätte sie zum Beispiel mit etwas mehr als 20 Talern ein Lautenwerk und das Spinett erwerben können. Allein mit den Einnahmen aus den Vermietungen bis Ostern 1751 hätte sie wohl diese Summe bezahlen können.[100] Die Formulierung im Nachlassverzeichnis *„1. fournirt Clavecin, welches bey der Familie, so viel möglich bleiben soll“*,[101] könnte sogar darauf hindeuten, dass sie Kaufabsichten für dieses Instrument hatte.

Am 21. November 1750 begaben sich Catharina Dorothea Bach, ihr Vormund Wilhelm Friedemann Bach, Gottfried Heinrich Bach, sein Kurator Gottlob Sigismund Hesemann sowie der Vormund der vier unmündigen Kinder Johann Gottlieb Görner in die Universität. Dort legten sie das Nachlassverzeichnis und ihre schriftlichen Vereinbarungen vom 11. November 1750 über die Verteilung der dort aufgeführten Posten vor.[102] Elisabeth Juliana Friderica Altnickol ließ sich, wie schon bei der Aufsetzung der Vereinbarungen, durch Gottlob Sigismund Hesemann vertreten.[103] Auch Anna Magdalena war nicht anwesend. In einem Schriftstück teilte sie mit: *„Ich Endes Unterschriebene* [...] *gebe Krafft dieses H. Christian Heinrich Breuningen* [...] *volle Macht und Gewalt, daß er* [...] *vor* [...] *der Universität Leipzig statt meiner erscheine,* [...] *in meinem Nahmen quittire, auch in summa alles thue und verrichte, was* [...] *ich selbst in Person cum Dno. Curatore hätte thun und verrichten sollen* [...] *Leipzig 20ten Novembr 1750. Anna Magdalena Bachin Witwe"*.[104] Christian Heinrich Breuning, der sie vertrat, war Jurist.[105] 1752 führte er den Vorsitz des Gremiums, vor dem Gottlob Sigismund Hesemann seine Dissertation verteidigte.[106]

Vor den Verantwortlichen der Universität wurden am 21. November 1750 die Vereinbarungen noch einmal verlesen und von den Erben beziehungsweise ihren Vertretern als verbindlich anerkannt. Man bestätigte auch, dass Anna Magdalena die Erbanteile der unmündigen Kinder in Empfang genommen habe.[107] Damit wurde diese Erbaufteilung *„confirmiret"* und *„den Actus publicis einverleibet"*, was durch ein Schriftstück mit *„der Universität Insiegel und des geschwornen Actuarii eigenhändigen Unterschrift"* bestätigt wurde.[108]

Finanzielle Unterstützungen

Am 19. Oktober 1750 quittierte Anna Magdalena zum ersten Mal eine Auszahlung aus dem Graffschen Legat,[1] das auf den Leipziger Bürger und Handelsmann Johann Graff zurückging. Er hatte 1702 testamentarisch festgelegt, dass aus den Zinsen eines bestimmten Kapitals *„fünffzig Thaler* [...] *zu einem Stipendio vor einen fleißigen und frommen Studiosum Theologiä, fünffzig Thaler* [...] *vor einen fleißigen Studiosum Juris, und fünffzig Thaler* [...] *jährlich unter Fünff arme Witben zu vertheilen"* seien. So lange seine Frau als Witwe lebte, hatte sie das Recht, die beiden Studenten *„sowohl auch jährlich die Fünff armen Witben nach Belieben zuerwehlen"*.[2] Dieses Recht war später auf die fideikommissarischen Besitzer des Hauses in der Hainstraße und des Hauses in der Katharinenstraße übergegangen.[3] Da *„einige Irrungen entstanden"* waren, wurde in einem Vertrag im August 1750 fixiert, dass jedes Haus zwei Witwen für ein Jahr bestimmen solle. Alternierend wurde eine fünfte Witwe immer von einem Haus für ein Jahr benannt. Für die Stipendien an zwei Studenten bekamen die Vertreter des Hauses in der Katharinenstraße das Recht, für die ersten vier Jahre einen Theologiestudenten zu benennen.[4] Kurze Zeit später wählten sie aber einen Studenten aus, der Jura studierte. Aufgrund dieser Missachtung der Vereinbarung mussten sie am 12. Oktober 1750 einem Vergleich zustimmen. In ihm wurde festgelegt, dass der Vertreter des Hauses in der Hainstraße *„Herr Doct: Friedrich Heinrich Graff nicht nur den Studiosen Theologiä ohn ihr zuthun 4. Jahr hintereinander zu vergeben, sondern auch nach Verfluß derer 4. Jahre und also Ostern 1755. incl. derselbe,* [...] *beyde Studiosos so wohl den Studiosen Juris als den Studiosen Theologiä ganz alleine ohne die geringste Contradiction und Widerspruch zu denominiren Macht haben solle."*[5] Dieser Dr. Friedrich Heinrich Graff, der Kurator von Anna Magdalena, hatte bereits in einem auf den 5. Oktober 1750 datierten Schriftstück als die beiden Witwen, die er bestimmen konnte *„Fr. Reginen Elisabeth Zinnin* [...] *und die verwitbete Cantorin Bachin allhier"* als Empfängerinnen des Legats eingesetzt.[6] Zweimal im Jahr erhielt Anna Magdalena nun 5 Taler daraus.[7] Wie der Vergleich vom 12. Oktober 1750 zeigt, wurde sehr genau beobachtet, ob den empfangenden Personen die Zahlungen aus dem Legat zustanden. Dr. Friedrich Heinrich Graff kannte die finanziellen Verhältnisse von Anna Magdalena Bach. Er wusste, welche Beträge durch den Verkauf von Instrumenten zu erwarten waren, ihrer Übernahme der Schuldobligation der Schwester hatte er

zugestimmt.[8] Trotzdem war es ihm möglich, Anna Magdalena ab Herbst 1750 als Empfängerin für Legatszahlungen einzusetzen, die für *„arme Witben"* bestimmt waren, und ihr diese Beträge auch in den nächsten Jahren regelmäßig zukommen zu lassen. Es ist deutlich, dass hierbei keine Armut gemeint war, durch die aus finanziellen Gründen das physische Überleben gefährdet war. Auffällig ist in diesem Zusammenhang auch, dass auf den Quittungen von Anna Magdalena immer die Bezeichnungen „Stipendium" und „Witwe" zu finden sind und nicht „Almosen" und „arme Witwe", wie man sie bei anderen Empfängerinnen lesen kann.[9]
Interessant ist die Bestätigung der Auszahlung vom 17. Mai 1756 an *„Anna Magdalena Bachin"*. Sie wurde mit einem Siegel versehen (siehe Abbildung 52).[10]

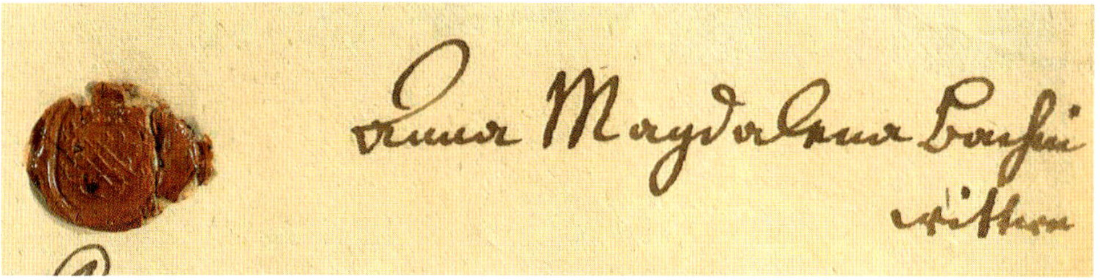

Abbildung 52: Ausschnitt aus der Quittung für die Auszahlung aus dem Graffschen Legat an Anna Magdalena Bach vom 17. Mai 1756

Es verschlingen sich darin die Buchstaben JSB. Ein ähnliches Siegel ist auf Verträgen zu finden, die Johann Sebastian unterzeichnete.[11] So ist auch dieses Siegel ein Zeichen, dass Anna Magdalena als Witwe *„alle u. jede Rechte, Ehren und Würden* [...] *ihres verstorbenen Mannes"*[12] besaß und somit Schriftstücke in dieser Weise beglaubigen konnte.

Ein Petschaft, mit dem der Abdruck erfolgte, konnte als Stempel oder auch als Ring gefertigt sein, in den das Monogramm eingraviert war.[13] Wenn er an einer Kette zu tragen war, gehörte er zu den Geradestücken, welche die Witwe erhielt.[14]
Aufgrund von Zinsentwicklungen wurden Anna Magdalena die Zahlungen für 1756 von Dr. Friedrich Heinrich Graff vorgestreckt.[15] Während des Siebenjährigen Krieges erfolgten keine Zahlungen. Erst nach seiner Beendigung wurden sie wieder aufgenommen.[16] Da war Anna Magdalena aber bereits verstorben.[17]

Ihre umfangreichste regelmäßige Unterstützung erhielt die Witwe Anna Magdalena Bach durch die Stadt. In den Abrechnungen der Almosenstube der Stadt

Leipzig von 1750 bis 1760 erscheinen im Allgemeinen keine Namen bei den Auszahlungen. Dass Anna Magdalena Geld durch diese Einrichtung bekam, konnte durch eine kleine Notiz aus einem Gesuch von Christiana Elisabeth Harrer (1724 – 1766)[18] nachgewiesen werden. Deren Mann Gottlob Harrer, Nachfolger von Johann Sebastian Bach als Thomaskantor, war am 9. Juli 1755 verstorben.[19] In einem Ratsprotokoll vom 2. Januar 1756 ist zu lesen: *„Des verstorbenen Cantoris auf der Thomas-Schulen nachgelaßene Wittbe, die Harrerin* [...] *bäthe vor sich u. ihre Kinder Allmosen Beytrag, die Bachische Wittbe habe ebenfallß dergl. zu genießen."* Der daraufhin gefasste Beschluss lautete: *„Wie die Bachin wöchentl. 1 rthl."*.[20]

In ähnlicher Weise wie Christiana Elisabeth Harrer muss auch Anna Magdalena nach dem Tod ihres Mannes aktiv geworden sein.[21] Ihre Lebensumstände hatten sich geändert und mussten von ihr neu organisiert werden. Dazu war es auch notwendig, mit verschiedenen Institutionen in Verbindung zu treten. Das hatte sie bereits bei der Beantragung des Gnadenhalbjahrs oder der Übernahme der Vormundschaft für ihre Kinder bei der Universität getan.[22] Für ihre Beantragung einer regelmäßigen Almosenzahlung durch die Stadt gibt es aber keine erhaltenen Dokumente. Die Summe, die sie anfänglich erhielt, wird aber unter einem Taler gelegen haben. Ein erst vor wenigen Jahren entdecktes Schriftstück zeigt,[23] dass sie 1753 pro Woche 16 Groschen von der Almosenstube der Stadt bekam (Abbildung 53). Bis zum Januar 1756 muss dieser Betrag dann auf einen Taler erhöht worden sein.[24]

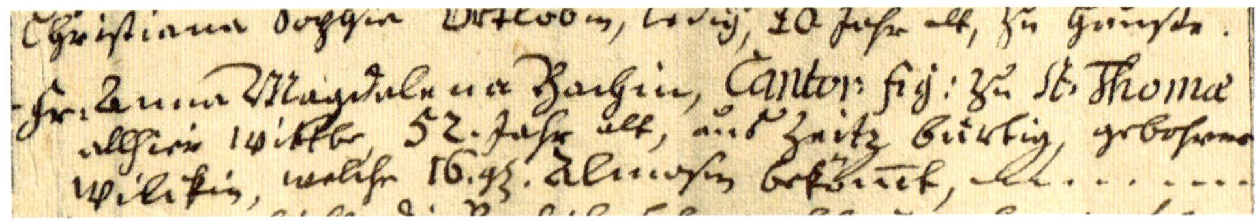

Abbildung 53: Eintrag aus den Dokumenten zum Stiftsrat Bornschen Legat 1753

Ähnlich wie beim Graffschen Legat sind Zahlungen der Almosenstube der Stadt aber keine Belege für eine finanzielle Armut, welche die leibliche Existenz bedrohte. Das wird am Beispiel der Witwe Johanna Gertraud Fried deutlich. Als eine Ausnahme erscheint ihr Name in den Abrechnungen der Almosenstube der Stadt regelmäßig.[25] Ihr Mann war Handelsmann und Ratsherr gewesen. Nach seinem Tod lagen seine Verbindlichkeiten aber höher als die vorhandenen Barmittel. Das Haus und weiteres Eigentum mussten verkauft werden.[26] Die drei

Töchter aus seiner ersten Ehe gingen nach Dresden.[27] Der 12-jährige Sohn aus der zweiten Ehe blieb bei der Stiefmutter. Für seine Unterkunft und Versorgung wurden ihr aus den Zinsen seines Erbes, das er beim Tod seiner leiblichen Mutter erhalten hatte, pro Jahr 60 Taler gezahlt.[28] Insgesamt hatten sich die finanziellen Umstände für Johanna Gertraud Fried und ihre beiden leiblichen Kinder deutlich verschlechtert. Sie erhielt von der Almosenstube der Stadt nach dem Tod ihres Mannes 1 Taler pro Woche.[29] Als ihr Stiefsohn 1749 nach Schulpforta ging, schrieb sein Vormund in eine Abrechnung:

„bezahlet an der Fr: Friedin ihr Gesinde,

als an die Köchin	*16 Groschen*
der junge Magd	*8 Groschen*
den Peruquier Bischoff	*8 Groschen".*[30]

Diese Beträge waren nur eine Erkenntlichkeit. Angestellt waren die Betreffenden durch Johanna Gertraud Fried. Dafür musste sie über die entsprechenden finanziellen Mittel verfügen. Diese Anstellungen weisen aber auch auf ein entsprechendes Umfeld hin, in dem es zum Stand gehörte, Gesinde und weiteres Dienstpersonal zu haben. Die Almosenstube erhöhte die Unterstützung für Johanna Gertraud Fried 1756 auf anderthalb Taler pro Woche.[31] 1761 erbte sie über 1.000 Taler, was in Dokumenten der Stadt verzeichnet ist.[32] Auf die Zuwendungen durch die Almosenstube hatte das keinen Einfluss. Sie erhielt auch in den folgenden Jahren 78 Taler im Jahr.[33] Der Durchschnittswert für Unterstützungen der Almosenstube lag bei 6 Groschen pro Woche.[34] Das sind auf ein Jahr hochgerechnet 13 Taler.

Hier wird ein Prinzip der Ständegesellschaft deutlich. Es war in dieser Zeit selbstverständlich, die verschiedenen Stände und damit auch soziale Unterschiede als Teile einer gottgewollten kosmischen Ordnung zu sehen.[35] Das Leben des Einzelnen spielte sich innerhalb der Grenzen seines Standes ab. Johanna Gertraud Fried verfügte nicht mehr über die finanziellen Mittel, die für ein Leben in ihrem Stand notwendig waren. Sie wurde deshalb mit einem Betrag unterstützt, der sich an ihrem bisherigen Stand und den damit verbundenen Bedürfnissen orientierte. Es war ihr wichtig, *„ehrlich"* leben zu können, und Begriffe wie *„kümmerlich"* oder *„bedürfftige Umstände"*[36] wurden in diesem Zusammenhang standesbezogen genutzt.[37]

Über den Stand von Anna Magdalena liefert ein Dokument von 1753 Hinweise. In ihm sind die Namen, Beträge und Lebensumstände einiger Empfängerinnen von wöchentlichen Almosenzahlungen in Leipzig erwähnt.

Als Ratsherrenwitwen erscheinen dort:

Rahel Christiana Brummer (79 Jahre), keine Angabe zu Kindern:	24 Groschen,
Johanna Gertraud Fried (ungefähr 40 Jahre), ein unmündiges Kind im Haushalt:	24 Groschen.

Als Witwen von Lehrern der Thomas- und Nikolaischule sind angeführt:

Anna Magdalena Bach (52 Jahre), zwei unmündige Kinder im Haushalt:	16 Groschen,
dazu: Gottfried Heinrich Bach:	6 Groschen,
Blandina Starcke (79 Jahre), ohne Kinder:	6 Groschen,
Anna Catharina Thiemig (59 Jahre) eine Tochter (25 Jahre) im Haushalt:	4 Groschen,
Maria Elisabeth Schröer (56 Jahre), ohne Kinder:	8 Groschen.[38]

Johann Sebastian Bach war Lehrer an der Thomasschule.[39] Die Männer der anderen drei hier angeführten Lehrerwitwen gehörten zum Lehrkörper der Nikolaischule.[40] Anna Magdalena Bach war aber nicht nur Ehefrau des Kantors an der Thomasschule gewesen, sondern auch des Königlich Polnischen und Kurfürstlich Sächsischen Hofcompositeurs, Capellmeisters und Musikdirektors der Stadt Leipzig.[41] Sie erhielt weniger als die beiden Kaufmanns- und Ratsherrenwitwen, aber deutlich mehr als die Witwen, deren Ehemänner Lehrer an der Nikolaischule gewesen waren.

Eine solche unterschiedliche Behandlung war keine Besonderheit für Leipzig, sondern zeigt eine grundlegende Einstellung in der Ständegesellschaft. Gesa Ingendahl hat das in ihrer Dissertation speziell an Witwen untersucht, die in der Reichsstadt Ravensburg lebten, und stellte zu den Unterstützungen höherer städtischer Amtsinhaber fest: *„Die Höhe der Zuschüsse lag etwas oberhalb der Höchstgrenze der Almosen und berücksichtigte zudem zunehmend die relative Bedürftigkeit ständischer Anforderungen, anstatt nur die existenzielle Vermögenslosigkeit einzubeziehen. Selbst wohlhabende Witwen mit großem Vermögen konnten über einen Zahlungsantrag an die Verdienste ihrer verstorbenen Ehemänner anknüpfen und [...] weiterhin im angesehenen Status der Amts-Frauen verbleiben.“*[42]

Aus diesem Grund sollte heute mit dem Begriff „existenzbedrohend“ vorsichtig umgegangen werden, wenn er auf die damalige Zeit angewendet wird. Es muss

immer geprüft werden, ob damit eine Existenz im Stand oder die physische Existenz gemeint ist.
Als die zu diesem Zeitpunkt 31-jährige Kantorenwitwe Christiana Elisabeth Harrer durch die Stadt Almosenzahlungen zugesagt bekam, hatte sie zwei Töchter im Alter von 7 und 4 Jahren sowie einen 8 Monate alten Sohn zu versorgen.[43] Zu dieser Zeit lebten im Haushalt von Anna Magdalena Bach die 17-jährige Johanna Carolina und die 13-jährige Regina Johanna, bei denen wohl davon auszugehen ist, dass sie in der Lage waren, ihre Mutter zu unterstützen. Für den nunmehr über 30-jährigen Gottfried Heinrich[44] wurden 1753 wöchentliche Almosenzahlungen von 6 Groschen angegeben (siehe Abbildung 48, S. 158).[45] Es gibt keinen Hinweis, dass diese Zahlungen bis 1756 eingestellt wurden. Als der Rat im Januar 1756 für Christiana Elisabeth Harrer entschied: *„Wie die Bachin, wöchentl. 1 rthl."*,[46] war offensichtlich nicht der Vergleich der Lebensumstände der beiden Frauen das allein bestimmende Kriterium. Der Stand ihrer verstorbenen Männer dürfte die entscheidende Rolle gespielt haben. Auch Gottlob Harrer war nicht nur Thomaskantor und Musikdirektor der Stadt Leipzig, sondern auch Königlich Polnischer und Kurfürstlich Sächsischer Hofcompositeur sowie vormals Capell-Director des Königlich-Polnischen und Kurfürstlich-Sächsischen Premierministers seiner Exzellenz Heinrich Reichsgraf von Brühl.[47]
Es ist nicht bekannt, in welchem Monat Anna Magdalena Bach zum ersten Mal Almosenzahlungen durch die Stadt erhielt. Eine Orientierung könnte das Verfahren für Christiana Elisabeth Harrer bieten. Deren Mann verstarb ebenfalls im Juli, und nach einem halben Jahr erhielt sie im Januar eine Zusage.

Das Datum, an dem Anna Magdalena zum ersten Mal finanzielle Unterstützungen von der Universität Leipzig erhielt,[48] ist ebenfalls unbekannt. Abrechnungen der Almosendeputation der Universität für die Jahre 1750/51 und 1751/52 sind nicht vorhanden. In den Abrechnungen 1752/53 ist ihr Name von Beginn an aufgeführt.[49]
Während die meisten Beträge wöchentlich ausgezahlt wurden, erscheint die *„CapellMstr. Bachin"* (siehe Abbildung 54, S. 196) in Aufstellungen, die mit dem Zusatz *„Monathl."* versehen sind. Das ist allerdings irreführend, denn sie erhielt alle vier Wochen eine Zuwendung von jeweils 1 Taler und 8 Groschen, also dreizehnmal im Jahr.[50] Auch die Universität zahlte an sie Beträge, die über dem Durchschnitt lagen.[51]

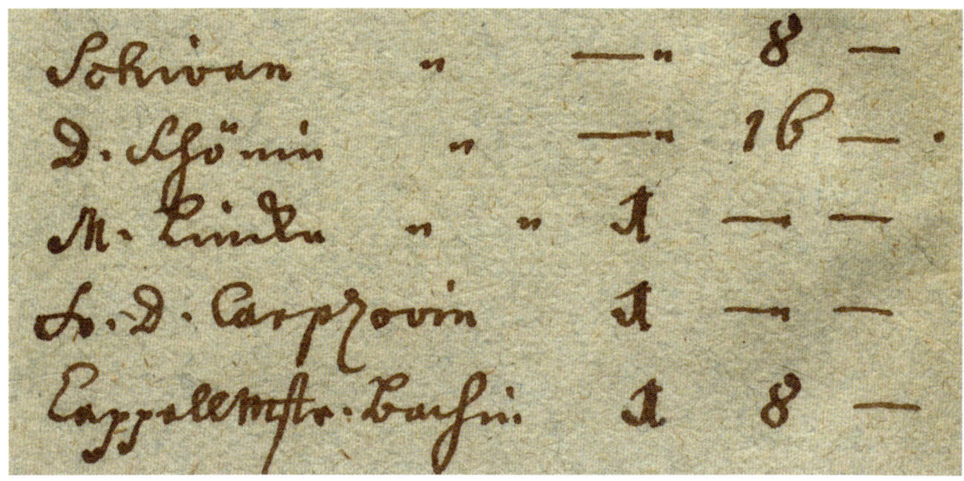

Abbildung 54: Ausschnitt aus der Abrechnung der Almosendeputation der Universität Leipzig vom 8. November 1752

In ihrem Antrag an die Stadt für das Gnadenhalbjahr führte Anna Magdalena Bach an, wie bei den Witwen der vormaligen Thomaskantoren verfahren wurde.[52] Maria Elisabeth Schelle war 1701 verwitwet und starb 1730. Sabine Elisabeth Kuhnau wurde 1722 Witwe und verstarb 1743.[53] Obwohl beide nicht mehr lebten, konnte Anna Magdalena Informationen über die damaligen Vorgänge geben. Sie wird auch vor der Nachlassverteilung Erkundigungen über die Höhe von Unterstützungen eingezogen haben, um zu wissen, wie sie dabei agieren konnte.
Mit den Beträgen, die heute bekannt sind, kann folgende Rechnung aufgemacht werden:

Almosenstube (Stadt Leipzig):	34 Taler, 16 Groschen
Almosenstube (an Gottfried Heinrich):	13 Taler[54]
Almosendeputation (Universität Leipzig):	17 Taler, 8 Groschen[55]
Graffsches Legat:	10 Taler[56]
	75 Taler

75 Taler pro Jahr wären für das bloße Überleben von Anna Magdalena und das ihrer Kinder nicht ausreichend gewesen. Es sei daran erinnert, dass dafür bei einer Person ungefähr 30 Taler pro Jahr zu veranschlagen sind[57] und ein Wirtschaftsfachmann dieser Zeit[58] feststellte: *„Man gebe jeder Familie wöchentlich 3 Thlr. zum Verdienst und Circulation* [...] *so würden die Einwohner bey frugaler Lebensart*

weder zu betteln noch zu stehlen nöthig haben.“[59] Danach dürfte die Summe, welche die Familie Bach für ein Überleben auf niedrigem Niveau benötigte, zwischen 120 und 150 Talern pro Jahr gelegen haben. Um diese zu erlangen, hätte Anna Magdalena die aufgeführten Unterstützungen mit dem Geld, das sie durch das Gnadenhalbjahr erhalten hatte,[60] den letztmaligen Zahlungen aus Legaten[61] oder den Beträgen, die sie durch den vereinbarten Verkauf der Musikinstrumente sowie der „*Tabatiere von Agath in Gold gefasst*“[62] bekam, aufstocken können. Diese Gelder wären aber in absehbarer Zeit aufgebraucht gewesen. Mit einer solchen Perspektive hätte sie wohl kaum die Schuldobligation ihrer Schwester bei der Nachlassverteilung übernommen[63] oder den Ursula Erbstolln finanziell unterstützt.[64] Es wird deutlich, dass Anna Magdalena Bach von weiteren Einnahmen ausging.
Ein Beleg, dass sie als Witwe durch eigene Arbeit Einkünfte erzielte, sind die Almosenzahlungen, die sie durch die Stadt erhielt. Nach der Armenordnung der Stadt Leipzig von 1704 war es eine Voraussetzung für den Erhalt einer Unterstützung, dass dem „*Stande, Alter, Wissenschafft und Kräfften*“[65] gearbeitet wurde. In diesem Fall sprach man von „würdigen Armen“. Mangelnde Arbeitsbereitschaft war eine Eigenschaft von „unwürdigen Armen“, die von Almosenzahlungen ausgeschlossen wurden.[66] In einer Publikation von 1787 wurde sogar davor gewarnt, zu hohe Almosen auszuzahlen, da damit der Arbeitswille der Empfangenden gemindert werden würde.[67]
In der Frühen Neuzeit hatte eine Witwe keinen Anspruch auf eine Versorgung durch die Gesellschaft. Eine Ausnahme war eine nachgewiesene Gebrechlichkeit, durch die keine eigene Arbeit mehr möglich war.[68] Es sei daran erinnert: Als ihr Mann starb, war Anna Magdalena 48 Jahre alt.[69] Im August 1750 nahm sie die Bestellung der Ratswahlkantate an.[70] Sie holte Erkundigungen über die Auszahlung des Gnadenhalbjahrs ein und beantragte es.[71] Im Oktober 1750 teilte sie der Universität mit, dass sie Vormundschaftsaufgaben bei ihren unmündigen Kindern übernehmen wolle.[72] Damit war sie verantwortlich, ein Nachlassverzeichnis zu erstellen und die Erbanteile der unmündigen Kinder zu verwalten.[73] Sie übernahm die Verantwortung für ihre beiden jüngsten Töchter, die beim Tod des Vaters 8 und 12 Jahre alt waren und sah sich auch in der Lage, ihren 26-jährigen geistig behinderten Sohn Gottfried Heinrich zu versorgen.[74] Es gibt keine Hinweise, dass Anna Magdalena beim Tod ihres Mannes aus körperlichen oder geistigen Gründen nicht fähig war, selbst tätig zu sein und damit zu ihrer Versorgung beizutragen. So muss nicht geklärt werden, ob sie Einkünfte aus eigener Arbeit bezog. Dazu war sie verpflichtet, und es gibt Hinweise auf Bereiche, in denen sie tätig war.

Einkünfte aus eigener Arbeit

Anna Magdalena Bach war in ihren jungen Jahren zur Sängerin ausgebildet worden.[1] Während ihrer Ehe arbeitete sie weiter an ihren musikalischen Fähigkeiten.[2] Es kann nicht ausgeschlossen werden, dass sie diese als Witwe nutzen konnte und unterrichtete. Allerdings gibt es dafür keinerlei Hinweise. Dass die verwitwete Frau Capellmeisterin Anna Magdalena Bach aber Musikalien vertrieb, kann durch verschiedene Dokumente belegt werden.[3] Wie schon erwähnt, erfuhren die Leser der Berlinischen Nachrichten im Mai 1751, dass die *„Erben des großen Componisten, weyland Herrn Johann Sebastian Bachs,"* sich entschlossen hätten, *„ein von ihm im Manuscript hinterlassenes Werk der Vergessenheit zu entreissen, und unter der Aufschrift: Die Kunst der Fuge* [...] *herauszugeben."*[4] Es fällt auf, dass hier nicht allein die Söhne Bachs als Initiatoren für dieses Projekt angeführt sind. Das Wort *„Erben"* bezieht Anna Magdalena Bach in den Kreis mit ein. Wenig später ist in einer Leipziger Zeitungsanzeige zu lesen, dass dieses Werk vorab für einen Vorzugspreis (Pränumeration)[5] erworben werden könne. Dafür solle man sich *„in Leipzig bey der Frau Wittbe Bachin, in Halle bey dem Hrn. Music-Director Bach, in Berlin bey dem Königl. Cammer-Musicus Bach, und in Naumburg bey dem Organist Altnicol"* melden.[6] In einer Leipziger Zeitung wurde am 3. Mai 1752 dann mitgeteilt, *„daß das Bachische Werk, die Kunst der Fuge genannt, fertig ist, und diejenigen, welche darauf pränumeriret haben, ihre Exemplaria ietzige Woche gegen Einsendung des Pränumeration-Scheins abhohlen lassen können. Es sind auch noch Exemplaria gegen baare Bezahlung zu bekommen."*[7] Anna Magdalena war an diesem Projekt also nachweislich beteiligt, wobei es offenbleiben muss, inwieweit dabei ihre Aktivitäten über den Vertrieb hinausgingen.

Aus Zeitungen, die in Berlin, Hamburg, Leipzig, Augsburg und Greifswald erschienen, sind Anzeigen bekannt, in denen ihr Stiefsohn Carl Philipp Emanuel in den ersten Monaten des Jahres 1752 die Herausgabe eines Klavierlehrwerks[8] ankündigte.[9] Es sollte den Titel „Versuch über die wahre Art das Clavier zu spielen" erhalten. Auch er suchte Interessenten, die für einen ermäßigten Preis das Werk vorab kaufen (subskribieren)[10] wollten. In der Anzeige weist er deutlich darauf hin, dass er damit die Druckkosten finanzieren wollte. *„Erhält man nicht eine ansehnliche Zahl Subscribenten; so bleibt es liegen"*,[11] ist zu lesen.

Für den Vertrieb baute Carl Philipp Emanuel ein Netzwerk von sogenannten Collecteuren auf, an die man sich in verschiedenen Städten wenden konnte – ein zur damaligen Zeit übliches Verfahren.[12] Sie waren die Ansprechpartner, sollten das Werk in ihrem Umfeld anbieten, mussten mit Carl Philipp Emanuel im Austausch stehen, ihm die eingenommenen Beträge zukommen lassen und später die gedruckten Exemplare ausliefern. Dafür wurden sie entlohnt.[13] Welche genauen Vereinbarungen dabei getroffen wurden, ist nicht bekannt. 1782 teilte Carl Philipp Emanuel für ein anderes Werk mit: *„Wer 10 Exemplare sammlet, erhält das 11te umsonst, und bey 5 ein halbes“*,[14] was ein Anhaltspunkt sein könnte. Der „Versuch über die wahre Art das Clavier zu spielen“ fand genügend Interessenten, so dass der Druck erfolgen konnte. Per Zeitungsanzeige erfuhren die Käufer 1753, *„daß sie auf bevorstehender Leipziger Jubilate-Messe die Exemplaria von ihren Herrn Collecteurs, gegen Auslieferung des Pränumerations-Scheins, erhalten können.“*[15]

Die erste Auflage war schnell vergriffen, und Carl Philipp Emanuel ließ 1754 mitteilen: *„So habe ich nunmehro nicht allein eine zweyte Auflage dieses Wercks besorgt, sondern auch zugleich Anstallt gemacht, daß man dasselbe, der Bequemlichkeit der Correspondence wegen, an verschiedenen Oertern in Deutschland haben kann.“*[16] 1759 kündigte er die Herausgabe eines zweiten Teils vom „Versuch über die wahre Art das Clavier zu spielen“ an. Anzeigen sind dafür aus Zeitungen bekannt, die in Berlin, Hamburg und Leipzig erschienen.

Wenn in der Anzeige in den „Berlinischen Nachrichten“ vom 27. Januar 1752 von den *„Herrn Collectores“*[17] gesprochen wurde, so galt dieser Begriff auch für Frauen. Für Nürnberg war *„des seligen Balthasar Schmidts Wittwe“* angegeben. Sie führte die Musikalienhandlung und den Verlag ihres verstorbenen Mannes.[18] In Leipzig sollte man sich an die *„Frau Capellmeisterin Bachin“* wenden. Carl Philipp Emanuel erweiterte das Netz der Collecteure immer wieder, beendete aber auch die Zusammenarbeit mit einigen von ihnen. Die Collecteure, die nach den bisher bekannten Zeitungsanzeigen zwischen 1752 und 1759 für den Vertrieb seines Lehrwerks verantwortlich waren, sind mit den für sie angeführten Orten und Anreden in der nachfolgenden Aufstellung zusammengefasst:[19]

Ort	Erscheinungsdaten der Zeitungsanzeigen		
	27.1.1752* 19.2.1752 23.3.1752 29.4.1752	29.3.1752	7.6.1752
Augsburg	Musick-Director Seifert	Music-Director Seifert	Music-Director Seifert
Berlin	Verfasser, Herr Busse, Organist –	Verfasser, Organist Busse –	Verfasser, Organist Busse –
Braunschweig	–	–	–
Breslau	–	–	Organist Hoffmann
Danzig	–	–	Raths-Musicus Gewehr
Dresden	–	–	–
Eisenach	Organist Bach	Organist Bach	Organist Bach
Frankfurt am Main	–	Joh. Dan. Fey, Kauffmann	Kaufmann Fay
Gotha	–	–	–
Halberstadt	Dom-Secretarius Gleim	Dom-Secretarius Gleim	Dom-Secretarius Gleim
Halle	–	–	–
Hamburg	Capellmeister Telemann	Capellmeister Telemann	Capellmeister Telemann
Kassel	–	Secretarius Robert	Hof-Trompeter Wacker
Leipzig	Capellmeisterin Bachin	Capellmeisterin Bachin	Capellmeisterin Bachin
Magdeburg	–	–	–
Naumburg	Organist Altnickol	Organist Altnicköl	Organist Altnickol
Nürnberg	des seligen Balthasar Schmidts Wittwe	des sel. Balthasar Schmidts Wittwe	des seel. Balthasar Schmidts Wittbe
Regensburg	–	–	–
Stettin	Organist Wolff	Organist Wolf	Organist Wolf

19.9.1754	4.1.1759 12.1.1759 20.1.1759*	17.5.1759
Musick-Director Seyfarth	–	–
Autor, Organist Busse –	Verfasser, Cantor Busse, Buchdrucker Winter	Verfasser, Cantor Busse, Buchdrucker Winter
Cammer-Secretair Gräf	Cammer-Secretair Gräf	Cammer-Secretair Gräf
Organist Hoffmann	Organist Hofmann	Organist Hofmann
Raths-Musicus Gewehr	Raths-Musicus Gewehr	Raths-Musicus Gewehr
–	Königl. Cammer-Musicus Horn	Königl. Cammer-Musicus Horn
–	–	–
–	–	–
Cammer-Musicus Cramer	Cammer-Musicus Cramer	Cammer-Musicus Kramer
Dom Secretair Gleim	Dom-Secretair Gleim	Dom-Secretair Gleim
–	Music-Director Bach	Music-Director Bach
Capellmeister Telemann	Capellmeister Telemann	Capell Meister Telemann
Hof-Trompeter Wacker	Hof-Trompeter Wacker	Hof-Trompeter Wacker
verwittwete Capellmeisterin Bach	Capellmeisterin Bachin	Capell-Meisterin Bachin
–	Music-Director Rolle	Music-Director Rolle
–	–	–
Hafner	Lautenist Hafner	Lautenist Hafner
–	–	Schulmeister Schmidt
Organist Wolf	Organist Wolf	Organist Wolf

*Schreibweise der Namen aus den Anzeigen mit *, Ortsangaben nach heutiger Schreibweise, Verfasser und Autor = Carl Philipp Emanuel Bach*

Über die Kriterien der Auswahl von Collecteuren schrieb Klaus Hortschansky, der sich intensiv mit dem Vertrieb von Musikalien in dieser Zeit beschäftigte: *„Das Netz der Kollekteure war im allgemeinen so engmaschig, daß der von ihnen erfaßte Bereich mühelos angesprochen werden konnte; ein beträchtlicher Teil des Musikalienhandels ruhte ja noch in den Händen von Fachmusikern, die als Kapellmeister, Kammermusici, Stadtmusici, Kantoren oder Organisten in einem festen Berufsverhältnis standen."*[20]

Die Titel und Berufsbezeichnungen in seinen Annoncen zeigen, dass Carl Philipp Emanuel sein Vertriebsnetzwerk nach diesen Kriterien aufbaute. Als Ausnahme könnte der Domsekretär Johann Wilhelm Ludwig Gleim aus Halberstadt erscheinen, der heute vor allem als Dichter bekannt ist. Über ihn wird berichtet: *„Sein Freundschaftsnetz war über den gesamten nord- und mitteldeutschen Raum gespannt. Kaum jemandem gelang es wie ihm, Freundschaft als Lebenspraxis zu verstehen"*.[21] Wäre Anna Magdalena im Haushalt ihres Mannes nur für die Versorgung der Kinder verantwortlich und ihr Hauptarbeitsort die Küche gewesen, dann hätte sie wohl keine ausreichende Qualifikation für einen Vertrieb gehabt. Für eine zurückgezogen lebende Witwe, die nur durch Almosenzahlungen ihr Dasein fristen konnte, gilt das ebenfalls. Carl Philipp Emanuel war ein geschickter Geschäftsmann.[22] Auch beim Verkauf vom „Versuch über die wahre Art das Clavier zu spielen" war er sehr erfolgreich.[23] Friedrich Wilhelm Marpurg (1718 – 1795)[24] aus Berlin schrieb über ihn 1755 an den Verlag Breitkopf: *„In Ansehung des Herrn Bach: so können Sie nichts als gutes von ihm argwöhnen und er ist Ihr Freund. Aber das ist derjenige, der die Münze am meisten vor allen anderen kennt und schlägt."*[25] Wenn seine Stiefmutter ihren Aufgaben als Collecteurin nicht gerecht geworden wäre, hätte er darauf reagieren müssen und zum Beispiel die Möglichkeit gehabt, für Leipzig einen weiteren Collecteur einzusetzen. In Berlin waren es auch zwei und später drei. Er hatte von 1723 bis 1734 in Leipzig gelebt. Es ist davon auszugehen, dass er dort immer noch etliche Menschen kannte, die er um die Übernahme dieser Aufgabe hätte bitten können.[26] Anna Magdalena muss den Vertrieb zu seiner Zufriedenheit betrieben haben. Sie gehört zu den wenigen Collecteuren, die von 1752 bis 1759 durchgängig dafür verantwortlich waren.

Ihr Titel war dabei kein Hinweis auf ihre Berufstätigkeit, und es war daraus auch nicht abzuleiten, wo man sie antreffen konnte. Im Adressbuch ist sie nicht aufgeführt. 1753 hatte Leipzig 32.384 Einwohner.[27] Genauere Angaben in den Zeitungsanzeigen wären mit der Angabe des Straßennamens, der Beschreibung des Hauses und Angaben zum Stockwerk möglich gewesen.[28] Erinnert sei daran, dass zum Beispiel in der Anzeige vom 27. September 1747 angegeben wurde, *„daß der bekannte Mund- und Zahn Arzt, Johann Gottlob Gäbler, vorietzo in seinem Logis zu Leipzig auf dem Neuen Neumarckt im Pelican, im Hofe zur rechten Hand eine Treppe hoch"* wohnhaft anzutreffen sei.[29] Offensichtlich erachtete Carl Philipp Emanuel eine solche Präzisierung des Wohnortes seiner Stiefmutter als nicht notwendig.

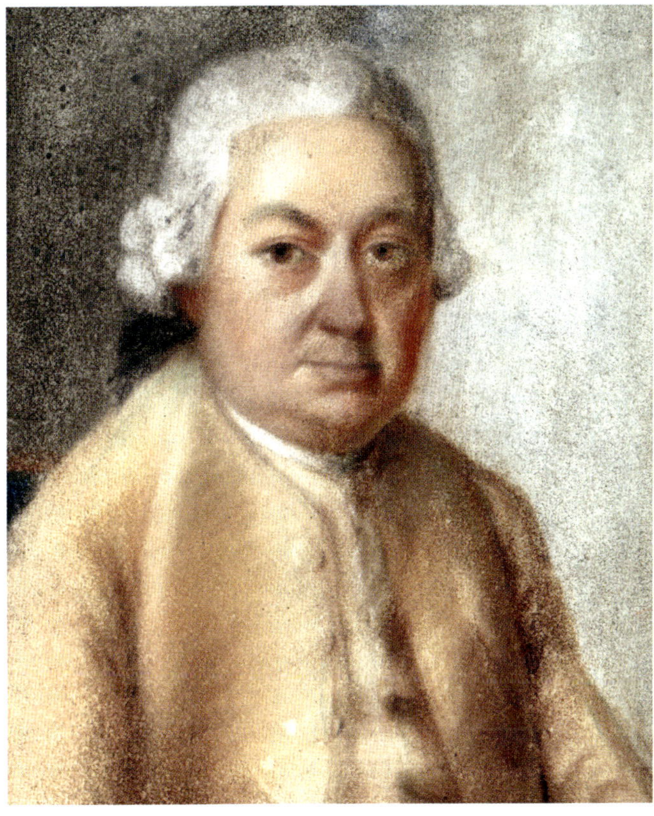

Abbildung 55: Carl Philipp Emanuel Bach, Pastell von Johann Philipp Bach, um 1775

Da Anna Magdalena in der Lage war, den „Versuch über die wahre Art das Clavier zu spielen" für Carl Philipp Emanuel in zufriedenstellender Weise zu vertreiben, stellt sich die Frage, ob sie diese Fähigkeiten nicht auch für den Vertrieb anderer musikalischer Werke nutzte. Mit dem Zugriff auf mehr als zwei Drittel des hinterlassenen Musikalienbestandes ihres Mannes[30] war sie in der Lage, wie Jahrzehnte später ihre verwitwete Schwiegertochter, *„richtige und saubere Copien"* anzubieten.[31] In Mitteldeutschland gab es einen großen Bedarf an geistlicher

Figuralmusik.[32] Jeder neue Musikdirektor, der für die musikalische Ausgestaltung von protestantischen Gottesdiensten verantwortlich war, musste innerhalb kurzer Zeit über einen großen Bestand an Kantaten verfügen, um seinen Aufgaben gerecht zu werden. Wie schon angesprochen, dürfte hierin der Grund gelegen haben, warum der Leipziger Rat Interesse an Werken von Johann Sebastian Bach hatte und diesbezüglich bei Anna Magdalena anfragte.[33] Bachs Nachfolger Gottlob Harrer war Capelldirector der Privatkapelle des Reichsgrafen von Brühl gewesen.[34] Als Musikdirektor der Stadt Leipzig benötigte er nun Werke, die er in den Gottesdiensten aufführen konnte. Dass Harrer die Werke von Bach auch nutzte, zeigen aus seiner Zeit stammende Ergänzungen in Stimmen von Choralkantaten.[35] Carl Philipp Emanuel schrieb 1771, drei Jahre nachdem er sein Amt als Musikdirektor in Hamburg angetreten hatte, an einen Bekannten: *„Ich habe in diesen 3 Jahren hier und anderswo über 6 Jahrgänge in Partitur abschreiben laßen, worunter keines von den mir gütigst geliehenen Stücken ist, alles sind unbekannte Sachen, rechnen Sie einmahl nach, was dieses kostet? Künftig werde ich auch selbst mehr arbeiten, als bisher, da ich nun ruhig bin. Mit Ostern fange ich mit 2 neuen Jahrgängen an“*.[36] An seinem Lebensende gehörten zum Eigentum Carl Philipp Emanuels vier Jahrgänge von Telemann (zum Teil mit ausgeschriebenen Stimmen), drei Jahrgänge von Stölzel sowie ein Kantatenjahrgang *„von Förster, mit ausgeschriebenen Stimmen“*. Mindestens 78 Kantaten, die bestimmten Sonn- und Feiertagen zugeordnet werden können, hatte er von seinem Vater, weitere von Georg Benda und dem *„älteren Fasch“*.[37] Waren Texte nicht passend, wurden erworbene Werke auch umgestaltet. Johann Gottfried Walther, Organist in Weimar,[38] bemerkte zum Beispiel 1745 zu lateinischen Motetten: *„wenn unter die letztern ein convenabler teütscher Text gelegt würde, könnten sie sämtl. recht, als was neües, paßiren.“*[39] Es wurden aus Einzelsätzen von verschiedenen Komponisten auch Werke neu zusammengestellt.[40]

Es ist also deutlich, dass ein Bedarf vorhanden war. Anna Magdalena Bach ist als Kopistin von Werken ihres Mannes nachweisbar.[41] Mit einem entsprechenden Bestand an Stammhandschriften[42] war sie in der Lage, Abschriften davon zu liefern. Beim Ausleihen von Noten konnten für das Recht, diese abschreiben zu dürfen, von ihr *„Communicationsgebühren“*[43] verlangt werden. Bei solchen Aktivitäten als Musikalienhändlerin wäre auch erklärlich, warum Carl Philipp Emanuel in den beschriebenen Anzeigen keine genauere Angabe für ihre Adresse geben musste. Er konnte davon ausgehen, dass sie als Musikalienhändlerin in Fachkreisen bekannt war. Über die Höhe ihrer diesbezüglichen Einnahmen kann letztlich nur spekuliert werden. Sofern hier aber keine Möglichkeiten für finanzielle Gewinne vorhanden gewesen wären, hätte der Geschäftsmann Johann Gottlob Immanuel Breitkopf nach 1761 wohl keine Kopien von Musikalien Johann Sebastian Bachs mehr angeboten. Weitere Kataloge, mit Werken von ihm, können aber auch für 1764, 1769, 1770 und 1780 nachgewiesen werden.[44]

Bei der Verteilung des Nachlasses hatte Anna Magdalena alle Gegenstände übernommen, die zur Führung eines Haushalts notwendig waren und zum Teil dafür Ausgleichzahlungen an die anderen Erben geleistet.[45] Nimmt man die *„7. hölt-zerne Betten"*,[46] die nun ihr Eigentum waren, als Anhaltspunkt, so deutete das auf einen Bestand hin, der für die Unterbringung und Versorgung von deutlich mehr Menschen ausgelegt war als für die drei Kinder, die bei ihr lebten.[47] Mit der Unterbringung von fremden Personen im Haushalt war Anna Magdalena vertraut, hatten doch in der Wohnung der Familie Bach in der Thomasschule Privatschüler gelebt.[48] Durch ihr Agieren bei der Verteilung des Nachlasses hatte sie für sich die Voraussetzung geschaffen, möblierten Wohnraum zu vermieten. Solche Unterkünfte wurden häufig durch Witwen angeboten.[49] So kam 1765 Johann Wolfgang Goethe nach Leipzig, um an der Universität zu studieren.[50] Darüber ist zu lesen: *„Goethes Wohnung bestand aus ‚ein paar artigen Zimmern, die in den Hof sahen'; die Wirtin war eine Kaufmannswitwe, Frau Johanna Elisabeth Straube."*[51] Diese war aber nicht Eigentümerin des Hauses, in dem Goethe wohnte.[52]
In der Universitäts- und Messestadt gab es einen großen Bedarf an Zimmern zur Untermiete. Johann Christian Müller, der 1743 zum Studium in die Stadt kam,[53] schrieb: *„Wir merckten allenthalben, wo auf einen kleinen Brettchen an der Hauß Thür Stuben und Cammern zur Miehte angezeigt wurden."*[54]
Beispiele von Mietkosten für Untermieter Mitte des 18. Jahrhunderts in Leipzig können der Aufstellung entnommen werden:[55]

Name des Untermieters, Jahr	Mietkosten pro Jahr
Georg Michael Teutscher, 1741	24 Taler
Rahel Sophia Börner, 1754	20 Taler
Christian Friedrich Börner, 1754	30 Taler
Johann Michael Fried, 1755/56	20 Taler

Studenten hatten meist Aufwartefrauen. Diese reinigten die Stube, heizten und erledigten Einkäufe. Johann Christian Müller schrieb über die Frau, die diese Arbeiten für ihn verrichtete: *„Sie kam des Morgens, brachte mein Thee Waßer, setzte den Caffee auf den Tische zurecht, stopfte die Pfeiffe, und weckte mich alsdenn. Sie kam des Tages oftmals sich zu erkundigen, und ich konte ihr auch leicht aus den Fenster abrufen. Um 9 Uhr Abends nam sie die Schue und den Thee Kessel mit sich nach ihrem Hause."*[56] Der Lohn dafür war sehr gering.[57] Es ist kaum vorstellbar, dass die Frau Capellmeisterin Bach für solche Arbeiten zur Verfügung stand. Eher ist zu erwarten, dass sie sich, ähnlich wie Johanna Gertraud Fried, die ja ebenfalls Almosen von der Stadt erhielt, bei der Führung des Haushalts von Dienstpersonal unterstützen ließ.[58]

Für den Verkauf der Instrumente war bei der Nachlassverteilung beschlossen worden, dass Familienmitglieder ein Vorkaufsrecht haben sollten.[59] Wenn Anna Magdalena diese Möglichkeit für sich in Anspruch nahm, wäre sie in der Lage gewesen, Untermietern auch die Nutzung eines Instruments im Zimmer anbieten zu können, was mit zusätzlichen Einnahmen verbunden gewesen wäre. Damit hätte sie die Vermietung von Tasteninstrumenten, welche zu Lebzeiten ihres Mannes betrieben wurde, weitergeführt.[60]

Häufig lebten zwei Studenten in einem Zimmer.[61] Das muss nicht nur aus Kostengründen geschehen sein. Johann Christian Müller schrieb, dass ihn Einsamkeit und auch Heimweh als Student zuweilen schwermütig machten: *„Mein Vater suchte mich in seinen Briefen auf alle möglich Art zu ermuntern, er schlug mir vor, ob ich nicht Genüge hätte zur Gesellschaft einen Stuben Burschen zu wählen?"*[62] Auch Georg Philipp Telemann erwähnt in den Erinnerungen an seine Studentenzeit in Leipzig einen Stubenburschen, mit dem er zusammen wohnte,[63] ebenso Johann Elias Bach.[64]

Mit der Absicht, Wohnraum an Studenten zu vermieten, könnte sich auch erklären, warum Anna Magdalena aus dem Nachlass ihres Mannes *„1. Stock mit Silber beschlagen"*, *„1. paar silberne Schuh-Schnallen"* und einige Kleidungsstücke besitzen wollte und dafür den Kindern 10 Taler zahlte.[65] Zu Lebzeiten ihres Mannes hatte die Familie Johann Elias Bach mit Reiseutensilien ausgeholfen.[66] Anna Magdalena wusste wohl, welche Gegenstände und Textilien Untermieter von Zeit zu Zeit benötigten.

Während der drei Messen von je 14 Tagen kamen 10.000 Menschen und mehr nach Leipzig,[67] wodurch sich noch ein besonderes Geschäft ergab. Johann Wolfgang von Goethe schrieb in „Aus meinem Leben. Dichtung und Wahrheit" über

seine Zeit als Student in Leipzig: *„Jedoch ganz nach meinem Sinn waren die mir ungeheuer scheinenden Gebäude, die, nach zwey Straßen ihr Gesicht wendend, in großen, himmelhoch umbauten Hofräumen eine bürgerliche Welt umfassend, großen Burgen, ja Halbstädten ähnlich sind. In einem dieser seltsamen Räume quartierte ich mich ein, und zwar in der Feuerkugel zwischen dem alten und neuen Neumarkt. Ein Paar artige Zimmer, die in den Hof sahen, der wegen des Durchgangs nicht unbelebt war, bewohnte der Buchhändler Fleischer während der Messe, und ich für die übrige Zeit um einen leidlichen Preis.“*[68]
Diese Situation war auch Jahrzehnte später typisch für Leipzig. In einem Lexikon ist zu lesen: *„Das einzige Uebel in Leipzig ist, daß die Studenten während der Messe ihre Zimmer den Meßfremden räumen müssen, weil diese weit mehr, als der Student für ein halbes Jahr, für fünf bis sechs Wochen zahlen“*.[69]
Bestätigt werden die genannten Relationen durch den Bericht eines Besuchers, der 1739 während der Michaelis-Messe in der Stadt war. Alle Häuser waren *„in dieser Zeit bis in den 5ten Stockwerk mit Menschen angefüllet.“* Er fand mit seinen Begleitern schließlich eine Unterkunft, wofür diese drei Personen zusammen pro Nacht einen Taler zahlen mussten. *„Wir hatten davor eine kleine Stube, mit Fenster Vorhängen, und eine kleine Cammer mit einem Bette, dabei gute Aufwartung.“*[70] Nach diesem Beispiel hätte ein Messegast, der alle drei Messen besuchte, rund 14 Taler für die Unterkunft bezahlt. Für Jahresmieten sind, wie in der Aufstellung auf S.205 angeführt, Summen um die 20 Taler bekannt.[71] Es ist davon auszugehen, dass die dort aufgeführten Mieter, wie der Student Johann Wolfgang Goethe,[72] während der Messezeiten ihre Zimmer räumen mussten.[73]

Für die hier genannten Tätigkeiten der Witwe Anna Magdalena Bach gibt es deutliche Hinweise. Es ist darüber hinaus sehr wahrscheinlich, dass es auch weitere Bereiche gab, in denen sie Einkünfte erzielen konnte. Dem kann aber nur nachgegangen werden, wenn sich dafür Anhaltspunkte zeigen. Als Haus-Mutter war es für sie während ihrer Ehejahre notwendig gewesen, verschiedene Fähigkeiten zu besitzen, um das Hauswesen zu leiten.[74] Es ist davon auszugehen, dass sie bestrebt war, diese auch als Witwe zu nutzen.

Wohnhaft auf dem Neuen Kirchhof

Wollte man 1752 die verwitwete Frau Capellmeisterin Bach persönlich aufsuchen, so musste man sich zum Neuen Kirchhof begeben. Das Wissen über ihren dortigen Wohnort ging in späteren Jahrzehnten verloren und wurde erst wieder durch die Entdeckung eines Eintrags in einem Kommunikantenverzeichnis bekannt. Für den Dienstag nach dem Sonntag Jubilate, das war der 25. April 1752, ist dort die *„Frau Capell Meister Bachen, auf den Neuen Kirchh.“*[1] verzeichnet (siehe Abbildung 56).[2]

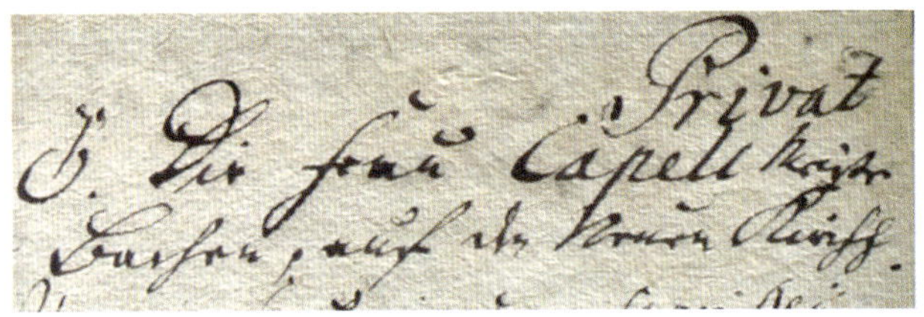

Abbildung 56: Eintrag einer Privatkommunion am Dienstag den 25. April 1752 für Anna Magdalena Bach

Nach dem Leipziger Adressbuch von 1753 lebten *„auf dem neuen Kirchhofe“* viele *„Immatriculirte Advokaten u. Notarii“*, die der Universität angehörten.[3] Auch Prediger der Neuen Kirche sowie der Thomasorganist Johann Gottlieb Görner lebten *„neben“*, *„bey“* oder auch *„hinter der neuen Kirche“*.[4] In einer Stadtbeschreibung von 1784 ist zu lesen: *„Der neue Kirchhof, ist ein schöner freyer Plaz, von schönen massiven Häusern umgeben, und mit einem* [...] *Brunnen“* (siehe Abbildung 57).[5]

Das Wasser aus dem Brunnen auf diesem Platz[6] dürfte für die Versorgung der Bewohner der umliegenden Häuser genutzt worden sein. In den Häusern gab es nach einem Plan von 1693 keine Wasserentnahmestellen, die ihr Wasser aus dem „Röhrhaus“ bezogen, von dem das Wasser der Pleiße durch Röhren in die Stadt geleitet wurde.[7] Auch in der Wohnung des Thomaskantors hatte es keine solche Wasserentnahmestellen gegeben.[8] Diesbezüglich verschlechterten sich für Anna Magdalena die Wohnverhältnisse also nicht. Dass der Platz von *„schönen massiven Häusern umgeben“*[9] war, sagt aber leider kaum etwas über die Qualität ihrer Unterkunft aus. Es ist nicht bekannt, in welchem Haus sie lebte, in welchem Stockwerk sich ihre Wohnung befand, wie groß sie war, ob sie nach vorn oder nach hinten lag. Die Witwe Anna Magdalena Bach muss aber in Umständen gelebt haben, die dem

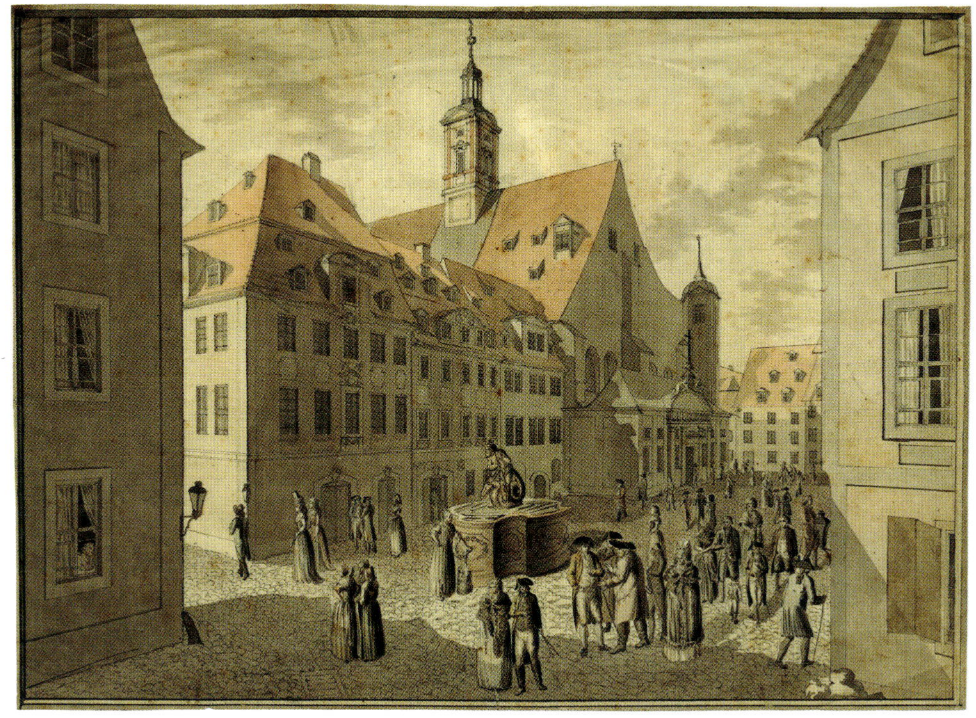

Abbildung 57: Neuer Kirchhof, Zeichnung von Carl Benjamin Schwarz (?), um 1790

Ansehen ihres Stiefsohnes Carl Philipp Emanuel nicht schadeten. Frau Capellmeisterin nannte er sie in den Zeitungsanzeigen und forderte dazu auf, Kontakt mit ihr herzustellen.[10] Das konnte auch ein persönlicher Besuch sein. Titel erforderten nach dem damaligen Verständnis *„grössere Ausgabe, bey der Kleidung, bey der Equipage, in der Ansehung der Wohnung"*[11] Wenn seine Stiefmutter in erbärmlichsten Verhältnissen gelebt hätte, so wäre der Schaden für sein Ansehen groß gewesen. Die Versorgung von Angehörigen galt als eine Christenpflicht.[12]

Hinweise über die Einrichtung ihrer Wohnung könnten die Beschreibungen von Gegenständen aus dem Nachlassverzeichnis geben, deren Eigentümerin sie wurde.[13] Unter den drei Schränken, für die sie den anderen Erben Ausgleichszahlungen leistete, befand sich ein *„Putz Schranck"*, der mit 14 Taler auf das Siebenfache eines Kleiderschranks geschätzt worden war.[14] Es dürfte sich dabei um ein dekoratives Möbelstück gehandelt haben, bei dem eventuell innen stehende Gegenstände durch Glasscheiben sichtbar waren. In einem *„Frauenzimmer-Lexicon"* von 1739 wird zwar nicht auf ein Möbelstück mit einer solchen Bezeichnung, wohl aber auf den Begriff *„Putz-Stube"* eingegangen. So hieß *„dasjenige Zimmer,* *so das Frauenzimmer mit ihren schönsten und besten Meublen ausgezieret, und worein sie diejenigen, so ihnen Visiten geben, führen, und sie darinnen bewirthen.*"[15] In einem solchen Raum könnte bei Anna Magdalena neben dem „*Putz Schranck*", einem Tisch und einigen Lederstühlen auch der „*Schreibe Tisch mit Auszügen*" gestanden haben. Ein Paar silberne Leuchter sind hier ebenfalls gut vorstellbar. Gäste könnten aus einer großen silbernen „*Coffee-Kanne*" und mit Gebäck auf einem silbernen „*Coffee-Teller*" bewirtet worden sein. All das sind Gegenstände, die Anna Magdalena bei der Verteilung des Nachlasses nachweislich erhielt.[16] Dass ein solcher Raum auch für rein familiäre Bedürfnisse genutzt worden wäre, ist anzunehmen. Trank Anna Magdalena hier vielleicht auch ohne Besuch Kaffee? In einem „Frauenzimmer-Lexikon" dieser Zeit ist zu lesen: „*Caffée, Ist ein aus gebraten oder gerösteten Caffée-Bohnen mit siedendem Wasser, oder Milch und Sahne vermischtes Geträncke, so das Frauenzimmer täglich zu trincken pfleget.*"[17] Vorhänge, Teppiche oder Tischdecken gehörten zu den Geradestücken, die im Nachlassverzeichnis nicht erscheinen, die ihr als Witwe aber zustanden[18] und die sie zur Ausgestaltung ihrer Wohnung ebenfalls genutzt haben wird. Dass sie eine „*Liebhaberin von der Gärtnerey*"[19] war, könnte ebenfalls wahrnehmbar gewesen sein. Bekannt ist ihr Interesse an einem Vogel, „*welcher durch die geschickte Anweisung seines LehrMeisters sich besonders im Singen hören ließ*".[20] So ist der Gedanke naheliegend, dass über Blumen draußen vor einem Fenster auch ein Vogelbauer mit einem Vögelchen hing, wie es in Leipzig häufig anzutreffen war.[21] Durch ihre Ehe mit Johann Sebastian war Anna Magdalena die Frau Capellmeisterin geworden.[22] Ein Bild ihres Mannes in dem Raum, in dem sie Gäste empfing, hätte diese Verbindung mit ihm und damit ihren Status deutlich gemacht. Ganz abgesehen davon wäre es für sie eine Erinnerung an ihn gewesen. Ab „*der Mitte des 18. Jahrhunderts erlebte das Porträt als Kultobjekt eine Hochkonjunktur.* [...] *Man sah das Bild als Ersatz für die persönliche Anwesenheit.*"[23] Carl Philipp Emanuel besaß später mindestens zwei verschiedene Porträts seines Vaters. Von einem schrieb er 1774, dass es „*pastell gemahlt*" war und zu seiner „*musicalischen Bildergallerie, worin mehr als 150 Musicker von Profeßion befindlich sind*", gehöre.[24] In seinem Nachlassverzeichnis ist ein weiteres Porträt „*In Oel gemahlt von Haussmann*" aufgeführt.[25] Auch von Johann Philipp Kirnberger, der Schüler Johann Sebastian Bachs gewesen war,[26] ist bekannt, dass er ein Bildnis seines Lehrers besaß.[27] Bei dem von Haußmann 1746 gefertigten Porträt (siehe Abbildung 5, S. 21), das heute im Stadtgeschichtlichen Museum Leipzig zu sehen ist,[28] handelt es sich um eine Urfassung. Es ist feststellbar, dass bei diesem Gemälde in der

Unterzeichnung für den ersten Entwurf Veränderungen vorgenommen wurden, die bei Kopien oder Wiederholungen des Bildthemas nicht vorhanden sind.[29] Von diesem Porträt sind etliche Kopien nachzuweisen.[30] Auf einer davon, die sich im Bach-Museum Leipzig befindet, stehen auf einer rückseitig aufgeklebten Leinwand, die andere Aufschriften verdecken könnte, die Worte: *„H* [err]. *Johann Sebastian Bach. C*[apellae]. *M*[agister]. *Dir*[ector]*: Mus*[ices]*: Lips*[iensis]*: Hausman pinx*[it]*: Lips*[iae]*: 1748".*[31] Wenn Haußmann, der in Leipzig lebte,[32] diese Kopie 1748 anfertigte, so muss es in seiner Werkstatt[33] eine Vorlage gegeben haben. Sie könnte dann auch für weitere Gemälde genutzt worden sein, um Wünschen von Familienmitgliedern und Freunden nach einem Porträt Johann Sebastian Bachs nachkommen zu können. So verlangten zum Beispiel auch die Statuten der Societät der Musicalischen Wissenschaften, in der Bach im Juni 1747 Mitglied wurde,[34] die Übersendung von einem *„Bildniß, gut auf Leinwand gemalet".*[35] Dieses sollte als Vorlage für einen Kupferstich dienen, der dem Lebenslauf des Mitglieds, *„wenn solcher in Schriften der Societät erzählet werde"* vorgesetzt werden sollte.[36]

Es ist kaum vorstellbar, dass die Witwe Anna Magdalena Bach kein Porträt ihres Mannes besaß. Im Nachlassverzeichnis von Carl Philipp Emanuel sind noch etliche andere Gemälde angeführt, auf denen Angehörige Johann Sebastians abgebildet sind.[37] Es ist gut möglich, dass sie vorher Eigentum von Anna Magdalena waren und sie damit Besuchern allein schon visuell die Ursprünge *„der musicalisch-Bachischen Familie"* deutlich machen konnte.[38] Ein Tasteninstrument aus dem Nachlass ihres Mannes hätte ebenfalls gut in eine Stube gepasst, in der die Frau Capellmeisterin Gäste empfing. Das zwischen den Erben vereinbarte Vorkaufsrecht bei den Musikinstrumenten gab ihr die Möglichkeit für einen günstigen Erwerb, und es ist nicht auszuschließen, dass sie sich für eine solche Festlegung einsetzte, weil sie diesbezüglich Interessen hatte.[39]

Unabhängig davon, in welchem Raum ihrer Wohnung der *„Schreibe Tisch mit Auszügen"*[40] stand, ist es gut vorstellbar, dass Anna Magdalena an ihm ihre Korrespondenz erledigte und zum Beispiel Briefe an ihre Tochter Elisabeth Juliana Friderica verfasste. Am 2. Juni 1751 war in Naumburg deren zweites Kind getauft worden. Es erhielt den Namen Augusta Magdalena. Patin war *„Anna Magdalena, Herrn Johann Sebastian Bachs, weyland Königlich Pohlnischen u. Churf. Sächsischen HoffCompositeurs u. Cantoris zu St. Thomae in Leipzig, nachgelassene Wittbe".* Allerdings musste sie sich bei der Taufe durch *„Dorothea*

Wilhelmina, Herrn Friedrich Wilhelm Sonnenkalbs, Handelsmanns Ehefrau" vertreten lassen. Das ist dem Taufregister des evangelischen Pfarramts St. Wenzel in Naumburg zu entnehmen.[41] Der gesamte Vorgang deutet auf eine engere Beziehung zwischen Anna Magdalena und der Familie ihrer Tochter hin. Zumindest belegt er einen Austausch. Die Mutter in Leipzig musste gebeten werden, ob sie *„solches Amt und heilige Werck willig auf sich zu nehmen"* bereit sei,[42] was sie positiv beantwortete. Höchstwahrscheinlich erfuhr sie bereits davor von der Schwangerschaft. 1754 kam mit Juliana Wilhelmina in Naumburg eine weitere Enkelin zur Welt.[43] 1759 verstarb der Schwiegersohn und wurde am 25. Juli beerdigt.[44] Auch davon dürfte Anna Magdalena erfahren haben. Dass heute keine Briefe bekannt sind, die Auskunft über die Intensität des Austauschs geben, bedeutet nicht, dass keine geschrieben wurden. In einer Leipziger Akte vom 5. Juli 1765 ist von *„Julianen Friedericen, Johann Christoph Altnickels, gewesenen Organistens in Naumburg, nachgelaßener Wittib, geb. Bachin, welche sich seit 5. Jahren allhier wohnhafft befindet"*, zu lesen.[45] Sie war also nach dem Tod ihres Mannes wieder nach Leipzig gezogen. Die Formulierung *„seit 5. Jahren" lässt leider nur Vermutungen zu, wann das genau geschah.* Anna Magdalena verstarb am 27. Februar 1760.[46] Ob die Rückkehr damit in einem Zusammenhang stand, ist nicht bekannt.

Am *„Schreibe Tisch mit Auszügen"*[47] wird Anna Magdalena wohl auch die Briefe an ihren Stiefsohn Carl Philipp Emanuel geschrieben haben. Man stand sich nahe. Sie war Patin seiner Tochter Anna Carolina Philippina, die beim Tod des Großvaters 2 Jahre alt war.[48] Anna Magdalenas jüngster Sohn Johann Christian lebte bei Carl Philipp Emanuel.[49]

Für die Korrespondenz mit dem Stiefsohn liefern unter anderem verschiedene Dokumente Hinweise, auf die aus anderen Gründen bereits eingegangen wurde. Sie sollen aber aus diesem neuen Blickwinkel nochmals kurz betrachtet werden. Carl Philipp Emanuel war bei der Nachlassverteilung nicht in Leipzig.[50] Ab November 1750 sollten verschiedene Gegenstände aus dem Nachlass verkauft werden, und von dem Erlös standen ihm und auch Johann Christian finanzielle Anteile zu.[51] Beide werden also ein Interesse gehabt haben, über die diesbezüglichen Entwicklungen informiert zu werden und dann auch das Geld zu erhalten. Anna Magdalena dürfte mitgeteilt haben, dass sie 1751 die Zubuße an den Ursula Erbstolln gezahlt hatte, und man könnte sich über den weiteren Umgang mit dem Bergwerksanteil ausgetauscht haben.[52] Rückschlüsse auf eine Korrespondenz lassen sich aber vor allem aus Zeitungsanzeigen ziehen. Am 27. Januar 1752 (siehe auch Abbildung 58) wurde in einer Berliner Zeitung zum „Versuch über die wahre Art das Clavier zu spielen" mitgeteilt: *„Jetzt angezeigtes Werck liegt zum Drucke fertig, und soll von hier bis Johannis Vorschuß darauf angenommen werden. Erhält man nicht eine ansehnliche Zahl Subscribenten; so bleibt es liegen, außerdem aber können auf Michaelis die Exemplaria ausgegeben werden."*[53]

verlassen werden. Die Herrn Collectores sind folgende: In Berlin, der Verfasser, und Herr Busse, Organist am grossen Friderichs-Hospital. In Augspurg, der Herr Music-Director Seifert. In Eisenach, der Herr Organist Bach. In Halberstadt, der Herr Dom-Secretarius Gleim. In Hamburg, der Herr Capellmeister Telemann. In Leipzig, die Frau Capellmeisterin Bachin. In Naumburg, der Herr Organist Altnickol. In Nürnberg, des seligen Balthasar Schmidts Wittwe. In Stettin, der Herr Organist Wolff.

Abbildung 58: Ausschnitt aus der Anzeige für den „Versuch über die wahre Art das Clavier zu spielen" von Carl Philipp Emanuel Bach in den Berlinischen Nachrichten von Staats- und Gelehrten Sachen vom 27. Januar 1752

In einer Anzeige, die am 29. März 1752 in Greifswald erschien, konnte man lesen, dass ein vorzeitiger Kauf zum Vorzugspreis bis Michaelis möglich und geplant sei, dass *„die Exemplarien auf Weihnachten drauf geliefert"* werden.[54] Am 7. Juni 1752 war aus einer Leipziger Zeitung vom *„nunmehro ganz gewiß zu Stande kommenden, und allbereit unter der Presse sich befindenen Werke"* zu erfahren.[55] Weihnachten 1752 als Auslieferungstermin konnte aber nicht eingehalten werden. Am 26. April des nächsten Jahres wurde in einer Berliner Zeitung dann mitgeteilt, dass die Interessenten *„auf bevorstehender Leipziger Jubilate-Messe die Exemplaria von ihren Herrn Collecteurs, gegen Auslieferung des Pränumerations-Scheins, erhalten können."*[56] Die Frau Capellmeisterin Bach war in Leipzig die Collecteurin für dieses Werk. Sie muss von ihrem Stiefsohn vorab gefragt worden sein, ob sie dafür zur Verfügung stehen würde. Er erhielt ihre Zusage und später Informationen, wie viel Geld bei ihr eingegangen war, damit der Druck finanziert werden konnte. Über die Terminverschiebungen musste sie informiert sein, bevor sie in Anzeigen bekannt gegeben wurden. Vor der Jubilate-Messe erhielt sie dann die gedruckten Exemplare, für deren Auslieferung sie verantwortlich war, weil sie bei ihr bestellt und vorab bezahlt worden waren.

Der Eintrag für die Privatkommunion am 25. April 1752, aus dem auch hervorgeht, dass Anna Magdalena auf dem Neuen Kirchhof lebte,[57] lässt befürchten, dass ihr Gesundheitszustand zu diesem Zeitpunkt lebensbedrohlich war. Ihr Ehemann hatte kurz vor seinem Tod eine Privatkommunion erhalten oder auch seine bis zu ihrem Tod 1729 im Haushalt lebende Schwägerin Friedelena Margaretha.[58] Fest steht, dass Anna Magdalena 1752 nicht verstarb. Wie es ihr in dieser Zeit aber ging, ist nicht bekannt. In einer Zeitungsanzeige, die am 7. Juni 1752 in Leipzig erschien, wird sie für den „Versuch über die wahre Art das Clavier zu spielen" weiterhin als Collecteurin angeführt.[59] Es sind in der Anzeige auch neue Collecteure angegeben.[60] Offenbar hatte Carl Philipp Emanuel auf aktuelle Entwicklungen reagiert, und bei seiner Stiefmutter war das nicht nötig. Dafür musste er Kontakt mit ihr gehabt haben, um die notwendigen Informationen zu bekommen.

Beide waren auch am Vertrieb der „Kunst der Fuge" beteiligt, zu dessen Herausgabe sich die *„Erben des großen Componisten, weyland Herrn Johann Sebastian Bachs"*[61] entschlossen hatten.[62] 1756 wurden durch Carl Philipp Emanuel die Stichplatten zum Verkauf angeboten. Er teilte dabei mit, dass von dem Werk *„nur ungefähr dreyßig Exemplare* [...] *abgesetzet"* wurden.[63] Insgesamt war das Unternehmen für die Erben finanziell also kein Erfolg. Für Anna Magdalena sah das etwas anders aus.[64] In der Jahresrechnung des Rates der Stadt Leipzig über Einnahmen und Ausgaben vom 29. August 1751 bis zum 26. August 1752 ist unter *„Außgab Vff Geschenck Fürsten vnnd Herren vnd andere verehrungen ins gemein"*[65] vermerkt: *„40* [Taler] *- - H. Johann Sebastian Bachens, gewesenen Cantoris zu St: Thomas hinterlaßener Witbe, Annen Magdalenen, wegen Überreichung einiger Exemplarien von besondern musicalischen, von gedachten ihrem Ehemanne bey seinem Leben componirten und nach deßen Tode abgedruckten Stücken, die Kunst der Fuge genannt, auch sonst in Ansehung deren Dürfftigkeit, den 19. Maji"*.[66] Anna Magdalena hatte die „Kunst der Fuge" dem Leipziger Rat also in Verehrung zukommen lassen, wobei es sich um ein einziges Exemplar gehandelt haben dürfte. Es war *„in 24 Exempel entworfen"*.[67] So ist die Beschreibung des Werks in der Ratsakte durchaus korrekt und plausibel. Unter *„Außgab Vff Geschenck Fürsten vnnd Herren vnd andere verehrungen ins gemein"* sind in der Jahreshauptrechnung 1751/52 auch die Werke anderer Autoren aufgeführt. Diese Herren erhielten dafür 12, 20 beziehungsweise 36 Taler. Dabei wurde vermerkt, dass diese ihrer *„Ergötzlichkeit"* dienen sollten.[68] Für eine Witwe dürfte eine solche Formulierung aber nicht passend gewesen sein. In einem Lexikon ist zu lesen:

„Ergötzen, heist sich erlustigen oder erqvicken, und zeiget dieses Wort im Ebräischen ein liebliches Fühlen der Wollust im Hertzen an, daraus lauter Wonne, Freude und Ruhe innerlich im Hertzen, und äusserlich in allen Geberden sich spüren lässet".[69] Der Begriff *„Dürfftigkeit"* hingegen entsprach ihrer Witwenschaft.[70] Es lassen sich damit aber keine Schlussfolgerungen auf die finanziellen Verhältnisse ziehen, in denen sie lebte. In Zeitungsanzeigen war über die „Kunst der Fuge" zu erfahren, dass der Druck *„viele Unkosten"*[71] erfordern und dass die Erben Johann Sebastian Bachs *„an dem äuserlichen, was den Stichel, den Druck und das Papier betrift, nicht"* sparen würden.[72] Für einen Hinweis auf die eigene finanzielle Notlage, mit Bitte um Hilfe, wäre die Übergabe dieses Werks an den Rat denkbar ungeeignet gewesen.[73]

Es gibt keinen Hinweis, ob Anna Magdalena davon Carl Philipp Emanuel berichtete, es ist aber anzunehmen. Im Frühjahr 1753 dürfte er jedenfalls erfahren haben, dass sie für ihre Kinder 15 Taler erhalten hatte. Dabei ist in den Akten auch Johann Christian erwähnt, der ja bei Carl Philipp Emanuel lebte.[74] Das Geld stammte aus dem Stiftsrat Bornschen Legat. Dr. Johann Franz Born, Mitglied des Leipziger Rats, Assessor am Oberhofgericht sowie Stiftsrat und Domherr zu Merseburg, hatte im September 1723 ein Testament verfasst. Darin wurden auch *„Pfarr und Schul-Wittben"* bedacht. 1732 verstarb er.[75] Das Almosenamt verwaltete das hinterlassene Kapital und war den Vorgaben des Stifters verpflichtet.[76] Erst nachdem eine größere Summe an Zinsen aufgelaufen war,[77] erfolgte im März 1753 eine größere Verteilung, bei der auch Anna Magdalena Bach und ihre Kinder berücksichtigt wurden. Für jedes Jahr der Witwenschaft wurden 5 Taler ausgezahlt. Dabei war die Höchstsumme 25 Taler. Für die leiblichen Kinder gab es ein Fixum von 15 Talern.[78]

Ob Carl Philipp Emanuel von Anna Magdalena auch vom Erhalt weiterer Beträge aus dem Stiftsrat Bornschen Legat erfuhr, ist nicht bekannt, doch sei kurz darauf eingegangen: Es erfolgte die Festlegung, dass immer am 12. Juni die *„Herren Geistlichen und Schulbedienten Wittben, auch bedürfftigen Senator- und Professoren Wittben und Wayßen"*[79] Auszahlungen erhalten sollten. Dabei wurden nur noch Anna Magdalena und die bei ihr lebenden unmündigen Töchter berücksichtigt. In der nachfolgenden Aufstellung sind die Beträge, welche an sie und ihre Kinder aus dem Stiftsrat Bornschen Legat gezahlt wurden, zusammengefasst:[80]

Auszahlungsmonat	Betrag für Anna Magdalena Bach	Betrag für ihre Kinder
März 1753	10 Taler	15 Taler
Juni 1753	5 Taler	4 Taler
Juni 1754	5 Taler	4 Taler
Juni 1755	5 Taler	4 Taler
Juni 1756	5 Taler	4 Taler
Juni 1757	5 Taler	4 Taler

Diese Zuwendungen an die Witwe Anna Magdalena Bach und ihre Kinder wurden erst 2015 entdeckt.[81] Was sie für das Familienbudget bedeuteten, ist nicht bekannt. Eine solche Entdeckung macht aber deutlich, dass weitere Funde nicht auszuschließen sind.

Im Juni 1758 erfolgten keine Auszahlungen mehr aus dem Stiftsrat Bornschen Legat. Da auch dort die Zinsen eines Stammkapitals ausgezahlt wurden, dürfte die Ursache, wie beim Graffschen Legat,[82] in der Zinsentwicklung gelegen haben.[83] Die nächste Austeilung erfolgte erst wieder 1765 und nur noch an Geistliche und Lehrer. Die Töchter von Anna Magdalena sind nicht mehr aufgeführt.

Ein reichliches Jahr nach der ersten Auszahlung aus diesem Legat teilte Carl Philipp Emanuel in Zeitungsanzeigen mit, dass er sein Lehrwerk nachgedruckt habe und es nun auch ständig bei den Collecteuren zu erhalten sei.[84] Seine diesbezüglichen Absichten muss er vorher seiner Stiefmutter mitgeteilt und ihr Einverständnis für ihre weitere Mitwirkung erhalten haben.

Die Zusammensetzung des Netzwerks, das er für den Vertrieb aufbaute, änderte sich immer wieder. So scheiden Johann Ernst Bach aus Eisenach[85] und Johann Christoph Altnickol[86] aus Naumburg 1754 aus. Anna Magdalena blieb aber Vertreiberin.[87] Carl Philipp Emanuel wird ihr neu gedruckte Exemplare zugeschickt und eine zu erwartende Sendung per Brief ankündigt haben.

1755 ging Johann Christian nach Italien.[88] Ob er seine Mutter vorher noch einmal sah, ist nicht bekannt. Es ist aber zumindest davon auszugehen, dass sie über seine Pläne informiert wurde. In diesem Jahr bewarb sich Carl Philipp Emanuel auch um das Kantorat an der Thomasschule in Leipzig,[89] worüber man sich ebenfalls ausgetauscht haben dürfte.

In einer Berliner Zeitung wurde am 4. Januar 1759 durch Carl Philipp Emanuel mitgeteilt: *„Den Liebhabern meiner bisherigen Bemühungen wird hiermit bekannt* *gemacht, daß ich nunmehro den Zweyten Theil von meinem Versuch über die wahre Art das Clavier zu spielen der Presse unterwerfen werde.“*[90] Ähnliche Anzeigen sind in den nächsten Tagen auch für Zeitungen in Hamburg und Leipzig nachzuweisen.[91] Letztlich kam es aber 1759 zu einer Neuauflage des ersten Teils vom „Versuch über die wahre Art das Clavier zu spielen“. Ein zweiter Teil wurde erst 1762 herausgebracht.[92] Auch in den Anzeigen von 1759 wird *„die Frau Capell-Meisterin Bachin“*[93] in Leipzig als Collecteurin für Leipzig angeführt. Spätestens 1758 muss Carl Philipp Emanuel also bei seiner Stiefmutter angefragt haben, ob sie auch für den geplanten zweiten Teil vom „Versuch über die wahre Art das Clavier zu spielen“ als Collecteurin zur Verfügung stehen würde.[94] Später erfuhr sie, dass es ein Neudruck vom ersten Teil werden würde.

Es ist auch auszuschließen, dass es zwischen 1755 und 1758 keinen Kontakt zwischen den beiden gab. Am 30. August 1756 besetzten preußische Truppen Leipzig und nahmen dort Quartier.[95] Der Siebenjährige Krieg hatte begonnen. Sichtbar werden die neuen Verhältnisse zum Beispiel bei der Anzahl der Begräbnisse in Leipzig:[96]

Jahr	Anzahl der Begräbnisse
1755	1.153 Begrabene
1756	1.286 Begrabene
1757	2.600 Begrabene
1758	2.824 Begrabene
1759	1.408 Begrabene
1760	2.025 Begrabene
1761	2.084 Begrabene
1762	2.160 Begrabene
1763	1.614 Begrabene
1764	1.052 Begrabene

Der deutliche Anstieg der Beisetzungen hing mit den vielen Toten in den Lazaretten zusammen.[97] In oder bei Leipzig gab es keine größeren Kampfhandlungen.[98] Die Bedrängnisse der Einwohner der Stadt waren anderer Art. Über ein Ereignis vom 24. September 1758 berichtete der Zeitzeuge Johann Salomon Riemer: *„Als der Hochedle Rat auf dem Rathaus zusammengebracht, wurde er mit Arrest belegt und publiziert, daß die restierenden 600 000 Rt. ohne Zeitverlust geschafft werden sollten. Als solche nicht aufgebracht werden kunnten, so wurden* *unterschiedene kommandierte Partien mit den aus jeden Vierteln geschworenen Musterschreibern in alle Häuser herumgeschickt und angesagt, daß ein jeder Hauswirt, was er an Geld und in Besitz hätte, auf das Rathaus zu bringen"* habe. Versuchten die Hauswirte danach ihre Verluste auf die Bewohner der Häuser umzulegen? Weiter schreibt Riemer, dass die Menschen *„nach geendigtem Gottesdienst desto mehr ängstlichen Schrecken auszustehen hatten, weil die Husaren mit blanken Säbeln dieselben mit harten Schlägen wieder in die Kirchen trieben, auch sogar mit Pferden in die Kirchen geritten und die Menschen verfolgten."*[99]

Für die Leipziger Einwohner dürften die Auswirkungen des Krieges aber unterschiedlich ausgefallen sein. Einquartierungen waren für die Betreffenden wohl immer belastend. Kontribution wurde vor allem von bemittelten Kaufleuten verlangt.[100] Moritz John Elsas, der eine umfangreiche Datensammlung an Preisen für Lebensmittel in Leipzig zusammenstellte, weist erst für 1762 eine größere Teuerung nach.[101]

Was veränderte sich für Anna Magdalena? Viele Informationen gibt es dazu nicht. 1756 erhielt sie letztmalig Auszahlungen aus dem Graffschen Legat und 1757 aus dem Stiftsrat Bornschen Legat.[102] Im Juni 1757 wurden die Zuwendungen der Universität auf die Hälfte verringert, zwischen Oktober 1758 und Oktober 1759 aber wieder auf die alten Beträge erhöht.[103] Wann das genau geschah, ist nicht bekannt, weil die entsprechende Akte fehlt. Die Beträge, die Anna Magdalena von der Almosenstube der Stadt Leipzig erhielt, wurden höchstwahrscheinlich nicht reduziert.[104] Die Summen, die an die Empfangsberechtigten, *„welche ieden Montags auf gedruckte Almosen-Zeddel das Bewilligte bekommen"*,[105] ausgezahlt wurden, sind hier zusammengefasst, wobei die Beträge auf ganze Taler beziehungsweise Groschen gerundet wurden:[106]

Jahr	ausgezahlte Summe	durchschnittliche Anzahl der Auszahlungen pro Woche	durchschnittlich ausgezahlter Betrag pro Woche
1751	5602 Taler	440	6 Groschen
1753	5880 Taler	457	6 Groschen
1756	7381 Taler	554	6 Groschen
1757	7299 Taler	535	6 Groschen
1758	5991 Taler	451	6 Groschen
1759	5892 Taler	458	6 Groschen

Die durchschnittlichen Auszahlungen des Almosenamtes blieben ungefähr gleich. Auch für Johanna Gertraud Fried, die namentlich angeführt ist, erfolgen die Zahlungen während des Krieges in gleicher Höhe.[107] Somit kann davon ausgegangen werden, dass auch Gottfried Heinrich Bach weiterhin Geld von der Almosenstube erhielt.[108]
Eine Extraauszahlung von 4 Talern kann für Anna Magdalena zum Pfingstfest 1757 durch die Universität nachgewiesen werden. Sie wurde an der Verteilung einer Schenkung von August Florens Rivinus beteiligt und bekam dabei den Höchstbetrag. Davon ausgehend, dass sie die Quittierung persönlich vornahm, ist die Unterschrift für den Erhalt das letzte sichtbare Lebenszeichen von ihrer Hand, welches bisher bekannt ist (siehe Abbildung 59).[109]

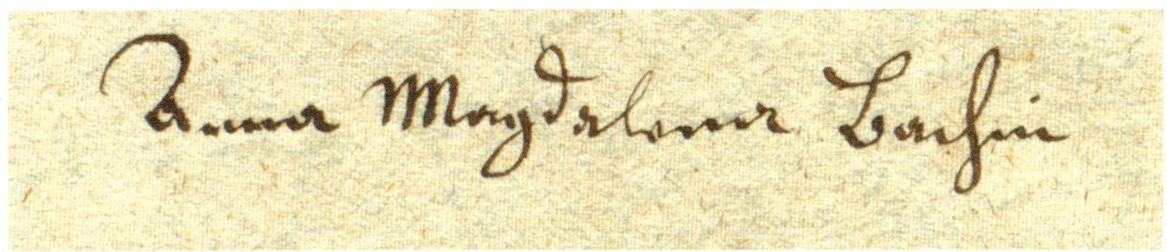

Abbildung 59: Unterschrift für den Erhalt einer Zuwendung durch die Universität Leipzig, die auf den 25. Mai 1757 datiert ist

Eine weitere Zahlung außer der Reihe durch die Universität ist aus Akten für den Dezember 1759 bekannt. Aufgrund einer testamentarischen Verfügung wurden 50 Taler an 61 Personen verteilt. Dabei wurde neunmal der Höchstbetrag von 1 Taler und 8 Groschen vergeben. Diese Summe erhielt auch Anna Magdalena.[110] Wie hoch ihre Gesamteinnahmen in dieser Zeit waren, ist unbekannt. So kann auch nicht beurteilt werden, was diese Zuwendungen für sie bedeuteten oder wie stark sich der Wegfall der Legatszahlungen oder die Halbierung der Almosen der Universität auf ihr Leben auswirkten. In den Anzeigen für den „Versuch über die wahre Art das Clavier zu spielen" sind all diese Veränderungen, die der Siebenjährige Krieg mit sich brachte, nicht zu erahnen. Auch im Mai 1759 werden Interessenten für dieses Werk darauf verwiesen, sich in Leipzig an *„die Frau Capell-Meisterin Bachin"*[111] zu wenden. Kann das als ein Hinweis gewertet werden, dass sie immer noch in Umständen lebte, die für das Ansehen von Carl Philipp Emanuel und den Vertrieb dieses Werks nicht schädlich waren?
Wie die Anzeigen von 1759 deutlich machen, waren auch im Siebenjährigen Krieg für Carl Philipp Emanuel Geschäfte mit Bewohnern in Orten Kursachsens

möglich. Er erweiterte sein Netz an Collecteuren sogar auf Dresden. Am 13. September 1759 besetzten erneut preußische Truppen Leipzig.[112] Am 22. September ist in einer Berliner Zeitung zu lesen, dass der preußische König schon mehrfach seine *„Intention und Willensmeynung"* bekannt gemacht habe, *„daß in denen sämmtlichen Chur-Sächsischen Landen und Provinzen, bey jetzigen Kriegstroublen, niemand in seiner Nahrung und Gewerbe gestöhret, sondern ein jeder solche in Ruhe und Friede ungehindert fortsetzen, auch die Messen und Jahrmärkte sicher bereisen könne"*. Es werde *„sämmtlichen sowohl ein als ausländischen Kaufleuten, Commercianten und Fabricanten, welche die Leipziger- und Naumburger-Messen, ingleichen die Jahrmärkte in denen Cur-Sächsischen Städten zu besuchen pflegen, alles sichere Geleit und Königl. Schutz versprochen."*[113] Könnte diese Mitteilung Carl Philipp Emanuel in geschäftlicher Hinsicht beruhigt haben, so gab sie doch keine Auskunft über das Leben von Anna Magdalena und ihren Kindern. Es ist davon auszugehen, dass er diesbezügliche Informationen durch eine persönliche Korrespondenz erhielt. Wenn Carl Philipp Emanuel 1759 in Leipzig Probleme beim Vertrieb vom „Versuch über die wahre Art das Clavier zu spielen" gesehen hätte, dann wäre er als Geschäftsmann verpflichtet gewesen, darauf zu reagieren. Er hätte einen weiteren Collecteur einsetzen können. In Berlin gab es inzwischen drei.[114] Die letzte bisher bekannte Zeitungsanzeige, in der Anna Magdalena als Collecteurin aufgeführt ist, erschien am 17. Mai 1759.[115] Es ist nicht auszuschließen, dass sie bei ihren Arbeiten durch die bei ihr wohnenden Töchter unterstützt wurde. Für diese ist eine Zusammenarbeit mit Carl Philipp Emanuel aber nicht nachzuweisen. Anna Magdalena verstarb am 27. Februar 1760.[116] 1761 wurde in Zeitungsanzeigen die Herausgabe des zweitens Teils vom „Versuch über die wahre Art das Clavier zu spielen" angekündigt. Collecteur in Leipzig war nun Johann Gottlob Immanuel Breitkopf.[117]

Es gibt keine genauen Zahlen, wie viele Exemplare vom „Versuch über die wahre Art das Clavier zu spielen" durch Anna Magdalena verkauft wurden.[118] Es ist auch nicht bekannt, in welcher Weise der Stiefsohn ihre diesbezügliche Tätigkeit vergütete. Es ist aber davon auszugehen, dass er ihr finanziell beigestanden hätte, wenn es nötig gewesen wäre. Allein durch die Briefe an den Verlag Breitkopf lässt sich nachweisen, dass Carl Philipp Emanuel seine Halbschwester Elisabeth Juliana Friderica Altnickol zwischen 1772 und 1781 mit rund 160 Talern unterstützte.[119] Einer Erwähnung von Johann Philipp Kirnberger ist die Kenntnis zu verdanken, dass Carl Philipp Emanuel auch mehrfach seinem Bruder Wilhelm Friedemann Geld zukommen ließ.[120]

Finanziell wäre Carl Philipp Emanuel wohl auch während des Siebenjährigen Krieges in der Lage gewesen, seine Angehörigen zu unterstützen. In einer Beschreibung des Lebens von Carl Friedrich Christian Fasch (1736 – 1800),[121] der vor allem durch die Begründung der Sing-Akademie in Berlin Bekanntheit erlangte,[122] erwähnte Carl Friedrich Zelter auch Carl Philipp Emanuel Bach: *„Diese unglückliche Zeit des siebenjährigen Krieges* [...] *war auch für unsern Fasch und seinen Genius von dem allernachtheiligsten Einflusse. Es war jetzt auf weiter nichts zu denken, als ein kümmerliches Brod mit Musikunterricht zu erwerben* [...] *Bach, der um diese Zeit schon einen großen Ruf in Deutschland hatte, war hierin glücklicher. Seine Arbeiten, und besonders seine Lektionen, wurden ihm so gut bezahlt, daß er dabei ein gutes Auskommen fand."*[123]
Carl Philipp Emanuel hätte seiner Stiefmutter finanzielle Unterstützungen wohl kaum versagt. Es gibt aber keine Hinweise, ob das jemals nötig war.

Zwischen den beiden dürfte eine engere Verbindung bestanden haben. Er besaß ein sie darstellendes Porträt in *„Oel gemahlt"* und mit einem *„goldenen Rahmen"*[124] und auch die Clavier-Büchlein für Anna Magdalena Bach von 1722 und 1725.[125] Von den Briefen, die man einander schrieb, hat sich keiner erhalten. Wie dargestellt, gibt es aber viele Hinweise, dass es sie gegeben haben muss. Für eine Korrespondenz zwischen Anna Magdalena und ihrem Sohn Johann Christoph Friedrich gibt es sie leider nicht. Es sei aber daran erinnert, dass ihm seine *„getreu und wohlmeinde Mamma"* zum Weihnachtsfest 1749, kurz bevor er nach Bückeburg zog, zum *„steten Andencken"* eine Bibel schenkte.[126] Dass Briefe aneinander nicht mehr vorhanden sind, muss nicht bedeuten, dass es keinen schriftlichen Austausch zwischen beiden gab. In einem Nachruf wird über Johann Christoph Friedrich berichtet, dass er sich durch *„Güte des Herzens und Rechtschaffenheit der Gesinnung"*[127] verehrungswürdig gemacht habe.
Fehlende Briefe an ihren jüngsten Sohn Johann Christian oder die Stiefkinder Catharina Dorothea und Wilhelm Friedemann sind ebenfalls keine Beweise, dass es keinen Kontakt gab.

Einsam war es in der Wohnung der verwitweten Frau Capellmeisterin Anna Magdalena Bach sicher nicht. Es ist nicht bekannt, welche Ausmaße die Vermietung von möbliertem Wohnraum oder der Musikalienhandel hatte. Im Haushalt lebten aber auch drei ihrer Kinder. Aufgrund seiner geistigen Behinderung dürfte Gottfried Heinrich ihre Unterstützung benötigt haben.[128] Die

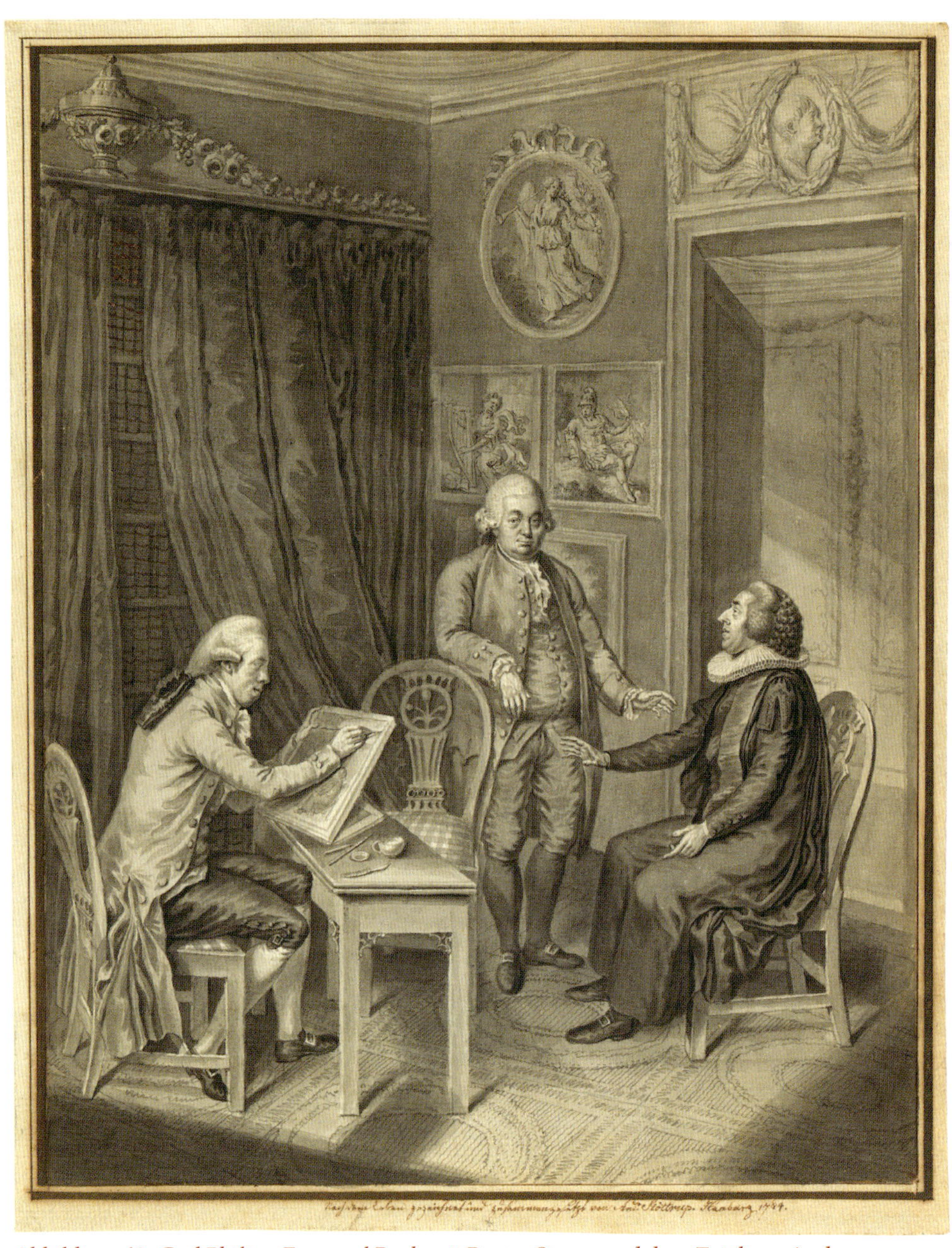

Abbildung 60: Carl Philipp Emanuel Bach mit Pastor Sturm und dem Zeichner Andreas Stöttrup, Kupferstich von Andreas Stöttrup, 1784

frühe Unterweisung von Kindern in der christlichen Lehre, dem Lesen, Schreiben und der Haushaltsführung gehörte in der damaligen Zeit in bürgerlichen

Haushalten zu den Aufgaben der Mutter.[129] Die beiden jüngsten Töchter von Anna Magdalena Bach konnten lesen und schreiben.[130] Bei Regina Susanna, die beim Tod des Vaters 8 Jahre alt war,[131] dürfte die Ausbildung nahezu ausschließlich in der Verantwortung von Anna Magdalena gelegen haben. Es sollte nicht ausgeschlossen werden, dass dabei als Lehrkräfte auch Untermieter oder andere Bekannte herangezogen wurden. Zu Lebzeiten von Johann Sebastian gibt es dafür jedenfalls Nachweise.[132] Anna Magdalena war in ihren jungen Jahren zur Sängerin ausgebildet worden. [133] Leider fehlen Anhaltspunkte, ob und in welchem Umfang sie ihre Töchter musikalisch unterwies. In einer Aufstellung von 1771 ist ihre Tochter Elisabeth Juliana Friderica Altnickol mit der Tätigkeit *„Nährn"*[134] angegeben. Ob sie dabei als *„Nätherin, [...] welche dem jungen Frauenzimmer, so ihrer Unterricht- und Anführung anvertrauet worden, auf allerhand Art zu nehen lernet, und selbiges in solcher Kunst um das veraccordirte Lehr-Geld, treulich und fleißig unterweiset"*, wirkte oder *„andern Leuten um das Lohn"* nähte,[135] ist nicht bekannt. Sie muss es aber irgendwann erlernt haben, und es wäre naheliegend, wenn eine solche Ausbildung auch bei ihren beiden jüngeren Schwestern erfolgte. Anna Magdalena dürfte es als eine Aufgabe angesehen haben, dass beide sich Fähigkeiten aneigneten, um irgendwann auch ohne sie leben zu können. Dass beide später nicht heirateten,[136] muss nicht zwingend finanzielle Gründe gehabt haben. Ihre Schwester Elisabeth Juliana Friderica Altnickol war die Witwe eines Organisten.[137] Es ist nicht davon auszugehen, dass sie als Witwe mit ihren Töchtern in besseren Verhältnissen lebte als Anna Magdalena mit den ihrigen. Tochter Augusta Magdalena Altnickol heiratete aber 1777 den Siegellackfabrikanten Ernst Friedrich Ahlefeldt[138] und Tochter Juliana Wilhelmina Altnickol den Buchdruckergesellen Heinrich Friedrich Anton Prüfer.[139] Carl Philipp Emanuel lebte in deutlich besseren Umständen als seine Schwester Elisabeth Juliana Friderica Altnickol, die er finanziell unterstützte.[140] Seine Tochter Anna Carolina Philippina blieb jedoch unverheiratet.[141] Inwieweit es die Tochter eines Capellmeisters aus Standesgründen als unschicklich empfunden haben könnte, zum Beispiel einen Buchdruckergesellen zu heiraten, müsste durch Vergleiche mit anderen Fällen aus dieser Zeit genauer untersucht werden. Was Anna Magdalena darüber dachte, ist nicht bekannt. Das gilt auch für fast alles andere, was ihr in ihren letzten Lebensjahren begegnete und womit sie sich auseinandersetzte. Nicht nur der Krieg wird ihr Leben beeinflusst haben, auch innerhalb der Familie gab es Veränderungen. Die Töchter wurden erwachsen. Zu Gottfried Heinrich gibt es keine Auskünfte, aber auch hier wird es

Entwicklungen gegeben haben, wie immer diese auch aussahen. Es ist möglich, dass Anna Magdalena zunehmend unter Altersbeschwerden litt. Über die Auswirkungen, die all das auf das Zusammenleben hatte, ist ebenso wenig bekannt, wie über die genaueren Umstände, in denen die Familie lebte.

Tod und Begräbnis

Am 27. Februar 1760 verstarb Anna Magdalena Bach.[1] Es gibt keinen Hinweis, was die Ursache dafür war. Es könnte ein Unfall gewesen sein oder eine Krankheit, die innerhalb kurzer Zeit zum Tod führte. Es ist auch nicht auszuschließen, dass sie bereits seit längerer Zeit leidend war. Im Totengräberbuch wurde für Freitag, den 29. Februar 1760 notiert: *„Eine Allmos. Frau 59. Jahr, Anna Magdalena, geb. Wilckin, Herrn Johann Sebastian Bachs, Cantoris an der Thomas Schule Witbe, in der Haynstraße"*.[2] Ein inhaltlich gleichlautender Eintrag ist auch im Ratsleichenbuch zu finden.[3] Als Sterbetag ist der Mittwoch angegeben.[4]

Die Bezeichnung *„Allmos. Frau"* dürfte in späterer Zeit entscheidend dazu beigetragen haben, in ihr eine barmende alte Frau zu sehen, die sich von fremden Menschen versorgen lassen musste. Das konnte zu dem Schluss führen, dass ihre Angehörigen sie vergessen hatten und sie schließlich in erbärmlichen Umständen starb. Der Begriff *„Allmos. Frau"* besagte aber erst einmal nur, dass sie Geld vom Almosenamt empfing. In einer Aufstellung von 1748 in den Akten des Stiftsrat Bornschen Legats sind für *„Hiesige Schul Wittben zu St: Thomä und Nicolai"* ganz ähnliche Zusätze angeführt:

„Fr. Schmidtin, [...] *unbekannt im Alm.*
Fr: Thiemigin, Almos. Weib [...]
Fr: Bornin, Almos. Weib [...]
Fr: Mag. Schröerin Almos. unbe."

Auch hinter den Namen weiterer Frauen ist vermerkt: *„Sind im Alm: Amt unbekannt"*. Unter *„Raths-Herrn-Wittben und Wayßen"* sind aufgeführt:

„Fr. D. Birnbaumin bekömmt Extragabe
Fr: D. Brummerin bekömmt Almosen
Fr. Friedin bekömmt Almosen
Jgfr: Jobin bekömmt Almosen"[5]

Mit *„Fr. Friedin"* ist die bereits mehrfach erwähnte Ratsherrenwitwe Johanna Gertraud Fried gemeint, von der nachgewiesen werden kann, dass sie Dienstpersonal angestellt hatte und Einkünfte durch die Versorgung ihres Stiefsohns bezog.[6] Es sei daran erinnert, dass sie auch weiterhin Geld durch das Almosenamt erhielt, nachdem sie eine große Erbschaft gemacht hatte.[7]

Der Begriff „Almosenfrau" besagt für Anna Magdalena also nur, dass sie Unterstützungen durch die Stadt erhielt, weil ihr deutlich weniger finanzielle Mittel als zu Lebzeiten ihres Mannes zur Verfügung standen und sie nicht mehr ihrem Stand entsprechend leben konnte. Über ihre genauen Lebensumstände gibt diese Bezeichnung keine Auskunft. Es ist auch nicht bekannt, warum sie in der Hainstraße verstarb. Lebte sie dort für längere Zeit? Vielleicht hing ihr dortiger Aufenthalt mit der erneuten Besetzung Leipzigs durch die Preußen im Herbst 1759 zusammen.[8] Als Wohnort ihrer Töchter ist für 1771 eine gemeinsame Wohnung nachweisbar, die sich wieder am Neuen Kirchhof befand.[9]

1894 veröffentlichte Gustav Wustmann umfangreiche Forschungsergebnisse zum Grab Johann Sebastian Bachs. Mit Hilfe der Gräberbücher konnte er nachweisen, dass Anna Magdalena nicht in einem Doppelgrab mit ihrem Mann beigesetzt wurde. 1750 waren bei 1.400 Beerdigungen weniger als 50 Gräber dafür angelegt worden.[10]

Der Eintrag zur Beisetzung Anna Magdalena Bachs beginnt im Ratsleichenbuch mit *„¼"*. Für den 27., 28. und 29. Februar 1760 sind bei anderen Beisetzungen an dieser Stelle auch *„k ½" „grat."*, *„⅕"*, *„k ½"*, *„gr ½"* und *„g. Sch."*[11] vermerkt. Die Abkürzungen stehen unter anderem für *„Gantze Schule"*, *„Grose halbe Schule"*, *„Kleine halbe Schule"* und *„Viertel Schule"*, wie aus einer anderen Akte hervorgeht.[12] Nach einer Verordnung des Leipziger Rats von 1740 waren bei Begräbnissen von Almosenempfangenden für eine *„Kleine halbe Schule"* 3 Taler und 23 Groschen und für eine *„Viertel Schule"* 1 Taler und 8 Groschen zu bezahlen.[13] Wenn diese Verordnung 1760 noch gültig war, so betrug der Unterschied zwischen diesen beiden Beisetzungsformen nur 2 Taler und 15 Groschen. Der Verkaufspreis für nur ein Exemplar vom „Versuch über die wahre Art das Clavier zu spielen" lag bei 4 Talern.[14] Es ist kaum vorstellbar, dass also aus finanziellen Gründen nicht wenigstens eine *„Kleine halbe Schule"* gewählt wurde. Es dürfte andere Ursachen gehabt haben. Dabei kann nicht ausgeschlossen werden, dass die Verstorbene selbst ein bescheidenes Begräbnis wünschte. 1722 ist in einer Leipziger Chronik zu lesen, dass es *„Zeithero unter vornehmen Familien die Gewohnheit gewesen, daß sie ihre Todten nur Abends [...] stille beysetzen lassen"*.[15] Auch Anna Magdalenas Schwester wurde 1757 in Weißenfels *„Abends in der Stille begraben"*.[16] Bei Leipziger Professoren kam es vor, dass sie Anweisungen für die eigene Beisetzung gaben, wobei *„oftmals die Verhinderung zu großen Pomps"* angestrebt wurde.[17]

Warum Anna Magdalena Bach mit einer *„Viertel Schule"* beigesetzt wurde, muss letztlich aber offenbleiben. Fest steht allerdings, dass sie nicht in einem „Armengrab" beigesetzt wurde, das von der Stadt bezahlt worden wäre. In den Abrechnungen des Almosenamts der Stadt Leipzig für 1760 sind die Begräbnisse angeführt, für welche diese Institution aufkam. Der Name von Anna Magdalena Bach erscheint dort nicht.[18]

Nachwort

Der Umstand, dass ihr Name bei den Begräbnissen, die vom Almosenamt der Stadt Leipzig bezahlt wurden, nicht erscheint, zeigt also, dass diese Institution nicht dafür aufkommen musste. Das erscheint fast symptomatisch. Viele Auskünfte über das Leben der Anna Magdalena Bach geborene Wilcke können nur durch Rückschlüsse gewonnen werden. Die wenigen zeitgenössischen Dokumente, in denen ihr Name aufgeführt ist, geben nur geringe Auskünfte über ihr Leben. Es sind keine privaten Schriftstücke von ihr oder über sie bekannt, aus denen hervorgeht, wie sie ihre unterschiedlichen Lebenssituationen einschätzte, wie sie sich fühlte oder was für einen Charakter sie hatte. Sie könnte leicht aufbrausend, rechthaberisch und egoistisch oder auch ruhig, zurückhaltend und aufopfernd gewesen sein. War sie eher ein pessimistischer oder ein optimistischer Typ? War sie klein oder groß, schmächtig oder eher beleibter? Ganz verschiedene Kombinationen von Eigenschaften sind vorstellbar, die sich im Laufe der Jahre dann auch noch geändert haben dürften. Jeder wird hier seine Lieblingsvorstellungen entwickeln, über die man sich bei der gegenwärtigen Quellenlage kaum streiten kann. Versuche, durch die Kompositionen ihres Mannes verlässliche Auskünfte darüber zu erhalten, was die Ehepartner dachten oder fühlten, sind kaum weiterführend. Die Texte, die Johann Sebastian Bach vertonte, stammten nicht von ihm. Als einem Meister der damaligen Kompositionstechniken war ihm bekannt, wie er welche Affekte durch seine Kompositionen hervorrufen konnte. Dazu musste er nicht zwingend in der jeweiligen Stimmung sein.
Bisher waren Vorstellungen über Anna Magdalena oft davon geprägt, dass sie aus Erfahrungen heraus beurteilt wurde, die dem 19. oder 20. Jahrhundert zuzuordnen sind. Es ist nicht auszuschließen, dass sie es letztlich bedauerte, sich in einen deutlich älteren Mann verliebt zu haben und im Zuge ihrer Ehe ihre Karriere als Hofsängerin aufgegeben zu haben. Vielleicht war sie aber auch erleichtert, die Unwägbarkeiten einer Anstellung als Sängerin, die auf sich allein gestellt war, an einem Hof, an dem es auch Intrigen gegeben haben wird, hinter sich zu lassen. Denkbar ist auch ein Sowohl-als-auch oder dass es ganz anders war. Durch weitere Quellenfunde wird sich die eine oder andere Vermutung ausschließen lassen und doch auch immer noch genug Raum für Spekulationen bleiben. Hilfreich können bei der Einordnung und Beurteilung von Quellen zu Anna

Magdalena Bach aber Kenntnisse über ihre Zeit sein. Ihre Eheschließung war für sie ein sozialer Aufstieg. Aus der Hofsängerin wurde die Frau Capellmeisterin. Die Titel ihres Mannes hatten Auswirkungen über seinen Tod hinaus. Dass sie zum Beispiel deutlich höhere finanzielle Zuwendungen durch die Stadt erhielt als andere Lehrerwitwen, hing mit dem Stand ihres Mannes zusammen. Mit ihrer Eheschließung stand sie gemeinsam mit ihrem Mann einem Hauswesen vor, zu dem neben den Kindern auch weitere Familienmitglieder, Gesinde und Privatschüler gehörten. Dieses Hauswesen war nicht nur ein privat-familiärer, sondern auch ein Geschäftsbereich, was typisch für diese Zeit war. Anna Magdalena war Sängerin, Ehefrau, Mutter, verantwortlich für ein großes Hauswesen, Geschäftspartnerin ihres Ehemannes. Untergebenen war sie weisungsberechtigt. Für ihre vielfältigen Aufgaben benötigte sie entsprechende Fähigkeiten, die sie in ihren Ehejahren weiterentwickelte. Es ist wohl davon auszugehen, dass sie auch Anteil am künstlerischen Schaffen ihres Mannes nahm und dass sich beide darüber austauschten. Leider ist nicht bekannt, in welchem Umfang das geschah. Zu Leipzig scheint es für Johann Sebastian Bach keine Alternative gegeben zu haben, wo er seine Lebensvorstellungen besser verwirklichen konnte. Sohn Carl Philipp Emanuel bewarb sich 1750 und 1755 um die Stelle, die sein Vater dort innegehabt hatte.

Es war für Johann Sebastian Bach rechtlich nicht möglich, seine Frau als Alleinerbin einzusetzen. Sie erhielt als Witwe aber deutlich mehr als ein Drittel des Nachlasses und sah sich in der Lage, die Verantwortung für zwei unmündige Töchter und einen erwachsenen geistig behinderten Sohn zu übernehmen. Mit auswärtigen Angehörigen stand sie in Kontakt. Zu Lebzeiten ihres Mannes betrug das Jahreseinkommen ein Vielfaches von dem, was ein angestellter Handwerker in Leipzig im Jahr verdiente. Als Witwe standen ihr weniger finanzielle Mittel zur Verfügung, als es für das Leben in ihrem Stand als notwendig angesehen wurde. Das machte die verwitwete Frau Capellmeisterin Anna Magdalena Bach unterstützungswürdig. Jedoch wurde sie nicht versorgt, sondern war verpflichtet, selbst zu ihrem Auskommen und dem ihrer Kinder beizutragen. Sie handelte mit Musikalien. Bei der Nachlassverteilung hatte sie Voraussetzungen geschaffen, möblierten Wohnraum anbieten zu können. Weitere Tätigkeitsbereiche sind wahrscheinlich. Es ist nicht bekannt, wie hoch ihre Einkünfte genau waren und welcher Lebensstandard damit möglich war. Für die These aber, dass sie als Witwe in einer finanziellen Armut gelebt hätte, die ihre leibliche Existenz massiv bedrohte, sind keine Belege bekannt, die einer eingehenden Prüfung standhalten.

So wie es aber über ihre Kindheit und Jugend nur sehr wenige Dokumente gibt, so wird auch die Quellenlage für ihre letzten Lebensjahre immer dünner. Ihr Umfang könnte als „kläglich" beschrieben werden, was aber kein Beleg ist, dass Anna Magdalena in solchen Verhältnissen lebte. Ihr Stiefsohn Carl Philipp Emanuel, ihre Töchter, andere nahestehende Personen und natürlich sie selbst hätten genauere Auskünfte über ihr Leben geben können. Es ist bedauerlich, dass keine Berichte von ihnen darüber bekannt sind.

Anhänge

Anhang 1

Das Nachlassverzeichnis Johann Sebastian Bachs[1]

Specificatio der Verlaßenschafft des am 28. July. 1750 seelig verstorbenen Herrn Johann Sebastian Bachs, weyland Contoris an der Schule zu St. Thomae in Leipzig.

Specificatio
Cap. I.

		rthl.	gr.	pf.
Ein Kux, genannt Ursula Erbstolln, zu Klein Voigtsberg an Werthe		60	–	–
	facit.	60	–	–

Cap. II.
An baaren Gelde.
a.) an Golde

		rthl.	gr.	pf.
Ein dreyfacher Ducaten		8	6	–
4. Doppel-Ducaten		22	–	–
1. dito Schaustück		5	12	–
28. einfache Ducaten		77	–	–
41. Ducaten	facit	112	18	–

b.) An Silber Gelde
α.) An Species Thalern, Gulden, und halben Gulden

		rthl.	gr.	pf.
77. Species Thaler		102	16	–
24. alte Gulden		16	–	–
1. halber Gulden		–	8	–
	facit	119	–	–

β.) An Schau-Stücken.

No. 1. 1 dreyfacher Spec. Thaler	4	–	–
No. 2. 1. doppelter Spec. Thaler	2	16	–
No. 3. 2. Spec. Thaler a. 1 rthl. 12. gr.	3	–	–
No. 4. 1. doppelt Spec. Thaler	2	16	–
No. 5. 1. spec. Thaler	1	8	–
No. 6. 2. gehenckelte Spec. Thaler	2	16	–
No. 7. 2. viereckige Spec. Thaler	2	16	–
No. 8. 4. Species Thaler	5	8	–
No. 9. 2. Gulden	1	8	–
No. 10. 1. Stück	–	4	–
facit.	25	20	–

Cap. III.

An außenstehenden Schulden

Eine Obligation Fr. Krebsin	58	–	–
dito Unruh	4	–	–
dito Haase	3	–	–
facit	65	–	–

Cap. IV.

An gefundenen Ausgebe Geld

Ausgebe-Geld	36	–	–
facit.	36	–	–

wovon einige derer Debitorum passivorum, welche Fol. 8. a. et. b sub ♀. Cap. I. et. II. specificiret sind, bezahlet worden.

Cap. V.

An Silber-Geräthe und andern Kostbarkeiten.

1. paar Leuchter. 32. Lt. [1 Lot=14,6 Gramm][2] a 12 gr.	16	–	–
1. paar dito 27. Lt. a 12 gr.	13	12	–
6. egale Becher 63. Lt. a 11 gr.	28	7	–

1. dito kleiner 10. Lt. a. 12 gr.	5	–	–
1. dito gestochen 12. Lt. a 13 gr.	6	12	–
1. dito noch kleiner 10. Lt. a. 11 gr.	4	14	–
1. Pocal mit Deckel 28. Lt. a 13 gr.	15	4	–
1. große Coffee Kanne 36. Lt. a. 13 gr.	19	12	–
1. dito kleinere 20. Lt. a 13 gr.	10	20	–
1. große Thee Kanne. 28 Lt. a. 13 gr.	15	4	–
1. Zucker Schaale mit Löffeln 26. Lt. a. 12 gr.	13	–	–
1. dito kleinere 14 Lt. a. 12 gr.	7	–	–
1. Tabatiere mit einen Becher 12. Lt. a 16 gr.	8	–	–
1. dito gravirt. 8. Lt. a 16 gr.	5	8	–
1. dito ausgelegt	1	8	–
2. Saltz-Vößer. 11. Lt. a 12 gr.	5	12	–
1. Coffee Teller 11. Lt. a 12 gr.	5	12	–
½. Dutzend, Meßer, Gabeln und Löffel in Futteral 48. Lt. a 12 gr.	24	–	–
1. Gestecke Meßer mit Löffel in Futteral 9. Lt. a 10 gr.	3	18	–
1. goldener Ring	2	–	–
1. dito	1	12	–
1. Tabatiere von Agath in Gold gefast	40	–	–
facit.	251.	11	–

Cap. VI.

An Instrumenten.

1. fournirt Clavecin, welches bey der Familie, so viel möglich bleiben soll	80	–	–
1. Clavecin	50	–	–
1. dito	50	–	–
1. dito	50	–	–
1. dito kleiner	20	–	–
1. Lauten Werck	30	–	–
1. dito	30	–	–
1. Stainerische Violine	8	–	–
1. schlechtere Violine	2	–	–

1. dito Piccolo	1	8	–
1. Braccie	5	–	–
1. dito	5	–	–
1. dito	–	16	–
1. Bassettgen	6	–	–
1. Violoncello	6	–	–
1. dito	–	16	–
1. Viola da Gamba	3	–	–
1. Laute	21	–	–
1. Spinettgen	3	–	–
facit.	371	16	–

Cap. VII.

An Zinn.

1. große Schüßel	1	8	–
1. dito kleiner	–	16	–
1. dito	–	16	–
1. dito kleinere	–	8	–
1. dito	–	8	–
1. kleine Schüßel	–	6	–
1. dito	–	6	–
1. dito noch kleinere	–	4	–
1. dito	–	4	–
1. dito	–	4	–
1. Wasch Becken	–	8	–
2. Dutzend Teller, jeden a ¾tel Pfund das Pfund a. 4 gr.	3	–	–
4. Krüge mit Zinn beschlagen	1	8	–
facit.	9	–	–

Cap. VIII.

An Kupffer und Meßing.

2. Platt-Glocken nebst Eisen	3	–	–
3. paar Meßingene Leuchter	2	–	–
1. Meßingene Coffee Kanne	–	16	–
1. dito kleinere	–	16	–
1. dito noch kleinere	–	6	–
1. Meßingen Coffee Bret	–	16	–
1. Keßel von Kupffer	–	8	–
1. dito kleiner	–	8	–
facit.	7	22	–

Cap. IX.

An Kleidern und was darzu gehöret.

1. Silberner Degen	12	–	–
1. Stock mit Silber beschlagen	1	8	–
1. paar silberne Schuh-Schnallen	–	16	–
1. Kleid von Gros du Tour, welches gewendet	8	–	–
1. Trauer Mantel von Drap: des Dames	5	–	–
1. Kleid von Tuch	6	–	–
facit.	32[3]	–	–

Cap. X.

An Wäsche.

11. Oberhembden

Cap. XI.

An Hauß-Geräthe

1. Putz Schranck	14	–	–
1. Wäsche Schrank	2	–	–
1. Kleider Schranck	2	–	–
1. Dutzend schwartze lederne Stühle	2	–	–
½. Dutzend lederne Stühle	2	–	–
1. Schreibe Tisch mit Auszügen	3	–	–

6. Tische	2	–	–
7. höltzerne Betten	2	8	–
facit.	29.	8	–

Cap. XII.

An geistlichen Büchern.

In Folio.

Calovii Schrifften 3. Bände	2	–	–
Lutheri Opera 7. Bände	5	–	–
Idem Liber. 8. Bände	4	–	–
Ej. Tischreden	–	16	–
Ej. Examen Conc. Trid.	–	16	–
Ej. Comment. über den Psalm 3ter Theil	–	16	–
Ej. Hauß Postille	1	–	–
Mülleri Schluß Kette	1	–	–
Tauleri Predigten	–	4	–
Scheubleri Gold-Grube 11. Theile 2. B	1	8	–
Pintingii Reise Buch der Heiligen Schrifft	–	8	–
Olearii Haupt Schlüßel der gantzen Heiligen Schrift 3. B.	2	–	–
Josephi Geschichte der Jüden	2	–	–

In Quarto.

Pfeifferi Apostolische Christen-Schule	1	–	–
Ej. Evangelische Schatzkammer	–	16	–
Pfeifferi Ehe Schule	–	4	–
Ej. Evangelischer Augapffel	–	16	–
Ej. Kern und Safft der Heiligen S.	1	–	–
Mülleri Predigten über den Schaden Josephs	–	16	–
Ej. Schluß Kette	1	–	–
Ej. Atheismus	–	4	–
Ej. Judaismus	–	16	–
Stengeri Postille	1	–	–
Ej. Grundveste der Augspurgischen Conf.	–	16	–
Geyeri Zeit und Ewigkeit	–	16	–

Rambachii Betrachtung	1	–	–
Ej. Betrachtung über den Rath Gottes	–	16	–
Lutheri Hauß Postille	–	16	–
Froberi Psalm	–	4	–
Unterschiedene Predigten	–	4	–
Adami güldener Augapffel	–	4	–
Meiffarti Erinnerung	–	4	–
Heinischii Offenbahrung Joh.	–	4	–
Jauckleri Richtschnur der Christlichen Lehre	–	1	–
In octavo.			
Francken Hauß Postilla	–	8	–
Pfeifferi Evangelische Christen Schule	–	8	–
Ej. Anti Calvin	–	8	–
Ej. Christenthum	–	8	–
Ej. Anti-Melancholicus	–	8	–
Rambachii Betrachtung über die Thränen Jesu	–	8	–
Mülleri Liebes Flamme	–	8	–
Ej. Erquickstunden	–	8	–
Ej. Rath Gottes	–	4	–
Ej. Lutherus defensus	–	8	–
Gerhardi Schola Pietatis 5. Bände	–	12	–
Neümeisteri Tisch des Herrn	–	8	–
Ej. Lehre von der Heiligen Tauffe	–	8	–
Speneri Eyfer wieder das Pabstthum	–	8	–
Hunnii Reinigkeit der Glaubens Lehre	–	4	–
Klingii Warnung vor Abfall von der Lutherischen Relig.	–	4	–
Arnds wahres Christenthum	–	8	–
Wagneri Leipziger Gesang Buch 8. Bände	1	–	–
facit.	38	17	–

Repartitio

Fol. 1. a. Cap. I. Ein Kux	60	–	–
Fol. 1. a. Cap. II. an baaren Gelde			
a) an Golde	112	18	–
Fol. 1. a. Cap. II b) an Silber Gelde			
α.) an Thalern, Gulden und halben Gulden	119	–	–
Fol. 1. b. Cap. II β) an Schaustücken	25	20	–
Fol. 1. b. Cap. III. an außen stehenden Schulden	65	–	–
Fol. 2. a. Cap. IV. An gefundenen Ausgabe Gelde 36. rthl. wovon einige derer Debitorum passivorum welche fol. 8. a et b. sub. ☿. Cap. I. et II. specificiret sind, bezahlet worden			
Fol. 2. a. et b Cap. V. An Silbergeräthe und andern Kostbarkeiten	251	11	–
Fol. 3. a. Cap. VI. an Instrumenten	371.	16	–
Fol. 3. b Cap. VII. an Zinn	9	–	–
Fol. 3. b. et 4. a Cap. VIII. an Kupffer und Meßing	7	22	–
Fol. 4. a Cap. IX. an Kleidern und was darzu gehöret	32[4]	–	–
Fol. 4. b. Cap. X. an Wäsche 11. Oberhemden			
Fol. 4. b. Cap. XI. An Haußgeräthe	29	8	–
Fol. 5. a. et b 6. a. et b. Cap. XII. an geistlichen Büchern	38	17	–
Summa	1122	16	–

☿

Debita Passiva [noch zu begleichende Verbindlichkeiten][5]

nach ihren Auszügen, wovon einige von dem Cap. IV. Fol. 2. a specificirten Gelde bezahlet worden.

Cap. I.

An Auszügen

No. I.	7	9	6.
No. II.	4	–	6.
No. III.	7	8	6
No. IV.	33	14	3.
No. V. et VI.	18	–	–
No. VII.	7	14	–

No. VIII.	2	1	–
No. IX.	2	1	–
No. X.	1	8	–
No. XI.	1	16	–
No. XII.	2	–	–
No. XIII.	1	16	–
No. XIV.	12	12	–
No. XV.	21	10	–
No. XVI.	14	18	9.
No. XVII.	5	–	–
No. XVIII.	1	12	–
facit.	143.	21.	6.

Cap. II.

Andere nöthige Ausgaben.

Vor nöthige Sachen	1	8	–
Herr Schüblern bezahlt	2	16	–
Der Magd	4	–	–
Vor das Taxiren	1	–	–
facit.	9	–	–

Repartitio

Fol. 8. a. und b. Cap. I. in Auszügen	143	21	6.
Fol. 8. b. Cap. II. An andern nöthigen Ausgaben	9	–	–
Summa	152.	21.	6.

Anna Magdalena Bachin Wittbe
D. Friedrich Heinrich Graff als Curator.
Catharina Dorothea Bachin
Willhelm Friedemann Bach vor mich, und m. n. meines Bruders, Carl Philipp Emanuel Bachs, wie auch als Curator oberwehnter meiner Schwester.
Gottfried Heinrich Bach,
Gottlob Sigismund Hesemann, als Curator vorstehenden Bachs.
Elisabeth Juliana Friderica Altnickolin, geborene Bachin.
Johann Christoph Altnicol m. n. und als ehelicher Curator meiner Frauen, Elisabeth Julianen Fridericen geborenen Bachin.
Johann Gottlieb Görner als Vormund zu väterlicher Theilung von
Johann Christoph Friedrich Bach.
Johann Christian Bach,
Johanna Carolina Bachin
Regina Susanna Bachin.

Anhang 2

Die auf den 11. November 1750 datierten Vereinbarungen der Erben über die Verteilung der im Nachlassverzeichnis Johann Sebastian Bachs aufgeführten Posten[6]

Im Nahmen Gottes

Kund und zu wißen sey hiermit denen es zu wißen nöthig, daß, nachdem der WohlEdle, Herr, Herr Johann Sebastian Bach, weyland Cantor der Schule zu St. Thomae in Leipzig den 28. Julij 1750. in Gott sanfft und seelig entschlaffen, und 3. Kinder erster Ehe, nahmentlich:

Herr Willhelm Friedemann Bachen,
Herr Carl Philipp Emanuel Bachen, und
Jgfr. Catharinen Dorotheen Bachin,

nicht weniger 6. in der andern Ehe mit der ietzigen Frau Wittbe Frauen Annen Magdalenen gebohrner Wülckin erzeügte Kinder, nahmentlich:

Herr Gottfried Heinrich Bachen,
Frau Elisabeth Julianen Friedericen, verehlichter Altnickolin
Herr Johann Christoph Friedrich Bachen,
Herr Johann Christian Bachen,
Jgfr. Johannen Carolinen Bachin, und
Jgfr. Reginen Susannen Bachin

wovon die lezten 4. annoch unmündig, nebst obgedachter seiner Frau Wittbe zu Erben seines Nachlaßes hinterlaßen, und denen 4. Unmündigen Kindern Herr Johann Gottlieb Görner, Director Musices bey E. Löblichen Vniversitaet Leipzig zum Vormunde, so viel die Ausmachung des Vater-Theils betrifft, so wohl Herr Gottlob Sigismund Hesemann L. L. Studios. dem Blöden Herrn Gottfried Heinrich Bachen zum Curatore gerichtlich bestätiget worden, nur gemeldete Frau Wittbe und Erben respect. mit Vollmacht und Genehmhaltung ihrer gerichtlich bestätigten, und zu Ende mit unterschriebenen Herrn Curatorum, auch derer Unmündigen Herrn Vormund folgenden unwiederrufflichen und zu Recht beständigen Erb-Vergleich untereinander verabredet, gehandelt und geschloßen: Nemlichen und zwar zum

1.

Agnosciren zuförderst sämtliche Erben und in specie Jgfr. Catharina Dorothea Bachin, Herr Carl Philipp Emanuel Bach, Frau Elisabeth Juliana Friderica Altnickolin, und Herr Görner, in Vormundschafft derer 4. Unmündigen Bachischen Kinder, die, diesem Erb-Vergleiche in Originali beygelegte, von der Frau Wittbe, und dem Ältesten Herrn Sohne, Herr Willhelm Friedemann Bachen vor sich und als Gevollmächtigter seines Herrn Bruders, Herrn Carl Philipp Emanuel Bachs, auch mit Zuziehung Herrn Gottfried Heinrichs Bachs Curatoris Herr Hesemanns, gemeinschafftlich gefertigte Specification von des Defuncti seelig Nachlaße durchgehends vor richtig, gestalten sie solche nach allen Capitibus mit Fleiß durchgegangen, und allenthalben in activis und passivis auch sonst richtig befunden, und daher resp. cum Dominis Curatoribus solche eigenhändig unterschrieben, und erlaßen dahero einander vor sich und resp. seiner Mündel die eydliche Bestärckung solcher Specification hierdurch expresse. Wie nun solchergestalt gedachte Specification zum Fundamente der Theilung gesezt worden: Alß haben

2.

So viel den Cap. I. Specificationis bemelten Kux betrifft, sämtliche Erben sich dahin verglichen, daß derselbe in Communione bleiben, und der Frau Wittbe zur Verwahrung und Besorgung der Zubuße überlaßen seyn, diese auch ihren 3.ten Theil daran haben, und auf die übrigen 2/3tel die verlegte Zubuße iedesmahl nach beschehener Eintheilung derselben von iedem Kinde wiederbekommen solle.

3.

Das baare Geld in Cap. II. a et b. an Golde und Silber-gelde ist unter die Erben in natura vertheilet worden, und hat die Frau Wittbe ihren 3.ten Theil davon an 77. rthl. 6 gr. – iedes Kind aber zu seinem Antheil an 17. rthl. 4 gr. – erhalten.

4.

Gleichergestalt sind die Cap. II. β. angegebene Schaustücken durch das Looß in natura unter dieselben vertheilet worden, da denn die Frau Wittbe ihren 3.ten Theil davon an 8. rthl. 14 gr. 8 pf. in nachfolgenden Stücken, als:

No. 1. ein dreyfacher Spec. Thaler	4	–	–
No. 3. 2. Spec. Thaler a. 1 rthl. 12 gr.	3	–	–
No. 9. 2. Gulden	1	8	–
No. 10. ein Stück a	–	4	–
und zu deßen Supplirung baar annoch	–	2.	8.
Summa	8. rthl.	14 gr.	8 pf.

Jedes Kind aber seinen Antheil an 1 rthl. 21 gr. 11. pf. durch folgende Looße bekommen, als:

Herr Willhelm Friedemann Bach			
No. 5. 1. Spec. Thlr.	1.	8	–
und baar noch heraus	–	13.	11.
Summa	1 rthl.	21 gr.	11 pf.

Herr Carl Philipp Emanuel Bach			
No. 4. einen doppelten Spec. Thaler	2.	16	–
deßhalben er herausgegeben	–	18	1.
Summa	1 rthl.	21 gr.	11 pf.

Jgfr. Catharina Dorothea Bachin			
Von No. 7. einen 4eckigten Spec. Thaler	1.	8.	–
und Baar annoch	–	13.	11.
Summa	1 rthl.	21 gr.	11 pf.

Herr Gottfried Heinrich Bach			
Von No. 7. einen viereckigten Spec. Thaler	1.	8	–
und Baar annoch	–	13.	11.
Summa	1 rthl.	21 gr.	11 pf.

Frau Elisabeth Juliana Friderica Altnickolin			
Von No. 6. einen gehenckelten Spec. Thaler	1.	8	–
und Baar annoch	–	13.	11
Summa	1 rthl.	21 gr.	11 pf.

Herr Johann Christoph Friedrich Bach.			
Von No. 6. einen gehenckelten Spec. Thaler	1.	8	–
und baar annoch	–	13.	11.
Summa	1 rthl.	21 gr.	11 pf.

Herr Johann Christian Bach.			
Von No. 8. 2. Spec. Thaler	2.	16	–
deßhalber er herausgegeben	–	18.	1.
Summa	1 rthl.	21 gr.	11 pf.

Jungfer Johanna Carolina Bachin			
Von No. 8. 2. Spec. Thaler	2.	16.	–
deßhalben sie herausgegeben	–	18.	1.
Summa	1 rthl.	21 gr.	11 pf.

Jungfer Regina Susanna Bachin			
No. 2. einen doppelten Spec. Thaler	2.	16	–
deßhalben sie herausgegeben	–	18	1.
Summa	1 rthl.	21 gr.	11 pf.

erhalten.

5.

Von denen Cap. III. Specificirten außenstehenden Schulden übernimbt die Frau Wittbe ihrer Frau Schwester der Frau Krebsin Obligation an 58. rthl., und da ihr ohnedem der 3.te Theil davon an 19. rthl. 8 gr. – zustehet; alß hat sie so gleich den Uberrest an 38. rthl. 16 gr. – und also iedem Kinde 4 rthl. 7 gr. 1 pf. zu seinem Anteile baar heraus gegeben, dargegen leztere,

und zwar resp. cum autoritate ihrer gerichtlich bestätigten Herrn Curatorum auch Ehemannes, und Herr Görner, in Vormundschafft seiner Mündel, der Frau Wittbe jura cessa geben, und sothane Obligation cum omni Jure et actione tam directa qvam utili derselben dergestalt cediren, daß dieselbe damit, als mit ihren wohlerlangten Eigenthum nach Gefallen schalten und gebaahren möge, auch die Frau Wittbe über den richtigen baaren Empfang ihrer daran gehabten Anteile in bester Form Rechtens hierdurch qvittiren.
Was aber Unruhens und Haasens Obligationes betrifft, so sind diese Personen aller angewendeten Mühe ungeachtet, nicht ausfündig zu machen, und die Posten daher vermuthlich gantz inexigible, dahero solche so lange, biß man nähere Nachricht dießfallß erlanget, ausgesezt blieben, und die Documenta der Frau Wittbe zur Verwahrung überlaßen worden.

6.

Das Cap. IV. Specificationis vorhanden gewesene Ausgabe Geld ist zu Bezahlung derer sub ♀. specificirten Passivorum mit angewendet worden, weßhalben unten in §. 14. des Erb-Vergleichs mehrere Versehung geschehen.

7.

Von denen Cap. V. Specificationis benannten Silber-Wercke und andern Kostbarkeiten ist mit sämmtlicher Interessenten Genehmhaltung die Tabatiere von Agath in Gold gefaßet, a 40. rthl. weiln es ein Stück, so eines Theils bloß vor den Liebhaber, andern Theils auf ein Kindes-Looß zu schwer, vorietzo gäntzlich ausgesezt, und der Frau Wittbe, so lange, biß sich ein Liebhaber und Käuffer darzu finden möchte, überlaßen worden, da denn, wenn solche verkaufft werden möchte, die Frau Wittbe ihren tertiam partem von dem Kauff-Pretio zu gewarten hat, und das übrige unter die 9. Kinder in gleiche Theile vertheilet werden soll. Das übrige alles aber ist, da es vorher von dem Goldschmiede Herrn Bertholden taxiret worden, durchs Looß dergestalt vertheilet worden, daß, da die Frau Wittbe auf ihren 3.ten Theil an 70. rthl. 11 gr. 8 pf. folgende Stücke:

1. paar Leüchter 32. Lt. a. 12 gr.	16	–	–
1. Becher gestochen 12. Lt. a. 13 gr.	6.	12	–
Die große Coffe-Kanne 36. Lt. a 13 gr.	19.	12	–
Die Thee Kanne 28. Lt. a. 13 gr.	15.	4	–
Die Tabatiere mit dem Becher 12. Lt. a 16 gr.	8	–	–
Die ausgelegte Tabatiere	1	8	–
Den Coffee-Teller 11. Lt. a. 12 gr.	5	12	–
Summa	72 rthl.	–	–

erhalten, und dargegen die Übermaaße an 1 rthl. 12 gr. 4 pf. herausgegeben, ein iedes Kind seinen Antheil an 15. rthl. 15 gr. 11 pf. durch folgende Looße bekommen, als:

Herr Willhelm Friedemann Bach				
Die große Zucker-Schaale				
mit Löffeln 26. Lt. a. 12 gr.		13.	–	–
einen goldenen Ring		1.	12	–
und annoch baar		1	3.	11.
	Summa	15. rthl.	15 gr.	11. pf.

Herr Carl Philipp Emanuel Bach				
6. egale Becher 63. Lt. a. 11 gr.		28.	7	–
dargegen Er herausgegeben		12	15	1.
	Summa	15. rthl.	15 gr.	11. pf.

Jgfr. Catharina Dorothea Bachin				
1. paar Leuchter 27. Lt. a. 12 gr.		13.	12	–
einen goldenen Ring		2	–	–
und annoch Baar		–	3.	11.
	Summa	15. rthl.	15 gr.	11. pf.

Herr Gottfried Heinrich Bach				
½ Dutzend, Meßer, Gabeln und Löffel		24.	–	–
dargegen er herausgegeben		8	8.	1.
	Summa	15. rthl.	15 gr.	11. pf.

Frau Elisabeth Juliana Friderica Altnickolin				
Den Pocal mit Deckel 28. Lt. a. 13 gr.		15.	4	–
und baar annoch		–	11.	11.
	Summa	15. rthl.	15 gr.	11. pf.

Herr Johann Christoph Friedrich Bach				
einen gestochenen Becher 10. Lt. a. 11 gr.		4	14	–
die kleine Zucker Schaale 14. Lt. a. 12 gr.		7	–	–
und Baar		4	1.	11.
	Summa	15. rthl.	15 gr.	11. pf.
Herr Johann Christian Bach				
die kleine Coffee-Kanne 20. Lt. a. 13 gr.		10.	20	–
und baar		4	19	11.
	Summa	15. rthl.	15 gr.	11. pf.
Jgfr. Johanna Carolina Bachin				
2. Saltz-Vößer 11. Lt. a 12 gr.		5.	12	–
Einen kleinen Becher 10. Lt. a. 12 gr.		5	–	–
und Baar		5	3	11.
	Summa	15. rthl.	15 gr.	11 pf.
Jgfr. Regina Susanna Bachin				
die gravirte Tabatiere 8. Lt. a 16 gr.		5	8	–
ein Gestecke Meßer mit Löffel in Futteral 9. Lt. a. 10 gr.		3	18	–
und Baar		6	13.	11.
	Summa	15. rthl.	15 gr.	11. pf.

8.

Sind die Cap. VI. specificirten Instrumente, weiln solche nicht füglich zu vertheilen, auch nicht gleich Liebhaber darzu zu finden, ausgesezt, und dieserhalben beliebt worden, daß man sich binnen hier und Ostern, solche ins Geld zu sezen bemühen wolle, dabey iedoch ein iedes derer Erben das Vorrecht vor einen Frembden, wenn es sich demselben gleichsezen wolle, haben, die Frau Wittbe aber solche Instrumente biß zu deren würcklichen Verkauff behalten, und den Nutzen davon alleine ziehen, auch daferne ein und das andere Instrument verkaufft würde, die Frau Wittbe den 3.ten Theil des Kauff-Pretii haben, und die übrigen ⅔.tel unter die 9. Kinder gleich eingetheilet werden soll. Und weiln der jüngste Herr Sohn, Herr Johann Christian Bach 3. Clavire nebst Pedal von dem Defuncto seelig bey Lebzeiten erhalten und bei sich hat, solches auch um deßwillen nicht in die Specification gebracht worden, weil derselbe solche von dem Defuncto seelig geschenckt erhalten zu haben angeführet, und dieserwegen unterschiedene Zeügen angegeben, der Frau Wittbe auch sowohl als Herrn Altnickoln und Herr Hesemann solches wißend ist, der Herr Vormund auch daher diesen seinen Mündel etwas darinne zu vergeben billig Bedencken gefunden, gleichwohl die Kinder ersterer Ehe, Herr Willhelm Friedemann Bach, Herr Carl Philipp Emanuel Bach und Jgfr. Catharina Dorothea Bachin solche Schenckung gedachten ihren jüngsten Bruder zur Zeit nicht so gleich zugestehen wollen; So haben leztere ihre Rechte dießfalls wieder denselben auszuführen sich vorbehalten, da hingegen die Frau Wittbe, der Vormund Herr Görner wegen seiner übrigen 3. Mündel, die Frau Altnickolin und Herr Hesemann, als Curator Herr Gottfried Heinrich Bachs demselben die Schenckung zugestehen, und der Ansprüche dießfallß an selbigen sich begeben.

9.

Das in Cap. VII. und VIII. specificirte Zinn, Kupffer und Meßing hat die Frau Wittbe mit aller Bewilligung und Zufriedenheit um die Taxe angenommen, und nach Abzug des ihr ohnedem daran zugestandenen ⅓.tel an 5. rthl. 15. gr. 4 pf. einem ieden Kinde an seinen Teil an 1 rthl. 6 gr. und also in Summa 11. rthl. 6 gr. sogleich baar herausgegeben.

10.

Das seidene Kleid, nebst dem Trauer-Mantel, den silbernen Schuh-Schnallen und dem Stocke, hat die Frau Wittbe mit aller Bewilligung und Zufriedenheit um die Taxe ebenfallß angenommen, und nach Abzug ihres 3ten Theils an 5. rthl. den Uberrest an 10. rthl. baar und solchergestalt iedem Kinde seinen Antheil a. 1 rthl. 2 gr. 8 pf. herausgegeben. Da hingegen der silberne Degen, der zum Heergeräthe gehörig, dem ältesten Herr Sohne, Herr Willhelm Friedemann Bachen, der zugleich über den Empfang hierdurch qvittiret, zum voraus gegeben, und die angesezten 6. rthl. vor das ebenfallß zum Heergeräthe gehörige, und Gottfried Heinrich Bachen davor überlaßene Tuchkleid unter die 5. Söhne vertheilet worden, und hat ein ieder Sohn 1 rthl. 4 gr. 9 pf. davon erhalten.

11.

Ist mit derer Majorennen Zufriedenheit des Defuncti seelig Wäsche unter die Unmündigen vertheilet worden.

12.

Das Cap. XI. specificirte Haußgeräthe aber hat die Frau Witte ebenfallß mit aller Zufriedenheit um die Taxe der 29. rthl. 8 gr. angenommen, ihren 3.ten Theil davon an 9 rthl. 18 gr. 8 pf. inne behalten, und iedem Kinde seinen Antheil an 2. rthl. 4 gr. 1 pf. also zusammen 19. rthl. 12 gr. 9 pf. baar herausgegeben. So sind auch

13

Sämtliche in Cap. XII. specificirte Bücher durch das Looß vertheilet worden, da denn auf der Frau Wittbe daran zukommenden 3.ten Theil an 12. rthl. 21.gr. 8. pf.

In Folio.			
Calovii Schrifften 3. Bände	2	–	–
Lutheri opera 7. Bände	5	–	–
Ej. Hauß-Postilla	1	–	–
Josephi Geschichte der Jüden	2	–	–
In Qvarto.			
Pfeifferi Evangelische Schatz-Kammer	–	16	–
Rambachii Betrachtung	1	–	–
In Octavo.			
Franckens HaußPostilla	–	8	–
Neumeisteri Tisch des Herrn	–	8	–
Ej. Lehre von der heiligen Tauffe	–	8	–
und baar annoch	–	8[7]	8.
Summa	12 rthl.	21. gr.	8 pf.

und auf iedes Kind seinen Antheil an 2. rthl. 20 gr. 10 pf. durch folgende Looße gekommen, als:

Herr Willhelm Friedemann Bach

In Qvarto.			
Geyeri Zeit und Ewigkeit	–	16	–
Rambachii Betrachtung über den Rath Gottes	–	16	–

In Octavo

Mülleri Erqvickstunden	–	8	–
Ej. Rath Gottes	–	4	–
Hunnii Reinigkeit der Glaubens Lehre	–	4	–
Klingii Warnung vor Abfall von der Lutherischen Religion	–	4	–
Arnds wahres Christenthum	–	8	–
und annoch baar	–	8	10.
Summa	2 rthl.	20 gr.	10 pf.

Herr Carl Philipp Emanuel Bach

In Folio

Lutheri Tischreden	–	16	–
Ej. Examen Conc. Trid.	–	16	–
Ej. Comment. über den Psalm. 3ter Theil	–	16	–

In Qvarto.

Jauckleri Richtschnur der christlichen Lehre	–	1	–

In Octavo.

Rambachii Betrachtung über die Thränen Jesu	–	8	–
Mülleri Liebes Flamme	–	8	–
und baar annoch.	–	3	10.
Summa	2. rthl.	20 gr.	10 pf.

Jgfr. Catharina Dorothea Bachin.

In Folio.

Mülleri Schlußkette	1	–	–

In Qvarto.

Pfeifferi Apostolische Christen Schule	1	–	–
Ej. Ehe-Schule	–	4	–
Ej. Evangelischer Augapffel	–	16	–
und baar annoch.	–	–	10.
Summa	2 rthl.	20 gr.	10 pf.

Herr Gottfried Heinrich Bach

In Folio.

Pintingii Reise Buch der heiligen Schrifft	–	8	–
Olearii Haupt-Schlüßel			
der gantzen Heiligen Schrift	2	–	–
Adami güldener Augapffel	–	4	–
Meiffarti Erinnerung	–	4	–
und annoch bar	–	4	10
Summa	2 rthl.	20 gr.	10 pf.

Frau Elisabeth Juliana Friderica Altnickolin

In Folio.

Tauleri Predigten	–	4	–
Scheubleri Goldgrube 11. Th.	1	8	–

In Qvarto.

Pfeifferi Kern und Safft der heiligen Schrifft	1	–	–

In Octavo.

Pfeifferi Evangelische Christen Schule	–	8	–
und baar annoch	–	–	10.
Summa	2 rthl.	20 gr.	10 pf.

Herr Johann Christoph Friedrich Bach.

In Qvarto.

Lutheri Hauß Postilla	–	16	–
Froberi Psalm	–	4	–
Unterschiedene Predigten	–	4	–

In Octavo.

Mülleri Lutherus defensus	–	8	–
Gerhardi Schola Pietatis 5. Bände	–	12	–
Speneri Eyfer wieder das Pabstthum	–	8	–
Wagneri Leipziger GesangBuch 8. B.	1	–	–

dargegen er herausgegeben	–	7.	2.
Summa	2 rthl.	20 gr.	10 pf.

Herr Johann Christian Bach

In Qvarto.

Stengeri Postilla	1	–	–
Ej. GrundVeste der Augspurgischen Confession	–	16	–

In Octavo.

Pfeifferi Anti-Calvin	–	8	–
Ej. Christenthum	–	8	–
Ej. Anti-Melanch.	–	8	–
und annoch baar	–	4	10.
Summa	2 rthl.	20 gr.	10 pf.

Jgfr. Johanna Carolina Bachin

In Qvarto.

Mülleri Predigten über den Schaden Josephs	–	16	–
Ej. Schlußkette	1	–	–
Ej. Atheismus	–	4	–
Ej. Judaismus	–	16	–
Heinischii Offenbahrung Johannis	–	4	–
und Baar annoch	–	4	10.
Summa	2. rthl.	20 gr.	10 pf.

Jgfr. Regina Susanna Bachin

In Folio

Lutheri opera. 8. B.	4	–	–
dargegen sie herausgegeben	1	3	2.
Summa	2 rthl.	20 gr.	10 pf.

Was nun endlich

14.

die sub. §. Cap. I und II. Specificirten Passiva an 152. rthl. 21 gr. 6 pf. anbelanget, so sind solche durchgängig richtig befunden worden, und nachdem nach Abzug des zu deren Befriedigung mit angewendeten Cap. IV. Specificationis angesezt gewesenen Ausgabe-Geldes an 36. rthl. ein Saldo von 116. rthl. 21 gr. 6 pf. zu bezahlen übrig gewesen; Alß hat die Frau Wittbe hierzu per tertiam partem 38. rthl. 23 gr. 2 pf. und ein iedes Kind 8. rthl. 15 gr. 10 pf. gezahlet, und von denen Erb-Portionen sich abkürtzen laßen. Es haben sich auch überdieses Herr Willhelm Friedemann Bach, und Jgfr Catharina Dorothea Bachin, so wohl Herr Görner in Vormundschafft Herr Johann Christoph Friedrich Bachs, Herr Johann Christian Bachs, Jgfr. Johanna Carolina Bachin, und Jgfr. Reginen Susannen Bachin, so wohl Herr Hesemann als Curator Herrn Gottfried Heinrichs Bachs erklähret, sich wegen der, von der Frau Wittbe von dem Todte des seeligen Defuncti an, aufgewendeten Kost- und Versorgung derselben eines billigen zu vergleichen.

Wie nun solchergestalt die gantze Erbschafft vertheilet, und ein iedes seinen Erb-Antheil richtig erhalten, und solchergestalt dieselben an solcher Verlaßenschafft, außer was in diesen Erbvergleiche expresse, und zwar an den Cap. I. Specificationis beniemten Kuxe, Cap. III. ausgesezten Unruhischen und Haasischen Obligationen, an der Cap. V. ausgesezten Agathenen Dose, und denen Cap. VI. Specificirten sämtlichen Instrumenten ausgesezt worden, und die 3. Kinder erster Ehe bey den 8. §. dieses Erbvergleichs sich wieder ihren jüngsten Bruder annoch vorbehalten, weiter nichts zu fordern haben; Alß qvittiren dieselben einander über den richtigen Empfang ihrer Erb-Antheile auf das beständigste, und zwar resp. vor sich und ihre Mündel, auch resp. cum consensu ihrer gerichtlich bestätigten und zu Ende mit unterschriebenen Herrn Curatorum, und leisten biß auf das, was iezt bemeldeter maßen ausgezogen worden, an solcher Verlaßenschafft gegen einander hierdurch gäntzlich Verzicht, haben auch resp. vor sich und die Unmündigen und resp. cum Consensu Dominorum Curatorum zu mehrerer Festhaltung dieses ErbVergleichs aller denselben entgegen lauffenden Ausflüchten und Rechts Wohlthaten tam in genere qvam in specie, besonders des Miß- oder Nicht-Verstandes, als sey die Sache anders abgeredet als niedergeschrieben, der Verletzung über oder unter die Helffte, der Ubereilung, listigen Uberredung, der WiederEinsetzung in vorigen Stand, hereditatis non extraditae et Specificationis non juratae, doli, und als ob noch etwas zu vertheilen übrig, und in die Specification nicht gebracht worden, item der Rechts-Regul, daß eine allgemeine Verzicht nicht gelte, wenn nicht eine Specielle vorhergegangen, und wie sie sonsten Nahmen haben möchten und in Rechten erdacht werden könten, gegen einander wohlbedächtig sich begeben, und darüber resp. vor sich und die Unmündigen auch cum Consensu Dominorum Curatorum sich verglichen, und dieser Vergleich unter Vordruckung ihrer Pettschaffte, und zwar Herr Willhelm Friedemann Bach in obhabender Vollmacht seines Herrn Bruders Herr Carl Philipp Emanuel Bachs, und Herr Hesemann, als Actor Frauen Elisabeth Julianen Fridericen Altnickolin, nachdem sich beyderseits durch die vorgezeigte Vollmachten darzu legitimiret, unterschrieben. Wobey iedoch

15.

Zu gedencken, daß, der Herr Görner denen 4. Unmündigen, bloß zu Ausmachung des Vatertheils zum Vormunde bestätiget worden, solches aber durch diese Theilung und resp. Erbvergleich vollkommen in Richtigkeit gesezet worden, die Frau Wittbe als Vormünderin gedachter 4. Unmündigen Kinder dererselben erwehntes Vatertheil, wie solches in diesem Erbvergleiche deutlich beschrieben, auch zum Uberfluße in denen diesem Erb Vergleiche hinten angeschloßenen Theilungs Zetteln Sub. no. 1. 2. 3. 4. specificirt zu befinden, von nur gedachten Herrn Vormunde so gleich zurück erhalten, und in Empfang genommen: Daher Sie denn cum domino Curatore gedachten Herrn Vormund über den rüchtigen Empfang in bester Form Rechtens hierdurch qvittiret, und deßen Facta allenthalben ratihabiret, sämtlichen Interessenten auch zu diesem Erbvergleich Gerichtlich sich zu bekennen, und solchen auf gemeinschafftliche Unkosten confirmiren zu laßen sich erklähret. So geschehen Leipzig den 11. Novembr. 1750.

(L.S.) [loco sigilli = anstelle des Siegels][8] Anna Magdalena Bachin Wittbe
D. Friedrich Heinrich Graff, als Curator.
(L.S.) Catharina Dorothea Bachin
(L.S.) Willhelm Friedemann Bach, vor mich, und in Vollmacht meines
Bruders, Herr Carl Philipp Emanuel Bach, und als Curator
Jgfr. Catharina Dorothea Bachin.
Gottfried Heinrich Bach.
(L.S.) Gottlob Sigismund Hesemann, als Curator vorstehenden
Gottfried Heinrich Bachs, und in Vollmacht Frauen
Elisabeth Julianen Fridericen Altnickolin
(L.S.) Johann Gottlieb Görner, als Vormund zur väterlichen Theilung von
Johann Christoph Friedrich Bach
Johann Christian Bach,
Johanna Carolina Bachin
Regina Susanna Bachin.

No. 1.

Herr Johann Christoph Friedrich Bach hat bekommen

	rthl.	gr.	pf.
Von Cap. II. a. et. b. Specificat. an baaren Gelde			
§. 3. des Vergleichs	17	4	–
β. 1. gehenckelten Species-Thaler §. 4	1	8	–
An Baaren Gelde Secundum alleg. §.phum	–	13	11.
Von Cap. III. Specificirten Obligation			
an Baaren Gelde §. 5.	4	7	1.
Von Cap. V. auff sein Looß gekommenes			
Silberwerck Secund. §. 7.	11.	14	–
An Baaren Geld, secund. §. alleg.			
nach solchen Looß Zettel	4	1	11.
Von Cap. VII. et VIII. Specificirten Zinn, Kupffer			
und Meßing Secund. §. 9.	1	6	–
Von Cap. IX. Specificirten Kleidern §. 10	1	2	8.
Vom Heergeräthe secund. alleg. §	1	4	9.
Von Cap. XI.			
Specificirten Haußgeräthe Secund. §. 12.	2	4	1.
Von Cap. XII.			
Specificirten Büchern auf sein Looß,			
wie solche §. 13. specificiret sind	3	4	–
Summa	47.	22.	5.
Dagegen hat er heraus geben müßen.			
Wegen der Bücher	–	7	2.
Wegen derer Debitorum passivorum	8	15	9.[9]
Wegen Bestätigung des Vormundes	–	9	–
Summa	9	7.	11.
Bleibt an der Summa	38	14	6.

38. rthl. 14 gr. 6 pf.

No. 2.

Herr Johann Christian Bach hat bekommen.

Von Cap. II. a et b. Specif. an Baaren Gelde			
§. 3. des Vergleichs	17	4	–
β. 2. Species Thaler, Secund. §. 4.	2	16	–
Von Cap. III. Specificirter Obligation			
an Baaren Gelde §. 5.	4	7	1
Von Cap. V. auf sein Looß gekommenes			
Silberwerck Secund. §. 7.	10	20	–
Annoch nach solchen Looß Zettul an			
baaren Gelde Secund alleg. §.	4	19	11.
Von Cap. VII. et VIII. Specificirten Zinn, Kupffer			
und Meßing secund §. 9.	1	6	–
Von Cap. IX. Specificirten Kleidern §. 10.	1	2	8.
Vom Heergeräthe Secund. alleg. §.	1	4	9.
Von Cap. XI.			
Specificirten Haußgeräthe Secund. §. 12.	2	4	1.
Von Cap. XII.			
Specificirten Büchern auf sein Looß,			
wie solche §. 13. specificiret sind	2	16	–
Annoch an baaren Gelde nach solchen Looß Zettul	–	4	10.
Summa.	48.	9	4.
Dargegen hat er heraus geben müßen.			
Wegen der von Cap. II. β			
erhaltenen 2. Species Thalern	–	18	1.
Wegen der Debitorum passivorum	8	15	9.
Wegen Bestätigung des Vormundes	–	9	–
Summa.	9	18	10.
Bleibt an der Summa	38	14	6.
38. rthl. 14 gr. 6 pf.			

No. 3.

Jgfr. Johanna Carolina Bachin

Von Cap. II. a. et b. Specificat. an baaren Gelde			
§. 3. des Vergleichs	17	4	–
β. 2. Species Thaler §. 4.	2	16	–
Von Cap. III. Specificirter Obligation			
an Baaren Gelde §. 5.	4	7	1.
Von Cap. V. auff ihr Looß gekommenes			
Silberwerck secund. §. 7.	10	12	–
An baaren Gelde secund §.			
alleg. nach solchen Looß-Zettul	5	3	11.
Von Cap. VII. et VIII. Specificirten Zinn, Kupffer			
und Meßing secund §. 9.	1	6	–
Von Cap. IX. Specificirten Kleidern §. 10.	1	2	8.
Von Cap. XI.			
Specificirten Haußgeräthe Secund. §. 12.	2	4	1.
Von Cap. XII.			
specificirten Büchern, auf ihr Looß,			
wie solche §. 13. specificiret sind	2	16	–
Annoch an Baaren Gelde nach solchen LooßZettul	–	4	10.
Summa.	47.	4	7
Dargegen hat Sie heraus geben müßen.			
Wegen der von Cap. II. β.			
erhaltenen 2. Spec. Thaler	–	18	1.
Wegen der Debitorum passivorum	8	15	9.
Wegen Bestätigung des Vormundes	–	9	–
Summa.	9	18	10.
Bleibt noch an der Summa	37	9.	9.
37. rthl. 9 gr. 9 pf.			

No. 4.

Jgfr. Regina Susanna Bachin hat bekommen.

Von Cap. II. a. et b. Specificat. an baaren Gelde			
§. 3. des Vergleichs	17	4	–
β. 1. Doppelt species Thaler §. 4.	2	16	–
Von Cap. III. Specificirter Obligation an baaren Gelde §. 5.	4	7	1.
Von Cap. V. auf ihr Looß gekommenes			
Silberwerck Secund. §. 7.	9	2	–
Annoch nach solchen Looß Zettul an			
baaren Gelde secund §. alleg.	6	13	11.
Von Cap. VII. et VIII. Specificirten Zinn, Kupffer			
und Meßing §. 9.	1	6	–
Von Cap. IX. specificirten Kleidern §. 10	1	2	8.
Von Cap. XI.			
specificirten Haußgeräthe secund. §. 12	2	4	1.
Von Cap. XII.			
specificirten Büchern auf ihr Looß,			
wie solche §. 13. specificiret sind	4	–	–
Summa.	48.	7	9.
Dagegen hat Sie heraus geben müßen.			
Wegen der von Cap. II. β			
erhaltenen doppelten species Thaler	–	18	1.
Wegen der Bücher	1	3	2.
Wegen derer Debitorum	8	15	9.
Wegen Bestätigung des Vormundes	–	9	–
Summa.	10	22	–
Bleibt noch an der Summa	37	9	9
37. rthl. 9. gr. 9 pf.			

Anhang 3

Bisher bekannte Zeitungsanzeigen für den „Versuch über die wahre Art das Clavier zu spielen“ von Carl Philipp Emanuel Bach, in denen die verwitwete Frau Capellmeisterin Bach für Leipzig als Collecteurin angeführt ist

27.1.1752
Berlinische Nachrichten von Staats- und Gelehrten Sachen.
Anno 1752. No. XII. Donnerstag, den 27 Jan., unpaginiert

19.2.1752
EXTRACT Der eingelauffenen NOUVELLEN VII. Stück,
Leipzig, den 19. Febr. 1752, S. 28

23.3.1752
Augsburgischer Wochentlicher Intelligenz-Zettel Nr. 12,
23. März 1752, unpaginiert (Punkt 10 „Allerlei Avertissemens“)

29.3.1752
Critische Nachrichten durch Johann Carl Dähnert. Königl. ordentlichen Professor und Bibliothekarius auf der Akademie zu Greifswald. Dritter Band. Dreyzehendes Stück; Greifswald, den 29. Martii. 1752, S. 100

29.4.1752
Stats [sic.] - u. Gelehrte Zeitung
Des Hamburgischen unpartheyischen CORRESPONDENTEN, Anno 1752,
Num. 68, am Sonnabend, den 29. April., unpaginiert

7.6.1752
Leipziger Zeitungen III. Stück, XXIII. Woche,
7. Jun. 1752, S. 364

19.9.1754
Berlinische Nachrichten von Staats- und Gelehrten Sachen,
Anno 1754, No. CXIII, Donnerstag, den 19 Sept., S. 462

4.1.1759
Berlinische privilegirte Zeitung, 2tes Stück.
Donnerstag, den 4 Januarius 1759, S. 8

12.1.1759
Staats- und Gelehrte Zeitung des Hamburger unpartheyischen CORRESPONDENTEN.
Anno 1759, Num. 7,
am Freytage, den 12 Januar, unpaginiert

20.1.1759
EXTRACT Der eingelauffenen NOUVELLEN III Stück,
Leipzig, den 20 Jan. 1759, S. 12

17.5.1759
Berlinische Nachrichten von Staats- und Gelehrten Sachen.
Anno 1759. No. 59, Donnerstag, den 17. May., S. 239 f.

Abkürzungen

AKStL	Archiv der Kirchgemeinde St. Thomas Leipzig
BAL	Bach-Archiv Leipzig
BergAFG	Sächsisches Staatsarchiv, Bergarchiv Freiberg
BWV	Bach-Werke-Verzeichnis
Cap.	Caput = Kapitel
d. Ä.	der Ältere
d. J.	der Jüngere
desgl.	desgleichen
D./Dr.	Doktor
E. E.	Eines Ehrbaren, Eines Ehrsamen, Eines Edlen
etc.	et cetera – und die übrigen
f.	folgende Seite
ff.	folgende Seiten
Fol./fol.	Folio = Blatt
Fr.	Frau
Gr./gr.	Groschen
Hrsg./hrsg.	Herausgeber/herausgegeben
J.	Jahr
KAL	Kirchliches Archiv Leipzig
Lt.	Lot
No./Nr.	Nummer
pf.	Pfennig
Prof.	Professor
rdl./rl./Rt./rt./rthl./Rthlr./rthlr./Thlr./thlr.	Taler
S.	Seite
SBB	Staatsbibliothek zu Berlin – Preußischer Kulturbesitz, Musikabteilung mit Mendelssohn-Archiv
sic.	sīc erat scriptum (so stand es geschrieben)
SML	Stadtgeschichtliches Museum Leipzig
Sp.	Spalte
StA-D	Sächsisches Staatsarchiv, Hauptstaatsarchiv Dresden
StA-L	Sächsisches Staatsarchiv, Staatsarchiv Leipzig
StadtAL	Stadtarchiv Leipzig
UAL	Universitätsarchiv Leipzig
WLB	Württembergische Landesbibliothek, Stuttgart

Abbildungsnachweise

Titel, Vorsatz und Nachsatz
Schriftzug von Anna Magdalena Bach nach einem Eintrag aus einer Bibel, in die sie im Dezember 1749 eine Widmung für ihren Sohn Johann Christoph Friedrich schrieb
(Staatsbibliothek zu Berlin – Preußischer Kulturbesitz, Musikabteilung mit Mendelssohn-Archiv, 54 MA 43593);
Ausschnitte aus einer kolorierten Radierung von Johann Georg Schreiber, 1749
(Stadtgeschichtliches Museum Leipzig, Objekt S0003454)

Abbildung 1 (S. 10)
Romanischer Taufstein in der Schlosskirche von Zeitz
(Foto: E. Spree)

Abbildung 2 (S. 11)
Schloss Moritzburg in Zeitz, Radierung von Johann Georg Schreiber, um 1705
(Staatliche Kunstsammlungen Dresden, Kupferstichkabinett, Inventarnummer A 130828)

Abbildung 3 (S. 13)
Stadtansicht von Köthen, in: Topographia Superioris Saxoniae Thuringiae, Misniae, Lusatiae etc., Frankfurt am Main 1650, unpaginiert
(Universitätsbibliothek Leipzig, Libri.sep.A.1525/1)

Abbildung 4 (S. 16)
Verbesserter Calender auf das Jahr 1700, unpaginiert
(Klassik Stiftung Weimar, Herzogin Anna Amalia Bibliothek, ZA 2214/1 [1700])

Abbildung 5 (S. 21)
Johann Sebastian Bach, Gemälde von Elias Gottlob Haußmann, 1746
(Stadtgeschichtliches Museum Leipzig, Objekt GM000043)

Abbildung 6 (S. 21)
Johann Sebastian Bach, Ausschnitt aus dem Kupferstich von Samuel Gottlob Kütner, 1774
(Stadtgeschichtliches Museum Leipzig, Objekt GR014198)

Abbildung 7 (S. 28)
Anrede für Anna Magdalena Bach in einem Dokument vom 25. Mai 1742
(Staatsbibliothek zu Berlin – Preußischer Kulturbesitz, Musikabteilung mit Mendelssohn-Archiv, Mus.ep. Bach, A.M. Varia 1)

Abbildung 8 (S. 28)
Ausschnitt aus der Abrechnung der Almosendeputation der Universität Leipzig vom 30. Januar 1755
(Universitätsarchiv Leipzig, Rep. 03/04/025, S. 25b)

Abbildung 9 (S. 28)
Ausschnitt aus einer Zeitungsanzeige in der Berlinischen privilegirten Zeitung, 2tes Stück, Donnerstag, den 4 Januarius 1759, S. 8
(Zentral- und Landesbibliothek Berlin)

Abbildung 10 (S. 29)
Fürst Leopold von Anhalt-Köthen, Gemälde eines unbekannten Malers
(Schloss Köthen, Historisches Museum, V 2268 K 1)

Abbildung 11 (S. 30)
Eintrag für Johann Sebastian Bach, Titular-Buch 1750, S. 310
(Universitätsbibliothek Leipzig, Gr. Lg. rec. 20053:1)

Abbildung 12 (S. 40 f.)
Stadtansicht Leipzig, Kupferstich von Johann Georg Schreiber, 1712
(Stadtgeschichtliches Museum Leipzig, Objekt GR015097)

Abbildung 13 (S. 45)
Ausschnitt der Marschordnung zur Hinrichtung des „Mause-David“, Kupferstich aus: Leben und Uebelthaten eines verstockten Diebes und Kirchen-Räubers, 1722
(Stadtgeschichtliches Museum Leipzig, Literatur 00023107)

Abbildung 14 (S. 46)
Gesellschaft bei angenehmer Unterhaltung, Kupferstich von Martin Bernigeroth, 1744 (Stadtgeschichtliches Museum Leipzig, Objekt S0004328)

Abbildung 15 (S. 47)
Thomaskirchhof mit Thomasschule und Thomaskirche; Kupferstich von Johann Gottfried Krügner d. Ä., 1723
(Stadtgeschichtliches Museum Leipzig, Objekt S0002145)

Abbildungen 16 – 19 (S. 48 f.)
Grundrisse für die Kantorenwohnung ab 1732, Zeichnung von George Werner
(Stadtarchiv Leipzig, RRA [F] 294, 295)

Abbildung 20 (S. 50)
Fensternische in der Thomasschule, Foto um 1902
(Stadtgeschichtliches Museum Leipzig, Objekt Z0060484)

Abbildung 21 (S. 55)
Georg Friedrich Händel, Gemälde von Miss Benson (um 1825), Kopie nach einem Gemälde von Philip Mercier, das um 1730 entstand
(Stiftung Händel-Haus, Halle/Saale, BS-I V01)

Abbildung 22 (S. 60)
Thomaskirchhof mit Thomaskirche und Thomasschule, Ausschnitt aus einer kolorierten Radierung von Johann Georg Schreiber, 1749
(Stadtgeschichtliches Museum Leipzig, Objekt S0003454)

Abbildung 23 (S. 61)
Ausschnitt aus dem Gemälde „Ansicht der Westvorstadt mit Apels Garten“ von Johann Alexander Thiele, 1740
(Stadtgeschichtliches Museum Leipzig, Objekt GM001792)

Abbildungen 24 und 25 (S. 65 f.)
Widmung für Christiana Sybilla Bose und Eigentumsvermerk von Anna Magdalena Bach in dem Buch „Betrachtungen über das gantze Leiden Christi“
(Bach-Archiv Leipzig, Rara I, 2)

Abbildung 26 (S. 67)
Ausschnitt aus dem Stammbucheintrag von Johann Ernst Kregel für Philipp Ludwig Brenner (Stuttgart, Württembergische Landesbibliothek, Cod. hist. 888-30, fol. 31v)

Abbildung 27 (S. 69)
Ausschnitt aus der Sopranstimme der Kantate „O angenehme Melodei“, BWV 210a, Satz 2
(Kraków, Biblioteka Jagiellońska, Mus. ms. Bach St. 72)

Abbildung 28 (S. 70)
Ausschnitt aus der Sopranstimme der Kantate „O angenehme Melodei“, BWV 210a, Satz 10
(Kraków, Biblioteka Jagiellońska, Mus. ms. Bach St. 72)

Abbildung 29 (S. 71)
Ausschnitt aus der Stimme für Sopran und Cembalo der Kantate „O holder Tag, erwünschte Zeit“, BWV 210, Satz 2
(Staatsbibliothek zu Berlin – Preußischer Kulturbesitz, Musikabteilung mit Mendelssohn-Archiv, Mus.mus. Bach St 76)

Abbildung 30 (S. 76)
Widmung von Anna Magdalena Bach in der Luther-Bibel, die sie ihrem Sohn Johann Christoph Friedrich schenkte
(Staatsbibliothek zu Berlin – Preußischer Kulturbesitz, Musikabteilung mit Mendelssohn-Archiv, 54 MA 43593)

Abbildung 31 (S. 88)
Frontispiz im Leipziger Kochbuch von Susanna Eger, 1745
(Bibliothek Stadtgeschichtliches Museum Leipzig, Literatur 00016377)

Abbildung 32 (S. 97)
Eintrag von Anna Magdalena Bach im Clavier-Büchlein von 1722
(Staatsbibliothek zu Berlin – Preußischer Kulturbesitz, Musikabteilung mit Mendelssohn-Archiv, Mus.ms. Bach P 224)

Abbildung 33 (S. 105)
Canon 1, aus: „Ein Musicalisches Opfer“ von Johann Sebastian Bach, Erstdruck 1747
(Staatsbibliothek zu Berlin – Preußischer Kulturbesitz, Musikabteilung mit Mendelssohn-Archiv, Am.B 73, Faszikel 1)

Abbildung 34 (S. 115)
Titel der gedruckten Clavier Übung Teil III von Johann Sebastian Bach
(Bach-Archiv Leipzig [Leihgabe der Stadtbibliothek Leipzig, Musikbibliothek]
Peters PM 1403)

Abbildung 35 (S. 117)
Titel für die Abschriften der Sonaten und Partiten für Violine solo und der Suiten für Violoncello solo
(Staatsbibliothek zu Berlin – Preußischer Kulturbesitz, Musikabteilung mit Mendelssohn-Archiv, Mus.mus. Bach P 268, Titelblatt Vorderseite)

Abbildung 36 (S. 119)
Ausschnitt aus der Stimme „Violino 1.“ der Kantate „Ach Gott, wie manches Herzeleid“ BWV 58, Sätze 3 – 5
(Bach-Archiv Leipzig [Leihgabe des Thomanerchores], St Thom 58, Violinstimme BWV 58)

Abbildung 37 (S. 122)
Ausschnitt aus „Kramer nach dem Alphabete, nebst Gewölbern“ im Leipziger Adressbuch für 1753, S. 109
(Sächsische Landesbibliothek – Staats- und Universitätsbibliothek Dresden, Hist.Sax.H.1390)

Abbildung 38 (S. 130)
Ausschnitte aus einem Handzettel mit Informationen über das 1747 in Leipzig gezeigte Indische Nashorn
(Stadtgeschichtliches Museum Leipzig,
Objekt A1000136)

Abbildung 39 (S. 138)
Thomasschule, Radierung von Johann Gottfried Krügner d. Ä., 1732
(Stadtgeschichtliches Museum Leipzig,
Objekt GM000402)

Abbildung 40 (S. 147)
Ausschnitt aus dem Zeugnis von Johann Sebastian Bach für Johann Wilhelm Cunis, 12. März 1748
(Universitätsarchiv Leipzig,
Rep. 03/02/02/H/01/008, S. 14a)

Abbildung 41 (S. 148)
Ausschnitt aus dem Zeugnis von Johann Sebastian Bach für Johann Nathanael Bammler, 12. April 1749
(Stadtarchiv Eilenburg, Stadtverordnetenversammlung und Stadtverwaltung Eilenburg
1531 – 1944, Nr. 26f/12, Blatt 43)

Abbildung 42 (S. 153)
Ausschnitt aus dem Leipziger Adressbuch für 1732, S. 54
(Sächsische Landesbibliothek – Staats- und Universitätsbibliothek Dresden, Hist.Sax.H.1390)

Abbildung 43 (S. 153)
Ausschnitt aus dem Leipziger Adressbuch für 1736, S. 56
(Sächsische Landesbibliothek – Staats- und Universitätsbibliothek Dresden, Hist.Sax.H.1390)

Abbildung 44 (S. 153)
Ausschnitt aus dem Leipziger Adressbuch für 1747, S. 70
(Sächsische Landesbibliothek – Staats- und Universitätsbibliothek Dresden, Hist.Sax.H.1390)

Abbildung 45 (S. 153)
Ausschnitt aus dem Leipziger Adressbuch für 1755, S. 126
(Sächsische Landesbibliothek – Staats- und Universitätsbibliothek Dresden, Hist.Sax.H.1390)

Abbildung 46 (S. 154)
Ausschnitt der Titelseite des Textdruckes einer Huldigungsmusik für Herzog Christian zu Sachsen-Weißenfels
(Niedersächsisches Landesarchiv – Abteilung Bückeburg, Cb 76II, Nr. 6)

Abbildung 47 (S. 156)
Johanniskirche und Johannisfriedhof, Kupferstich von Joachim Ernst Scheffler, 1749
(Stadtgeschichtliches Museum Leipzig,
Objekt MU001335)

Abbildung 48 (S. 158)
Eintrag in den Dokumenten zum Stiftsrat Bornschen Legat 1753
(Stadtarchiv Leipzig, Stift XII B 23: Stiftsrat Bornsches Legat, S. 158b)

Abbildung 49 (S. 169)
Dr. Friedrich Heinrich Graff, Gemälde von Ernst Gottlob (zugeschrieben), um 1776
(Stadtgeschichtliches Museum Leipzig, Objekt GM000273)

Abbildung 50 (S. 175)
Ausschnitt aus der „Specificatio der Verlaßenschaft des am 28. July 1750. seelig verstorbenen Herrn Johann Sebastian Bachs weyland Cantoris an der Schule zu St. Thomae in Leipzig"
(Universitätsarchiv Leipzig, GA XI, Nr. 2, S. 142b)

Abbildung 51 (S. 176)
Eintrag aus dem Zechenregister des Ursula Erbstollns Luciae 1750
(Sächsisches Staatsarchiv, Bergarchiv Freiberg, 40186: Zechenregister sächsischer Bergreviere, Nr. 135018, Gewerkenverzeichnis, unpaginiert)

Abbildung 52 (S. 191)
Ausschnitt aus der Quittung für die Auszahlung aus dem Graffschen Legat an Anna Magdalena Bach vom 17. Mai 1756
(Stadtarchiv Leipzig, Stift XII G 4c: Graffsches Legat, Band 3, S. 68a)

Abbildung 53 (S. 192)
Eintrag aus den Dokumenten zum Stiftsrat Bornschen Legat 1753
(Stadtarchiv Leipzig, Stift XII B 23: Stiftsrat Bornsches Legat, S. 158a)

Abbildung 54 (S. 196)
Ausschnitt aus der Abrechnung der Almosendeputation der Universität Leipzig vom 8. November 1752
(Universitätsarchiv Leipzig, Rep. 03/04/021, S. 6b)

Abbildung 55 (S. 203)
Carl Philipp Emanuel Bach, Pastell von Johann Philipp Bach, um 1775
(Staatsbibliothek zu Berlin – Preußischer Kulturbesitz, Musikabteilung mit Mendelssohn-Archiv, K. P. E. I,1)

Abbildung 56 (S. 208)
Eintrag einer Privatkommunion am Dienstag, den 25. April 1752 für Anna Magdalena Bach
(Archiv der Kirchgemeinde St. Thomas Leipzig, Kommunikantenverzeichnis St. Thomas 1752)

Abbildung 57 (S. 209)
Neuer Kirchhof, Zeichnung von Carl Benjamin Schwarz (?), um 1790
(Stadtgeschichtliches Museum Leipzig, Objekt S0008854)

Abbildung 58 (S. 213)
Ausschnitt aus der Anzeige für den „Versuch über die wahre Art das Clavier zu spielen" von Carl Philipp Emanuel Bach in den Berlinischen Nachrichten von Staats- und Gelehrten Sachen. Anno 1752. No. XII. Donnerstag, den 27 Jan., unpaginiert
(Zentral- und Landesbibliothek Berlin)

Abbildung 59 (S. 219)
Unterschrift Anna Magdalena Bachs, mit der sie den Erhalt einer Zuwendung durch die Universität Leipzig bestätigte, die auf den 25. Mai 1757 datiert ist
(Universitätsarchiv Leipzig, Rep. 03/04/026, S. 47b)

Abbildung 60 (S. 222)
Carl Philipp Emanuel Bach mit Pastor Sturm und dem Zeichner Andreas Stöttrup, Kupferstich von Andreas Stöttrup, 1784
(Hamburger Kunsthalle, Inv.-Nr. 23790)

Literaturverzeichnis

Abkürzungen 2002
Abkürzungen aus Personalschriften des XVI. bis XVIII. Jahrhunderts/bearbeitet von Rudolf Lenz, Uwe Bredehorn, Marek Winiarczyk (Marburger Personalschriften-Forschungen, Band 35) im Auftrag der Kommission für Personalschriften/hrsg. von Rudolf Lenz, Stuttgart 2002

Adelung 1780
Adelung, Johann Christoph: *Versuch eines vollständigen grammatisch-kritischen Wörterbuches der hochdeutschen Mundart, mit beständiger Vergleichung der übrigen Mundarten, besonders aber der oberdeutschen. Vierter Theil, von Sche – V.*, Leipzig 1780

Adlung 1758
Adlung, Jacob: *Anleitung zu der musikalischen Gelahrtheit theils vor alle Gelehrte, so das Band der Wissenschaften einsehen; theils vor die Liebhaber der edlen Tonkunst überhaupt; theils und sonderlich vor die, so das Clavier vorzüglich lieben; theils vor die Orgel- und Instrumentmacher. Mit Kupfern und einer Vorrede des Hochedlen und Hochgelahrten Herrn, Herrn Johann Ernst Bachs, Sr. hochfürstl. Durchlaucht zu Sachsen-Weimar und Eisenach würklichen Kapellmeisters*, Erfurt 1758

Adlung 1768
Adlung, Jacob: *Musica Mechanica Organoedi. Das ist: Gründlicher Unterricht von der Struktur, Gebrauch und Erhaltung, etc. der Orgeln, Clavicymbel, Clavichordien und anderer Instrumente, in so fern einem Organisten von solchen Sachen etwas zu wissen nöthig ist. Zweyter Band*, Berlin 1768

Adressbuch Leipzig 1723
Das jetzt lebende und jetzt florirende Leipzig, welches die Nahmen, Characteren, Chargen, Professionen und Wohnungen derer Personen bey denen Kön. Poln. auch Chur- und Hoch-Fürstl. Sächs. Collegiis und Expeditionen, ingleichen E. Hochlöblichen Universität, so dann E. E. Hochweisen Raths-Collegio, hiernechst E. Hoch-Ehrwürdigen Ministerio, und E. Löblichen Kauffmannschafft, wie auch Derer Ober-Aeltisten und Innungs-Vorsteher von allen Handlungen, Künsten und Handwerckern, so allhier zu finden, und endlich alle Wein- Caffée- Schenck- und andere ordentliche Gast-Häuser, auch sehenswürdigen Gärten, aufrichtig vorstellet, mit neuen darzu dienlichen Kupfer und Register, Leipzig 1723

Adressbuch Leipzig 1732
Das jetzt lebende und jetzt florirende Leipzig, welches die Nahmen, Characteren, Chargen, Professionen und Wohnungen derer Personen bey denen Kön. Poln. auch Chur- und Hoch-Fürstl. Sächs. Collegiis und Expeditionen, ingleichen E. Hochlöbl. Universitaet, so dann E. E. Hochw. Raths-Collegio, hiernechst E. Hoch-Ehrw. Ministerio, und E. Löblichen Kauffmannschafft, wie auch derer Ober-Aeltisten und Innungs-Vorsteher von allen Handlungen, Künsten und Handwerckern, so allhier zu finden, und endlich alle Wein- Caffée- Schenck- und andere ordentliche Gast-Häuser, auch sehenswürdige Gärten, aufrichtig vorgestellet, mit neuem darzu dienlichen Kupffer und Register, Leipzig 1732

Adressbuch Leipzig 1736
Das jetzt lebende und jetzt florirende Leipzig, welches die Nahmen, Characteren, Chargen, Profeßionen und Wohnungen derer Personen bey denen Königl. Pohln. auch Chur- und Hoch-Fürstl. Sächs. Collegiis und Expeditionen, ingleichen Einer Hochlöblichen Universität, so dann E. E. Hochweisen Raths-Collegio, hiernechst E. Hoch-Ehrwürdigen Ministerio, und Einer Löblichen Kauffmannschafft, wie auch Derer Ober-Aeltisten und Innungs-Vorsteher von allen Handlungen, Künsten und Handwerckern, so allhier zu finden, und endlich alle Wein- Caffée- Schenck- und andere ordentliche Gast-Häuser, auch sehenswürdige Gärten, aufrichtig vorstellet, mit neuem darzu dienlichen Kupfer und Register, Leipzig 1736

Adressbuch Leipzig 1747
Conspectvs oder kurtze und deutliche Anzeige des jetzt lebenden und florirenden Leipzig, worinnen die Personen nebst ihren Nahmen, Dignitäten, Bedienungen, Profeßionen und Wohnungen, sowohl bey den Königl. Pohln. und Churfürstl. Sächß. Collegiis und Expeditionen, als auch Einer Hochlöblichen Universität, E. E. Hochweisen Raths-Collegio, E. Hoch- und Wohlehrwürdigen Ministerio, Einer Löblichen Kauffmannschaft, deren Innnungen, samt ihren Herren Deputirten, Oberältesten und gesamten Verwandten; wie nicht weniger alle Wein- und Caffee-Schencken, Garköche, und andere ordentliche Gasthäuser sich befinden, welchen

fürnehmlich die berühmten Bibliothecken, sehenswürdigen Cabinetter, Fabriquen und Gärten, auch andere Curiosa, derer Doctorum Juris & Medicinae bey ihrer Promotion gehaltenen Inaug. Disput. beygefüget sind, ingleichen auch diejenigen so dieses Jahr in Magistram promoviret, und in der Nicolai-Kirche ordiniret worden, Leipzig 1747

Adressbuch Leipzig 1750
Leipziger Adreß- Post- und Reise-Calender, für Sr. Königl. Majestät in Polen und Churfürstl. Durchl. zu Sachsen Churfürstenthum, incorporirte und andere Lande, auf das Jahr Christi M. DCC. L, Leipzig [1750]

Adressbuch Leipzig 1751
Leipziger Adreß- Post- und Reise-Calender, auf das Jahr Christi M. DCC. LI. worinnen nicht nur die bey dem Königl. Poln. und Churfl. Sächs. Gouvernement, sämmtlichen Collegiis und Expeditionen, E. Löbl. Universität, E. E. Hochw. Raths-Collegio, dem geistl. Ministerio, der Kaufmannschafft und Innungen stehenden Personen; sondern auch der Leipziger Post-Bericht, wie die ordentlichen Posten ab- und einlauffen; die Königl. Poln. und Churfürstl. Sächs. allgemeine Post- und Brief-Taxe; und endlich der Postcours, welchen die von Leipzig ablaufenden Posten zu nehmen pflegen; nebst beygefügter Anzeige der Stationen und Meilen, wie weit selbige von einander entfernet sind; sich befinden, Leipzig [1751]

Adressbuch Leipzig 1753
Leipziger Adreß- Post- und Reise-Calender, auf das Jahr Christi M. DCC. LIII. worinnen nicht nur die bey dem Königl. Poln. und Churfl. Sächs. Gouvernement, sämtlichen Collegiis und Expeditionen, E. Löbl. Universität, E. E. Hochw. Raths-Collegio, dem geistl. Ministerio, der Kauffmannschafft und Innungen stehenden Personen; sondern auch der Leipziger Post-Bericht, wie die ordentlichen Posten ab- und einlauffen; die Königl. Poln. und Churfürstliche Sächsische allgemeine Post- und Brief-Taxe; und endlich der Post-Cours, welchen die von Leipzig ablauffenden Posten zu nehmen pflegen; nebst beygefügter Anzeige der Stationen und Meilen, wie weit selbige von einander entfernet sind, sich befinden, Leipzig [1753]

Adressbuch Leipzig 1755
Leipziger Adreß- Post- und Reise-Calender, auf das Jahr Christi M. DCC. LV. worinnen nicht nur die bey dem Königl. Poln. und Churfl. Sächs. Gouvernement, sämtlichen Collegiis und Expeditionen, E. Löbl. Universität, E. E. Hochw. Raths-Collegio, dem geistl. Ministerio, der Kaufmannschafft und Innungen stehenden Personen; sondern auch der Leipziger Post-Bericht, wie die ordentlichen Posten ab- und einlauffen; die Königl. Polnische und Churfürstliche Sächsische allgemeine Post- und Brief-Taxe; und endlich der Post-Cours, welchen die von Leipzig ablauffenden Posten zu nehmen pflegen; nebst beygefügter Anzeige der Stationen und Meilen, wie weit selbige von einander entfernet sind, sich befinden, Leipzig [1755]

Adressbuch Leipzig 1764
Leipziger Adreß- Post- und Reise-Calender, auf das Jahr Christi M. DCC. LXIV. worinnen nicht nur die bey dem Churfürstl. Sächsischen Gouvernement, sämtlichen Collegiis und Expeditionen, E. Löbl. Universität, E. E. Hochw. Raths-Collegio, dem geistl. Ministerio, der Kaufmannschafft und Innungen stehenden Personen; sondern auch der Leipziger Postbericht, wie die ordentlichen Posten ab- und einlaufen; die Churfürstliche Sächsische allgemeine Post- und Brief-Taxe; und endlich der Post-Cours, welchen die von Leipzig ablaufenden Posten zu nehmen pflegen; nebst beygefügter Anzeige der Stationen und Meilen, wie weit selbige von einander entfernet sind, sich befinden, Leipzig [1764]

Adressbuch Leipzig 1778
Leipziger Adreß- Post- und Reise-Calender, auf das Jahr Christi MDCCLXXVIII. worinnen nicht nur die bey dem Churfürstl. Sächsischen Gouvernement, sämtlichen Collegiis und Expeditionen, E. Löbl. Universität, E. E. Hochw. Raths-Collegio, dem geistl. Ministerio, der Kaufmannschafft und Innungen stehenden Personen; sondern auch der Leipziger Postbericht, wie die ordentlichen Posten ab- und einlaufen; die Churfürstliche Sächsische allgemeine Post- und Brief-Taxe; und endlich der Post-Cours, welchen die von Leipzig ablaufenden Posten zu nehmen pflegen; nebst beygefügter Anzeige der Stationen und Meilen, wie weit selbige von einander entfernet sind, sich befinden, Leipzig [1778]

Alberti 1957
Alberti, Hans-Joachim von: *Mass und Gewicht. Geschichtliche und tabellarische Darstellungen von den Anfängen bis zur Gegenwart*, Berlin 1957

Allgemeine Zeitung des Judentums 1837
Allgemeine Zeitung des Judenthums. Ein unpartheiisches Organ für alles jüdische Interesse. Nr. 100, Leipzig, den 21. November 1837

Altner 2000
Altner, Stefan: *Wiedergefundene Legat-Quittungsbücher und Matrikelverzeichnisse der Leipziger Thomasschule, die auch die Bach-Zeit berühren*, in: Bach-Jahrbuch 2000/hrsg. von Hans-Joachim Schulze und Christoph Wolff, Leipzig 2000

Altner 2002
Altner, Stefan: *Wiedergewonnene Dokumente über „gangbare" Legate für die Thomasschule zur Bach-Zeit*, in: Bach in Leipzig – Bach und Leipzig, Konferenzbericht Leipzig 2000/hrsg. von Ulrich Leisinger (Leipziger Beiträge zur Bachforschung 5)/hrsg. vom Bach-Archiv Leipzig, Hildesheim 2002

Amaranthes 1715
Amaranthes [Gottlieb Siegmund Corvinus, siehe Jöcher 1750, Sp. 2126]: *Nutzbares, galantes und curioses Frauenzimmer-Lexicon, worinnnen nicht nur der Frauenzimmer geistlich- und weltliche Orden, Aemter, Würden, Ehren-Stellen, Professionen und Gewerbe, Privilegia und Rechtliche Wohlthaten, Hochzeiten und Trauer-Solennitäten, Gerade und Erb-Stücken, Nahmen und Thaten der Göttinnen, Heroinen, gelehrter Weibes-Bilder, Künstlerinnen, Prophetinnen, Affter-Prophetinnen, Märtyrinnen, Poetinnen Ketzerinen, Qvackerinnen, Schwärmerinnen und anderer Sectirischen und begeisterten Weibes-Personen, Zauberinnen und Hexen, auch anderer beruffener, curiöser und merckenswürdiger Weibes-Bilder, Trachten und Moden, Küchen- Tafel- Wochenstuben- Wäsch- Nehe- Hauß- Speisekammer- Keller- Kinder-Putz, Geräthe und Vorrath, Juwelen und Schmuck, Galanterie, Seidne, Wollne und andere Zeuge, so zu ihrer Kleidung und Putz dienlich, Rauch- und Peltzwerck, Haar- Putz- und Auffsatz, Schmincken, kostbare Olitäten und Seiffen, Bücher-Vorrath, Künste und Wissenschafften, Nahmen, Stamm-Nahmen und besondere Benennungen, absonderliche Gewohnheiten und Gebräuche, Eigenschaften, sonderbare Redens-Arten und Termini, Abergläubisches Wesen, Tändeleyen und Sprüchwörter, Häußliche Verrichtungen, Divertissements, Spiele und andere Ergötzlichkeiten, allgemeine Zufälle, Beschwerungen und Gebrechen der Weiber, Jungfern und kleinen Kinder, Gesinde-Ordnung und Arbeit, weibliche Straffen und absonderliche Züchtigungen, und alles dajenige, was einem Frauenzimmer vorkommen kann, und ihm nöthig zu wissen, sondern auch ein vollkommenes und auf die allerneueste Art verfertigtes Koch- Torten- und Gebackens-Buch, samt denen darzu gehörgien Rissen, Taffel-Auffsätzen und Küchen-Zettuln, ordentlich nach dem Alphabeth kurtz und deutlich abgefaßt und erkläret zu finden, dem weiblichen Geschlechte insgesamt zu sonderbaren Nutzen, Nachricht und Ergötzlichkeit auff Begehren ausgestellet*, Leipzig 1715

Amaranthes 1739
Amaranthes [Gottlieb Siegmund Corvinus]: *Nutzbares, galantes und curioses Frauenzimmer-Lexicon, worinnnen der Frauenzimmer geist- und weltliche Orden, Aemter, Würden, Ehren-Stellen, Professionen, Rechte und Privilegia, Hochzeit- und Trauer-Solennitäten, Gerade- und Erb-Stücken; die Nahmen und Thaten der Göttinnen, Heroinnen, gelehrter Frauenzimmer, Künstlerinnen, und anderer merckwürdigen Personen weiblichen Geschlechts; dererselben Trachten und Moden, und was zum Putz und Kleidung des Frauenzimmers, und Auszierung der Gemächer gehöret; ihre häusliche Verrichtungen, Ergötzlichkeiten, Redens-Arten, und was sonst einem Frauenzimmer zu wissen nöthig, ordentlich nach dem Alphabet kurtz und deutlich erkläret zu finden, wie auch ein auf die allerneueste Art verfertigtes vollkommenes Koch-Buch nebst Küchen-Zetteln und Rissen von Tafel Aufsätzen*, Frankfurt etc. 1739

Bach 2005
Die Briefentwürfe des Johann Elias Bach (1705 – 1755), in: Leipziger Beiträge zur Bach-Forschung 3/hrsg. und kommentiert von Evelin Odrich und Peter Wollny, Hildesheim etc. 2005

Banning 1939
Banning, Helmut: *Johann Friedrich Doles. Leben und Werke* (Schriftenreihe des Staatlichen Instituts für Deutsche Musikforschung 5), Leipzig 1939

Barth 1721
Barth, Gottfried: *Ausführlicher Bericht von der Gerade, So wohl insgemein, als auch insonderheit Von Fürstlicher, Gräflicher, auch anderer Herren Standes, und derer von Ritters-Art Wittben Fräulichen Gerechtigkeiten; Als nemlich von der Adelichen Gerade, Leibgedinge, Morgengabe, und Mußtheil; Dann ferner noch von Heer-Geräthe; Worinne jedes dererselben bestehe, denen Rechten nach ausgeführet, nach dem Alphabethe, die darzu gehörigen Stücken specificiret, und durch Responsa JCtorum, auch unterschiedlicher Orten Statuta confirmiret und Observationibus Practicis illustriret. Nebst einem doppelten Appendice Derer darinne angeführten Responsorum und Statutorum*, Leipzig 1721

Behringer 2007
Behringer, Wolfgang: *Kulturgeschichte des Klimas. Von der Eiszeit bis zur globalen Erwärmung*, München 2007

Beißwenger 1992
Beißwenger, Kirsten: *Johann Sebastian Bachs Notenbibliothek* (Catalogus Musicus XIII), Kassel etc. 1992

Berg-Calender 1776
Chur-Fürstlich-Sächsischer gnädigst privilegirter Berg-Calender, auf [...] das 1776. Jahr nach Christi Geburt mit dem ganzen Sächsischen Bergstaate, den

gangbaren Gruben und andern nützlichen Beylagen, Marienberg [1776]

Bergmännisches Wörterbuch 1778

Bergmännisches Wörterbuch, darinnen die deutschen Benennungen und Redensarten erkläret und zugleich die in Schriftstellern befindlichen lateinischen und französischen angezeiget werden, Chemnitz 1778

Biba 1987

„Eben komme ich von Haydn …". Georg August Griesingers Korrespondenz mit Joseph Haydns Verleger Breitkopf & Härtel 1799–1819/hrsg. und kommentiert von Otto Biba, Zürich 1987

Blanken 2018

Blanken, Christine: *Neue Dokumente zur Erbteilung nach dem Tod Johann Sebastian Bachs*, in: Bach-Jahrbuch 2018/hrsg. von Peter Wollny, Leipzig 2018

Blanken/Enßlin 2014

Blanken, Christine; Enßlin, Wolfram: *Bachs Notenbibliothek und die Bedeutung für seine Hamburger Vokalmusik*, in: Unterwegs mit Carl Philipp Emanuel Bach. Musikalisch-biografischer Reiseführer zu seinen Lebensstationen/hrsg. von Christine Blanken und Wolfram Enßlin, Berlin 2014

Blaschke 1991

Blaschke, Karlheinz: *Der Fürstenzug zu Dresden. Denkmal und Geschichte des Hauses Wettin*, Leipzig etc. 1991

Blume 1962

Blume, Friedrich: *Umrisse eines neuen Bach-Bildes*, Kassel etc. 1962

Börner/Schubert 2006

Börner, Walter; Schubert, Karl H.: *Zu Johann Sebastian Bachs Aufenthalt in Weißensee (Thüringen)*, in: Bach-Jahrbuch 2005/hrsg. von Peter Wollny, Leipzig 2006

Bormann 1909

Bormann, Edwin: *1409 – 1909. Zur Geschichte der Apotheke zum Goldenen Löwen in Leipzig. Jubiläums-Festschrift 2. Dezember 1909*, [Leipzig] 1909

Bräuer 1997

Bräuer, Helmut: *Der Leipziger Rat und die Bettler. Quellen und Analysen zu Bettlern und Bettelwesen in der Messestadt bis ins 18. Jahrhundert*, Leipzig 1997

Braun 1962

Braun, Werner: *Die alten Musikbibliotheken der Stadt Freyburg*, in: Die Musikforschung/hrsg. von der Gesellschaft für Musikforschung, Kassel etc. 1962

Breitkopf 1761

Verzeichniß Musicalischer Werke, allein zur Praxis, sowohl zum Singen, als für alle Instrumente, welche nicht durch den Druck bekannt gemacht worden; in ihre gehörige Classen ordentlich eingetheilet; welche in richtigen Abschriften bey Joh. Gottlob Immanuel Breitkopf, in Leipzig, um beystehende Preiße in Louisd'ors à 5 Thlr. zu bekommen sind. Erste Ausgabe, Leipzig 1761

Büsching 1787

Büsching, Anton Friderich: *Magazin für die neue Historie und Geographie. Ein und Zwanzigster Teil*, Halle 1787

Bundeszentrale für gesundheitliche Aufklärung 2001

Stillen und Muttermilchernährung. Grundlagen, Erfahrungen und Empfehlungen/hrsg. von der Bundeszentrale für gesundheitliche Aufklärung unter Leitung von Hildegard Przyrembel, neue, erweiterte und überarbeitete Auflage, Köln 2001

Burney 2004

Burney, Charles: *Carl Burney's der Musik Doctors Tagebuch seiner Musikalischen Reisen. Dritter Band. Durch Böhmen, Sachsen, Brandenburg, Hamburg und Holland*, Hamburg 1773 (Faksimile-Nachdruck in: Tagebuch einer musikalischen Reise/hrsg. von Christoph Hust, Kassel etc. 2004)

BzB 5

Beiträge zur Bachforschung 5. Die Bach-Handschriften der Thomasschule Leipzig. Katalog bearbeitet von Werner Neumann und Christine Fröde, Leipzig 1986

Carolus 1999

Carolus, Friedrich Wilhelm: *Lebenslauf des Freiberger Bergmanns Friedrich Wilhelm Carolus (1852 – 1931)*/hrsg. von Werner Lauterbach und Knut Neumann, Kleinvoigtsberg 1999

Carpzov 1696

Carpzov, Samuel Benedict: *Christliche zwo Danck- und Tauff-Predigten, als des Durchlauchtigsten Fürsten und Herrn, Hrn. Friedrich Augusti, Hertzogens zu Sachsen, Jülich, Cleve und Berg, auch Engern und Westphalen, des Heil. Röm. Reichs Ertz-Marschallns und Chur-Fürstens, etc. etc. erstgebohrner Printz und Chur-Erbe, Herr Friedrich Augustus, am 7. Octobr. 1696. durch Gottes Gnade glücklich gebohren worden war, den 11. Ejusdem, war der XVIII. Sontag nach Trinitat. aus B. Ruth IV, 14.15. und als Derselbige durch die H. Tauffe wiedergebohren ward, am XXI. Sontag nach Trin. d. 1. Nov. selbigen Jahres, aus Jerem. XXXI, 9. in der Churfl. Schloß-Kirche zu Dreßden gehalten von Höchstgedachter Sr. Churfürstl. Durchlaucht. bestalten Ober-Hof-Prediger Sam. Benedicto Carpzovio, D. Zu Ende ist angehänget ein kurtzer Sermon, so den *andern Tag nach der gnädigen Entbindung in Ihrer Churfl. Durchl. unser gnädigsten Frauen Bey-Gemach aus Syr L, 24.25.26. gehalten worden*, Dresden [1696]

Casper 1982
Casper, S. Jost: *Johann Sebastian Bach und die Salzburger Emigranten. Eine unheilige Legende*, in: Mitteilungen der Gesellschaft für Salzburger Landeskunde 1982 (122. Vereinsjahr)/hrsg. von der Gesellschaft für Salzburger Landeskunde, Salzburg 1982

Clavier-Büchlein 2019
Die Clavier-Büchlein von Anna Magdalena Bach 1722 & 1725. Kritische Ausgabe/hrsg. von Christoph Wolff, Leipzig etc. 2019

Codex Augusteus 1724
Codex Augusteus, oder neuvermehrtes Corpus Juris Saxonici, worinnen die in dem Churfürstenthum Sachsen und darzu gehörigen Landen, auch denen Marggrafthümern Ober- und Nieder-Lausitz, publicirte und ergangene Constitutiones, Decisiones, Mandata und Verordnungen enthalten, nebst einem Elencho, dienlichen Summarien und vollkommenen Registern, mit Ihrer Königlichen Majestät in Pohlen, als Churfürstens zu Sachsen, allergnädigster Bewilligung ans Licht gegeben und in richtige Ordnung gebracht von Johann Christian Lünig, Leipzig 1724

CPEB/CW, Commentary Versuch
Commentary to the Versuch by Tobias Plebuch, in: Carl Philipp Emanuel Bach. The Complete Works, Series VII. Theoretical Writings/hrsg. von Peter Wollny, Los Altos 2011

CPEB-Dok
Carl Philipp Emanuel Bach. Briefe und Dokumente. Kritische Gesamtausgabe/hrsg. und kommentiert von Ernst Suchalla, Göttingen 1994

Dadelsen 1957
Dadelsen, Georg von: *Bemerkungen zur Handschrift Johann Sebastian Bachs, seiner Familie und seines Kreises*, Tübinger Bach-Studien, Heft 1/hrsg. von Walter Gerstenberg, Trossingen 1957

Das Bistum Naumburg 1997
Das Bistum Naumburg. Die Diözese. 1,1/bearbeitet von Heinz Wiessner unter Verwendung von Vorarbeiten von Ernst Devrient. *Die Bistümer der Kirchenprovinz Magdeburg 35,2.*/hrsg. vom Max-Planck-Institut für Geschichte, Redaktion Irene Crusius, Berlin etc. 1997

Dentler 2004
Dentler, Hans-Eberhard: *Johann Sebastian Bachs „Kunst der Fuge". Ein pythagoreisches Werk und seine Verwirklichung*, Mainz etc. 2004

Der wahre Bach 2018
Der wahre Bach. Das Porträt im Alten Rathaus/hrsg. von Volker Rodekamp im Auftrag der Stadt Leipzig, Leipzig 2018

Deutsche Encyclopädie 1786
Deutsche Encyclopädie oder Allgemeines Real-Wörterbuch aller Künste und Wissenschaften von einer Gesellschaft Gelehrten. Eilfter [sic.] *Band. Gal–Ger.*, Frankfurt/Main 1786

Deyling 1732
Deyling, Salomon: *Gnade und Ehre als der Frommen Krone, wurde in einer dem weyland wohlgebohrnen Herrn, Herrn Johann Ernst Kregel von Sternbach, des H. Röm. Reichs Ritter, Erb- Lehn- und Gerichts-Herrn auf Gülden-Gossa und Abt-Naundorff, Vornehmen des Raths, und Hochverdienten ältesten Baumeister allhier, aus Psalm LXXI, 17.18. zu letzten Ehren gehaltenen Gedächtniß-Predigt den XX. Jan. als Dom II. post Epiph. MDCCXXXII. in der Neuen Kirche zu Leipzig vorgestellet von D. Salomon Deyling, P.P. und Superintend. zu Leipzig*, Leipzig [1732]

Dilcher 1997
Dilcher, Gerhard: *Die Ordnung der Ungleichheit. Haus, Stand und Geschlecht*, in: Frauen in der Geschichte des Rechts: Von der Frühen Neuzeit bis zur Gegenwart/hrsg. von Ute Gerhard, München 1997

Dimpfel 1929
Dimpfel, Rudolf: *Ein Leipziger Haushalt vor 200 Jahren*, in: Schriften des Vereins für die Geschichte Leipzigs, Band 14, Leipzig 1929

Dok I
Bach-Dokumente, herausgegeben vom Bach-Archiv Leipzig. Supplement zu Johann Sebastian Bach. Neue Ausgabe sämtlicher Werke.
Band I: *Schriftstücke von der Hand Johann Sebastian Bachs*/vorgelegt und erläutert von Werner Neumann und Hans-Joachim Schulze, Leipzig etc. 1963

Dok II
Bach-Dokumente, herausgegeben vom Bach-Archiv Leipzig. Supplement zu Johann Sebastian Bach. Neue Ausgabe sämtlicher Werke.
Band II: *Fremdschriftliche und gedruckte Dokumente zur Lebensgeschichte Johann Sebastian Bachs 1685–1750*/vorgelegt und erläutert von Werner Neumann und Hans-Joachim Schulze, Leipzig etc. 1969

Dok III
Bach-Dokumente, herausgegeben vom Bach-Archiv Leipzig. Supplement zu Johann Sebastian Bach. Neue Ausgabe sämtlicher Werke.

Band III: *Dokumente zum Nachwirken Johann Sebastian Bachs 1750 – 1800*/vorgelegt und erläutert von Hans-Joachim Schulze, Leipzig etc. 1972

Dok IV

Bach-Dokumente, herausgegeben vom Bach-Archiv Leipzig. Supplement zu Johann Sebastian Bach. Neue Ausgabe sämtlicher Werke.
Band IV: Neumann, Werner: *Bilddokumente zur Lebensgeschichte Johann Sebastian Bachs*, Leipzig etc. 1979

Dok V

Bach-Dokumente, herausgegeben vom Bach-Archiv Leipzig. Supplement zu Johann Sebastian Bach. Neue Ausgabe sämtlicher Werke.
Band V: *Dokumente zu Leben, Werk und Nachwirken Johann Sebastian Bachs 1685 – 1800. Neue Dokumente. Nachträge und Berichtigungen zu Band I – III*/vorgelegt und erläutert von Hans-Joachim Schulze unter Mitarbeit von Andreas Glöckner, Kassel etc. 2007

Dok VII

Bach-Dokumente, herausgegeben vom Bach-Archiv Leipzig. Supplement zu Johann Sebastian Bach. Neue Ausgabe sämtlicher Werke.
Band VII: *Johann Nikolaus Forkel. Ueber Johann Sebastian Bachs Leben, Kunst und Kunstwerke (Leipzig 1802), Edition. Quellen. Materialien*/vorgelegt und erläutert von Christoph Wolff unter Mitarbeit von Michael Maul, Kassel etc. 2008

Dok IX

Bach-Dokumente, herausgegeben vom Bach-Archiv Leipzig. Supplement zu Johann Sebastian Bach. Neue Ausgabe sämtlicher Werke. Revidierte Edition (NBA[rev]).
Band IX: Wolff, Christoph: *Bach. Eine Lebensgeschichte in Bildern*, redaktionelle Mitarbeit Marion Söhnel und Markus Zepf, Kassel etc. 2017

Drei Autobiographien 1994

„Ich wünschte so gar gelehrt zu werden". Drei Autobiographien von Frauen des 18. Jahrhunderts. Texte und Erläuterungen/hrsg. von Magdalena Heuser, Ortrun Niethammer, Marion Roitzheim-Eisfeld und Petra Wulbusch, Göttingen 1994

Duden 2000

Duden. Die deutsche Rechtschreibung, Band 1, 22., völlig neu bearbeitete und erweitere Auflage/hrsg. von der Dudenredaktion, Mannheim etc. 2000

Dülmen 1999

Dülmen, Richard van: *Kultur und Alltag in der Frühen Neuzeit. Erster Band. Das Haus und seine Menschen 16. – 18. Jahrhundert*, München 1999

Dürr 1958

Dürr, Alfred: *Zur Chronologie der Leipziger Vokalwerke J. S. Bachs*, in: Bach-Jahrbuch 1957/hrsg. von Alfred Dürr und Werner Neumann, Berlin 1958

Dürr 1976

Dürr, Alfred: *Zur Chronologie der Leipziger Vokalwerke J. S. Bachs*, Kassel etc. 1976

Dürr 1985

Dürr, Alfred: *Die Kantaten von Johann Sebastian Bach mit ihren Texten*, Band I und II, Kassel etc. 1985

Dura 2018/I

Dura, Ulrike: *Bach unter der Lupe. Die Konservierung 2017*, in: Der wahre Bach. Das Porträt im Alten Rathaus/hrsg. von Volker Rodekamp im Auftrag der Stadt Leipzig, Leipzig 2018

Dura 2018/II

Dura, Ulrike: *Bildberichterstatter des Barock. Der Porträtmaler Elias Gottlob Haussmann*, in: Der wahre Bach. Das Porträt im Alten Rathaus/hrsg. von Volker Rodekamp im Auftrag der Stadt Leipzig, Leipzig 2018

Eger 2005

Eger, Susanna: *Leipziger Koch-Buch, welches lehret was man auf seinen täglichen Tisch, bey Gastereyen und Hochzeiten, gutes und delicates auftragen, auch Tische und Tafeln mit Speisen zierlich besetzen könne*, Leipzig 1745 (Faksimile-Nachdruck, Leipzig 2005)

Elsas 1940

Elsas, Moritz John: *Umriss einer Geschichte der Preise und Löhne in Deutschland, vom ausgehenden Mittelalter bis zum Beginn des neunzehnten Jahrhunderts*, Band II, Leiden 1940

Enzyklopädie der Neuzeit 2011

Enzyklopädie der Neuzeit, Band 13, Subsistenzwirtschaft – Vasall/hrsg. von Friedrich Jäger im Auftrag des Kulturwissenschaftlichen Instituts (Essen) und in Verbindung mit den Fachwissenschaftlern, Stuttgart etc. 2011

Falck 1913

Falck, Martin: *Wilhelm Friedemann Bach. Sein Leben und seine Werke mit thematischem Verzeichnis seiner Kompositionen und zwei Bildern*, Leipzig 1913

Felbick 2012

Felbick, Lutz: *Lorenz Christoph Mizler de Kolof. Schüler Bachs und pythagoreischer „Apostel der Wolffischen Philosophie"*, Hildesheim etc. 2012

Fischer 2000

Fischer, Hans Conrad: *Johann Sebastian Bach. Sein Leben in Bildern und Dokumenten*, Holzgerlingen 2000

Florinus 1750
Florinus, Franz Philipp: *Oeconomus prudens et legalis oder Allgemeiner Kluger und Rechts-verständiger Haus-Vatter, Erstes Buch*, Nürnberg etc. 1750
Fröde 1984
Fröde, Christine: *Zu einer Kritik des Thomanerchores von 1749*, in: Bach-Jahrbuch 1984/hrsg. von Hans-Joachim Schulze und Christoph Wolff, Berlin 1984
Fürstenau 1979
Fürstenau, Moritz: *Zur Geschichte der Musik und des Theaters am Hofe zu Dresden. Nach archivalischen Quellen von Moritz Fürstenau, K. S. Kammermusikus. Zweiter Theil. Zur Geschichte der Musik und des Theaters am Hofe der Kurfürsten von Sachsen und Könige von Polen Friedrich August I. (August II.) und Friedrich August II. (August III.)*, Dresden 1861, in: Zur Geschichte der Musik und des Theaters am Hofe zu Dresden, Fotomechanischer Nachdruck der zweibändigen Originalausgabe 1861–1862 in einem Band. Mit Nachwort, Berichtigung, Registern und einem Verzeichnis der von Fürstenau verwendeten Literatur herausgegeben von Wolfgang Reich, Leipzig 1979
Füssel/Weller 2005
Füssel, Marian; Weller, Thomas: *Einleitung*, in: Ordnung und Distinktion. Praktiken sozialer Repräsentation in der ständischen Gesellschaft/hrsg. von Marian Füssel und Thomas Weller, Münster 2005
Geck 2003
Geck, Martin: *Die Bach-Söhne*, Reinbek bei Hamburg 2003
Geck 2010
Geck, Martin: *Bach. Leben und Werk*, Reinbek bei Hamburg 2010
Geffcken/Tykocinski 1905
Geffcken, H.; Tykocinski, H.: *Stiftungsbuch der Stadt Leipzig im Auftrage des Rates auf Grund der Urkunden und Akten des Ratsarchivs*, Leipzig 1905
Geiringer/Geiringer 1983
Geiringer, Karl; Geiringer, Irene: *Die Musikerfamilie Bach. Musiktradition in sieben Generationen*, München 1983
Gellert 1751
Gellert, Christian Fürchtegott: *Briefe, nebst einer praktischen Abhandlung von dem guten Geschmacke in Briefen*, Leipzig 1751
Gerber 1732
Gerber, Christian: *Historie der Kirchen-Ceremonien in Sachsen; nach ihrer Beschaffenheit in möglichster Kürtze mit Anführung vieler Moralien, und specialen Nachrichten*, Dresden etc. 1732
Gerber 1790
Gerber, Ernst Ludwig: *Historisch-Biographisches Lexicon der Tonkünstler, welches Nachrichten von dem Leben und Werken musikalischer Schriftsteller, berühmter Componisten, Sänger, Meister auf Instrumenten, Dilettanten, Orgel- und Instrumentenmacher, enthält; zusammengetragen von Ernst Ludwig Gerber, Fürstlich Schwarzburg-Sondershausischen Kammermusikus und Hof-Organisten zu Sondershausen. Erster Theil A – M*, Leipzig 1790
Gerber 1812
Gerber, Ernst Ludwig: *Neues historisch-biographisches Lexikon der Tonkünstler, welches Nachrichten von dem Leben und Werken musikalischer Schriftsteller, berühmter Komponisten, Sänger, Meister auf Instrumenten, kunstvollen Dilettanten, Musikverleger, Orgel- und Instrumentenmacher, äterer und neuerer Zeit, aus allen Nationen enthält; von Ernst Ludwig Gerber, Fürstlich Schwarzburg-Sondershausischen Hof-Sekretär zu Sondershausen. Zweyter Theil E – I.*, Leipzig 1812
Gersdorf 1775
Gersdorf, Carl August von: *Allgemeine und besondere Anmerkungen vom einheimischen und fremden Handel, von Sammlung einiger Abgaben, welche an sehr vielen Orten übel verstanden, und noch schlimmer ausgeübet, und angebracht werden*, Cosmopolis [Leipzig 1775; siehe Meusel 1790, S. 350]
Gersdorf 1776
Gersdorf, Carl August von: *Allgemeine und besondere Anmerkungen vom einheimischen und fremden Handel, von Sammlung einiger Abgaben, welche an sehr vielen Orten übel verstanden, und noch schlimmer ausgeübet, und angebracht werden. Zweyte verbesserte Auflage*, Leipzig 1776 [Meusel 1790, S. 350]
Glaubenswelten 2017
Glaubenswelten, Katalog zur Kabinettausstellung im Bach-Museum Leipzig vom 27. Januar bis 25. Juni 2017/hrsg. vom Bach-Archiv Leipzig, Texte: Maria Hübner, Altenburg 2017
Glöckner 1984
Glöckner, Andreas: *Handschriftliche Musikalien aus den Nachlässen von Carl Gotthelf Gerlach und Gottlob Harrer in den Verlagsangeboten des Hauses Breitkopf 1761-1769*, in: Bach-Jahrbuch 1984/hrsg. von Hans Joachim Schulze und Christoph Wolff, Berlin 1984
Glöckner 1994
Glöckner, Andreas: *Die Teilung des Bachschen Musikaliennachlasses und die Thomana-Stimmen*, in:

Bach-Jahrbuch 1994/hrsg. von Hans-Joachim Schulze und Christoph Wolff, Leipzig 1994

Glöckner 2008
Glöckner, Andreas: *Johann Sebastian Bach und die Universität Leipzig. Neue Quellen (Teil I)*, in: Bach-Jahrbuch 2008/hrsg. von Peter Wollny, Leipzig 2008

Glöckner 2009
Glöckner, Andreas: *Ein weiterer Kantatenjahrgang Gottfried Heinrich Stölzels in Bachs Aufführungsrepertoire?*, in: Bach-Jahrbuch 2009/hrsg. von Peter Wollny, Leipzig 2009

Goethe 1812
Goethe, Johann Wolfgang von: *Aus meinem Leben. Dichtung und Wahrheit. von Goethe. zweyter Theil*, Tübingen 1812

Goethe 2008
Goethe, Johann Wolfgang: *Johann Wolfgang Goethe. Briefe Band 1 II. 23. Mai 1764 – 30. Dezember 1772: Kommentar*/hrsg. von Elke Richter und Georg Kurscheidt, Berlin 2008

Gojowy 1970
Gojowy, Detlef: *Wie entstand Hans Georg Nägelis Bach-Sammlung? Dokumente zur Bach-Renaissance im 19. Jahrhundert*, in: Bach-Jahrbuch 1970/hrsg. von Alfred Dürr und Werner Neumann, Berlin 1970

Gottschalk 2003
Gottschalk, Karin: *Eigentum, Geschlecht, Gerechtigkeit. Haushalten und Erben im frühneuzeitlichen Leipzig*, Frankfurt/Main 2003

Gottschalk 2011
Gottschalk, Karin: *Guardianship and Inheritance. City Authorities, Family Disputes and the Distribution of Goods in 17th-Century Leipzig*, in: La Justice des Familles. Autour de la Transmission des Biens, des Savoirs et des Pouvoirs/hrsg. von Anna Bellavitis und Isabelle Chabot, Rom 2011

Grenser 2005
Grenser, Carl Augustin: *Geschichte der Musik hauptsächlich aber des großen Conzert- u. Theater-Orchesters in Leipzig*, 1750 – 1838/hrsg. von Otto Werner Förster, Leipzig 2005

Grosse 1902
Grosse, Martin: *Die beiden Afrika-Forscher Johann Ernst Hebenstreit und Christian Gottlieb Ludwig. Ihr Leben und ihre Reise*, Leipzig 1902

Grotefend 2007
Grotefend, Hermann: *Taschenbuch der Zeitrechnung des deutschen Mittelalters und der Neuzeit*, Hannover 2007

Grundig 1750
Grundig, Christoph Gottlob: *Geistlicher Berg-Bau, Nach Matthäi Wießers, und des Christlichen Bergmanns, auch anderer erbaulichen Sammlungen etc. Worinnen andächtige Gebete, und Geistliche Berg-Reyhen, vor GOtt-fürchtende Beamten, Christliche Gewercken, und fromme Bergleute, auch Hütten- Hammer- und Farben-Arbeiter zu finden, und in diesen bequemen Druck zusammen gebracht; Mit einer Vorrede und Probe einer Geistlichen bergmännischen Bibliothek*, Schneeberg 1750

GTK-Dok
Dokumente zur Geschichte des Leipziger Thomaskantorats. Band II. Vom Amtsantritt Johann Sebastian Bachs bis zum Beginn des 19. Jahrhunderts/hrsg. und erläutert von Andreas Glöckner, Leipzig 2018

Handbuch der Deutschen Kunstdenkmäler 1999
Georg Dehio. Handbuch der Deutschen Kunstdenkmäler. Sachsen Anhalt II, Regierungsbezirke Dessau und Halle/bearbeitet von Ute Bednarz, Folkhard Cremer, Hans-Joachim Krause und anderen, München etc. 1999

Hansen 2015
Hansen, Jörg: *Die Bach-Ikonographie*, in: Das Bach-Handbuch. Band 7. Bachs Welt. Sein Leben, sein Schaffen, seine Zeit/hrsg. von Siegbert Rampe, Laaber 2015

Harlaß 2020
Harlaß, Robert: *350 Jahre August der Starke – Ein Jubiläum im Schatten der Zeitrechnung*, in: Sächsisches Archivblatt. Mitteilungen des Sächsischen Staatsarchivs, Heft 1/2020/hrsg. vom Sächsischen Staatsarchiv, Dresden 2020

Hase 1912
Hase, Hermann von: *Carl Philipp Emanuel Bach und Joh. Gottl. Im. Breitkopf*, in: Bach-Jahrbuch 1911/hrsg. von Arnold Schering, Berlin etc. 1912

Hebenstreit 1743
Hebenstreit, Ernst: *Museum Richterianum continens fossilia animalia, vegetabilia marina*, Leipzig 1743

Heinemann 2020
Heinemann, Michael: *Der Hofcompositeur. Bachs Dresdner Zwecke*, in: Erfahrungen mit Bach. Ein Dresdner Bach-Buch/hrsg. von Michael Heinemann und Bernhard Hentrich, Köln 2020

Henkel 1981
Henkel, Hubert: *Clavichorde. Musikinstrumenten-Museum der Karl-Marx-Universität Leipzig. Katalog. Band 4*, Leipzig 1981

Henzel 1999
Henzel, Christoph: *Neues vom Hofcembalisten Carl Philipp Emanuel Bach*, in: Bach-Jahrbuch 1999/hrsg.

von Hans-Joachim Schulze und Christoph Wolff, Leipzig 1999

Herttwig 1734

Herttwig, Christoph: *Neues und Vollkommenes Berg-Buch, Bestehend in sehr vielen und raren Berg-Händeln, und Bergwercks-Gebräuchen, Absonderlich aber über 200. vorhin noch nicht edirten und ans Licht gegebenen Berg-Urtheln und Abschieden, Mit grossem Fleiß und Mühe, dergestalt colligiret und abgefasset, daß bey nahe keine eintzige Materia in Berg- Schmeltz- und Hammerwercks-Sachen, vorfallen mag, So nicht unter einer gewissen Rubric, der Nothdurfft nach, abgehandelt, und mit Allegirung gelehrter und bewährter Männer Schrifften, wie nicht weniger darzu gehörigen Kayserlichen, Königlichen, Chur- und Fürstlichen Berg-Ordnungen, Sowohl was deren Concordanz als auch Discrepanz betrifft, entschieden, und auf die leichteste Manier zu finden wäre, Zweyte Auflage,* Dresden etc. 1734

Hesemann/Breuning 1752

Hesemann, Gottlob Siegismund; Breuning, Christian Heinrich: *Dissertatio ivris gentivm de praescriptione liberis gentibvs incognita qvam illvstris ictorvm ordinis gratia, praeside D. Christiano Henrico Brevning in avditorio petrino die, VII. Septembr. anno MDCCLII. defendet Gottlob Siegismvnd Hesemann levcopetrens,* Leipzig [1752]

Heussner 1968

Heussner, Horst: *Nürnberger Musikverlag und Musikalienhandel im 18. Jahrhundert,* [Kassel] 1968

His 1895/I

His, Wilhelm: *Johann Sebastian Bach. Forschungen über dessen Grabstätte, Gebeine und Antlitz. Bericht an den Rath der Stadt Leipzig,* Leipzig 1895

His 1895/II

His, Wilhelm: *Anatomische Forschungen über Johann Sebastian Bach's Gebeine und Antlitz nebst Bemerkungen über dessen Bilder,* in: Abhandlungen der Mathematisch-Physischen Classe der Königlich Sächsischen Gesellschaft der Wissenschaften. Zweiundzwanzigster Band, Leipzig 1895

Hobohm 1978

Hobohm, Wolf: *Ein unbekanntes Gutachten Johann Sebastian Bachs,* in: Bach-Jahrbuch 1977/hrsg. von Hans-Joachim Schulze und Christoph Wolff, Berlin 1978

Hocquél 2004

Hocquél, Wolfgang: *Leipzig. Architektur von der Romanik bis zur Gegenwart,* Leipzig 2004

Hof- und Staats-Calender 1735

Königl. Poln. und Churfürstl. Sächsischer Hof- und Staats-Calender auf das Jahr 1735. Worinnen der Königliche und Printzliche Hof-Staat, Collegia, und Militar-Wesen aufs accurateste beschrieben werden. Dabey zugleich alle Galla-Tage, Kirchen-Feste und alles, was in letzten Jahren notables in Chur-Fürstl. Landen und bey Hof vorgegangen, zu finden, Leipzig [1734] [Da in den Leipziger Zeitungen vom 1. Januar 1749, S. 4 der Hof- und Staats-Calender für das neue Jahr angeboten wurden, dürfte der Druck immer bereits im Vorjahr erfolgt sein.]

Hof- und Staats-Calender 1738

Königl. Poln. und Churfürstl. Sächsischer Hof- und Staats-Calender auf das Jahr 1738. Worinnen der Königliche und Prinzliche Hof-Staat, Collegia, und Militar-Wesen aufs accurateste beschrieben werden. Dabey zugleich alle Galla-Tage, Kirchen-Feste und alles, was in den letzten Jahren notables in Churfürstl. Landen und bey Hofe vorgegangen, zu finden, Leipzig [1737]

Hof- und Staats-Calender 1739

Königl. Poln. und Churfürstl. Sächsischer Hof- und Staats-Calender auf das Jahr 1739. Worinnen der Königliche und Prinzliche Hof-Staat, Collegia, und Militar-Wesen aufs accurateste beschrieben werden. Dabey zugleich alle Galla-Tage, Kirchen-Feste und alles, was in den letzten Jahren notables in Churfürstl. Landen und bey Hofe vorgegangen, zu finden, Leipzig [1738]

Hof- und Staats-Calender 1740

Königl. Poln. und Churfürstl. Sächsischer Hof- und Staats-Calender auf das Schalt-Jahr 1740. Worinnen der Königliche und Printzliche Hof-Staat Collegia und Militar-Wesen aufs accurateste beschrieben werden; Dabey zugleich alle Galla-Tage, Kirchen-Feste, und alles, was in den letzten Jahren notables in Churfürstlichen Landen und bey Hofe vorgegangen, zu finden, Leipzig [1739]

Hof- und Staats-Calender 1744

Königl. Poln. und Churfürstl. Sächsischer Hof- und Staats-Calender auf das Schalt-Jahr 1744. Worinnen der Königliche und Printzliche Hof-Staat, Collegia und Militar-Wesen aufs accurateste beschrieben werden; dabey zugleich alle Galla-Tage, Kirchen-Feste, und alles, was in den letzten Jahren notables in Churfürstlichen Landen und bey Hof vorgegangen, zu finden, Leipzig [1743]

Hof- und Staats-Calender 1747

Königl. Poln. und Churfürstl. Sächsischer Hof- und Staats-Calender auf das Jahr 1747. Worinnen der Königliche und Prinzliche Hof-Staat, Collegia und Militar-Wesen, aufs accurateste beschrieben werden; dabey zugleich alle Galla-Tage, Kirchen-Feste, und alles, was in den letzten Jahren notables in Churfürstlichen Landen und bey Hofe vorgegangen, zu finden, Leipzig [1746]

Hof- und Staats-Calender 1748
Königl. Poln. und Churfürstl. Sächsischer Hof- und Staats-Calender auf das Jahr 1748. Worinnen der Königliche und Prinzliche Hof-Staat, Collegia, und Militar-Wesen, aufs accurateste beschrieben werden; dabey zugleich alle Galla-Tage, Kirchen-Feste, alles was in den letzten Jahren notables bey Hofe vorgegangen, zu finden, Leipzig [1747]
Hof- und Staats-Calender 1749
Königl. Poln. und Churfürstl. Sächsischer Hof- und Staats-Calender auf das Jahr 1749. Worinnen der Königliche und Prinzliche Hof-Staat, Collegia und Militar-Wesen, aufs accurateste beschrieben werden; dabey zugleich alle Galla-Tage, Kirchen-Feste, und was in den letzten Jahren solennes bey Hofe vorgegangen, zu finden, Leipzig [1748]
Hof- und Staats-Calender 1750
Königl. Poln. und Churfürstl. Sächsischer Hof- und Staats-Calender auf das Jahr 1750. Worinnen der Königliche und Prinzliche Hof-Staat, Collegia, und Militar-Wesen, aufs accurateste beschrieben werden; dabey zugleich alle Galla-Tage, Kirchen-Feste, und was in dem letztern Jahre solennes bey Hofe vorgegangen, zu finden, Leipzig [1749]
Hof- und Staats-Calender 1754
Königl. Poln. und Churfürstl. Sächsischer Hof- und Staats-Calender auf das Jahr 1754. Worinnen der Königliche und Printzliche Hof-Staat, Collegia und Militair-Wesen, aufs accurateste beschrieben werden; dabey zugleich alle Galla-Tage, Kirchen-Feste, und was in den letztern Jahren solennes bey Hofe vorgegangen, zu finden, Leipzig [1753]
Hof- und Staats-Calender 1755
Königl. Poln. und Churfürstl. Sächsischer Hof- und Staats-Calender auf das Jahr 1755. Worinnen der Königliche und Printzliche Hof-Staat, Collegia und Militair-Wesen, aufs accurateste beschrieben werden; dabey zugleich alle Galla-Tage, Kirchen-Feste, und was in den letztern Jahren solennes bey Hofe vorgegangen, zu finden, Leipzig [1754]
Hof- und Staats-Calender 1765
Churfürstlicher Sächsischer Hof- und Staats-Calender auf das Jahr 1765, Leipzig [1764]
Hof- und Staats-Calender 1784
Churfürstlicher Sächsischer Hof- und Staats-Calender auf das Jahr 1784, Leipzig [1783]
Hoffmann 1733/I
Hoffmann, Gottfried August: *Statuta Localia, Das ist, ausführliche Beschreibung der Gerade und des Heer-Geräthes Von Ober- und Nieder-Sachsen, auch andern Orten und Städten mehr, sowohl einer Abhandlung Von denen weiblichen Gerechtigkeiten überhaupt, als auch insonderheit, wie dem weiblichen Geschlechte durch Ehe-Pacta und andere Contracte hierunter in allen Fällen zu prospiciren, nebst denen beygefügten Rechtlichen Responsis, Welche der Succession, der Gerade, des Heergeräthes und Erbes halber an einen und den andern Ort von vielen Rechts-Collegiis ertheilet worden. Erster Theil*, Frankfurt etc. 1733
Hoffmann 1733/II
Hoffmann, Gottfried August: *Statuta Localia von Ober- und Nieder-Sachsen, auch andern Orten und Städten mehr, so von der Gerade und dem Heer-Geräthe handeln, Nebst denen Rechtlichen Responsis, Welche Der Gerade und anderer weiblichen Gerechtigkeit, auch des Heer-Geräthes halber, an einen und den andern Orte ertheilet, Und durch eingehohlte Attestata, ingleichen aus bewährten Autoribus und Actis Judicialibus mit besondern Fleiß zusammen getragen worden. Anderer Theil*, Frankfurt etc. 1733
Hoppe 1986
Hoppe, Günther: *Köthener politische, ökonomische und höfische Verhältnisse als Schaffensbedingungen Bachs (Teil 1)*, in: Cöthener Bach-Hefte 4. Beiträge des Kolloquiums der Bach-Gedenkstätte im Historischen Museum am 18. März 1985 „Hofkapellmeisteramt – Spätbarock – Frühaufklärung". 10. Bachfesttage der Stadt Köthen im Rahmen der „Bach-Händel-Schütz-Ehrung der DDR 1985", Köthen 1986
Hoppe 2004
Hoppe, Günther: *Zur Haustrauung Johann Sebastians und Anna Magdalenas und zur „Nottaufe" Christiana Sophia Henriette Bachs*, in: Cöthener Bach-Hefte 12. Beiträge zum Symposium „Suiten und Partiten im Werk Johann Sebastian Bachs und seiner Zeitgenossen" am 8. November 2003 im Rahmen des 4. „Köthener Herbstes", Köthen 2004
Hortschansky 1968
Hortschansky, Klaus: *Pränumerations- und Subskriptionslisten in Notendrucken deutscher Musiker des 18. Jahrhunderts*, in: Acta musicologica, 40. Jahrgang, Basel 1968
Hortschansky 1971
Hortschansky, Klaus: *Der Musiker als Musikalienhändler in der zweiten Hälfte des 18. Jahrhunderts*, in: Der Sozialstatus des Berufsmusikers vom 17. bis 19. Jahrhundert/hrsg. von Walter Salmen, Kassel etc. 1971

Hübner 2002
Hübner, Maria: *Zur finanziellen Situation der Witwe Anna Magdalena Bach und ihrer Töchter*, in: Bach-Jahrbuch 2002/hrsg. von Hans-Joachim Schulze und Christoph Wolff, Leipzig 2002

Hübner 2005
Hübner, Maria: *Anna Magdalena Bach. Ein Leben in Dokumenten und Bildern*/zusammengestellt und erläutert von Maria Hübner, Leipzig 2005

Iccander 1725
Iccander [Johann Christian Crell, siehe Dok V, S. 382]: *Das in gantz Europa berühmte, galante und sehens-würdige Königliche Leipzig in Sachsen, oder Iccanders kurtze und accurate Beschreibung, derer vornehmsten in dieser Welt-bekannten Kauff- und Handels-Stadt berühmtesten Gebäude und Merckwürdigkeiten, so wohl der Universität als E. E. Raths, und was deme anhängig, nebst accuraten Registern*, Leipzig 1725

Ingendahl 2006
Ingendahl, Gesa: *Witwen der Frühen Neuzeit. Eine kulturhistorische Studie*, Frankfurt etc. 2006

Ingendahl 2011
Ingendahl, Gesa: *Witwenhaushalte in der frühneuzeitlichen Stadt: (k)ein Generationenprojekt*, in: Generationen in spätmittelalterlichen und frühneuzeitlichen Städten (ca. 1250–1750)/hrsg. von Mark Häberlein, Christian Kuhn und Lina Hörl, Konstanz 2011

Ingendahl 2013
Ingendahl, Gesa: *Antizipierte Bedürftigkeit im Witwenstand. Vom Umgang mit einem Topos*, in: Sicherheit in der Frühen Neuzeit. Norm. Praxis. Präsentation/hrsg. von Christoph Kampmann und Ulrich Niggemann, Köln etc. 2013

Jöcher 1750
Jöcher, Christian Gottlieb: *Allgemeines Gelehrten-Lexicon, Darinne die Gelehrten aller Stände sowohl männ- als weiblichen Geschlechts, welche vom Anfange der Welt bis auf ietzige Zeit gelebt, und sich der gelehrten Welt bekannt gemacht, Nach ihrer Geburt, Leben, merckwürdigen Geschichten, Absterben und Schrifften aus den glaubwürdigsten Scribenten in alphabetischer Ordnung beschrieben werden, Erster Teil*, Leipzig 1750

Kaemmel 1909
Kaemmel, Otto: *Die Geschichte des Leipziger Schulwesens vom Anfange des 13. bis gegen die Mitte des 19. Jahrhunderts (1214–1846)*, Leipzig etc. 1909

Kandler 2004
Kandler, Karl-Hermann: *Freiberger Bergpredigten aus fünf Jahrhunderten*/hrsg. und erläutert von Karl Hermann Kandler, Freiberg 2004

Klavierbüchlein 1988
Johann Sebastian Bach. Klavierbüchlein für Anna Magdalena Bach. 1725 (Faksimiledruck der Originalhandschrift mit einem Nachwort/hrsg. von Georg von Dadelsen, Kassel etc. 1988)

Klinische Endokrinologie für Frauenärzte 2009
Klinische Endokrinologie für Frauenärzte/hrsg. von Freimut Leidenberger, Thomas Strowitzki und Olaf Ortmann, Heidelberg 2009

Knepler 1951
Knepler, Georg: *Bemerkungen zum Wandel des Bachbildes*, in: Bericht über die wissenschaftliche Bachtagung der Gesellschaft für Musikforschung, Leipzig 23. bis 26. Juli 1950, im Auftrag des Deutschen Bach-Ausschusses 1950/hrsg. von Walther Vetter und Ernst Hermann Meyer, bearbeitet von Hans Heinrich Eggebrecht, Leipzig 1951

Knigge 1977
Knigge, Adolph Freiherr von: *Über den Umgang mit Menschen*/hrsg. von Gert Ueding, Frankfurt etc. 1977

Kobayashi 1982
Kobayashi, Yoshitake: *Breitkopfs Handel mit Bach-Handschriften*, in: Beiträge zur Bachforschung 1/hrsg. von den Nationalen Forschungs- und Gedenkstätten Johann Sebastian Bach der DDR, Leipzig 1982

Kobayashi 1987
Kobayashi, Yoshitake: *Zur Chronologie der Spätwerke Johann Sebastian Bachs*, in: Bach-Jahrbuch 1988/hrsg. von Hans-Joachim Schulze und Christoph Wolff, Berlin 1987

Kobayashi 1992
Kobayashi, Yoshitake: *Zur Teilung des Bachschen Erbes*, in: Acht kleine Präludien und Studien über BACH. Georg von Dadelsen zum 70. Geburtstag am 17. November 1988/hrsg. vom Kollegium des Johann-Sebastian-Bach-Instituts Göttingen, Wiesbaden 1992

König 1958
König, Ernst: *Neuerkenntnisse zu J. S. Bachs Köthener Zeit*, in: Bach-Jahrbuch 1957/hrsg. von Alfred Dürr und Werner Neumann, Berlin 1958

König 1959
König, Ernst: *Die Hofkapelle des Fürsten Leopold zu Anhalt-Köthen*, Bach-Jahrbuch 1959/hrsg. von Alfred Dürr und Werner Neumann, Berlin [1959]

Körner 1981
Körner, Hilmar: *Zur sogenannten „Bach-Brille"*, in: Bach-Jahrbuch 1980/hrsg. von Hans-Joachim Schulze und Christoph Wolff, Leipzig 1981

Köthener Friedhofsführungen 2015
10 Jahre Köthener Friedhofsführungen/hrsg. von Maria Behnke, Matthias Freundel, Doreen Hennen, Enrico Kullrich, Monika Knof, Norbert Postler, Ron Schmidt, Marc-André Schnober, Simone Scholdra und Bernd Westphal, Köthen 2015
Kollmar 2006
Kollmar, Ulrike: *Gottlob Harrer (1703 – 1755), Kapellmeister des Grafen Heinrich von Brühl am sächsisch-polnischen Hof und Thomaskantor in Leipzig*, Beeskow 2006
Kopf-Steuer 1747
Ihrer Königln. Majest. in Pohlen, etc. und Churfürstln. Durchl. zu Sachßen, etc. Ausschreiben über die von E. getreuen Landschafft, bey dem Anno 1746. gehaltenen Land-Tage, auf Neun Jahr, und zwar von Anno 1747. bis mit dem Schluß des 1755ten Jahres, verwilligte Allgemeine Kopff-Steuer, und was solcher anhängig, Dresden 1747
Koska 2019
Koska, Bernd: *Bachs Privatschüler*, in Bach-Jahrbuch 2019/hrsg. von Peter Wollny, Leipzig 2019
Kritzinger 1778
Kritzinger, Friedrich Adolph: *Die Geschichte der Stadt Leipzig*, [Leipzig] 1778
Krüger 1746
Krüger, Johann Gottlob: *Gedancken Von dem Kalten Winter des Jahres 1740. Die zweyte Auflage*, Halle 1746
Krünitz 1792
Oekonomisch-technologische Encyklopädie oder allgemeines System der Stats- Stadt- Haus- und Land-Wirthschaft, und der Kunst-Geschichte, in alpabetischer Ordnung; von D. Johann Georg Krünitz, der k. k. ökon. Gesellsch. in Krain, der russisch-kaiserl. freyen ökon. Gesellsch. zu St. Petersb. und der kurf. maynz. Akad. der Wissensch. Mitglied, der märkischen ökonom. Gesellsch. zu Potsd. Ehren-Mitglied u. Correspondent, der kön. preuß. gelehrt. Gesellsch. in Frankf. a. d. O. Beysitzer, der Gött. deutsch. Gesellsch. der Oberlausitzer Bienengesellschaft, und der kursächs. ökonom. Soc. in Leipz. Ehren-Mitglied, wie auch der ökonom. patriot. Soc. in Schles. ordentliches Mitglied und Correspondent. Sieben und funfzigster Theil, von Kürschner bis Kyrn. nebst 25 Kupfertafeln auf 6 7/8 Bogen, Berlin 1792
Krünitz 1841
Dr. Johann Georg Krünitz's ökonomisch-technologische Encyklopädie, oder allgemeines System der Staats-, Stadt-, Haus- und Landwirthschaft, und der Kunstgeschichte, in alphabetischer Ordnung. Früher fortgesetzt von Friedrich Jakob und Heinrich Gustav Floerken und jetzt von Johann Wilhelm David Korth, Doktor der Philosophie. Hundert und sechs und siebzigster Theil, welcher die Art. Striemellachs bis Student enthält. Mit fünf Kupfertafeln, zwei Tabellen und einem Portrait, Berlin 1841
Küster 2000
Küster, Konrad: *Stammbaum der Familie Bach*, in: Johann Sebastian Bach und seine Zeit in Arnstadt/hrsg. vom Schloßmuseum Arnstadt, Stadtgeschichtsmuseum Arnstadt, Rudolstadt etc. 2000
Kutter 1986
Kutter, Uli: *Zeiller – Lehmann – Krebel. Bemerkungen zur Entwicklungsgeschichte eines Reisehandbuches und zur Kulturgeschichte des Reisens im 18. Jahrhundert*, in: Reisen im 18. Jahrhundert. Neue Untersuchungen/hrsg. von Wolfgang Griep und Hans-Wolf Jäger, Heidelberg 1986
Lamb 1989
Lamb, Hubert Hurace: *Klima und Kulturgeschichte. Der Einfluß des Wetters auf den Gang der Geschichte*/aus dem Englischen von Elke Linnepe und Elke Smolan-Härle, Reinbek bei Hamburg 1989
Leaver 1983
Leaver, Robin A.: *Bachs theologische Bibliothek*, Neuhausen-Stuttgart 1983
Leaver 2007
Leaver, Robin A.: Überlegungen zur „Bildniß-Sammlung" im Nachlaß von C.P.E. Bach, in: Bach-Jahrbuch 2007/hrsg. von Peter Wollny, Leipzig 2007
Lehmann 1736
Lehmann, Peter Ambrosius [siehe Kutter 1986, S. 13]: *Die vornehmsten Europäischen Reisen, wie solche durch Deutschland, Franckreich, Italien, Holl- und Engeland, Dännemarck und Schweden, Vermittelst der darzu verfertigten Reise-Charten, nach den bequemsten Post-Wegen anzustellen, und was auf solchen Curieuses zu bemercken, Wobey die Neben-Wege, Unkosten, Müntzen und Logis zugleich mit angewiesen werden, Welchen auch beygefüget, LVII. accurate Post- und Bothen-Charten, von den vornehmsten Städten in Europa. Die VIII. verbesserte Ausfertigung*, Hamburg 1736
Leipzig 2006
Leipzig original. Stadtgeschichte vom Mittelalter bis zur Völkerschlacht. Katalog zur Dauerausstellung des Stadtgeschichtlichen Museums Leipzig im Alten Rathaus. Teil I/hrsg. von Volker Rodekamp, Leipzig 2006

Leonhardi 2010
Leonhardi, Friedrich Gottlob: *Leipzig um 1800/* kommentierte und mit einem Register versehene Neuausgabe der „Geschichte und Beschreibung der Kreis- und Handelsstadt Leipzig“ (1799) hrsg. von Klaus Sohl, Leipzig 2010

Löffler 1954
Löffler, Hans: *Die Schüler Joh. Seb. Bachs,* in: Bach-Jahrbuch 1953/hrsg. von Alfred Dürr und Werner Neumann, Berlin 1954

Löffler 2007
Löffler, Katrin: *Nachwort,* in: Meines Lebens Vorfälle und Nebenumstände. Teil 1: Kindheit und Studienjahre 1720 – 1746)/hrsg. von Katrin Löffler und Nadine Sobirai, Leipzig 2007

Ludewig 2000
Ludewig, Reinhard: *Johann Sebastian Bach im Spiegel der Medizin: Persönlichkeit, Krankheiten, Operationen, Ärzte, Tod, Reliquien, Denkmäler und Ruhestätten des Thomaskantors,* Grimma 2000

Ludovici 1767
Ludovici, Carl Günther: *Eröffnete Akademie der Kaufleute, oder vollständiges Kaufmanns Lexicon, woraus sämmtliche Handlungen und Gewerbe, mit allen ihren Vortheilen, und der Art, sie zu treiben, erlernet werden können; Und worinnen alle Seehäfen, die vornehmsten Städte und Handelsplätze; alle Arten der rohen und verarbeiteten Waaren; die Künstler, Fabrikanten und Handwerksleute; Commerciencollegia, Handelsgerichte, Banken, Börsen, Leihhäuser, Manufacturen, Fabriken und Werkstätten; die Rechte und Privilegien der Kaufmannschaft, u.s.w. beschrieben und erkläret werden. Zweyter Theil. C bis G. Zweyte vermehrte und verbesserte Auflage,* Leipzig 1767

Luther 1520
Luther, Martin: *Ain Sermon von de haylige hochwirdigen sacrament der Tauff,* Augsburg 1520

Luther 1547
Luther, Martin: *Enchiridion. Der Kleine Catechismus. Für die gemeine Pfarherr vnd Prediger,* Leipzig 1547

Magazin der Sächsischen Geschichte 1787
*Magazin der Sächsischen Geschichte 1787, vierter Theil, oder sechs und dreisigstes bis acht und vierzigstes Stück/*hrsg. von Johann Christian Hasche, Dresden 1787

Marpurg 1754
Marpurg, Friedrich Wilhelm: *Historisch-Kritische Beyträge zur Aufnahme der Musik, I. Band. Erstes Stück,* Berlin 1754

Marshall 1986
Marshall, Robert L.: *Organ or ‚Klavier‘? Instrumental Prescriptions in the Sources of Bach's Keyboard Works, in:* J. S. Bach as Organist: His Instruments, Music, and Performance Practices/hrsg. von George Stauffer und Ernest May, Bloomington 1986

Maul 2001
Maul, Michael: *„Dein Ruhm wird wie ein Demantstein, ja wie ein fester Stahl beständig sein“. Neues über die Beziehungen zwischen den Familien Stahl und Bach,* in: Bach-Jahrbuch 2001/hrsg. von Hans-Joachim Schulze und Christoph Wolff, Leipzig 2001

Maul 2009
Maul, Michael: *Ein neues Dokument zu Bachs Instrumentenverleih,* in: Bach-Jahrbuch 2009/hrsg. von Peter Wollny, Leipzig 2009

Maul 2010
Maul, Michael: *Johann Adolph Scheibes Bach-Kritik. Hintergründe und Schauplätze einer musikalischen Kontroverse,* in: Bach-Jahrbuch 2010/hrsg. von Peter Wollny, Leipzig 2010

Maul 2011
Maul, Michael: *„von Christofori“ – Zum Maler des verschollenen Porträts Anna Magdalena Bachs,* in: Bach-Jahrbuch 2011/hrsg. von Peter Wollny, Leipzig 2011

Maul 2012
Maul, Michael: *„Dero berühmbter Chor“ Die Leipziger Thomasschule und ihre Kantoren (1212 – 1804),* Leipzig 2012

Maul 2015
Maul, Michael: *„zwey ganzer Jahr die Music an Statt des Capellmeisters aufführen, und dirigiren müssen“ – Überlegungen zu Bachs Amtsverständnis in den 1740er Jahren,* in: Bach-Jahrbuch 2015/hrsg. von Peter Wollny, Leipzig 2015

Maul/Wollny 2003
Maul, Michael; Wollny, Peter: *Quellenkundliches zu Bach-Aufführungen in Köthen, Ronneburg und Leipzig zwischen 1720 und 1760. 2. Johann Wilhelm Koch und die Bachpflege in Ronneburg,* in: Bach-Jahrbuch 2003/hrsg. von Hans-Joachim Schulze und Christoph Wolff, Leipzig 2003

Metken 1996
Metken, Sigrid: *Der Kampf um die Hose. Geschlechterstreit und die Macht im Haus. Die Geschichte eines Symbols,* Frankfurt etc. 1996

Meusel 1790
Meusel, Johann Georg: *Litteratur der Statistik, ausgearbeitet von Johann Georg Meusel,* Leipzig 1790

Miesner 1938
Miesner, Heinrich: *Aus der Umwelt Philipp Emanuel Bachs*, in: Bach-Jahrbuch 1937/hrsg. von Arnold Schering, Leipzig 1938
Minerophilus 1743
Minerophilus [Johann Caspar Zeisig, siehe Wilisch 2004, S. 192]: *Mineral- und Bergwercks-Lexicon, worinnen nicht nur alle und jede beym Bergwerck, Schmeltz-Hütten, Brenn-Hause, Saiger-Hütten, Blau-Farben-Mühlen, Hammerwercken etc. vorkommende Benennungen, sondern auch derer Materien, Gefäße, Instrumenten und Arbeits-Arten Beschreibungen enthalten, alles nach der gebräuchlichen bergmännischen Mund-Art, so wohl aus eigener Erfahrung, als auch aus den bewehrtesten Schrifftstellern mit besondern Fleiß zusammen getragen Und In alphabetische Ordnung zu sehr bequemen Nachschlagen gebracht, von Minerophilo, Freibergensi. andere und vielvermehrte Ausgabe*, Chemnitz 1743
Minsinger 1832
Minsinger, Franz: *Lehrbuch der Arithmetik und Algebra*, Augsburg 1832
Mizler 1746
Mizler, Lorenz Christoph: *Musikalische Bibliothek oder gründliche Nachricht nebst unpartheyischem Urtheil von alten und neuen musikalischen Schrifften und Büchern, worinn alles, was aus der Mathematik, Philosophie und den schönen Wissenschafften zur Verbesserung und Erläuterung so wohl der theoretischen als practischen Musik gehöret, nach und nach beygebracht wird. Des dritten Bandes Erster Theil*, Leipzig 1746
Müller 1928
Müller, Ernst: *Leipziger Nachkommen Johann Sebastian Bachs*, in: Familiengeschichtliche Blätter, 26. Jahrgang. Heft 10, Leipzig 1928
Müller 1931
Müller, Ernst: *Die Häusernamen von Alt-Leipzig vom 15.–20. Jahrhundert mit Quellenbelegen und geschichtlichen Erläuterungen*, Leipzig 1931
Müller 1982
Müller, Werner: *Gottfried Silbermann. Persönlichkeit und Werk*, Leipzig 1982
Müller 2007
Müller, Johann Christian: *Meines Lebens Vorfälle und Nebenumstände. Teil 1: Kindheit und Studienjahre 1720–1746)*/hrsg. von Katrin Löffler und Nadine Sobirai, Leipzig 2007
Nachlassverzeichnis CPEB 1790
Verzeichniß des musikalischen Nachlasses des verstorbenen Capellmeisters Carl Philipp Emanuel Bach, Hamburg 1790
NBA
Neue Bach-Ausgabe. Johann Sebastian Bach. Neue Ausgabe sämtlicher Werke/hrsg. vom Johann-Sebastian-Bach-Institut Göttingen und vom Bach-Archiv Leipzig, Leipzig etc. 1954–2007
Nettl 1955
Nettl, Paul: *W. A. Mozart 1756–1791*, Frankfurt etc. 1955
Netzwerk Thomanerchor 2012
Netzwerk Thomanerchor, Katalog zur Kabinettausstellung im Bach-Museum Leipzig vom 16. März bis 22. Juli 2012/hrsg. vom Bach-Archiv Leipzig, Texte: Maria Hübner, Altenburg 2012
Neue Bibliothek der schönen Wissenschaften 1776
Neue Bibliothek der schönen Wissenschaften und der freyen Künsten, Achtzehnten Bandes Zweytes Stück, Leipzig 1776
Neues Conversations- und Zeitungs-Lexicon 1821
Neues Conversations- und Zeitungs-Lexicon für alle Stände. Enthaltend eine richtige Verdeutschung derjenigen fremden Wörter und Redensarten, welche in der Conversation, in den Zeitungen und Büchern vorkommen, mit Angabe ihrer Aussprache und Betonung, desgleichen eine bestimmte Erklärung vieler wissenschaftlicher Ausdrücke und interessanter Gegenstände aus dem Gebiete des menschlichen Wissens. Zum gemeinnützigen Gebrauch besonders für Geschäftsmänner, Kaufleute und Literaturfreunde, von Dr. Joh. Heinr. Meynier öffentlichem Lehrer an der Universität zu Erlangen, Nürnberg 1821
Neues Testament/Luther 1522
Das Newe Testament Deutzsch, Wittenberg [1522]
Neumann 1962
Neumann, Werner: *Auf den Lebenswegen Johann Sebastian Bachs*, Berlin 1962
Neumann 1970
Neumann, Werner: *Eine Leipziger Bach-Gedenkstätte. Über die Beziehungen der Familien Bach und Bose*, in: Bach-Jahrbuch 1970/hrsg. von Alfred Dürr und Werner Neumann, Berlin 1970
Neumann 1989
Neumann, Werner: *Eine Leipziger Bach-Gedenkstätte. Über die Beziehungen der Familien Bach und Bose*, in: Das Bose-Haus am Thomaskirchhof. Eine Leipziger Kulturgeschichte/hrsg. von Armin Schneiderheinze, Leipzig 1989
O holder Tag 1967
Johann Sebastian Bach. O holder Tag, erwünschte Zeit. Hochzeitskantate BWV 210, (Faksimiledruck des autographen Particells/hrsg. von Werner Neumann, Leipzig 1967)

Ordnungen und Gesetze der Thomasschule 1987
Die Thomasschule Leipzig zur Zeit Johann Sebastian Bachs. Ordnungen und Gesetze 1634.1723.1733/zusammengestellt und mit einem Nachwort von Hans-Joachim Schulze, Leipzig 1987

Ottenberg 1987
Ottenberg, Hans-Günter: *Carl Philipp Emanuel Bach*, Leipzig 1987

Ottenberg 1994
Ottenberg, Hans-Günter: *Carl Philipp Emanuel Bach. Spurensuche. Leben und Werk in Selbstzeugnissen und Dokumenten seiner Zeitgenossen*/vorgelegt von Hans-Günter Ottenberg, Leipzig 1994

Otto 2011
Otto, Rüdiger: *Gesprächsprotokolle. Die Tagebuchaufzeichnungen des Schweizer Theologen Gabriel Hürner während seines Aufenthaltes in Leipzig im Mai 1738*, in: Leipziger Stadtgeschichte. Jahrbuch 2010/hrsg. von Markus Cottin, Detlef Döring und Cathrin Friedrich im Auftrag des Leipziger Geschichtsvereins, Beucha etc. 2011

Petzoldt 2008
Petzoldt, Martin: *Bachs Leipziger Kinder. Dokumente von Johann Sebastian Bachs eigener Hand*, Leipzig 2008

Petzoldt/Petri 1990
Petzoldt, Martin; Petri, Joachim: *Johann Sebastian Bach. Ehre sei dir Gott gesungen. Bilder und Texte zu Bachs Leben als Christ und seinem Wirken für die Kirche*, Berlin 1990

Pfau 2008
Pfau, Marc-Roderich: *Ein unbekanntes Leipziger Kantatentextheft aus dem Jahr 1735 – Neues zum Thema Bach und Stölzel*, in: Bach-Jahrbuch 2008/hrsg. von Peter Wollny, Leipzig 2008

Pickmann 2005
Pickmann, Yvonne: *Wilhelm Friedemann Bach: Eine Chronik in Dokumenten*, in: Wilhelm Friedemann Bach. Der streitbare Sohn/hrsg. von Michael Heinemann und Jörg Strodthoff, Dresden 2005

Plebuch 1996
Plebuch, Tobias: *Veräußerte Musik. Öffentlichkeit und Musikalienmarkt im Zeitalter Carl Philipp Emanuel Bachs*; Dissertation Humboldt-Universität Berlin 1996

Posse 1994
Posse, Otto: *Die Wettiner. Genealogie des Gesamthauses Wettin Ernestinischer und Albertinischer Linie mit Einschluß der regierenden Häuser von Großbritannien, Belgien, Portugal und Bulgarien*/mit Berichtigungen und Ergänzungen der Stammtafeln bis 1993 von Manfred Kobuch, Leipzig 1994

Pott 2004
Pott, Ute: *Einführung*, in: Das Jahrhundert der Freundschaft. Johann Wilhelm Ludwig Gleim und seine Zeitgenossen/hrsg. von Ute Pott, [Göttingen] 2004

Putoneus 1732
Putoneus [Johann Christoph Meinig, siehe Casper 1982, S. 344]: *Das Wohlthätige Leipzig, wie sich solches bey der Ankunfft und Abzug der Saltzburgischen Emigranten aufgeführet, nebst einer Authentischen und ausführlichen Relation von dieser Leute Ursprung, Lehre, Lebenswandel, Verfolgung, Emigration, und was ihnen auf ihrer Reise begegnet*, Halle 1732

Rampe 2014
Rampe, Siegbert: *Carl Philipp Emanuel Bach und seine Zeit*, Laaber 2014

Rampe 2015/I
Rampe, Siegbert: *Tod, Grab, Nachlass und musikalisches Erbe*, in: Das Bach-Handbuch. Band 7. Bachs Welt. Sein Leben, sein Schaffen, seine Zeit / hrsg. von Siegbert Rampe, Laaber 2015

Rampe 2015/II
Rampe, Siegbert: *Die Unterrichtswelt: Bach als Lehrer*, in: Das Bach-Handbuch. Band 7. Bachs Welt. Sein Leben, sein Schaffen, seine Zeit/hrsg. von Siegbert Rampe, Laaber 2015

Ranft 1986
Ranft, Eva-Maria: *Neues über die Weißenfelser Verwandtschaft Anna Magdalena Bachs*, in: Bach-Jahrbuch 1987/hrsg. von Hans-Joachim Schulze und Christoph Wolff, Berlin 1986

Rechnende Köchin 2005
Die auf den Marckt zum Einkauf gehende geschickte und allzeit fertig-Rechnende Köchin, in: Susanna Eger: Leipziger Koch-Buch, welches lehret was man auf seinen täglichen Tisch, bey Gastereyen und Hochzeiten, gutes und delicates auftragen, auch Tische und Tafeln mit Speisen zierlich besetzen könne, Leipzig 1745 (Faksimiledruck Leipzig 2005)

Reimer 1984–2006
Reimer, Erich: Artikel *„Concerto/Konzert"*, in: Handwörterbuch der musikalischen Terminologie, nach Hans Heinrich Eggebrecht/hrsg. von Albrecht Riethmüller, Wiesbaden 1972–1983 und Stuttgart 1984–2006

Reimer 2010
Reimer, Erich: *Friedelena Margaretha Bach (1675–1729). Überlegungen zu einer Frau im Hintergrund der*

Bach-Biographie, in: Die Musikforschung, 63. Jahrgang, Heft 3 (Juli – September 2010)/hrsg. von der Gesellschaft für Musikforschung, Kassel 2010

Richter 1904

Richter, Bernhard Friedrich: *Das Innere der alten Thomasschule*, in: Schriften des Vereins für die Geschichte Leipzigs, Band 7, Leipzig 1904

Richter 1907

Richter, Bernhard Friedrich: *Über die Schicksale der der Thomasschule zu Leipzig angehörenden Kantaten Joh. Seb. Bachs*, in: Bach-Jahrbuch 1906/hrsg. von Arnold Schering, Berlin etc. 1907

Richter 1908

Richter, Bernhard Friedrich: *Stadtpfeifer und Alumnen der Thomasschule in Leipzig zu Bachs Zeit*, in: Bach-Jahrbuch 1907/hrsg. von Arnold Schering, Berlin etc. 1908

Richter 2004

Richter, Alfred: *Aus Leipzigs musikalischer Glanzzeit*/hrsg. von Doris Mundus, Leipzig 2004

Ridley 2008

Ridley, Glynis: *Claras Grand Tour. Die spektakuläre Reise mit einem Rhinozeros durch das Europa des 18. Jahrhunderts*, aus dem Englischen von Sonja Hinte und Lucia Markendorf, Hamburg 2008

Robert Koch-Institut 2007

Robert Koch-Institut, Epidemiologisches Bulletin Nr. 20, 18. Mai 2007, Potsdam 2007

Robert Koch-Institut 2016

Robert Koch-Institut, Epidemiologisches Bulletin Nr. 27, 11. Juli 2016, Potsdam 2016

Rohr 1723

Rohr, Julius Bernhardt von: *Vollständiges Ober-Sächsisches Kirchen-Recht, in welchem die Materien der geistlichen Rechts-Gelehrsamkeit ohne Einmischung derer Päpstlichen Verordnungen, nach Anleitung des Göttlichen und natürlichen Rechts, dem Innhalt derer Chur- und Fürstlichen Kirchen-Gesetze Albertinischer und Ernestinischer Linie, und der Entscheidung derer Sächsischen Theologorum und Juristen vorgetragen, auch zugleich einige neuerliche Lehren, die von einigen bißanhero behauptet worden, bescheiden widerleget werden*, Frankfurt etc. 1723

Rothe 1992

Rothe, Hans-Joachim: *Zur Geschichte der Leipziger Kaufmanns- und Juristenfamilie Graff im 17. und 18. Jahrhundert*, in: Familie und Geschichte. Hefte für Familiengeschichtsforschung im sächsisch-thüringischen Raum, 1992 – Heft 2/hrsg. von Manfred Dreiss, Neustadt/Aisch 1992

Rothe 1994

Rothe, Christine: *Anna Magdalena Bach und das Graffsche Legat*, in: Familie und Geschichte. Hefte für Familiengeschichtsforschung im sächsisch-thüringischen Raum, 1994 – Heft 2/hrsg. von Manfred Dreiss, Neustadt/Aisch 1994

Sächsische Ordnungen und Mandate 1660

Corpus Novum Saxonicum. Oder sämptliche Chur- und Fürstliche Sächsische Ordnungen und Mandata, in Policey- Justitien- Kirchen- Consistorial- Cammer- und Berg-Sachen, wie solche von Churfürst Ernsten und Hertzog Albrechten zu Sachsen an, biß auff ietzigen hochlöblichsten Churfürsten und Herrn, Herrn Johann Georgen den Andern, außgegangen, und in Observantz gehalten worden, nebst der Marggrafthümer Ober- und Nieder-Lausitz Constitutionen und Patenten, auff Churfürstl. Sächs. gnädigste Bewilligung also zusammen gebracht, auch mit nützlichen, außführlichen Registern versehen, Dresden 1660

Säckl 2007

Säckl, Joachim: *Sachsen-Zeitz. Territorium – Hoheit – Dynastie*, in: Barocke Fürstenresidenzen an Saale, Unstrut und Elster/hrsg. vom Museumsverbund „Die fünf Ungleichen e. V." und dem Museum Schloss Moritzburg Zeitz, Gesamtredaktion: Joachim Säckl und Karin Heise, Petersberg 2007

Sandberger 1999

Sandberger, Wolfgang: *Bach 2000. 24 Inventionen über Johann Sebastian Bach*, Stuttgart etc. 1999

Schabalina 2008

Schabalina, Tatjana: *„Texte zur Music" in Sankt Petersburg. Neue Quellen zur Leipziger Musikgeschichte sowie zur Kompositions- und Aufführungstätigkeit Johann Sebastian Bachs*, in: Bach-Jahrbuch 2008/hrsg. von Peter Wollny, Leipzig 2008

Schering 1933

Schering, Arnold: *Kleine Bachstudien*, in: Bach-Jahrbuch 1933/hrsg. von Arnold Schering, Leipzig [1933]

Schirmer 1991

Schirmer, Alfred: *Wörterbuch der deutschen Kaufmannssprache auf geschichtlichen Grundlagen*, Berlin etc. 1991

Schlichtegroll 1797

Schlichtegroll, Friedrich von: *Nekrolog auf das Jahr 1795. Enthaltend Nachrichten von dem Leben merkwürdiger in diesem Jahre verstorbener Deutschen. Gesammelt von Friedrich Schlichtegroll, Sechster Jahrgang. Erster Band*, Gotha 1797

Schmeizel 1738
Schmeizel, Martin: *Rechtschaffener Academicvs, oder gründliche Anleitung, wie ein academischer Student seine Studien und Leben gehörig einzurichten habe, zum Gebrauch ordentlicher Lectionen entworffen*, Halle/Saale 1738
Schmiedecke 1961
Schmiedecke, Adolf: *Johann Sebastian Bachs Verwandte in Weißenfels*, in: Die Musikforschung 14. Jahrgang/hrsg. von der Gesellschaft für Musikforschung, Kassel etc. 1961
Schmotz 2012
Schmotz, Theresa: *Die Leipziger Professorenfamilien im 17. und 18. Jahrhundert. Eine Studie über Herkunft, Vernetzung und Alltagsleben*, Leipzig 2012
Schneider 1990
Schneider, Wolfgang: *Leipzig. Dokumente und Bilder zur Kulturgeschichte*, Leipzig etc. 1990
Schönberg 1693
Schönberg, Abraham von: *Ausführliche Berg-Information, zur dienlichen Nachricht vor alle, die bey dem Berg- und Schmeltzwesen zu schaffen; darinnen deutlich gewiesen wird, was einem jeden zu verrichten oblieget; und wie er bey allen Vorfallenheiten, in seinem Ambt, Dienst und Bestellung, mit gebührender Uffsicht, und Anstalt, in- und ausser der Gruben, und Hütten, auch bey Proceß-Sachen, bergrechtlich verfahren soll, damit allenthalben ordentlich, treulich, auffrichtig, vorsichtig, gerecht, und dem gemeinen Bergwesen erbaulich, gehandelt wird, dem Vaterland zu schuldiger Liebe, denen Gewercken und Bergbauenden zu sehr dienlicher Nachricht, auch Verhütung aller ungebührlichen Vervortheilung, und Eigennutzes; bey langer Erfahrung, und aus eigener observanz, ordine Alphabetico entworffen, und sonderlich auff die in Churfürstenthum Sachsen befindliche Bergwercke gerichtet, von Abraham von Schönberg, Churfl. S. Rath, Ober-Berg-und Creyß-Hauptmann, dessen Vorfahren, und Geschlechts-Verwandten, denenselben, über 120. Jahr aneinander rühmlich vorgestanden, mit einem vollkommenen Register, und Anhang aller beym Berg- und Schmeltzwerck gebräuchlichen, und über 1200. Stück sich belauffenden Redens-Arten, sambt deren recht eigentl. und deutlichen Erklärung*, Zwickau 1693
Schötz 2004
Schötz, Susanne: *Handelsfrauen in Leipzig. Zur Geschichte von Arbeit und Geschlecht in der Neuzeit*, Köln etc. 2004
Schriften der Leipziger oekonomischen Societät 1777
Schriften der Leipziger oekonomischen Societät, Vierter Theil, Dresden 1777
Schubart 1954
Schubart, Christoph: *Anna Magdalena Bach. Neue Beiträge zu ihrer Herkunft und ihren Jugendjahren*, in: Bach-Jahrbuch 1953/hrsg. von Alfred Dürr und Werner Neumann, Berlin 1954
Schulz 1784
Schulz, Johann Gottlob: *Beschreibung der Stadt Leipzig*, Leipzig 1784
Schulze 1975
Schulze, Hans-Joachim: *Die Bachüberlieferung. Plädoyer für ein notwendiges Buch*, in: Beiträge zur Musikwissenschaft/hrsg. vom Verband der Komponisten und Musikwissenschaftler der DDR, Berlin 1975
Schulze 1980
Schulze, Hans-Joachim: *„Ein Dresdner Menuett" im zweiten Klavierbüchlein der Anna Magdalena Bach. Nebst Hinweisen zur Überlieferung einiger Kammermusikwerke Bachs*, in: Bach-Jahrbuch 1979/hrsg. von Hans-Joachim Schulze und Christoph Wolff, Berlin 1980
Schulze 1983
Schulze, Hans-Joachim: *Wann begann die „italienische Reise" des jüngsten Bach-Sohnes?*, in: Bach-Jahrbuch 1983/hrsg. von Hans-Joachim Schulze und Christoph Wolff, Berlin 1983
Schulze 1984/I
Schulze, Hans-Joachim: *Studien zur Bach-Überlieferung im 18. Jahrhundert*, Leipzig etc. 1984
Schulze 1984/II
Schulze, Hans-Joachim: *Studenten als Bachs Helfer bei der Leipziger Kirchenmusik*, in: Bach-Jahrbuch 1984/hrsg. von Hans-Joachim Schulze und Christoph Wolff, Berlin 1984
Schulze 1985
Schulze, Hans-Joachim: *Besitzstand und Vermögensverhältnisse von Leipziger Ratsmusikern zur Zeit Johann Sebastian Bachs*, in: Beiträge zur Bachforschung 4, Leipzig 1985
Schulze 1987
Schulze, Hans-Joachim: *Noch einmal: Wann begann die „italienische Reise" des jüngsten Bach-Sohnes?*, in: Bach-Jahrbuch 1988/hrsg. von Hans-Joachim Schulze und Christoph Wolff, Berlin 1987
Schulze 1988/I
Schulze, Hans-Joachim: *„Wer der alte Bach geweßen weiß ich wol"*, in: Johann Sebastian Bachs Spätwerk

und dessen Umfeld. Perspektiven und Probleme/hrsg. von Christoph Wolff, Kassel etc. 1988
Schulze 1988/II
Schulze, Winfried: *Die ständische Gesellschaft des 16./17. Jahrhunderts als Problem von Statik und Dynamik*, in: Ständische Gesellschaft und soziale Mobilität/hrsg. von Winfried Schulze unter Mitarbeit von Helmut Gabel, München 1988
Schulze 1989
Schulze, Hans-Joachim: *Wunschdenken und Wirklichkeit. Nochmals zur Frage des Doppelaccompagnements in Kirchenmusikaufführungen der Bach-Zeit*, in: Bach-Jahrbuch 1989/hrsg. von Hans-Joachim Schulze und Christoph Wolff, Berlin 1989
Schulze 1990
Schulze, Hans-Joachim: *Zumahln da meine itzige Frau gar einen sauberen Soprano singet …*, in: Ich muss mich ganz hingeben können. Frauen in Leipzig/hrsg. von Friderun Bodeit, Leipzig 1990
Schulze 1997
Schulze, Hans-Joachim: *Anna Magdalena Bachs „Herzens Freuïndin". Neues über die Beziehungen zwischen den Familien Bach und Bose*, in: Bach-Jahrbuch 1997/hrsg. von Hans-Joachim Schulze und Christoph Wolff, Leipzig 1997
Schulze 1998
Schulze, Hans-Joachim: *Zwischen Kuhnau und Bach: Das folgenreichste Interregnum im Leipziger Thomaskantorat. Anmerkungen zu einer unendlichen Geschichte*, in: Bach für Kenner und Liebhaber. Festschrift zum 70. Geburtstag von Diethard Hellmann/hrsg. von Martin Petzoldt, Stuttgart 1998
Schulze 2005
Schulze, Hans-Joachim: *Johann Elias Bachs Briefkonzepte als Zeitdokumente*, in: Die Briefentwürfe des Johann Elias Bach (1705 – 1755). Leipziger Beiträge zur Bach-Forschung 3/hrsg. und kommentiert von Evelin Odrich und Peter Wollny, Hildesheim etc. 2005
Schulze 2006
Schulze, Hans-Joachim: *Die Bach-Kantaten. Einführungen zu sämtlichen Kantaten Johann Sebastian Bachs*, Leipzig 2006
Schulze 2008
Schulze, Hans-Joachim: *„Die 6 Choräle kosten nichts" – Zur Bewertung des Originaldrucks der „Schübler-Choräle"*, in: Bach-Jahrbuch 2008/hrsg. von Peter Wollny, Leipzig 2008
Schulze 2012
Schulze, Hans-Joachim: *Hamburg – Wien – Leipzig – Berlin. Bachiana auf Ab- und Umwegen*, in: Bach-Jahrbuch 2012/hrsg. von Peter Wollny, Leipzig 2012
Schulze 2013
Schulze, Hans-Joachim: *Anna Magdalena Wilcke – Gesangsschülerin der Paulina?*, in: Bach-Jahrbuch 2013/hrsg. von Peter Wollny, Leipzig 2013
Schulze 2017
Schulze, Hans-Joachim: *Bach-Facetten. Essays – Studien – Miszellen*, Leipzig 2017
Schulze 2018
Schulze, Hans-Joachim: *Das Große Concert, die Freimaurer und Johann Sebastian Bach. Konstellationen im Leipziger Musikleben der 1740er Jahre*, in: Bach-Jahrbuch 2018/hrsg. von Peter Wollny, Leipzig 2018
Schulze 2020
Schulze, Hans-Joachim: *Capitulation – Arrest – Capellae Magister S. P. R. Anhaltini-Cotheniensis*, in Cöthener Bach-Hefte 15, Beiträge des Symposiums „Mitteldeutsche Hofkapellen zur Zeit Johann Sebastian Bachs" am 23. September 2017, Veröffentlichung des Freundes- und Förderkreises Bach-Gedenkstätte im Schloss Köthen (Anhalt) e.V. in Zusammenarbeit mit dem Historischen Museum/Bach-Gedenkstätte (in Trägerschaft der Köthen Kultur und Marketing GmbH), Köthen (Anhalt) 2020
Schwister/Leven 2019
Schwister, Karl; Leven, Volker: *Verfahrenstechnik für Ingenieure. Lehr- und Übungsbuch*, München 2019
Sechs Suiten für Violoncello 2016
Sechs Suiten für Violoncello solo BWV 1007 – 1012, Teilbände 1 und 2/hrsg. von Andrew Talle, Neue Bach-Ausgabe. Johann Sebastian Bach. Neue Ausgabe sämtlicher Werke. Revidierte Edition, Band 4/hrsg. vom Bach-Archiv Leipzig, Kassel etc. 2016
Senff 1988/I
Senff, Bartholf: *Buntes Leipzig. Skizzen und Genrebilder. Erstes Heft, Zweite Auflage*, Leipzig 1842 (Faksimiledruck in: Bartholf Senff. Buntes Leipzig. Skizzen und Genrebilder. 1842/43, mit Nebenbemerkungen von Bernd Weinkauf, Leipzig 1988)
Senff 1988/II
Senff, Bartholf: *Buntes Leipzig. Skizzen und Genrebilder. Viertes Heft*, Leipzig 1843 (Faksimiledruck in: Bartholf Senff. Buntes Leipzig. Skizzen und Genrebilder. 1842/43, mit Nebenbemerkungen von Bernd Weinkauf, Leipzig 1988)
Sicul 1724
Sicul, Christoph Ernst: *Annalivm Lipsiensivm Maxime Academicorvm Sectio XVII Oder Des Leipziger Jahr-Buchs Zu dessen Dritten Bande Andere*

Fortsetzung.Welche Die vermischten Geschichte Des Jahrs 1722 In einem gewöhnl. Monath-Verzeichniße Sowohl auch Einen Theil der Universitäts-Geschichte Vom Jahr 1723 In ebenmäßigen Monath- u. Tage-Register Zusamt etwas Neuen und etwas Alten In einem Anhange entdecket, Leipzig 1724

Sicul 1726
Sicul, Christoph Ernst: *Annalivm Lipsiensivm Maxime Academicorvm Sectio XX. Oder Des Leipziger Jahr-Buchs Zu dessen Dritten Bande Fünffte Fortsetzung. Welche Die vermischten Geschichte Des Jahrs 1723 In einem gewöhnlichen Monath-Verzeichnisse nachholet Und Als Etwas Neues Die bey dem Itztlebenden Leipzig Anno 1724 vorgefallenen Veränderungen eröffnet*, Leipzig 1726

Sicul 1728
Sicul, Christoph Ernst: *Annalivm Lipsiensivm Maxime Academicorvm Sectio XXVII. oder des Leipziger Jahr-Buchs zu dessen Vierten Bande andere Fortsetzung*, Leipzig 1728

Speerstra 2004
Speerstra, Joel: *Bach and the Pedal Clavichord. An Organist's Guide*, Rochester 2004

Spitta 1873
Spitta, Philipp: *Johann Sebastian Bach. Band 1*, Leipzig 1873

Spitta 1880
Spitta, Philipp: *Johann Sebastian Bach. Band 2*, Leipzig 1880

Spree 2018
Spree, Eberhard: *Der Kapellmeister Johann Sebastian Bach als Anteilseigner des Ursula Erbstollns. Eine Studie über Zubußen und Zubußzechen*, in: Gelebte Tradition. Die Silberstadt Freiberg im Spiegel der Montangeschichte/hrsg. von der Saxonia-Freiberg-Stiftung, Freiberg 2018

Spree 2019
Spree, Eberhard: *Die verwitwete Frau Capellmeisterin Bach. Studie über die Verteilung des Nachlasses von Johann Sebastian Bach*, Altenburg 2019

Steinwachs/Pietsch 2011
Steinwachs, Albrecht; Pietsch, Jürgen M.: *Der Reformations-Altar von Lucas Cranach dem Älteren und Lucas Cranach dem Jüngeren in der Stadtkirche St. Marien, Lutherstadt Wittenberg*, Spröda 2011

Stört 2013
Stört, Diana: *Gleim und seine Sammlungen*, in: Tempel der Freundschaft. Schule der Humanität. Museum der Aufklärung. 150 Jahre Gleimhaus/hrsg. von Reimar F. Lacher und Ute Pott, Halberstadt 2013

Szeskus 2003
Szeskus, Reinhard: *Bach in Leipzig. Beiträge zu Leben und Werk von Johann Sebastian Bach*, Wilhelmshaven 2003

Tagebuch einer musikalischen Reise 2004
Charles Burney. Tagebuch einer musikalischen Reise, Vollständige Ausgabe/hrsg. von Christoph Hust, Kassel etc. 2004

Talle 2020/I
Talle, Andrew: *Who was Anna Magdalena Bach*, in: Bach: Journal of the Riemenschneider Bach Institute, Vol. 51, No. 1/hrsg. von Christina Fuhrmann, Berea/Ohio 2020

Talle 2020/II
Talle, Andrew: *Wer war Anna Magdalena Bach*, in: Bach-Jahrbuch 2020/hrsg. von Peter Wollny, Leipzig 2020

Taschenbuch der Münz-, Maass- und Gewichts-Verhältnisse 1851
Vollständiges Taschenbuch der Münz-, Maass- und Gewichts-Verhältnisse, der Staatspapiere, des Wechsel- und Bankwesens und der Usanzen aller Länder und Handelsplätze nach den Bedürfnissen der Gegenwart bearbeitet von Christian Noback und Friedrich Noback. Erste Abtheilung. Aachen – Pesth., Leipzig 1851

Tatlow 2015
Tatlow, Ruth: *A Missed Opportunity: Reflections on ‚Written by Mrs Bach'*, Understanding Bach, 10, Bach Network UK 2015

Telemann 1740
Telemann, Georg Philipp: *Telemann*, in: Grundlage einer Ehren-Pforte, woran der tüchtigsten Capellmeister, Componisten, Musikgelehrten, Tonkünstler etc. Leben, Werke, Verdienste etc. erscheinen sollen. Zum fernern Ausbau angegeben von Mattheson, Hamburg 1740

Terry 1929
Terry, Charles Sanford: *Johann Sebastian Bach. Eine Biographie*, Leipzig [1929]

Theatrum Europaeum 1703
Theatri Europaei Zehender Theil, das ist: Glaubwürdige Beschreibung Denckwürdiger Geschichten, so sich hie und da in Europa, und zwar vornehmlich in dem Heil. Röm. Teutschten Reiche, insonderheit aber auff dem allgemeinen Reichs-Tage zu Regenspurg in puncto Securitatis publicae, und allgemeinen Ruhestandes, und andern wichtigen Angelegenheiten desselbigen, wie auch an dem Käyserl. Hofe; ingleichen an unterschiedlichen Chur- und Fürstlichen Höfen, deßgleichen bei einigen erbarn Reichs- und andern darinnen gelegenen

wohlbekandten Städten; so dann ausserhalb demselbigen, in Ungarn, Siebenbürgen, Polen, Litthauen, Ukraine, Moscau, Schweden, Dännemarck, Norwegen, Engeland, Schottland, Irrland, Niederland, Franckreich, Spanien, Portugall, Italien, Dalmatia, Candia, und in dem Archipelago; auch so gar in den übrigen Theilen der Welt, absonderlich auff der Africanischen Küste, in Barbaria und Guinea, deßgleichen Ost- und West-Indien, beydes in dem weltlichen Regiment, und auch im Kriegs-Wesen zu Wasser und Lande, von dem 1665sten Jahr, biß in Anno 1671. denck- und schreibwürdig vorgegangen. Alles auß vielen treulich mitgetheilten Schrifften, glaubwürdigen Berichten, und briefflichen Urkundten, also zusammen getragen und beschrieben von Wolffgang Jacob Geiger, der Rechten Beflissenen. Mit unterschiedlicher Fürsten, Grafen, Herren, Kriegs-Generalen, und vornemer Stands-Personen Bildnüssen, danebenst auch dem Englisch- und Holländischen See-Treffen, und andern zur Erläuterung der Historien dienlichen Sachen, in deutlichen Kupffer-Figuren außgezieret. Fernere Fortsetz- und Beschreibung der denckwürdigsten Geschichte; so sich hier und dar in der gantzen Welt, vornemlich aber in Europa, das 1670. Jahr über, so wol im Weltlichen Regiment, als Kriegs-Wesen zu Wasser und Lande, begeben und zugetragen haben; insonderheit, Frankfurt/Main 1703

Tiggemann 1994
Tiggemann, Hildegard: *Unbekannte Textdrucke zu drei Gelegenheitskantaten J. S. Bachs aus dem Jahre 1729*, in: Bach-Jahrbuch 1994/hrsg. von Hans-Joachim Schulze und Christoph Wolff, Leipzig 1994

Tisch- und Speiselexikon 2005
Curieuses Tisch- und Speise-Lexiocn [sic.], *in welchem diejenigen Victualien, so ein jeder Mensch Jahr aus Jahr ein geniesset, ob und wie weit selbige gesund oder ungesund seyn; nach alphabetischer Ordnung gehalten, denen Gesunden zur Warnung denen Krancken zur Vermeidung deutlich beschrieben*, in: Susanna Eger: Leipziger Koch-Buch, welches lehret was man auf seinen täglichen Tisch, bey Gastereyen und Hochzeiten, gutes und delicates auftragen, auch Tische und Tafeln mit Speisen zierlich besetzen könne, Leipzig 1745 (Faksimiledruck Leipzig 2005)

Titular-Buch 1750
Des Neueröffneten Europäischen Staats-Titular-Buchs anderer Theil, worinnen ausser einer grossen Anzahl General-Titel, derer an denen vornehmsten Europäischen Höfen sich befindenden ansehnlichsten Ministern, Militair- und Civil-Bedienten Titulaturen, nebst andern nützlichen Nachrichten enthalten. Nach Alphabetischer Namens-Ordnung abgefasset, in: Johann Christian Lünigs, neu verbessertes und ansehnlich vermehrtes Titular-Buch, mit einer Vorrede von dem Uralten Reichs-Gräflichen Hause von Giech begleitet, von D. Gottlob August Jenichen, öffentlichen Lehrern der Rechtsgelehrsamkeit auf der Hohen Schule zu Giessen, Leipzig 1750

Tomita 2007
Tomita, Yo: *Anna Magdalena as Bach's Copyist*, Understanding Bach, 2, Bach Network UK 2007

Trautmann 1983
Trautmann, Christoph: *Die Hinterlassenschaft Bachs*, in: Robin A. Leaver: Bachs theologische Bibliothek, Neuhausen-Stuttgart 1983

Universal-Lexikon 1843
Universal-Lexikon der Gegenwart und Vergangenheit oder neuestes encyclopädisches Wörterbuch der Wissenschaften, Künste und Gewerbe bearbeitet von mehr als 300 Gelehrten herausgegeben von H. A. Pierer, Herzogl. Sächs. Major a. D. Zweite, völlig umgearbeitete Auflage. (Dritte Ausgabe.) Siebzehnter Band. Kröpella – Linnoux, Altenburg 1843

Veith 1871
Veith, Heinrich: *Deutsches Bergwörterbuch mit Belegen*, Breslau 1871

Verbesserter Calender 1700
Verbesserter Calender auf das Jahr 1700 mit Ihr. Königl. Majest. in Pohlen und Churfl. Durchl. zu Sachsen allergenädigstem Privilegion, Leipzig [1700]

Versuch 1957
Versuch über die wahre Art das Clavier zu spielen mit Exempeln und achtzehn Probe-Stücken in sechs Sonaten erläutert von Carl Philipp Emanuel Bach, Königl. Preuß. Cammer-Musikus, Berlin 1753 (Faksimiledruck in: Carl Philipp Emanuel Bach. Versuch über die wahre Art, das Clavier zu spielen. Erster und zweiter Teil/hrsg. von Lothar Hoffmann-Erbrecht, Leipzig 1957)

Vier Zeugnisse 2009
Johann Sebastian Bach. Vier Zeugnisse für Präfekten des Thomanerchores 1743 – 1749/hrsg. von Andreas Glöckner, Kassel etc. 2009

Vogel 1922
Vogel, Julius: *Goethes Leipziger Studentenjahre. Bilder und Erläuterungen zu Dichtung und Wahrheit*, Leipzig 1922

Vollbert/Winzer 1783
Vollbert, Johann Friedrich; Winzer, Georg Christoph: *Summarische Nachricht von dem Raths-Collegio in der Churfürstl. Sächsischen Stadt Leipzig. oder*

eigentliches Verzeichnis derer hiesigen Raths-Personen, welche von Anno 1200 et sqq. nach und nach zu Raths-Gliedern erwählt, zu weiteren Ämtern gelanget und endlich verstorben aus glaubhaften Nachrichten zusammengetragen von George Christoph Winzern, Anno 1718 und fortgesetzet von Johann Friedrich Vollbert, Oberleichenschreibern, Anno 1783, Leipzig 1783

Walther 1987
Walther, Johann Gottfried: *Johann Gottfried Walther. Briefe*/hrsg. von Klaus Beckmann und Hans-Joachim Schulze, Leipzig 1987

Weimarer Orgeltabulatur 2007
Weimarer Orgeltabulatur. Die frühesten Notenhandschriften Johann Sebastian Bachs sowie Abschriften seines Schülers Johann Martin Schubart/hrsg. von Michael Maul und Peter Wollny, Kassel etc. 2007

Wellner 2009
Wellner, Ulf: *Ein unbekanntes Möbelstück aus dem Besitz Johann Sebastian Bachs*, in: Bach-Jahrbuch 2009/hrsg. von Peter Wollny, Leipzig 2009

Werner 2008
Werner, Edwin: *Georg Friedrich Händel in bildlichen Darstellungen*, in: Händel-Jahrbuch 2008/hrsg. von der Georg-Friedrich-Händel-Gesellschaft e.V. Internationale Vereinigung, Sitz Halle (Saale) in Verbindung mit dem Händel-Haus Halle, Kassel etc. 2008

Wettiner 2007
Wettiner, Sachsen-Albertinische Linie (Auszug), bearbeitet von Rolf Walker und Joachim Säckl, 2007, in: Barocke Fürstenresidenzen an Saale, Unstrut und Elster/hrsg. vom Museumsverbund „Die fünf Ungleichen e. V." und dem Museum Schloss Moritzburg Zeitz, Gesamtredaktion: Joachim Säckl und Karin Heise, Petersberg 2007

Wiesand 1762
Wiesand, Georg Stephan: *Juristisches Hand-Buch, worinnen die Teutschen Rechte sowohl der alten als neuern Zeiten aus ihren Quellen hergeleitet, der Verstand dunkler Wörter und RedensArten erkläret, die merkwürdigsten Sachen aber in alphabetischer Ordnung kürzlich erörtert werden*, Hildburghausen 1762

Wilhelmi 1980
Wilhelmi, Thomas: *Bachs Bibliothek. Eine Weiterführung der Arbeit von Hans Preuß, in:* Bach-Jahrbuch 1979/hrsg. von Hans-Joachim Schulze und Christoph Wolff, Berlin 1980

Wilisch 2004
Wilisch, Christian Gotthold: *Jubel-Berg-Predigt, darinnen Die wohl belohnte Bergmännische Treue zur Ermunterung der dißmal versammleten Knappschafft aus den gesammten Bergläufftigen Freybergischen Refieren bey Beschluß des Qvartal Trinitatis 1749. aus Offenbar. S. Johann. 2 V. 20. Sey getreu bis in den Tod, so will ich dir die Crone des Lebens geben: vorgestellet worden, auf inständiges Verlangen, nebst einigen Beylagen, in Druck gegeben von M. Christian Gotthold Wilisch, Amts-Prediger zu S. Nicolai in Freyberg*, Annaberg [1749] (Faksimiledruck in: Freiberger Bergpredigten aus fünf Jahrhunderten/hrsg. und erläutert von Karl Hermann Kandler, Freiberg 2004)

Williams 2008
Williams, Peter: *Johann Sebastian Bach. Ein Leben in der Musik*, Berlin 2008

Wit 1903
Wit, Paul de: *Katalog des Musikhistorischen Museums*, Leipzig 1903

Wohltemperiertes Klavier 1971
Johann Sebastian Bach. Das Wohltemperierte Klavier, (Faksimiledruck, Leipzig 1971)

Wolff 1977
Wolff, Christoph: *Johann Sebastian Bach. Musicalisches Opfer. BWV 1079*, Fotomechanischer Nachdruck/hrsg. und kommentiert von Christoph Wolff, Leipzig 1977

Wolff 2000
Wolff, Christoph: *Johann Sebastian Bach: The Learned Musician*, New York 2000

Wolff 2005/I
Wolff, Christoph: *Johann Sebastian Bach*, Frankfurt/Main 2005

Wolff 2005/II
Wolff, Christoph: *Vorwort*, in: Anna Magdalena Bach. Ein Leben in Dokumenten und Bildern/zusammengestellt und erläutert von Maria Hübner, Leipzig 2005

Wolff/Zepf 2008
Wolff, Christoph; Zepf, Markus: *Die Orgeln J. S. Bachs. Ein Handbuch*, Leipzig 2008

Wollny 1997/I
Wollny, Peter: *Abschriften und Autographe, Sammler und Kopisten*, in: Bach und die Nachwelt. Band 1: 1750 – 1850/hrsg. von Michael Heinemann und Hans-Joachim Hinrichsen, Laaber 1997

Wollny 1997/II
Wollny, Peter: *Neuerkenntnisse zu einigen Kopisten der 1730er Jahre*, in: Bach-Jahrbuch 1997/hrsg. von Hans-Joachim Schulze und Christoph Wolff, Leipzig 1997

Wollny 2001
Wollny, Peter: *Johann Christoph Friedrich Bach und die Teilung des väterlichen Erbes*, in: Bach-Jahrbuch 2001/hrsg. von Hans-Joachim Schulze und Christoph Wolff, Leipzig 2001
Wollny 2002
Wollny, Peter: *Tennstedt, Leipzig, Naumburg, Halle – Neuerkenntnisse zur Bach-Überlieferung in Mitteldeutschland*, in: Bach-Jahrbuch 2002/hrsg. von Hans-Joachim Schulze und Christoph Wolff, Leipzig 2002
Wollny 2008
Wollny, Peter: *„Bekennen will ich seinen Namen" – Authentizität, Bestimmung und Kontext der Arie BWV 200. Anmerkungen zu Johann Sebastian Bachs Rezeption von Werken Gottfried Heinrich Stölzels*, in: Bach-Jahrbuch 2008/hrsg. von Peter Wollny, Leipzig 2008
Wollny 2017
Wollny, Peter: *Neuerkenntnisse zu einigen Kopisten der 1730er Jahre*, in: Bach-Jahrbuch 2016/hrsg. von Peter Wollny, Leipzig 2017
Wunder 1992
Wunder, Heide: *„Er ist die Sonn', sie ist der Mond": Frauen in der Frühen Neuzeit*, München 1992
Wustmann 1894
Wustmann, Gustav: *Bachs Grab*, in: Die Grenzboten. Zeitschrift für Politik, Literatur und Kunst, 53. Jahrgang, Leipzig 1894
Wustmann 1898
Wustmann, Gustav: *Aus Leipzigs Vergangenheit. Gesammelte Aufsätze. Neue Folge*, Leipzig 1898
Yearsley 2019
Yearsley, David: *Sex, Death & Minuets. Anna Magdalena Bach and her Musical Notebooks*, Chicago etc. 2019
Zander 1969
Zander, Ferdinand: *Die Dichter der Kantatentexte Johann Sebastian Bachs. Untersuchungen zu ihrer Bestimmung*, in: Bach-Jahrbuch 1968/hrsg. von Alfred Dürr und Werner Neumann, Berlin 1969
Zedler 1731 – 1754
Zedler, Johann Heinrich: *Großes vollständiges Universal-Lexikon aller Wissenschaften und Künste*, Leipzig etc. 1731 – 1754
Zelter 1983
Zelter, Karl Friedrich: *Karl Friedrich Christian Fasch*, Berlin 1801, in: Studien zur Aufführungspraxis und Interpretation von Instrumentalmusik des 18. Jahrhunderts, Heft 21 (Faksimiledruck)/hrsg. von der Kultur- und Forschungsstätte Michaelstein durch Dr. Eitelfriedrich Thom, Blankenburg/Harz [1983]
Zimmermann 1789/I
Zimmermann, Paul: *Die junge Haushälterinn, ein Buch für Mütter und Töchter. Erstes Bändchen*, Wien 1789
Zimmermann 1789/II
Zimmermann, Paul: *Die junge Haushälterinn, ein Buch für Mütter und Töchter. Zweytes Bändchen*, Wien 1789
Zimmermann 1789/III
Zimmermann, Paul: *Die junge Haushälterinn, ein Buch für Mütter und Töchter. Drittes Bändchen*, Wien 1789

Personen- und Ortsregister

Das Register enthält sämtliche in Haupttext und Anhängen mit Vor- und/oder Zunamen erwähnte Personen sowie Ortsnamen. Nicht verzeichnet, da Gegenstand des Buches und somit auf den meisten Seiten vertreten, sind Anna Magdalena und Johann Sebastian Bach sowie der Ort, an dem sie nahezu ihr gesamtes Eheleben wirkten: Leipzig.

Das Personen- und Ortsregister wurde in Zusammenarbeit mit Vitus Froesch erstellt.

Anmerkungen

Kindheit und Jugend

1 Siehe Das Bistum Naumburg 1997, S. 326 f.
2 Hübner 2005, S. 27.
3 Dok V, S. 367.
4 Schubart 1954, S. 35 ff.
5 Dok V, S. 448.
6 Schubart 1954, S. 34.
7 Hübner 2005, S. 154.
8 Schubart 1954, S. 37 f.
9 Hübner 2005, S. 34.
10 Schmiedeke 1961, S. 196, S. 198; Hübner 2005, S. 33.
11 Hübner 2005, S. 155.
12 Säckl 2007, S. 302; siehe auch Wettiner 2007, S. 25.
13 Dok V, S. 417.
14 Hübner 2005, S. 31.
15 Dok V, S. 409.
16 Schubart 1954, S. 41; Hübner 2005, S. 33.
17 Dok V, S. 381.
18 Schubart 1954, S. 41 f.; Schmiedeke 1961, S. 198; Hübner 2005, S. 55.
19 Schubart 1954, S. 39; Schmiedeke 1961, S. 195; Hübner 2005, S. 27.
20 Hübner 2005, S. 155.
21 Schubart 1954, S. 42 f.; Schmiedeke 1961, S. 199; Hübner 2005, S. 35 f.; Schulze 2013, S. 290 f.
22 Dok V, S. 448.
23 Schubart 1954, S. 43 ff.; Hübner 2005, S. 34 f.
24 Schubart 1954, S. 45.
25 NBA V/4, Kritischer Bericht (Georg von Dadelsen), S. 7 ff., S. 22 f., S. 25 f.; Clavier-Büchlein 2019, S. IV.
26 Williams 2008, S. 226; Schulze 1990, S. 35 (Schulze 2017, S. 145 f.).
27 Hübner 2005, S. 36.
28 Hübner 2005, S. 39 f.
29 Schulze 2013, S. 279.
30 Hoppe 1986, S. 14, S. 16 ff.; siehe auch Hübner 2005, S. 42; Talle 2020/I, S. 141 (Talle 2020/II, S. 295); Dok II, S. 68.
31 Siehe auch Wolff 2005/I, S. 430

Der Bräutigam

1 Dok II, S. 83.
2 Dok II, S. 71.
3 Hübner 2005, S. 40; siehe auch Amaranthes 1715, Sp. 255.
4 Hübner 2005, S. 27; Dok II, S. 3.
5 Siehe auch Dok VII, S. 101 ff.
6 Dok V, S. 368.
7 Dok VII, S. 107.
8 Dok VII, S. 102, S. 107; Wolff/Zepf 2008, S. 11 ff.
9 Dok VII, S. 107.
10 Dok V, S. 367 ff.; Wolff 2005/I, S. 432.
11 Dok II, S. 3.
12 Zedler 1731 – 1754, Band 5, Sp. 234 f.; Grotefend 2007, S. 24 ff.
13 Siehe zum Beispiel Theatrum Europaeum 1703, S. 255 ff., S. 273 ff.; S. 281 ff., S. 315 ff., S. 401 ff.
14 Zedler 1731 – 1754, Band 5, Sp. 237 f.; Verbesserter Calender 1700, unpaginiert (Vorwort).
15 Grotefend 2007, S. 27; siehe auch Wolff 2005/I, S. 58 f.
16 Verbesserter Calender 1700, unpaginiert (Vorwort).
17 Grotefend 2007, S. 4, S. 15.
18 Spitta 1873, S. 179, Fußnote 1.
19 Grotefend 2007, S. 1.
20 Posse 1994, Tafel 30; Blaschke 1991, S. 184 ff.
21 Grotefend 2007, S. 27.
22 Carpzov 1696, Titel.
23 Siehe auch Harlaß 2020, S. 20 f.
24 Hof- und Staats-Calender 1735, unpaginiert (Galla-Tage, So in Dreßden celebriret werden).
25 Dok II, S. 277.
26 Dok II, S. 4.
27 Dok II, S. 6 ff.; Wolff 2005/I, S. 42 ff.
28 Dok II, S. 8.
29 Dok II, S. 8 f.
30 Weimarer Orgeltabulatur 2007, S. XIV ff.; siehe auch Wolff 2005/I, S. 57 ff.
31 Schmeizel 1738, S. 543 ff.; siehe auch Adressbuch Leipzig 1723; S. 61 f.; Adressbuch Leipzig 1747, S. 78 f.

32 Dok II, S. 10 ff.
33 Dok V, S. 393.
34 Dok II, S. 15 ff.
35 Dok II, S. 494.
36 Dok II, S. 23 ff.
37 Dok II, S. 28.
38 Siehe Küster 2000, S. 195.
39 Wolff 2005/I, S. 432.
40 Dok II, S. 37.
41 Dok II, S. 35 f., S. 53.
42 Wolff 2005/I, S. 132 ff.
43 Wolff 2005/I, S. 432; Dok II, S. 54.
44 Dok VII, S. 109.
45 Dok I, S. 190 f.; Dok II, S. 67, S. 93.
46 Dok II, S. 65.
47 Siehe Zedler 1731 – 1754, Band 40, Sp. 1165.
48 Kritzinger 1778, S. 8 f.
49 Deutsche Encyclopädie 1786, S. 886.
50 Zedler 1731 – 1754, Band 2, Sp. 1635.
51 Zedler 1731 – 1754, Band 10, Sp. 580 f.; siehe auch Zedler 1731 – 1754, Band 48, Sp. 114 f.
52 Zedler 1731 – 1754, Band 40, Sp. 1166 f.; siehe zum Beispiel auch Drei Autobiographien 1994, S. 65 ff., S. 239 f.
53 Dok II, S. 53.
54 Dok II, S. 76; siehe auch Hoppe 2004, S. 43.
55 Handbuch der Deutschen Kunstdenkmäler 1999, S. 391; Köthener Friedhofsführungen 2015, S. 1 ff., S. 49.
56 Dok VII, S. 93, S. 106.
57 Dok VII, S. 101.
58 Dok II, S. 54.
59 Hübner 2005, S. 39.
60 Dok V, S. 398; siehe auch Wustmann 1898, S. 207, *).
61 Der wahre Bach 2018; siehe auch Hansen 2015, S. 154.
62 Dok III, S. 264.
63 Dok III, S. 264; Dok VII, S. 104.
64 Burney 2004, Sp. 213.
65 Dok V, S. 380.
66 Tagebuch einer musikalischen Reise 2004, S. 7* ff.
67 Burney 2004, Sp. 1 ff.
68 His 1895/II, S. 381; siehe auch Ludewig 2000, S. 51 ff.
69 Wustmann 1898, S. 184.
70 Schulz 1784, S. 150 f.
71 Wustmann 1898, S. 192 f.
72 His 1895/II, S. 381 f.; Dok II, S. 3, S. 475; siehe auch Wustmann 1894, S. 118.
73 His 1895/I, S. 4.
74 His 1895/II, S. 382 ff.
75 His 1895/I, S. 16.
76 His 1895/I, S. 9.
77 Wustmann 1894, S. 123.
78 Ludewig 2000, S. 61 ff.
79 Dok VII, S. 99.
80 Ludewig 2000, S. 19.
81 Zedler 1731 – 1754, Band 4, Sp. 1382.
82 Zedler 1731 – 1754, Band 4, Sp. 1384, Sp. 1386.
83 Siehe auch Körner 1981, S. 83 ff.
84 Dok V, S. 99.
85 Siehe zum Beispiel Müller 2007, S. 34, S. 116, S. 164, S. 200, S. 271.
86 Tisch- und Speiselexikon 2005, S. 67.
87 Siehe zum Beispiel Müller 2007, S. 116, S. 200.
88 Dok II, S. 492.

Die Trauung

1 Dok II, S. 83.
2 Zedler 1731 – 1754, Band 45, Sp. 280.
3 Drei Autobiographien 1994, S. 245; Hoppe 2004, S. 34.
4 Dok II, S. 80, S. 82, S. 84.
5 Zedler 1731 – 1754, Band 26, Sp. 1302.
6 Amaranthes 1739, Sp. 643.
7 Dok II, S. 120.
8 Zedler 1731 – 1754, Band 38, Sp. 1342; Zedler 1731 – 1754, Band 43, Sp. 358.
9 Dok II, S. 491.
10 Siehe zum Beispiel BergAFG, 40186: Zechenregister sächsischer Bergreviere, Nr. 68016, S. 66 ff.; Nr. 135002, S. 15a f.
11 Barth 1721, S. a2 (Vorrede); siehe auch Drei Autobiographien 1994, S. 107 f.
12 Wunder 1992, S. 80.
13 Schmotz 2012, S. 92.
14 Florinus 1750, S. 14.
15 Florinus 1750, S. 14 f.; siehe auch Wunder 1992, S. 80 ff.; Ingendahl 2006, S. 238.
16 Zedler 1731 – 1754, Band 14, Sp. 1537.
17 Neues Testament/Luther 1522, Episteln S. XXXVb (Brief an die Epheser 5. Kapitel, Vers 22).
18 Neues Testament/Luther 1522, Episteln S. XLIb (Brief an die Colosser 3. Kapitel, Vers 18).
19 Florinus 1750, S. 2 f., S. 34 ff.; Zedler 1731 – 1754, Band 8, Sp. 402; Zedler 1731 – 1754, Band 54, Sp. 1 ff.

20 Zedler 1731 – 1754, Band 12, Sp. 913.
21 Neues Testament/Luther 1522, Episteln S. XXXVb (Brief an die Epheser 5. Kapitel, Vers 25).
22 Siehe 1. Mose 2, Verse 18 und 20 ff.
23 Siehe zum Beispiel Zedler 1731 – 1754, Band 12, Sp. 907.
24 Wunder 1992, S. 98 ff.; Schmotz 2012, S. 44 ff.
25 Schulze 2020, S. 25 ff.; Hübner 2005, S. 39; siehe auch König 1958, S. 163 ff.; König 1959, S. 165 ff.
26 Dok V, S. 387.
27 Dok II, S. 272.
28 Dok VII, S. 103.
29 Dok V, S. 389.
30 Dok VII, S. VII ff.
31 Dok VII, S. 58 f.
32 Dok VII, S. 57.

Die Frau Capellmeisterin

1 Amaranthes 1739, Sp. 497.
2 Zedler 1731 – 1754, Band 57, Sp. 1939.
3 Dok II, S. 472 ff.
4 Dok V, S. 186.
5 Berlinische Nachrichten von Staats- und Gelehrten Sachen, 27.1.1752, unpaginiert; Extract der eingelaufenen Nouvellen, 19.2.1752, S. 28; Augsburgischer Wochentlicher Intelligenz-Zettel Nr. 12, 23.3.1752, unpaginiert; Critische Nachrichten (Greifswald), 29.3.1752, S. 100; Staats- u. Gelehrte Zeitung des Hamburgischen unpartheyischen Correspondenten, 29.4.1752, unpaginiert; Leipziger Zeitungen, 7.6.1752, S. 364; Berlinische Nachrichten von Staats- und Gelehrten Sachen, 19.9.1754, S. 462; Berlinische privilegirte Zeitung, 4.1.1759, S. 8; Staats- u. Gelehrte Zeitung des Hamburger unpartheyischen Correspondenten, 12.1.1759, unpaginiert; Extract der eingelaufenen Nouvellen, 20.1.1759, S. 12; Berlinische Nachrichten von Staats- und Gelehrten Sachen, 17.5.1759, S. 239 f.; siehe auch Dok III, S. 622.
6 Zedler 1731 – 1754, Band 5, Sp. 626.
7 Dok I, S. 224; Dok II, S. 104 f.
8 Dok V, S. 413; siehe auch Universal-Lexikon 1843, S. 360.
9 Dok I, S. 231 f.
10 Zedler 1731 – 1754, Band 44, Sp. 474.
11 Zedler 1731 – 1754, Band 44, Sp. 519.
12 Siehe Schulze 2018, S. 28 f.
13 Hof- und Staats-Calender 1744, S. 44.
14 Posse 1994, Tafel 30; Blaschke 1991, S. 188 ff., S. 191 ff.
15 Siehe zum Beispiel Hof- und Staats-Calender 1765, S. 123; Hof- und Staats-Calender 1784, S. 98.
16 Siehe auch Schulze 2020, 22 f.
17 Titular-Buch 1750, Titel, S. 310.
18 Dok I, S. 129.
19 Petzoldt 2008, S. 92 ff., Dok V, S. 96 f.
20 Zedler 1731 – 1754, Band 44, Sp. 481 f.
21 Dok I, S. 263.
22 Dok I, S. 263.
23 Dok I, S. 259.
24 Dok II, S. 278.
25 Posse 1994, Tafeln 29 und 30; siehe auch Blaschke 1991, S. 185 f.
26 Dok I, S. 74.
27 NBA II/1a, Kritischer Bericht (Uwe Wolf), S. 18 f.; Dadelsen 1957, S. 18 f.; siehe auch Schulze 2017, S. 466 ff.; Heinemann 2020, S. 21 ff.
28 Siehe Dok I, S. 101 ff.
29 Siehe zum Beispiel Hof- und Staats-Calender 1738, S. 14; Hof- und Staats-Calender 1739, S. 14; Hof- und Staats-Calender 1740, S. 14; siehe auch Dok II, S. 279.
30 Dok I, S. 135 ff.
31 Wolff 2005/I, S. 546.
32 Posse 1994, Tafel 32; Wettiner 2007, S. 24; Blaschke 1991, S. 167.
33 Adressbuch Leipzig 1747, S. 234.
34 Adressbuch Leipzig 1750, unpaginiert (Bey der Schule zu St. Thomä).
35 Dok V, S. 428.
36 Dok II, S. 473.
37 Hof- und Staats-Calender 1747, S. 18 f.; Hof- und Staats-Calender 1748, S. 18 ff.; Hof- und Staats-Calender 1749, S. 20 f.; Hof- und Staats-Calender 1750, S. 21 f.
38 Dok I, S. 150; siehe auch Dok V, S. 89; Hobohm 1978, S. 137.
39 Zedler 1731 – 1754, Band 44, Sp. 482 f.
40 Critische Nachrichten aus dem Reiche der Gelehrsamkeit. Freytags, den 7. May, 1751, S. 145; siehe auch Dok V, S. 182.
41 Siehe zum Beispiel Schulze 1988/II, S. 1 ff.; Dilcher 1997, S. 55.

42 Burney 2004, Sp. 200.
43 Dok V, S. 441.
44 Zedler 1731 – 1754, Band 9, Sp. 1717.
45 Telemann 1740, S. 363.
46 Dok I, S. 67 ff.
47 Dok II, S. 476; Dok V, S. 244.

Leipzig

1 Dok II, S. 88.
2 Dok I, S. 177.
3 Wolff 2005/I, S. 259.
4 Dok II, S. 93 ff.
5 Siehe zum Beispiel Dok I, S. 224, S. 259.
6 Zedler 1731 – 1754, Band 5, Sp. 2184.
7 Ordnungen und Gesetze der Thomasschule 1987, S. 11 f. (Ordnung 1723); Adressbuch Leipzig 1723, S. 85.
8 Adressbuch Leipzig 1723, S. 62 ff.; siehe auch Iccander 1725, S. 78 ff.
9 Siehe auch Schulze 2017, S. 21 ff.
10 Dok V, S. 411.
11 GTK-Dok, S. 3, S. 7 ff.
12 Siehe auch Dok I, S. 67.
13 Telemann 1740, S. 366; GTK-Dok, S. 10 f.
14 Dok II, S. 88.
15 Dok V, S. 395.
16 Gerber 1812, Sp. 380 f.
17 GTK-Dok, S. 13 f.
18 GTK-Dok, S. 14 f.; siehe auch Dok II, S. 92.
19 Dok II, S. 90 f.
20 GTK-Dok, S. 17.
21 Dok II, S. 93 f.
22 Ordnungen und Gesetze der Thomasschule 1987, S. 11 f. (Ordnung 1723).
23 Iccander 1725, S. 46; siehe auch Ordnungen und Gesetze der Thomasschule 1987, unpaginiert (Ordnung 1634, Cap. X.), S. 37 ff. (Ordnung 1723); Schulz 1784, S. 254.
24 Dok II, S. 112.
25 Ordnungen und Gesetze der Thomasschule 1987, S. 22, S. 34, S. 36 ff. (Ordnung 1733); siehe auch Hübner 2005, S. 49.
26 Ordnungen und Gesetze der Thomasschule 1987, S. 59 (Ordnung 1723), siehe auch unpaginiert (Ordnung 1634, Cap. III./11.).
27 Spitta 1880, S. 861 f.
28 Ordnungen und Gesetze der Thomasschule 1987, unpaginiert (Ordnung 1634, Cap. VI.), S. 32 ff. (Ordnung 1723).
29 Dok II, S. 95.
30 Dok II, S. 96.
31 Dok II, S. 95.
32 Iccander 1725, S. 48; Dok II, S. 154.
33 Schulz 1784, S. 255; Dok III, S. 395.
34 Dok II, S. 92.
35 Dok II, S. 96.
36 Siehe auch Dok II, S. 136 f.
37 Ordnungen und Gesetze der Thomasschule 1987, S. 11 (Ordnung 1723); Abkürzungen 2002, S. 121; Zedler 1731 – 1754, Band 27, Sp. 1162 ff.
38 Dok II, S. 111.
39 Dok II, S. 94.
40 Siehe auch Schulze 1998, S. 103 ff. (Schulze 2017, S. 44 ff.); Schulze 2017, S. 53 ff.
41 Dok II, S. 93 ff.
42 Telemann 1740, S. 358.
43 Gerber 1812, Sp. 381.
44 Adressbuch Leipzig 1723, S. 85; siehe auch Wolff 2005/I, S. 241.
45 Dok I, S. 178.
46 Ordnungen und Gesetze der Thomasschule 1987, unpaginiert (Ordnung 1634, Cap. VI.), S. 32 ff. (Ordnung 1723).
47 Ordnungen und Gesetze der Thomasschule 1987, S. 18 f. (Ordnung 1723), siehe auch unpaginiert (Ordnung 1634, Cap. VIII./1.).
48 Zedler 1731 – 1754, Band 5, Sp. 217; Ordnungen und Gesetze der Thomasschule 1987, S. 81 f. (Ordnung 1723).
49 Ordnungen und Gesetze der Thomasschule 1987, S. 69 (Ordnung 1723).
50 Eger 2005, S. 413.
51 Ordnungen und Gesetze der Thomasschule 1987, S. 27 ff. (Ordnung 1723), siehe auch unpaginiert (Ordnung 1634, Cap. V.).
52 Maul 2012, S. 176.
53 Szeskus 2003, S. 22 ff.
54 Ordnungen und Gesetze der Thomasschule 1987, S. 10 ff. (Ordnung 1723); Zedler 1731 – 1754, Band 54, Sp. 1.
55 Szeskus 2003, S. 25.
56 Florinus 1750, S. 36.
57 Ordnungen und Gesetze der Thomasschule 1987, S. 37 (Ordnung 1723), siehe auch unpaginiert (Ordnung 1634, Cap. VI./13.); Dok I, S. 150, S. 246.
58 Dok I, S. 177.
59 Ordnungen und Gesetze der Thomasschule 1987, unpaginiert (Ordnung 1634, Cap. VI.),

S. 32 ff. (Ordnung 1723); siehe auch GTK-Dok, S. xii; Wolff 2005/I, S. 276 ff.

60 Siehe Pfau 2008, S. 111 ff.; Wollny 2008, S. 123 ff.; Schabalina 2008, S. 77 ff.; Glöckner 2009, S. 95 ff.

61 Dok I, S. 177.

62 Spitta 1880, S. 864; siehe auch Adressbuch Leipzig 1723, S. 78 ff.; Adressbuch Leipzig 1747, S. 101 ff.; Schulz 1784, S. 171 f.

63 Dok I, S. 67.

64 Dok I, S. 69.

65 Dok II, S. 92 ff.; siehe auch Spitta 1873, S. 765.

66 Siehe auch Wolff 2005/I, S. 276.

67 Hortschansky 1971, S. 92; Talle 2020/I, S. 160 f. (Talle 2020/II, S. 313); Spree 2019, S. 132 f.

68 Burney 2004, Sp. 199.

69 Dok V, S. 368, S. 371 f.; Spree 2019, S. 45 f.; Schlichtegroll 1797, S. 271.

70 Dok I, S. 136 f.

71 Dok II, S. 286 f.

72 Dok V, S. 376.

73 Dok II, S. 296 ff., S. 340 ff.

74 Dok I, S. 122.

75 Siehe auch Adressbuch Leipzig 1764, S. 27, S. 29.

76 Dok I, S. 82 ff.; Dok II, S. 268 ff.

77 Siehe auch Koska 2019, S. 17.

78 Dok I, S. 67.

79 Wolff 2005/I, S. 206.

80 Leonhardi 2010, S. 126; siehe auch Wolff 2005/I, S. 261 f.

81 Dok II, S. 104.

82 Dok III, S. 153.

83 Duden 2000, S. 521.

84 Schulz 1784, S. 153.

85 Dok I, S. 57 f.; Dok II, S. 234 f., S. 237 ff., S. 241, S. 245 f., S. 248 f., S. 259, S. 277 f., S. 371, S. 385.

86 Wolff 2005/I, S. 378 ff.

87 Sicul 1726, S 479; Dok II, S. 105, S. 155; siehe auch Wolff 2005/I, S. 335 f.

88 Zedler 1731 – 1754, Band 49, Sp. 1814 f.

89 Dok II, S. 488 ff.; Dok V, S. 186; Spree 2019, S. 52 ff., S. 162 ff.

90 Iccander 1725, S. 84 f.; Grotefend 2007, S. 80.

91 Zedler 1731 – 1754, Band 16, Sp. 1806.

92 Iccander 1725, S. 12; Müller 2007, S. 48; Goethe 1812, S. 70.

93 Müller 2007, S. 48.

94 Zedler 1731 – 1754, Band 16, Sp. 1806.

95 Siehe Blaschke 1991, S. 174 ff., S. 184 ff.

96 Iccander 1725, S. 61; Schulz 1784, S. 175.

97 Schulz 1784, S. 175 f.

98 Schulz 1784, S. 176; Allgemeine Zeitung des Judentums 1837, S. 400; Glaubenswelten 2017, S. 31 ff.

99 Iccander 1725, S. 26.

100 Müller 2007, S. 242.

101 Müller 2007, S. 238 f.

102 Dok I, S. 196, S. 198; Dok II, S. 164 ff., S. 249 ff., S. 311, S. 324 ff.

103 Dok II, S. 250.

104 Iccander 1725, S. 29 f.; Schulz 1784, S. 64.

105 Dok I, S. 196; siehe auch Dok II, S. 249 ff.; Dok I, S. 198.

106 Bergmännisches Wörterbuch 1778, S. 134.

107 Siehe zum Beispiel BergAFG, 40186: Zechenregister sächsischer Bergreviere, Nr. 68016, S. 66 ff.; Nr. 135002, S. 15a f.

108 SML, I D 352/6.

109 Schneider 1990, S. 180, S. 187 f., S. 222; siehe auch Leipzig 2006, S. 355 ff.; Müller 2007, S. 150 f.

110 Schneider 1990, S. 230.

111 Siehe auch Schneider 1990, S. 181, S. 442; Netzwerk Thomanerchor 2012, Titel.

112 Iccander 1725, S. 85 f.

113 Iccander 1725, S. 87 f.; siehe auch Müller 2007, S. 203 f.

114 Dok II, S. 104.

115 Ordnungen und Gesetze der Thomasschule 1987, unpaginiert (Ordnung 1634, Cap. III./24.), S. 23 f. (Ordnung 1723); Richter 1904, S. 48; Wolff 2005/I, S. 438.

116 GTK-Dok, S. 187 f.

117 Dok II, S. 210 f.

118 Ludovici 1767, Sp. 1296; Minsinger 1832, S. 274; Alberti 1957, S. 236.

119 GTK-Dok, S. 184.

120 Richter 2004, S. 466.

121 Dimpfel 1929, S. 83 ff.; Zimmermann 1789/II, S. 210 ff.

122 Amaranthes 1739, Sp. 1119.

123 Dok II, S. 162, S. 419.

124 Zedler 1731 – 1754, Band 40, Sp. 1163.

125 GTK-Dok, S. 184 f.

126 StadtAL, 0007 Ratsrissarchiv (F), Nr. 283, 284, 285; siehe auch Wolff 2005/I, S. 440 f.

127 GTK-Dok, S. 185.

128 GTK-Dok, S. 186.

129 Hocquél 2004, S. 71; Wolff 2005/II, S. 9; siehe auch Richter 1904, S. 33 f.

130 Leipzig 2006, S. 174, S. 185.
131 Iccander 1725, S. 54; Leipzig 2006, S. 174, S. 185.
132 Zedler 1731 – 1754, Band 4, Sp. 1604.
133 Iccander 1725, S. 54.
134 Tisch- und Speiselexikon 2005, unpaginiert (Vorrede); Eger 2005, Nachwort S. 24.
135 Tisch- und Speiselexikon 2005, S. 69 f.
136 Leipzig 2006, S. 184.
137 Leipziger Tageblatt und Anzeiger, 17.1.1887, S. 304.
138 Lamb 1989, S. 233, siehe auch S. 232 ff.; Behringer 2007, S. 119 ff.
139 Krüger 1746, S. 43 f.
140 Krüger 1746, S. 47 f.
141 Leipziger Tageblatt und Anzeiger, 17.1.1887, S. 304.
142 Schriften der Leipziger oekonomischen Societät 1777, S. 215; Schwister/Leven 2019, S. 17; siehe auch Müller 2007, S. 67 f.
143 Müller 2007, S. 68.
144 Amaranthes 1739, Sp. 1280.
145 Krüger 1746, S. 57.
146 Spitta 1880, S. 864; siehe auch Adressbuch Leipzig 1723, S. 78 ff.; Adressbuch Leipzig 1747, S. 101 ff.; Schulz 1784, S. 171 f.
147 Iccander 1725, S. 55.
148 Iccander 1725, S. 56 f.; siehe auch Müller 2007, S. 215.
149 Zedler 1731 – 1754, Band 35, Sp. 146.
150 Schulz 1784, S. 30.
151 Ordnungen und Gesetze der Thomasschule 1987, S. 63 (Ordnung 1723).
152 Ordnungen und Gesetze der Thomasschule 1987, S. 13, S. 16 (Ordnung 1733).
153 Dok II, S. 217.
154 GTK-Dok, S. 184.
155 Szeskus 2003, S. 23, S. 253; Maul 2012, S. 176.
156 Zedler 1731 – 1754, Band 19, Sp. 2235.
157 Zedler 1731 – 1754, Band 30, Sp. 1021.
158 Zedler 1731 – 1754, Band 30, Sp. 1027.
159 Amaranthes 1739, Sp. 479 f.
160 Spitta 1880, S. 862.
161 Enzyklopädie der Neuzeit 2011, Sp. 567.
162 Robert Koch-Institut 2016, S. 230.
163 Robert Koch-Institut 2007, S. 170.
164 Zedler 1731 – 1754, Band 16, Sp. 1103.
165 Werner 2008, S. 386 f., S. 402, S. 404 f., S. 409.
166 Dok VII, S. 59 f.
167 Zedler 1731 – 1754, Band 26, Sp. 1303 f.
168 Dok II, S. 137, S. 147, S. 156, S. 177, S. 183, S. 200, S. 208, S. 225, S. 242, S. 260 f., S. 291, S. 400; siehe auch Dok V, S. 89 ff.; Wolff 2005/I, S. 433 f.
169 Dok II, S. 145, S. 201, S. 207, S. 216, S. 365 f., S. 381, S. 407; Dok III, S. 18.
170 Amaranthes 1739, Sp. 576.
171 Siehe Steinwachs/Pietsch 2011, S. 31, S. 33.
172 Luther 1520, unpaginiert.
173 Luther 1547, unpaginiert (Das Taufbüchlein); siehe auch Steinwachs/Pietsch 2011, S. 30.
174 Rohr 1723, S. 822; siehe auch Gerber 1732, S. 612 f.
175 Siehe Dok VII, S. 109.
176 Siehe auch Adelung 1780, Sp. 923.
177 Amaranthes 1739, Sp. 575.
178 Gerber 1732, S. 601; siehe auch Rohr 1723, S. 814 f.; Zedler 1731 – 1754, Band 42, Sp. 306, Sp. 310; Codex Augusteus 1724, Sp. 670.
179 Dok I, S. 261; Dok II, S. 43, S. 45, S. 54, S. 58, S. 73, S. 137, S. 225, S. 260 f.
180 Siehe zum Beispiel Amaranthes 1739, Sp. 576.
181 Dok V, S. 372.
182 Dok II, S. 183; Dok V, S. 92 f.
183 Siehe auch Codex Augusteus 1724, Sp. 669.
184 Zedler 1731 – 1754, Band 26, Sp. 1301; siehe auch Amaranthes 1739, Sp. 576; Rohr 1723, S. 830; Wolff 2005/I, S. 432 ff.
185 Zedler 1731 – 1754, Band 5, Sp. 622; Zedler 1731 – 1754, Band 29, Sp. 409.
186 Zedler 1731 – 1754, Band 42, Sp. 310; siehe auch Gerber 1732, S. 602; Rohr 1723, S. 814.
187 Siehe Zedler 1731 – 1754, Band 42, Sp. 306, Sp. 310; Rohr 1723, S. 820 f.; Sächsische Ordnungen und Mandate 1660, S. 75; Codex Augusteus 1724, Sp. 492.
188 Amaranthes 1739, Sp. 1483; siehe auch Zedler 1731 – 1754, Band 36, Sp. 876 ff.; Zedler 1731 – 1754, Band 58, Sp. 13.
189 Müller 2007, S. 199; siehe auch Zedler 1731 – 1754, Band 42, Sp. 306; Zedler 1731 – 1754, Band 58, Sp. 13; Rohr 1723, S. 826.
190 Rohr 1723, S. 826.
191 Amaranthes 1739, Sp. 575.
192 Zedler 1731 – 1754, Band 10, Sp. 1352.
193 Amaranthes 1739, Sp. 1205.
194 Dok II, S. 369 f.
195 Gerber 1732, S. 613.
196 Zedler 1731 – 1754, Band 26, Sp. 1304; Zedler 1731 – 1754, Band 42, Sp. 314; Gerber 1732, S. 614.

197 Siehe Rohr 1723, S. 831; siehe auch Codex Augusteus 1724, Sp. 1472.
198 Zedler 1731 – 1754, Band 26, Sp. 1306; siehe auch Zedler 1731–1754, Band 42, Sp. 311 f.
199 Dok II, S. 137, S. 147, S. 156 f., S. 177, S. 183, S. 200, S. 208, S. 225, S. 242, S. 260 f., S. 291, S. 400.
200 Iccander 1725, S. 57 f.; siehe auch Leipzig 2006, S. 183 f.
201 Iccander 1725, S. 38, siehe auch S. 21, S. 41.
202 Müller 2007, S. 214 f.
203 Siehe auch Müller 2007, S. 221.
204 Iccander 1725, S. 23; siehe auch Leipzig 2006, S. 182 f.
205 Iccander 1725, S. 11.
206 Leipzig 2006, S. 165.
207 Schulz 1784, S. 430.
208 Leipzig 2006, S. 154, S. 160 f.
209 Müller 2007, S. 242.
210 Iccander 1725, S. 70; siehe auch Leipzig 2006, S. 162 f.
211 Dok V, S. 370.
212 Dok I, S. 118; Schulze 2005, S. 13 ff. (Schulze 2017, S. 171 ff.).
213 Dok II, S. 325.
214 Dok II, S. 104.
215 Dok II, S. 68.

Die Sängerin

1 Gerber 1790, Sp. 76.
2 Hübner 2005, S. 27.
3 Dok III, S. 153.
4 Siehe auch Hübner 2005, S. 127.
5 Dok II, S. 144.
6 Dok II, S. 153.
7 Dok II, S. 190 f.
8 Dok I, S. 68.
9 Dok II, S. 137, S. 147, S. 156, S. 177, S. 183, S. 200; siehe auch Wolff 2005/I, S. 433.
10 Talle 2020/I, S. 164 (Talle 2020/II, S. 316).
11 Adressbuch Leipzig 1732, S. 57.
12 Leipziger Zeitungen, 30.4.1749, S. 276.
13 Siehe zum Beispiel Dok I, S. 224, S. 231 f.
14 Siehe auch Schulze 1990, S. 34 (Schulze 2017, S. 144); Wolff 2005/I, S. 430 f.
15 Dok V, S. 428.
16 Geffcken/Tykocinski 1905, S. 52 f.
17 Neue Bibliothek der schönen Wissenschaften 1776, S. 305 ff.; Neumann 1970, S. 28 ff.; Neumann 1989, S. 139 ff., S. 148 ff.; Otto 2011, S. 137 f., Fußnote 375.
18 Dok V, S. 378; siehe auch Hübner 2005, S. 80.
19 Neumann 1989, S. 127 ff.
20 Dok II, S. 208, S. 260 f., S. 291.
21 Hübner 2005, S. 75 f.; Schulze 1997, S. 151 ff. (Schulze 2017, S. 257 ff.).
22 Dok V, S. 409.
23 Dok II, S. 177 f.
24 Geffcken/Tykocinski 1905, S. 50 f.
25 Dok II, S. 97.
26 WLB, Cod. hist. 2°888-30, fol. 31.
27 Deyling 1732, S. 78 ff.
28 Adressbuch Leipzig 1732, S. 3; Adressbuch Leipzig 1736, S. 148.
29 Epitaph Kirche Güldengossa.
30 KAL, Kirchenbuch von Güldengossa (Tote 1737), S. 304.
31 Siehe auch Schulze 2006, S. 617.
32 Dok II, S. 137.
33 Dok II, S. 156.
34 Hübner 2005, S. 75 f.; Schulze 1997, S. 151 ff. (Schulze 2017, S. 257 ff.).
35 Dok V, S. 378.
36 Kobayashi 1987, S. 43.
37 Dürr 1985, S. 954.
38 NBA I/40, Kritischer Bericht (Werner Neumann), S. 51; siehe auch Wolff 2005/I, S. 343.
39 Adressbuch Leipzig 1732, S. 20, S. 135; Adressbuch Leipzig 1736, S. 21, S. 147 f.; siehe auch Iccander 1725, S. 61 f.
40 Schering 1933, S. 54; Dürr 1985, S. 955; Tiggemann 1994, S. 8.
41 Tiggemann 1994, S. 7 ff.
42 NBA I/40, Kritischer Bericht (Werner Neumann), S. 47 ff.; Dürr 1985, S. 974; siehe auch Tiggemann 1994, S. 7 ff.; Maul 2001, S. 7 ff.
43 Schulze 1990, S. 34 (Schulze 2017, S. 145); siehe auch NBA I/40, Kritischer Bericht (Werner Neumann), S. 56 ff.
44 O holder Tag 1967, S. 5.
45 SBB, D-B Mus.mus. Bach St 76; NBA I/40, Kritischer Bericht (Werner Neumann), S. 47 f.
46 O holder Tag 1967, S. 5 ff.; siehe auch Maul 2001, S. 14 ff.
47 Nachlassverzeichnis CPEB 1790, S. 95; siehe auch Maul 2011, S. 251 ff.

Familienmitglieder

1 Dok II, S. 104.
2 Dok II, S. 37, S. 43, S. 54, S. 58; siehe auch Wolff 2005/I, S. 432.
3 Dok II, S. 158.
4 Dok II, S. 137, S. 147, S. 156, S. 177, S. 183, S. 200, S. 208, S. 225, S. 242, S. 260 f., S. 291, S. 400; siehe auch Dok V, S. 89 ff.; Wolff 2005/I, S. 433 f.
5 Klavierbüchlein 1988, S. 122; siehe auch Spitta 1873, S. 759; Schulze 1990, S. 37 (Schulze 2017, S. 147 f.); Yearsley 2019, S. 43 ff.
6 NBA V/4, Kritischer Bericht (Georg von Dadelsen), S. 69 ff.
7 Dok I, S. 261; Dok II, S. 37, S. 43, S. 54, S. 58, S. 137, S. 147, S. 156, S. 158, S. 177, S. 183, S. 200, S. 208, S. 225, S. 242, S. 260 f., S. 291, S. 400; Dok V, S. 89 ff., S. 367 ff.; Wolff 2005/I, S. 432 ff.
8 Siehe Dok II, S. 43, S. 58; Dok I, S. 261; Dok II, S. 225.
9 Dok I, S. 261; Dok II, S. 43, S. 45, S. 54, S. 58, S. 73, S. 137, S. 225, S. 260 f.
10 Dok III, S. 177.
11 Dülmen 1999, S. 33, S. 88.
12 Dok I, S. 79 ff., S. 91 ff.
13 Dok I, S. 107 ff.
14 Dok I, 109.
15 Dok I, S. 72; siehe auch Spree 2019, S. 45.
16 Dok I, S. 71 f.
17 Dok I, S. 235.
18 Hübner 2005, S. 60, S. 80.
19 Dok II, S. 454.
20 Dok II, S. 459.
21 Dok I, S. 124 f.
22 Dok I, S. 124; Hübner 2005, S. 82 f.
23 NBA I/16, Krit. Bericht (Robert Moreen), S. 40.
24 NBA I/15, Kritischer Bericht (Alfred Dürr, Robert Freeman, James Webster), S. 196, S. 205 f.
25 Dok V, S. 371.
26 CPEB-Dok, S. 635, S. 641, S. 647, S. 653.
27 Dok I, S. 119.
28 Dürr 1985, S. 995 f.
29 Dok II, S. 492.
30 Dürr 1985, S. 795 ff.; Dok II, S. 3, S. 29.
31 Amaranthes 1739, Sp. 673.
32 Zedler 1731 – 1754, Band 55, Sp. 1211 ff.
33 Bach 2005, S. 144, S. 148.
34 Dok II, S. 127.
35 Dok II, S. 76.
36 Siehe Reimer 2010, S. 248 ff.
37 Diagramm (E. Spree), Quellen: Dok V, S. 367 ff.; Wolff 2005/I, S. 432 ff.
38 Dok V, S. 368 f., S. 371 f.

Dienstpersonal

1 Amaranthes 1739, Sp. 1483; siehe auch Zedler 1731 – 1754, Band 36, Sp. 876 ff.; Zedler 1731 – 1754, Band 58, Sp. 13 f.
2 Zedler 1731 – 1754, Band 36, Sp. 878.
3 Zedler 1731 – 1754, Band 12, Sp. 914.
4 Wunder 1992, S. 100.
5 Ordnungen und Gesetze der Thomasschule 1987, S. 23 f. (Ordnung 1723), siehe auch unpaginiert (Ordnung 1634, Cap. III./24.); siehe auch Elsas 1940, S. 597 ff.
6 Zedler 1731 – 1754, Band 10, Sp. 1282.
7 Amaranthes 1739, Sp. 574.
8 Dok II, S. 81.
9 Dok II, S. 497.
10 Amaranthes 1739, Sp. 882.
11 Dimpfel 1929, S. 85.
12 Zedler 1731–1754, Band 43, Sp. 358.
13 Wunder 1992, S. 37.
14 Amaranthes 1739, Sp. 1539.
15 Zedler 1731 – 1754, Band 40, Sp. 91.
16 Siehe auch Bundeszentrale für gesundheitliche Aufklärung 2001, S. 203.
17 Bundeszentrale für gesundheitliche Aufklärung 2001, S. 179; siehe auch Klinische Endokrinologie für Frauenärzte 2009, S. 189 f.
18 Dok II, S. 137, S. 147, S. 156, S. 158, S. 177, S. 183, S. 200, S. 208, S. 225; Dok V, S. 89 ff., S. 367 ff.; Wolff 2005/I, S. 432 f.
19 Dok II, S. 144.
20 Dok V, S. 369.
21 Dok II, S. 190.
22 Knigge 1977, S. 268.
23 Müller 2007, S. 50, S. 195, S. 228 f.; siehe auch Drei Autobiographien 1994, S. 164 f.
24 Dok II, S. 373.
25 Neues Conversations- und Zeitungs-Lexicon 1821, S. 439.
26 Dok II, S. 403.
27 Gellert 1751, S. 129; Müller 2007, S. 43, S. 49 f.; Drei Autobiographien 1994, S. 93 f., S. 174.

28 Müller 2007, S. 45.
29 Taschenbuch der Münz-, Maass- und Gewichts-Verhältnisse 1851, S. 220.
30 Adressbuch Leipzig 1753, S. 174.
31 Knigge 1977, S. 271.
32 Lehmann 1736, unpaginiert (Vorrede, von Nothwendig- und Nutzbarkeit der Reise).
33 Adressbuch Leipzig 1753, S. 174; Taschenbuch der Münz-, Maass- und Gewichts-Verhältnisse 1851, S. 220.
34 Dok II, S. 226 ff.
35 Sandberger 1999, S. 90; Dok II, S. 410 f.
36 GTK-Dok, S. 187 f.
37 Dok II, S. 215 f.
38 Dok II, S. 224 f.
39 Putoneus 1732, II S. 36 ff.
40 Siehe auch Casper 1982, S. 356.
41 Putoneus 1732, I S. 85 ff., S. 92 f.
42 Casper 1982, S. 341 ff.
43 Siehe Pfau 2008, S. 111 ff.; Wollny 2008, S. 123 ff.; Schabalina 2008, S. 77 ff.; Glöckner 2009, S. 95 ff.
44 Putoneus 1732, I S. 94, S. 96.
45 Dok I, S. 261, Dok II, S. 225.
46 Dok II, S. 226.
47 Siehe auch Spree 2019, S. 182 ff.
48 Wunder 1992, S. 37.
49 Wunder 1992, S. 189.
50 Wunder 1992, S. 38, S. 161 f.
51 Dok II, S. 37, S. 43, S. 54, S. 58, S. 137, S. 156, S. 183, S. 225; Dok V, S. 369 ff.
52 Dok V, S. 368; Spree 2019, S. 45 f.
53 Löffler 2007, S. 335.
54 Müller 2007, S. 65.
55 Müller 2007, S. 53, S. 65 f., S. 93, S. 97.
56 Siehe Müller 2007, S. 200.
57 Müller 2007, S. 35; Löffler 2007, S. 335.
58 Wunder 1992, S. 99 f.; Schmotz 2012, S. 47.
59 Kopf-Steuer 1747, unpaginiert (Cap. 2. Derer Dames, Frauenzimmer und Weibs-Personen Beytrag, und respective Capitation-Steuer betreffend).
60 Siehe Zedler 1731 – 1754, Band 12, Sp. 907; Florinus 1750, S. 14; Wunder 1992, S. 136.
61 Amaranthes 1739, Sp. 862.
62 Amaranthes 1739, Sp. 1072.
63 Amaranthes 1739, Sp. 248, S. 1623.
64 Dok II, S. 492.
65 Amaranthes 1739, Sp. 885 f.
66 Amaranthes 1739, Sp. 678.
67 Dimpfel 1929, S. 78 ff.
68 Dok II, S. 493.
69 Dimpfel 1929, S. 82 f.
70 Dimpfel 1929, S. 83 ff.
71 Dok I, S. 196; siehe auch Dok I, S. 198.
72 Dok II, S. 68.
73 Wolff 2005/I, S. 432.
74 Schmotz 2012, S. 47.
75 Siehe zum Beispiel Zimmermann 1789/I, Zimmermann 1789/II, Zimmermann 1789/III.
76 Florinus 1750, S. 14.
77 Dok II, S. 144, S. 153, S. 190, S. 228.
78 Dok II, S. 228.
79 Dok II, S. 373.
80 Bach 2005, S. 128.
81 Siehe auch Hübner 2005, S. 69.

Privatschüler

1 Dok II, S. 468, S. 470; Dok VII, S. 99.
2 Dok V, S. 420.
3 Dok II, S. 470 f.; Dok III, S. 250.
4 Siehe zum Beispiel Dok VII, S. 109; Löffler 1954, S. 5 ff.; Koska 2019, S. 13 ff.
5 Dok VII, S. 3.
6 Dok VII, S. 49 ff.
7 Dok VII, S. VII.
8 Dok III, S. 479; siehe auch Dok II, S. 470 f.; Dok III, S. 250.
9 Dok V, S. 384.
10 Dok III, S. 613; siehe auch Dok I, S. 272; Dok III, S. 554.
11 Dok I, S. 118, S. 259 f., S. 265; Schulze 2005, S. 13 ff. (Schulze 2017, S. 171 ff.).
12 Dok II, S. 396.
13 Siehe Koska 2019, S. 80 f.
14 Wollny 2017, S. 79 ff.
15 Dok V, S. 387; Kaemmel 1909, S. 351.
16 Müller 2007, S. 72, S. 102, S. 218; Telemann 1740, S. 358 f.
17 Dok II, S. 363.
18 Dok II, S. 127.
19 Dok I, S. 72, S. 80, S. 235.
20 Dok VII, S. 109.
21 Dok V, S. 340; Löffler 1954, S. 5 ff.; Rampe 2015/II, S. 423 ff.; Koska 2019, S. 13 ff.
22 Koska 2019, S. 13 f.
23 Koska 2019, S. 16.
24 Dok V, S. 108, siehe auch S. 450.
25 Dok I, S. 205.

26 Schmeizel 1738, S. 543 ff.; siehe auch Adressbuch Leipzig 1723, S. 58 ff.; Adressbuch Leipzig 1747, S. 76 ff.
27 Dok V, S. 415.
28 Dok I, S. 141; siehe auch Schulze 2005, S. 16 (Schulze 2017, S. 174 f.).
29 Dok III, S. 327.
30 Schulze 2012, S. 207.
31 CPEB-Dok, S. 209 f.
32 Dok I, S. 19.
33 Schulze 1984/I, S. 112; Schulze 1984/II, S. 48 (Schulze 2017, S. 304 f.); BzB 5, S. 81 ff.
34 Schulze 1984/I, S. 111 ff.; BzB 5, S. 81.
35 Löffler 1954, S. 15; Dok II, S. 148; Koska 2019, S. 52.
36 Wollny 1997/II, S. 48 ff.; Wollny 2017, S. 74 f.; siehe auch Dok V, S. 373, S. 415.
37 Dok I, S. 61.
38 Siehe auch Marpurg 1754, S. 99 f.
39 Dok II, S. 452.
40 Wolff 2005/I, S. 284.
41 Dok II, S. 141; siehe auch Wolff 2005/I, S. 310, S. 320 ff.
42 Dok II, S. 204 f.
43 Adressbuch Leipzig 1750, unpaginiert (Zur Kirchen- und Stadt-Music bestellte Stadt-Pfeiffer).
44 Burney 2004, Sp. 199.
45 NBA V/5, Kritischer Bericht (Wolfgang Plath), S. 7 ff.; Wolff 2005/I, S. 246, S. 436 f.
46 Klavierbüchlein 1988, S. 1 ff., Nachwort S. 8 ff.; siehe auch Schulze 1980, S. 50 ff. (Schulze 2017, S. 533 ff.).
47 Dok III, S. 106 f.
48 Hübner 2005, S. 33 f.; Schulze 2013, S. 279.
49 Klavierbüchlein 1988, S. 124 ff.; Dok I, S. 183 ff., S. 254.
50 Siehe zum Beispiel Florinus 1750, S. 32, S. 35 f.; Zimmermann 1789/I, Zimmermann 1789/II, Zimmermann 1789/III.
51 Zedler 1731 – 1754, Band 12, Sp. 907.
52 Dok II, S. 194.
53 Zedler 1731 – 1754, Band 12, Sp. 907.
54 Siehe auch Florinus 1750, S. 14.
55 Siehe auch Schmotz 2012, S. 130 ff.; Kaemmel 1909, S. 351.
56 Schmotz 2012, S. 72.
57 NBA V/4, Kritischer Bericht (Georg von Dadelsen), S. 9, S. 22 f., S. 25 f., S. 41 ff.; Clavier-Büchlein 2019, S. IV ff.
58 Williams 2008, S. 226.
59 NBA V/4, Kritischer Bericht (Georg von Dadelsen), S. 40.
60 NBA V/4, Kritischer Bericht (Georg von Dadelsen), S. 7 f.
61 NBA V/4, Kritischer Bericht (Georg von Dadelsen), S. 23, S. 26; Clavier-Büchlein 2019, S. IV f.
62 Klavierbüchlein 1988, S. 1 ff., Nachwort S. 8.
63 Klavierbüchlein 1988, S. 101, Nachwort S. 7 f., NBA V/4, Kritischer Bericht (Georg von Dadelsen), S. 67.
64 Klavierbüchlein 1988, S. 122, Nachwort S. 10; siehe auch Yearsley 2019, S. 43 ff.
65 Klavierbüchlein 1988, S. 123, Nachwort S. 10; Dok I, S. 252 ff.
66 Klavierbüchlein 1988, S. 124 ff.; Dok I, S. 183 ff., S. 254.

Ehefrau eines Gelehrten

1 Dok V, S. 365.
2 Dok II, 485.
3 Siehe auch Dok V, S. 299.
4 Dok III, S. 409; siehe auch Wolff 2005/I, S. 9.
5 Dok V, S. 431.
6 Dok II, S. 286; Maul 2010, S. 191.
7 Dok V, S. 376.
8 Dok II, S. 299.
9 Dok VII, S. 101, S. 103.
10 Mizler 1746, S. 349.
11 Dok V, S. 370.
12 Schlichtegroll 1797, S. 269 f.; Dok III, S. 542 f.
13 Schulz 1784, S. 255; Dok III, S. 395.
14 Dok V, S. 46 ff.
15 Amaranthes 1739, Sp. 497.
16 Otto 2011, S. 137 f., Fußnote 375.
17 Hebenstreit 1743, S. 17 f.
18 Wohltemperiertes Klavier 1971, unpaginiert.
19 Siehe Wolff 2005/I, S. 468 ff.
20 Dok I, S. 74.
21 Dok VII, S. 107.
22 Dok I, S. 64.
23 Dok II, S. 205.
24 Dok I, S. 61.
25 Dok II, S. 291, S. 321, S. 452.
26 Dok VII, S. 101 f.
27 Dok V, S. 393.
28 Dok II, S. 332 f.
29 Dok II, S. 90 ff.
30 Dok I, S. 23 ff.
31 Dok I, S. 177.

32 Dok II, S. 286.
33 Dok VII, S. 88.
34 Siehe auch Dok II, S. 356 f.
35 Wolff 2005/I, S. 276 ff.
36 Siehe Pfau 2008, S. 111 ff.; Wollny 2008, S. 123 ff.; Schabalina 2008, S. 77 ff.; Glöckner 2009, S. 95 ff.
37 Dok VII, S. 81.
38 Dok I, S. 57 f.; siehe auch Dok V, S. 337; Wolff 2005/I, S. 382 f.
39 Siehe auch Blume 1962, S. 7 ff.
40 Siehe auch Knepler 1951, S. 9 f.
41 Dok I, S. 19.
42 Wolff 2005/I, S. 218 ff.; siehe auch Knepler 1951, S. 314 f.; Blume 1962, S. 8.
43 Dok II, S. 339.
44 Dok III, S. 636; siehe auch Petzoldt/Petri 1990, S. 8, S. 18, S. 44, S. 86, S. 104, S. 136.
45 Müller 2007, S. 9, S. 23, S. 358.
46 Siehe zum Beispiel Grundig 1750, unpaginiert (Probe einer geistlichen Bergmännischen Bibliothek); Kandler 2004, S. 5 ff.
47 Siehe auch Zander 1969, S. 26.
48 Dok I, S. 199, siehe auch Fischer 2000, S. 9.
49 Dok II, S. 494 ff.
50 Petzoldt/Petri 1990, S. 55.
51 Dok II, S. 67 f.; Wolff 2005/I, S. 209 f.
52 Dok I, S. 67.
53 Blaschke 1991, S. 184 ff.
54 Dok I, S. 74.
55 Nachlassverzeichnis CPEB 1790, S. 72; Dok III, S. 495; siehe auch Blume 1962, S. 7 ff.
56 Spitta 1880, S. 599 f., S. 916; siehe auch Dok II, S. 334.
57 Dok II, S. 334.
58 Iccander 1725, S. 84 ff.
59 Siehe auch Wolff 2005/I, S. 261.
60 Siehe auch Wolff 2005/I, S. 1 ff., S. 327 ff.; Koska 2019, S. 22.
61 Wolff 2000.
62 Dok VII, S. 99 f.
63 Dok I, S. 224 ff.
64 Dok I, S. 232, S. 235 f., S. 240.
65 Dok I, S. 232, siehe auch S. 235 ff., S. 240.
66 Dok I, S. 245 f.
67 Dok VII, S. 103; Dok I, S. 246.
68 Siehe auch Wolff 2005/I, S. 470.
69 Dok I, S. 241 ff.
70 Dok I, S. 244.
71 Schulze 2008, S. 301 ff.
72 Wolff 2005/I, S. 472, siehe auch S. 476 ff.
73 Dok I, S. 64.
74 Dura 2018/I, S. 39; Hansen 2015, S. 154.
75 Siehe auch NBA VIII/1, Kritischer Bericht (Christoph Wolff), S. 20 ff.; Wolff 2005/I, S. 425 ff.
76 Dok I, S. 219, siehe auch S. 220 f.
77 Siehe Wolff 2005/I, S. 249 ff.
78 Gerber 1790, Sp. 492; Dok III, S. 476.
79 Dok I, S. 30 ff.
80 Sicul 1726, S. 479; Dok II, S. 105, S. 155; Iccander 1725, S. 48; siehe auch Glöckner 2008, S. 168 ff.; Wolff 2005/I, S. 336 f.
81 Adressbuch Leipzig 1723, S. 32; Adressbuch Leipzig 1747, S. 32, S. 77.

Jahreseinkünfte

1 Zimmermann 1789/I, S. 104 ff.
2 Dok II, S. 102 f., S. 335 f.; Ordnungen und Gesetze der Thomasschule 1987, unpaginiert (Ordnung 1634, Cap. VI./11., Cap. X.), S. 36, S. 47 ff. (Ordnung 1723).
3 Ordnungen und Gesetze der Thomasschule 1987, unpaginiert (Ordnung 1634, Cap. III./24.), S. 23 f. (Ordnung 1723); siehe auch Wolff 2005/I, S. 266, S. 438.
4 Dok II, S. 215.
5 Dok I, S. 67.
6 Dok V, S. 368; Spree 2019, S. 45 f.
7 StadtAL, Vormundschaftsakten Nr. 200; S. 38a.
8 StadtAL, Vormundschaftsakten Nr. 200, S. 37b; siehe auch Spree 2019, S. 44.
9 Goethe 2008, S. 19, S. 37.
10 Burney 2004, Sp. 199.
11 Dok II, S. 478; Kollmar 2006, S. 339.
12 Marpurg 1754, S. 76.
13 Miesner 1938, S. 139.
14 Dok I, S. 68.
15 Siehe auch Müller 2007, S. 54, S. 198.
16 Dok II, S. 472 ff.
17 Spree 2019, S. 56 ff.
18 Dok III, S. 153.
19 Dok II, S. 478; Kollmar 2006, S. 339.
20 Dok V, S. 366.
21 StadtAL, Tutorienbuch Band 9, 1759–1767, S. 292a; siehe auch Hubner 2005, S. 110; siehe auch Szeskus 2003, S. 83, S. 253.
22 Hübner 2005, S. 121.
23 Dok I, S. 67.

24 BergAFG, 40166: Erzlieferungsextrakte sächsischer Bergreviere, Nr. Ü 03, S. 25b.
25 Bergmännisches Wörterbuch 1778, S. 456 f.; siehe auch Minerophilus 1743, S. 480.
26 Bergmännisches Wörterbuch 1778, S. 134.
27 Siehe zum Beispiel BergAFG, 40186: Zechenregister sächsischer Bergreviere, Nr. 68016, S. 66 ff.; Nr. 135002, S. 15a f.
28 Carolus 1999, S. 7.
29 Spree 2019, S. 35 ff.
30 StadtAL, Tit LX B 8, S. 419b; Elsas 1940, S. 592 f.
31 Spree 2019, S. 38 ff.
32 StadtAL, Stift XII B 23: Stiftsrat Bornsches Legat, S. 90a.
33 StadtAL, Rechnung des Almosenamts Leipzig, 1. Januar bis 31. Dezember 1751, S. 68 ff.
34 Siehe zum Beispiel StadtAL, Stift XII B 23: Stiftsrat Bornsches Legat, S. 137a ff.
35 Spree 2019, S. 40 f.
36 Siehe Magazin der Sächsischen Geschichte 1787, S. 117 ff.; Meusel 1790, S. 350.
37 Gersdorf 1775, S. 174; siehe auch Gersdorf 1776, S. 178 ff.; Spree 2019, S. 39.
38 Elsas 1940, S. 595 ff.
39 Wunder 1992, S. 96.
40 StadtAL, Tit LX B 8, S. 419b; Elsas 1940, S. 592 f.; BergAFG, 40186: Zechenregister sächsischer Bergreviere, Nr. 68016, S. 66 ff.; Nr. 135002, S. 15a f.; Miesner 1938, S. 139; Henzel 1999, S. 175; Rampe 2014, S. 170; Spree 2019, S. 35 ff.
41 Dok I, S. 198.
42 StA-D, 10026 Geheimes Kabinett, Loc. 01423/02: Ertheilte Decrete, Expectanzien und Versicherungen auf Chargen, Bedienungen, Pensionen und andere Begnadigungen, Anno 1743. seq. Vol. I., S. 133a ff.; siehe auch Fürstenau 1979, S. 262 ff.
43 Marpurg 1754, S. 247 f.
44 Siehe zum Beispiel Dok I, S. 67 f., S. 107 ff., S. 117 f., S. 119 f.
45 Dok I, S. 67 f., S. 120.
46 Siehe auch Spree 2018, S. 148 ff.; Spree 2019, S. 11 ff.

Ehe- und Geschäftspartner

1 Dok V, S. 117.
2 Siehe auch Koska 2019, S. 18.
3 Wolff 2005/I, S. 450; siehe auch Dok V, S. 335; Koska 2019, S. 19.
4 Dok II, S. 169, S. 191, S. 256 f., S. 262 f., S. 370, S. 393, S. 414 f., S. 446 f.
5 Dok I, S. 224, S. 227 f., S. 231 f.; Dok II, S. 160 f., S. 386 f.; siehe auch Dok VII, S. 99 f.
6 Siehe auch Dok II, S. 286, S. 356 f.; Biba 1987, S. 55.
7 Dok II, S. 338, S. 366, S. 369 f., S. 382, S. 388; Maul/Wollny 2003, S. 100 ff.
8 NBA II/1a, Kritischer Bericht (Uwe Wolf), S. 102.
9 Schulze 1984/I, S. 15 f.
10 Dok II, S. 388.
11 Braun 1962, S. 144; Dok III, S. 327.
12 Hortschansky 1971, S. 83 f.
13 Siehe auch Talle 2020/I, S. 149 (Talle 2020/II, S. 302).
14 Dok V. S. 435.
15 Siehe auch Schulze 1984/I, S. 98; Koska 2019, S. 33 f.
16 Siehe Schulze 1980, S. 47 ff.; Schulze 1984/I, S. 96 ff.; Hübner 2005, S. 53.
17 Dadelsen 1957, S 27 ff.
18 NBA VI/2, Kritischer Bericht (Hans Eppstein), S. 12; NBA VI/1, Kritischer Bericht (Günter Hausswald, Rudolf Gerber), S. 12; Dürr 1958, S. 138 f.
19 Schulze 1984/I, S. 98; Dok II, S. 178 f.; Dok V, S. 93; Koska 2019, S. 33 f.
20 NBA VI/1, Kritischer Bericht (Günter Hausswald, Rudolf Gerber), S. 7, S. 34.
21 NBA VI/2, Kritischer Bericht (Hans Eppstein), S. 27, S. 29.
22 Siehe auch Tatlow 2015, S. 144 ff.
23 Sechs Suiten für Violoncello 2016.
24 Talle 2020/I, S. 145 f. (Talle 2020/II, S. 298 f.).
25 Sechs Suiten für Violoncello 2016, Teilband 1, S. IX ff.
26 NBA, VI/1, Kritischer Bericht (Günter Hausswald, Rudolf Gerber), S. 118 ff.; Schulze 2017, S. 458 ff.
27 Schulze 2017, S. 459; Koska 2019, S. 35.
28 Siehe auch Schulze 1984/I, S. 90.
29 Siehe auch Tomita 2007, S. 62.
30 Schulze 2017, S. 461.
31 Siehe Tomita 2007, S. 75 f.; Hübner 2005, S. 137 ff.
32 Tomita 2007, S. 63 f., S. 71; siehe auch BzB 5, S. 81 ff.
33 NBA I/4, Kritischer Bericht (Werner Neumann), S. 139 f., S. 143, S. 148.
34 Kobayashi 1987, S. 43.

35 Spitta 1873, S. 755.
36 Schulze 1990, S. 37 (Schulze 2017, S. 147); siehe auch Schulze 2018, S. 46 f.; Talle 2020/I, S. 145 f. (Talle 2020/II, S. 298 f.).
37 Dok I, S. 204 f.; Dok V, S. 107, S. 342; Schulze 1989, S. 231 (Schulze 2017, S. 247 f.); Wolff 2005/I, S. 449 f.; Maul 2009, S. 231; Wolff 2005/I, S. 449 f.
38 Dok III, S. 633.
39 Dok I, S. 204 f.
40 UAL, GA X A, Nr. 185, S. 37b; siehe auch Maul 2009, S. 228 f.
41 Dok II, S. 492 f.
42 Grotefend 2007, S. 184.
43 Dok II, S. 503.
44 Dok V, S. 400.
45 Dok V, S. 178.
46 UAL, GA X A, Nr. 185, S. 37b; siehe auch Maul 2009, S. 228.
47 Dok II, S. 499, S. 509; Dok V, S. 178; Szeskus 2003, S. 70 f., S. 253; Blanken 2018, S. 147, S. 150.
48 Schmotz 2012, S. 44 ff.
49 Wunder 1992, S. 95 f.
50 Zedler 1731 – 1754, Band 12, Sp. 907.
51 Zedler 1731 – 1754, Band 15, Sp. 1736.
52 Adressbuch Leipzig 1753, S. 100 ff.; siehe auch Schötz 2004, S. 82.
53 Zedler 1731 – 1754, Band 15, Sp. 1736.
54 Wunder 1992, S. 130.
55 Wunder 1992, S. 262.
56 Wunder 1992, S. 261 ff.
57 Zedler 1731 – 1754, Band 12, Sp. 907; Amaranthes 1739, Sp. 643.
58 Schulze 1988/I, S. 30 (Schulze 2017, S. 139); Glöckner 1994, S. 43; BzB 5, S. 69.
59 NBA II/5, Kritischer Bericht (Alfred Dürr), S. 61 f.; siehe auch Wolff 2005/I, S. 310.
60 Dok II, S. 194.
61 Dok I, S. 118, S. 259 f., S. 265; Schulze 2005, S. 13 ff. (Schulze 2017, S. 171 ff.).
62 Dok II, S. 391.
63 Iccander 1725, S. 79.
64 Grotefend 2007, S. 167; siehe auch Dok II, S. 194.
65 Dok II, S. 392.
66 Dok II, S. 394.
67 Dok II, S. 400.
68 Gerber 1790, Sp. 11 f.
69 Adlung 1758, S. 568.
70 Adlung 1758, S. 568; siehe auch Versuch 1957, S. 10 f.
71 GTK-Dok, S. 185.
72 Adlung 1768, S. 158.
73 Adlung 1758, S. 568; Adlung 1768, S. 157.
74 Dok I, S. 68.
75 Reimer 1984 – 2006, S. 15; siehe auch Zedler 1731 – 1754, Band 6, Sp. 891.
76 Dok V, S. 368, S. 371 f.
77 Dok I, S. 71 f.
78 Dok I, S. 271; siehe auch Ottenberg 1987, S. 27.
79 Dok I, S. 79 f.
80 Siehe auch Wolff 2005/I, S. 436.
81 Dok VII, S. 107.
82 Dok II, S. 460; Dok III, S. 475.
83 Hübner 2005, S. 40.
84 Siehe auch Koska 2019, S. 15.
85 Dok II, S. 190 f.
86 Wolff 2005/I, S. 432 f.
87 Dok III, S. 519 f.
88 Dok III, S. 291.
89 Clavier-Büchlein 2019, S. IV.
90 Klavierbüchlein 1988, Nachwort S. 8 ff.; Clavier-Büchlein 2019, S. IV.
91 Siehe Klavierbüchlein 1988, S. 56 f., S. 69, S. 75, S. 102 ff., S. 111a ff.
92 Siehe zum Beispiel Dürr 1985, S. 108 ff.; S. 133 f.; S. 324 f.; S. 764 ff.
93 Gerber 1790, Sp. 492; Dok III, S. 476.
94 Dok II, S. 366.
95 Dok III, S. 148.
96 Burney 2004, Sp. 201.
97 Dok VII, S. 58 f.
98 Dok VII, S. 110.
99 Siehe zum Beispiel Florinus 1750, S. 34 ff.; Zimmermann 1789/I, Zimmermann 1789/II, Zimmermann 1789/III.
100 Dok III, S. 291.
101 Ordnungen und Gesetze der Thomasschule 1987, S. 73 (Ordnung 1723).
102 Dok I, S. 177.
103 Zedler 1731 – 1754, Band 63, Sp. 1261.
104 Florinus 1750, S. 44 ff.; Zedler 1731 – 1754, Band 8, Sp. 402.
105 Metken 1996, S. 57 ff.; siehe auch Wunder 1992, S. 76 f., S. 104 f.
106 Leipziger Zeitungen, 30.9.1739, S. 624; Dok II, S. 370.
107 Extract der eingelaufenen Nouvellen, 30.9.1747, S. 156; Dok III, S. 656; siehe auch Dok II, S. 160 f., S. 169, S. 256 f., S. 262 f., S. 447.

108 Extract der eingelaufenen Nouvellen, 29.4.1747, S. 68; siehe auch Ridley 2008, S. 17 ff., S. 89 ff.
109 Extract der eingelaufenen Nouvellen, 29.4.1747, S. 68.
110 Dok I, S. 214.
111 Leipziger Zeitungen, 27.9.1747, S. 620.
112 Extract der eingelaufenen Nouvellen, 22.4.1747, S. 64.
113 Leipziger Zeitungen, 3.10.1747, S. 632.
114 Leipziger Zeitungen, 3.1.1747, S. 8.
115 Extract der eingelaufenen Nouvellen, 1.8.1739, S. 128.
116 Bach 2005, S. 143.
117 Bach 2005, S. 148.
118 Bach 2005, S. 205; siehe auch Hübner 2005, S. 66 f., S. 71 f., S. 77 f.
119 Müller 2007, S. 47.
120 Dok II, S. 384.
121 Sicul 1728, S. 157 f.; siehe auch Zedler 1731 – 1754, Band 16, Sp. 1802.
122 Ordnungen und Gesetze der Thomasschule 1987, S. 32 (Ordnung 1723), siehe auch unpaginiert (Ordnung 1634, Cap. VI./1.).
123 Dok III, S. 342; siehe auch Ordnungen und Gesetze der Thomasschule 1987, S. 36 (Ordnung 1723), siehe auch unpaginiert (Ordnung 1634, Cap. VI./11.).
124 Spitta 1880, S. 864.
125 Sicul 1728, S. 158.
126 Hof- und Staats-Calender 1735, unpaginiert (Nun wollen wir auch etliche Casus Tragicos, Unglücks-Fälle, Executionen und dergleichen Begebenheiten, so sich in Chur-Sächsischen Landen zugetragen, erzehlen).
127 Siehe Dok V, S. 428.
128 Schneider 1990, S. 205.
129 Siehe Leonhardi 2010, S. 23; Schulz 1784, S. 81 ff.
130 Dok I, S. 118 f.
131 Schneider 1990, S. 205.
132 Dok V, S. 392.
133 Dok II, S. 181 f.
134 Dok I, S. 54 ff.; siehe auch Wolff 2005/I, S. 279 f.
135 Zedler 1731 – 1754, Band 10, Sp. 1398; siehe auch Spree 2019, S. 80, S. 110 f.
136 Iccander 1725, S. 72.
137 Iccander 1725, S. 82 f.; Zedler 1731 – 1754, Band 6, Sp. 1035 f.
138 Adressbuch Leipzig 1723, S. 78; Adressbuch Leipzig 1747, S. 101.
139 Dok I, S. 177 f.
140 Zedler 1731 – 1754, Band 49, Sp. 1814 f.; Sicul 1726, S 479; Dok II, S. 105, S. 155.
141 Iccander 1725, S. 7, S. 72 ff.; siehe auch Dok I, S. 30 ff., S. 101 ff.
142 Dok II, S. 107 ff.; siehe auch Wolff 2005/I, S. 263 f.
143 Siehe auch Dok I, S. 75 ff.
144 Iccander 1725, S. 72.
145 Dok II, S. 487.
146 Dok II, S. 487.
147 Dok II, S. 488 ff.
148 Dok II, S. 482.
149 Spree 2019, S. 138 ff.
150 Dok I, S. 228 f.; Dok II, S. 169 ff.; siehe auch Iccander 1725, S. 47 ff.; Wolff 2005/I, S. 338 ff.
151 Sicul 1726, S. 479; Adressbuch Leipzig 1723, S. 32, Adressbuch Leipzig 1732, S. 28.
152 Dok II, S. 169.
153 Dok II, S. 170.
154 Dok II, S. 171.
155 Dok II, S. 172.
156 Dok II, S. 171 ff.
157 Ordnungen und Gesetze der Thomasschule 1987, S. 37 (Ordnung 1723), siehe auch unpaginiert (Ordnung 1634, Cap. VI./13.); Wolff 2005/I, S. 275; Dok V, S. 393; Spitta 1880, S. 343 f.
158 Wolff 2005/I, S. 337.
159 Dok II, S. 489 f., S. 509 f.; Dok V, S. 180.
160 Dok II, S. 508.
161 Siehe Ordnungen und Gesetze der Thomasschule 1987, S. 11 (Ordnung 1723); Abkürzungen 2002, S. 121; Dok II, S. 111; Zedler 1731 – 1754, Band 27, Sp. 1162 ff.
162 Dok II, S. 205.
163 Dok II, S. 206.
164 Dok II, S. 206 f.
165 Siehe auch Glöckner 2009, S. 104; GTK-Dok, S. xiv.
166 Dok II, S. 270 f.
167 Dok I, S. 178.
168 Dok I, S. 61.
169 Dok II, S. 252; siehe auch Dok V, S. 439.
170 Dok II, S. 479 f.
171 Dok V, S. 397.
172 Kollmar 2006, S. 318.
173 Kollmar 2006, S. 336 f.
174 Dok III, S. 104.
175 Kollmar 2006, S. 339.

176 Siehe zum Beispiel CPEB-Dok, S. 1025; Bach 2005, S. 181.
177 Kollmar 2006, S. 338 ff.; Koska 2019, S. 43.
178 Dok I, S. 67.
179 Dok I, S. 69
180 Siehe Adressbuch Leipzig 1723, S. 62 ff.; Adressbuch Leipzig 1750, unpaginiert (Von dem sitzenden oder regierendem Rathe); Geffcken/Tykocinski 1905, S. 51 ff.
181 Iccander 1725, S. 78.
182 Dok II, S. 93 ff.
183 Siehe zum Beispiel Dok II, S. 93 ff.; Schulze 1998, S. 103 ff. (Schulze 2017, S. 44 ff.).
184 Dok III, S. 613; siehe auch Dok I, S. 272; Dok III, S. 554, Dok V, S. 384.
185 Banning 1939, S. 16 ff.
186 Banning 1939, S. 13 f.
187 Banning 1939, S. 49.
188 GTK-Dok, S. 261.
189 Dok I, S. 178.
190 Dok V, S. 340.
191 Dok V, S. 271.
192 Dok II, S. 226 ff.
193 Dok I, S. 107; Dok II, S. 150, S. 213 f., S. 279, S. 397.
194 Dok V, S. 155, S. 158 f.; siehe auch Börner/Schubert 2006, S. 287 ff.
195 Dok II, S. 424 ff.
196 Siehe auch Wolff/Zepf 2008, S. 89 ff., S. 110.
197 Dok II, S. 434 f.
198 Dok I, S. 241.
199 Dok I, S. 232; Adressbuch Leipzig 1747, S. 234; Titular-Buch 1750, S. 310.
200 Dok I, S. 74.
201 Dok II, S. 278.
202 Dok I, S. 85; siehe auch Spitta 1880, S. 483 ff.; Wolff 2005/I, S. 377 f.
203 Dok I, S. 96.
204 Dok I, S. 95.
205 Dok I, S. 82 ff.; Dok II, S. 268 ff.; siehe auch Adressbuch Leipzig 1764, S. 27, S. 29.
206 Ordnungen und Gesetze der Thomasschule 1987, unpaginiert (Ordnung 1634, Cap. II./1.), S. 11 f. (Ordnung 1723).
207 Dok II, S. 273.
208 Dok I, S. 96, S. 102.
209 Dok V, S. 339 f.
210 Burney 2004, Sp. 201.
211 Dok I, S. 96.
212 Dok I, S. 101.
213 Dok II, S. 293.
214 Dok II, S. 308 f.; Dok I, S. 106.
215 Siehe auch Wolff 2005/I, S. 377.
216 Maul 2015, S. 77, siehe auch S. 79 ff.
217 Dok V, S. 87; siehe auch Wollny 1997/II, S. 43 ff.
218 Zedler 1731–1754, Band 12, Sp. 907.
219 Dok II, S. 194.
220 Dok III, S. 314.
221 Dok II, S. 242.
222 Dok II, S. 260 f.
223 Dok III, S. 287.
224 Wolff 2005/I, S. 465.
225 Dok II, S. 435.
226 Dok I, S. 241 f.
227 Dok VII, S. 99 f.; siehe auch Wolff 1977, S. 5 ff.
228 Dok I, S. 74 f.
229 Dok I, S. 242 f.
230 Dok I, S. 117 f.
231 Siehe auch Wolff 2005/I, S. 470.
232 Dok V, S. 379.
233 Dok III, S. 151.
234 Dok VII, S. 105.
235 Nettl 1955, S. 139; Dok III, S. 276.
236 Dok VII, S. 109.
237 Siehe zum Beispiel Blaschke 1991, S. 188.
238 CPEB-Dok, S. 226.
239 Dok V, S. 368; siehe auch Burney 2004, Sp. 200.
240 Dok II, S. 478; Kollmar 2006, S. 339.
241 Amaranthes 1739, Sp. 497.
242 Hof- und Staats-Calender 1749, S. 34.
243 Dok II, S. 456.
244 Dok II, S. 457.
245 Fröde 1984, S. 55 ff.
246 Dok II, S. 481.
247 Dok II, S. 478 ff.
248 StA-D, 10026 Geheimes Kabinett, Loc. 01423/02: Ertheilte Decrete, Expectanzien und Versicherungen auf Chargen, Bedienungen, Pensionen und andere Begnadigungen, Anno 1743. seq. Vol. I., S. 21a ff., S. 55a, S. 58a ff., S. 99a ff., S. 165a ff.
249 StA-D, 10026 Geheimes Kabinett, Loc. 01423/02: Ertheilte Decrete, Expectanzien und Versicherungen auf Chargen, Bedienungen, Pensionen und andere Begnadigungen, Anno 1743. seq. Vol. I., S. 55a.
250 Hof- und Staats-Calender 1754, S. 28; Hof- und Staats-Calender 1755, S. 29.
251 Schulze 2017, S. 317.
252 Dok II, S. 329, S. 420 f.; Schulze 1985, S. 36 (Schulze 2017, S. 317).

253 Telemann 1740, S. 366; siehe auch Geck 2010, S. 274.
254 Dok V, S. 411.
255 StA-D, 10026 Geheimes Kabinett, Loc. 01423/02: Ertheilte Decrete, Expectanzien und Versicherungen auf Chargen, Bedienungen, Pensionen und andere Begnadigungen, Anno 1743. seq. Vol. I., S. 100a.
256 Maul 2012, S. 260 f.; siehe auch Dürr 1985, S. 988, S. 990.
257 Wolff 2005/I, S. 486; siehe auch Zedler 1731 – 1754, Band 13, Sp. 958.
258 Wolff 2005/I, S. 486; siehe auch Zedler 1731 – 1754, Band 25, Sp. 1746.
259 Hof- und Staats-Calender 1749, S. 34.
260 Siehe Kollmar 2006, S. 58, S. 61 ff., S. 84 ff.
261 Dok I, S. 63; Dok VII, S. 60.
262 Spitta 1880. S. 737 ff.
263 Banning 1939, S. 13; Dok V, S. 384.
264 Siehe Banning 1939, S. 21 ff.
265 Banning 1939, S. 25 ff.; siehe auch Dok I, S. 122.
266 Adlung 1758, S. 70.
267 Banning 1939, S. 25 ff.
268 Dok I, S. 122.
269 Dürr 1985, S. 990.
270 Zedler 1731 – 1754, Band 13, Sp. 958.
271 Zedler 1731 – 1754, Band 25, Sp. 1746; siehe auch Wolff 2005/I, S. 486.
272 Dok I, S. 125; siehe auch Dok II, S. 461 ff.
273 Dok I, S. 122.
274 Dok VII, S. 99.
275 Siehe auch Wollny 1997/II, S. 40 ff.; Ludewig 2000, S. 13 ff.; Wolff 2005/I, S. 484 f.; Glöckner 2008, S. 187 ff.; Vier Zeugnisse 2009, S. 7 ff.; Dok V, S. 87.
276 Dok VII, S. VII.
277 Dok VII, S. 23.
278 Siehe Ludewig 2000, S. 13 ff.; Wolff 2005/I, S. 484 f.
279 Siehe zum Beispiel Extract der eingelaufenen Nouvellen, 10.10.1739, S. 172; Extract der eingelaufenen Nouvellen, 30.9.1747, S. 156; Leipziger Zeitungen, 9.1.1748, S. 24; Leipziger Zeitungen, 15.1.1748, S. 36; Leipziger Zeitungen, 24.4.1748, S. 268.
280 Leipziger Zeitungen, 20.1.1750, S. 44.
281 Siehe auch Dok V, S. 441.
282 Leipziger Zeitungen, 23.2.1750, S. 120.
283 Leipziger Zeitungen, 18.3.1750, S. 176.
284 Ludewig 2000, S. 19.
285 Dok VII, S. 99.
286 Leipziger Zeitungen, 31.3.1750, S. 204.
287 Dok II, S. 468 f.
288 Dok II, S. 470.
289 Dok VII, S. 99.
290 Ludewig 2000, S. 105 f.
291 Dok II, S. 468 f.
292 Ludewig 2000, S. 106.
293 Dok I, S. 124.
294 Dok II, S. 470 f.; Dok III, S. 479.
295 Spree 2019, S. 22 f., S. 25.
296 Maul 2009, S. 228 f.
297 Dok VII, S. 99.

Die verwitwete Frau Capellmeisterin

1 Barth 1721, S. a2 (Vorrede); siehe auch Zedler 1731 – 1754, Band 57, Sp. 1940 f.
2 Zedler 1731 – 1754, Band 57, Sp. 1940 f.
3 Ingendahl 2006, S. 28.
4 Ingendahl 2013, S. 481; siehe auch Ingendahl 2011, S. 200.
5 Adressbuch Leipzig 1732, S. 54.
6 Adressbuch Leipzig 1736, S. 56.
7 Siehe Adressbuch Leipzig 1747, S. 70; Adressbuch Leipzig 1753, S. 111, S. 165, unpaginiert (Register der Namen).
8 Adressbuch Leipzig 1747, S. 70; Adressbuch Leipzig 1755, S. 126.
9 Bormann 1909, S. 17 f.; Zedler 1731 – 1754, Band 17, Sp. 1308 f.; Schmotz 2012, S. 224 f.
10 Siehe zum Beispiel Florinus 1750, Titel; Schulz 1784, S. 155 ff.; Adressbuch Leipzig 1732, S. 103; Adressbuch Leipzig 1747, S. 139.
11 Adressbuch Leipzig 1753, S. 100 ff.; siehe auch Ingendahl 2006, S. 107 ff.
12 Dok II, S. 194.
13 StadtAL, Leichenbücher der Richterstube 1748 – 1758, unpaginiert; StadtAL, Leichenbücher der Leichenschreiberei 1743 – 1750, S. 292b; StadtAL, Leichenbücher der Totengräber 1745 – 1755, unpaginiert.
14 Dok II, S. 474.
15 Wustmann 1894, S. 117; Dok VII, S. 102; Dok II, S. 408; Dok III, S. 192; Wolff 2005/I, S. 492 f.
16 Dok II, S. 475.
17 Wustmann 1894, S. 123.
18 UAL, GA II J 003b, Band 21, S. 10a.

19 UAL, GA II J 002a, S. 21a; siehe auch Dok V, S. 404.
20 StadtAL, Vormundschaftsakten Nr. 1509, Band 1, S. 205a ff.
21 UAL, GA II B 16a, S. 224a ff.
22 Szeskus 2003, S. 100, S. 253.
23 Dok II, S. 496 f.
24 Spree 2019, S. 97 f.
25 Siehe auch Wolff 2005/I, S. 492 f.

Die Witwe und ihre Kinder

1 Siehe auch Wolff 2005/I, S. 432 ff.
2 Dok I, S. 124; Dok II, S. 37, S. 43, S. 54, S. 137, S. 156, S. 225, S. 260 f., S. 291, S. 400, S. 454, S. 489, S. 499; Dok III, S. 9, S. 262; Dok V, S. 178, S. 368 f.
3 Dok II, S. 508.
4 UAL, Rep. GA Sect. XIII. Nr. 10, S. 88a; siehe auch Szeskus 2003, S. 71, S. 253; Dok V, S. 179, S. 369.
5 Zedler 1731 – 1754, Band 6, Sp. 1860 f.
6 Siehe auch Hübner 2005, S. 84.
7 Dok II, S. 504.
8 Hübner 2005, S. 115.
9 Dok III, S. 287.
10 Wunder 1992, S. 41.
11 Dok I, S. 131 f.; siehe auch Richter 1908, S. 50, S. 66 ff.
12 Dok III, S. 177.
13 Dok II, S. 459; Dok III, S. 9.
14 Spree 2019, S. 58 ff., S. 145.
15 StadtAL, Stift XII B 23: Stiftsrat Bornsches Legat, S. 158b.
16 Dok I, S. 124.
17 Dok III, S. 287.
18 Siehe Dok V, S. 192.
19 Dok I, S. 267.
20 Dok V, S. 178.
21 StadtAL, Tutorienbuch Band 9, 1759 – 1767, S. 292a; siehe auch Hübner 2005, S. 110; Szeskus 2003, S. 83, S. 253.
22 Dok III, S. 177.
23 Dok I, S. 267.
24 StadtAL, Stift XII B 23: Stiftsrat Bornsches Legat, S. 123b, S. 158b, S. 165b, S. 173b, S. 180b, S. 187b; siehe auch Spree 2019, S. 145 ff.
25 Hübner 2005, S. 101.
26 Siehe zum Beispiel Neues Testament/Luther 1522, Episteln S. XLIXb (Erster Brief an Timotheus 5. Kapitel, Verse 3 und 4).
27 StadtAL, Stift IV Ia.: Armenordnung der Stadt Leipzig, Band 1, S. 74a.
28 Dok II, S. 4 ff.
29 Dok II, S. 76.
30 Dok II, S. 127.

Das Gnadenhalbjahr

1 Dok II, S. 482.
2 Dok II, S. 483.
3 Dok II, S. 484; siehe auch Spree 2019, S. 11.
4 Dok II, S. 102, S. 484; Dok III, S. 5 f.; siehe auch Spree 2019, S. 138 ff.
5 Dok III, S. 6.
6 Dok II, S. 483.
7 Dok II, S. 102.
8 Dok II, S. 104 f.
9 Dok II, S. 483 f.
10 Dok II, S. 485 f.
11 Dok II, S. 484.
12 Siehe Dürr 1976, S. 8; Dürr 1958, S. 8.
13 BzB 5, S. 5.
14 Dok V, S. 397.
15 Schulze 1984/I, S. 92.
16 Dok II, S. 483.
17 Dok III, S. 5 f.
18 Breitkopf 1761, Titel; Dok III, S. 152.
19 BzB 5, S. 5.
20 BzB 5, S. 87; Breitkopf 1761, S. 19 f.; Dok III, S. 161 f.; Dürr 1985, S. 1028 ff.
21 Dok II, S. 486.
22 Dok II, S. 486.
23 Dok I, S. 82 ff.; Dok II, S. 268 ff.
24 Dok I, S. 169 ff.
25 Dok II, S. 489 f.
26 Dok II, S. 486.
27 Kollmar 2006, S. 326.
28 StadtAL, Rechnung der Kirche zu St. Thomae 1. Januar bis 31. Dezember 1751, S. 54.

Das Nachlassverzeichnis

1 Spitta 1880, S. 956 ff.
2 StA-L, 20009 Amt Leipzig, Nr. 3, S. 1a ff.; Dok II, S. 490 ff.
3 Dok II, S. 498 ff.; Dok I, S. 123 f.; Dok II, S. 513; Burney 2004, Sp. 199 ff.
4 Zedler 1731 – 1754, Band 42, Sp. 1249; siehe auch Wiesand 1762, S. 823 f.
5 Zedler 1731 – 1754, Band 2, Sp. 508.

6 Zedler 1731 – 1754, Band 16, Sp. 1393.
7 Dok II, S. 497.
8 Siehe auch Gottschalk 2003, S. 38 f., S. 51 f.
9 Siehe Spree 2019, S. 53 ff.
10 Zedler 1731–1754, Band 49, Sp. 1814 f.; Sicul 1726, S 479; Dok II, S. 105, S. 155.
11 UAL, Rep. 03/05/005: Vormundschaftsordnungen, Band 1, S. 1a ff.; siehe auch Spree 2019, S. 61 ff.
12 Adressbuch Leipzig 1747, S. 25; Adressbuch Leipzig 1751, S. 22 f.
13 Gottschalk 2003, S. 27; Iccander 1725, S. 78 f.
14 Dok II, S. 489.
15 Siehe auch Dok II, S. 509 ff.
16 UAL, Rep. 03/05/005: Vormundschaftsordnungen, Band 1, S. 6a f.; siehe auch Zedler 1731 – 1754, Band 50, Sp. 940, Sp. 943.
17 Dok II, S. 489 f.; Dok V, S. 180.
18 Dok II, S. 489 f.; Dok V, S. 180.
19 Dok V, S. 179.
20 Dok II, S. 488.
21 Dok I, S. 123 f.; Dok II, S. 488 ff.; siehe auch Glöckner 1994, S. 44 ff.; Maul 2009, S. 230.
22 UAL, Rep. 03/05/005: Vormundschaftsordnungen, Band 1, S. 11a.
23 Siehe Dok II, S. 509 ff.
24 UAL, Rep. 03/05/005: Vormundschaftsordnungen, Band 1, S. 3a f.; siehe auch UAL, GA II J 002a, S. 1a ff.
25 UAL, Rep. 03/05/005: Vormundschaftsordnungen, Band 1, S. 6a.
26 UAL, Rep. 03/05/005: Vormundschaftsordnungen, Band 1, S. 14a ff.; siehe auch Zedler 1731 – 1754, Band 50, Sp. 1016 ff.
27 Siehe zum Beispiel UAL, GA II B 16a, S. 139a ff., S. 146a ff., S. 189a ff., 199a ff., S. 249a ff.; UAL, GA II B 16b, 16c, 16d.
28 Dok II, S. 487.
29 Wiesand 1762, S. 236.
30 Zedler 1731–1754, Band 6, Sp. 1860 f.
31 Wiesand 1762, S. 236 f.
32 Herttwig 1734, S. 423.
33 Dok II, S. 400 f.
34 UAL, GA II G 008, S. 106a; UAL, Matrikel der Universität Leipzig, Rektor M 10, unpaginiert (2. Oktober 1728); Vollbert/Winzer 1783, S. 57; Rothe 1992, S. 78; Dok V, S. 394.
35 Dok II, S. 499.
36 UAL, Rep. 03/05/005: Vormundschaftsordnungen, Band 1, S. 11a f.
37 UAL, GA XI, Nr. 2, S. 142b ff.; siehe auch Blanken 2018, S. 133 ff.; StA-L, 20009 Amt Leipzig, Nr. 3, S. 1a ff.; siehe auch Dok II, S. 490 ff.
38 Terry 1929, S. 333.
39 Siehe zum Beispiel StadtAL, Vormundschaftsakten Nr. 1402, Band 1, S. 163a.
40 Hoffmann 1733/II, S. 797.
41 Dok II, S. 499 ff.
42 Barth 1721, S. 11 f.
43 Barth 1721, S. 5; Hoffmann 1733/II, S. 1 ff.
44 Barth 1721, S. 238 ff.
45 Amaranthes 1739, Sp. 1216.
46 Zedler 1731–1754, Band 25, Sp. 52.
47 Amaranthes 1739, Sp. 1286.
48 Amaranthes 1739, Sp. 565 ff.; siehe auch Zedler 1731 – 1754, Band 10, Sp. 1047 ff.; Barth 1721, S. 163 ff.
49 Siehe auch Gottschalk 2003, S. 17.
50 Dok II, S. 494.
51 Siehe zum Beispiel: UAL, GA II G 010, S. 14b.
52 Barth 1721, S. 164 ff., S. 240; Hoffmann 1733/I, S. 34.
53 Siehe Wolff 2005/I, S. 442.
54 Siehe Dok V, S. 378.
55 Siehe auch Spree 2019, S. 82 ff.
56 Amaranthes 1739, Sp. 155.
57 UAL, GA II G 010, S. 23b f.
58 UAL, GA II G 010, S. 21a f.
59 UAL, GA II G 010, S. 21b f.
60 Siehe auch Spree 2019, S. 82 ff.
61 Amaranthes 1739, Sp. 568; Hoffmann 1733/II, S. 797; StadtAL, Vormundschaftsakten Nr. 1402, Band 1, S. 163a.
62 Dok I, S. 124; siehe auch Hübner 2005, S. 82 f.
63 Neumann 1962, S. 279.
64 BAL, Rara I, 2, Widmung von A. M. Bach; siehe auch Hübner 2005, S. 75 f.; Schulze 1997, S. 151 (Schulze 2017, S. 258).
65 Siehe auch Dok II, S. 498; Trautmann 1983, S. 2; Terry 1929, S. 333 f.; Spree 2019, S. 94.
66 Dok II, S. 495.
67 Wilhelmi 1980, S. 119.
68 Dok II, S. 492.
69 Dok II, S. 496 f.
70 Leaver 1983, S. 13 f.
71 Leaver 1983, S. 11.
72 Siehe auch Spree 2019, S. 91 ff.
73 Barth 1721, S. 238 ff.
74 Gottschalk 2003, S. 40 f.; Barth 1721, S. 251; Amaranthes 1739, Sp. 569.

75 Rechnende Köchin 2005, unpaginiert (Model eines Küchen Inventarii, welches einer jeden Frauen zu mehren und zu mindern frey stehet, und einer neu angezognen Köchin zu inventiret oder zugezählet wird, nach welchem Sie berechnen, und bey ihrem Abzuge solches anvertrauete wieder liefern muß); siehe auch Amaranthes 1739, Sp. 568 f.
76 Dok II, S. 493.
77 StA-D, 10047: Amt Dresden, Nr. 3180, S. 51a ff.; siehe auch Müller 1982, S. 402 f.
78 Dok V, S. 437.
79 StA-D, 10047: Amt Dresden, Nr. 3180, S. 56a f.
80 Neues Conversations- und Zeitungs-Lexicon 1821, S. 439.
81 Dok II, S. 403.
82 Dok VII, S. 107.
83 Zedler 1731 – 1754, Band 30, Sp. 917.
84 Siehe NBA II/5, Kritischer Bericht (Alfred Dürr), S. 23; NBA II/8, Kritischer Bericht (Paul Brainard), S. 11; Wollny 2017, S. 87.
85 Kobayashi 1992, S. 67 ff.; Glöckner 1994, S. 41 ff.; Wollny 1997/I, S. 29 ff.; Wollny 2001, S. 55 ff.; Wolff 2005/I, S. 357 ff.; siehe auch Beißwenger 1992.
86 Siehe auch Spree 2019, S. 96 ff.
87 Dok III, S. 159 ff.
88 Breitkopf 1761, S. 11, S. 20.
89 Wolff 2005/I, S. 500.
90 Wolff 2005/I, S. 299 ff.
91 Dok III, S. 86.
92 Dok VII, S. 106.
93 Dok III, S. 85 f.
94 Dok III, S. 152.
95 Dok III, S. 151.
96 Dok II, S. 401.
97 Dok II, S. 370.
98 Dok III, S. 9.
99 Dok II, S. 494, S. 504.
100 Dok V, S. 393.
101 Dok II, S. 454.
102 Dok II, S. 497.
103 Dok II, S. 504; siehe auch Spree 2019, S. 107 ff.
104 Zedler 1731 – 1754, Band 34, Sp. 1283 ff.
105 UAL, GA XI, Nr. 2, S. 142b; siehe auch StA-L, 20009 Amt Leipzig, Nr. 3, S. 1b; Dok II, S. 490.
106 Veith 1871, S. 308
107 BergAFG, 40186: Zechenregister sächsischer Bergreviere, Nr. 135015, Gewerkenverzeichnis unpaginiert.
108 Siehe auch BergAFG, 40186: Zechenregister sächsischer Bergreviere, Nr. 135019, Gewerkenverzeichnis unpaginiert.
109 BergAFG, 40165: Ausbeutbögen sächsischer Bergreviere, Nr. 14.
110 Krünitz 1792, S. 662.
111 Spree 2019, S. 14.
112 Spree 2018, S. 146; Spree 2019, S. 18 f.
113 BergAFG, 40186: Zechenregister sächsischer Bergreviere, Nr. 135015, Gewerkenverzeichnis unpaginiert.
114 BergAFG, 40186: Zechenregister sächsischer Bergreviere, Nr. 135015, Titel.
115 Spree 2019, S. 22 f.
116 Spree 2019, S. 14 f., S. 24, S. 120 f.
117 Siehe Spree 2019, S. 9 ff.
118 BergAFG, 40186: Zechenregister sächsischer Bergreviere, Nr. 135014 – 135016, Nr. 135018 (immer Gewerkenverzeichnis unpaginiert), Nr. 135017, S. 3a; siehe Spree 2019, S. 26 ff.
119 Spree 2019, S. 29 ff.
120 Berg-Calender 1776, S. A2a; Schönberg 1693, S. 36, S. 125; BergAFG, 40165: Ausbeutbögen sächsischer Bergreviere, Nr. 14, unpaginiert (Trinitatis 1750, Nahmen derer Stollen und Zechen, so Ausbeuthe und Wiedererstatteten Verlag geben; Crucis 1750, Nahmen derer Stollen und Zechen, so Ausbeuthe und Wiedererstatteten Verlag geben); Grotefend 2007, S. 220.
121 Spree 2019, S. 22 ff.
122 Spree 2019, S. 34.
123 BergAFG, 40165: Ausbeutbögen sächsischer Bergreviere, Nr. 17, unpaginiert (Reminiscere 1768).
124 StadtAL, Vormundschaftsakten Nr. 1402, Band 1, S. 177a f., S. 188b ff.
125 BergAFG, 40165: Ausbeutbögen sächsischer Bergreviere, Nr. 14.
126 StadtAL, Vormundschaftsakten Nr. 1402, Band 1, S. 188b.
127 Dok II, S. 490 ff.
128 Dok II, S. 499.
129 Zedler 1731 – 1754, Band 2, Sp. 508.
130 Dok I, S. 68; siehe auch Spree 2019, S. 45.
131 Dok V, S. 178; siehe auch Spree 2019, S. 70.
132 Neue Zeitungen von gelehrten Sachen, Nr. 81, 9.10.1752, S. 728; Maul 2009, S. 230; siehe auch Hesemann/Breuning 1752.
133 Ranft 1986, S. 169 f.
134 Maul 2009, S.228 f.; Glöckner 1994, S. 45.

135 Dok II, S. 400 f.
136 Spree 2019, S. 62, S. 64.
137 Siehe zum Beispiel Dok II, S. 504; UAL, GA II J 002a, S. 75a ff.; Schmotz 2012, S. 526; Schulze 1985, S. 34 ff. (Schulze 2017, S. 312 ff.).
138 Gottschalk 2011, S. 200.
139 Dok II, S. 497, S. 509; Dok V, S. 178.
140 Dok II, S. 497, S. 499, S. 504; Dok V, S. 180.
141 Dok II, S. 487.
142 Dok II, S. 499.

Die Verteilung des Nachlasses

1 UAL, GA XI, Nr. 2, S. 133b.
2 UAL, GA XI, Nr. 2, S. 133b ff.; StA-L, 20009 Amt Leipzig, Nr. 3, S. 14a ff.; siehe auch Dok II, S. 498 ff.
3 Siehe auch Spree 2019, S. 112 ff.
4 Dok II, S. 497, S. 509; siehe auch UAL, GA XI, Nr. 2, S. 140 a; S. 141b; GA XV, Nr. 36, S. 97 ff.; siehe auch Blanken 2018, S. 142, S. 148, S. 151 ff.
5 Siehe auch Spree 2019, S. 102 ff.
6 Dok II, S. 504.
7 Dok V, S. 445.
8 Walther 1987, S. 192.
9 Henkel 1981, S. 52 ff.
10 Wit 1903, S. 11.
11 Siehe auch Marshall 1986, S. 220 f.; Speerstra 2004, S. 25 ff.; Williams 2008, S. 400.
12 Adlung 1758, S. 568.
13 Spree 2019, S. 103 f.
14 Dok II, S. 504.
15 Dok II, S. 504.
16 Siehe auch Schulze 1988/I, S. 30 (Schulze 2017, S. 138); Schulze 1990, S. 39 f. (Schulze 2017, S 150); Wolff 2005/I, S. 498 f.; Rampe 2015/I, S. 304; Spree 2019, S. 106.
17 Siehe Spree 2019, S. 86 ff.
18 Zedler 1731 – 1754, Band 6, Sp. 1860 f.
19 Dok V, S. 178, S. 180.
20 Siehe auch Hübner 2005, S. 130; Gojowy 1970, S. 66 ff.
21 Dok II, S. 509; UAL, Rep. 03/05/005: Vormundschaftsordnungen, Band 1, S. 15a f.
22 StadtAL, Stift XII B 23: Stiftsrat Bornsches Legat, S. 158b.
23 Dok II, S. 338, S. 366, S. 369 f., S. 382, S. 388; siehe auch Maul/Wollny 2003, S. 100 ff.; Wolff 2005/I, S. 240; Spree 2019, S. 196 ff.
24 Dok V, S. 372.
25 Siehe auch Rampe 2014, S. 461 ff.
26 Nachlassverzeichnis CPEB 1790, S. 66; siehe auch Ottenberg 1987, S. 280 ff.
27 Dok II, S. 489 f., S. 509 ff.
28 UAL, Rep. 03/05/005: Vormundschaftsordnungen, Band 1, S. 6a f.
29 StadtAL, Vormundschaftsakten Nr. 1509, Band 1, S. 1a ff., S. 171a; siehe auch Spree 2019, S. 201 ff.
30 UAL, Rep. 03/05/005: Vormundschaftsordnungen, Band 1, S. 10b, S. 15a f.; UAL, GA II G 008, S. 106a ff.; StadtAL, Vormundschaftsakten Nr. 1509, Band 1, S. 7a; Band 2, S. 262a ff.; Spree 2019, S. 202.
31 Dok II, S. 489, S. 509 ff.
32 Dok I, S. 124; Dok V, S. 370.
33 Schulze 1983, S. 119 ff. (Schulze 2017, S. 187 ff.); Schulze 1987, S. 235 f. (Schulze 2017, S. 193 ff.).
34 NBA I/15, Kritischer Bericht (Alfred Dürr, Robert Freeman, James Webster), S. 206; Kobayashi 1992, S. 70.
35 Dok II, S. 486.
36 BzB 5, S. 5.
37 Dok II, S. 478.
38 Dok III, S. 184.
39 NBA I/21, Kritischer Bericht (Werner Neumann), S. 133 ff.
40 Maul/Wollny 2003, S. 113; NBA I/19, Kritischer Bericht (Robert L. Marshall), S. 166; NBA I/5, Kritischer Bericht (Marianne Helms), S. 86; NBA I/7, Kritischer Bericht (Werner Neumann), S. 140.
41 Dok III, S. 327; Dok V, S. 389; siehe auch Wolff 2005/I, S. 500.
42 Dok V, S. 372.
43 Siehe auch Kobayashi 1992, S. 69 ff.
44 Kobayashi 1992, S. 69.
45 NBA I/21, Kritischer Bericht (Werner Neumann), S. 134; siehe auch Spree 2019, S. 203 ff.
46 Dok III, S. 327; Dok VII, S. 81 f.; Richter 1907, S. 64.
47 Dok V, S. 406.
48 Dok III, S. 318.
49 Dok III, S. 169.
50 Dok III, S. 159 ff.
51 Hübner 2005, S. 109; siehe auch Glöckner 1984, S. 110.
52 NBA II/5b, Kritischer Bericht (Andreas Glöckner), S. 25.
53 Dok II, S. 486.
54 Schubart 1954, S. 41; Dok V, S. 409.

55 Wettiner 2007, S. 24; Blaschke 1991, S. 167.
56 StA-D, 10026: Geheimes Kabinett, Loc. 00366/13: Zurückgefallene Pensionen Weißenfels, S. 28b f.; siehe auch Spree 2019, S. 132 f.
57 StA-D, 10026: Geheimes Kabinett, Loc. 00366/13: Zurückgefallene Pensionen Weißenfels, S. 26a.
58 StA-D, 10026: Geheimes Kabinett, Loc. 00366/13: Zurückgefallene Pensionen Weißenfels, S. 7a. f., S. 161a ff.
59 StA-D, 10026 Geheimes Kabinett, Loc. 805/07: Das Ableben Herzogs Johann Adolphs zu Sachßen-Weißenfelß, Übernehmung derer Ihro Königl: Majt: anheim gefallenen Erb-Lande, Abfindung der Fürstl. Frau Wittib, Abfertigung des Fürstl. Hoffstadt und Versorgung einiger Fürstl. Bedienten, Vol: 2, 1746 – 1749, 1755, S. 347a, S. 348b.
60 Dok II, S. 501.
61 Schmiedecke 1961, S. 199; Dok V, S. 409.
62 Dok II, S. 504 f.
63 Dok II, S. 492.
64 Dok II, S. 502.
65 StadtAL, Vormundschaftsakten Nr. 1593, S. 26a, S. 28a; Leipziger Zeitungen, 23.3.1747, S. 192; Leipziger Zeitungen, 19.11.1748, S. 748; Leipziger Zeitungen, 3.4.1749, S. 216; Leipziger Zeitungen, 23.2.1750, S. 120.
66 Dok II, S. 494, S. 504.
67 Dok II, S. 500 ff.
68 Siehe Spree 2019, S. 127.
69 Siehe auch Szeskus 2003, S. 76, S. 253.
70 UAL, GA XI, Nr. 2, S. 140b; Dok II, S. 509.
71 UAL, Rep. 03/05/005: Vormundschaftsordnungen, Band 1, S. 1a.
72 Hübner 2005, S. 85, S. 92 ff.; siehe auch Dok I, S. 212; Dok II, S. 117, S. 131 f., S. 134; Altner 2000, S. 120 f., S. 130; Altner 2002, S. 460.
73 Dok II, S. 484; Dok III, S. 5 f.
74 Dok II, S. 501.
75 Dok II, S. 499.
76 Schönberg 1693, S. 72 f.
77 Dok II, S. 504 f.
78 Siehe Spree 2019, S. 116 f.
79 Dok II, S. 499
80 Spree 2019, S. 118 f.
81 Berg-Calender 1776, S. A2a; Schönberg 1693, S. 36, S. 125; BergAFG, 40165: Ausbeutbögen sächsischer Bergreviere, Nr. 14, unpaginiert (Luciae 1750, Nahmen derer Stollen und Zechen, so Ausbeuthe und Wiedererstatteten Verlag geben); Grotefend 2007, S. 184.
82 BergAFG, 40186: Zechenregister sächsischer Bergreviere, Nr. 135019, S. 6a, S. 16a.
83 Hübner 2005, S. 83; Blanken 2018, S. 150 f., S. 153.
84 BergAFG, 40186: Zechenregister sächsischer Bergreviere, Nr. 135019, Gewerkenverzeichnis unpaginiert, S. 29a f.
85 BergAFG, 40186: Zechenregister sächsischer Bergreviere, Nr. 135023, Gewerkenverzeichnis unpaginiert, S. 3a.
86 Siehe dazu Spree 2018, S. 152 ff.
87 Minerophilus 1743, S. 86.
88 Dok II, S. 492, S. 502.
89 Dok II, S. 492 f., S. 503 f.
90 Dok II, S. 510.
91 Falck 1913, S. 8; Pickmann 2005, S. 18 ff.; Burney 2004, Sp. 199 ff.
92 Siehe auch Spree 2019, S. 135 f.
93 Dok I, S. 205.
94 Dok I, S. 204 f.; siehe auch Dok V, S. 107.
95 UAL, GA X A, Nr. 185, S. 37b; siehe auch Maul 2009, S. 228.
96 Adlung 1758, S. 574.
97 Dok II, S. 492 f.
98 Dok II, S. 503.
99 Spree 2019, S. 135 f.
100 Spree 2019, S. 133 ff.
101 Dok II, S. 492.
102 UAL, GA XI, Nr. 2, S. 140a f.; GA XV, Nr. 36, S. 93a; Blanken 2018, S. 146.
103 Dok II, S. 509; UAL, GA XI, Nr. 2, S. 140a, S. 141b f.; Blanken 2018, S. 147, S. 150.
104 UAL, GA XI, Nr. 2, S. 141a; siehe auch GA XV, Nr. 36, S. 94a; Blanken 2018, S. 146 f., S. 149.
105 Blanken 2018, S. 143.
106 Hesemann/Breuning 1752.
107 Siehe auch Dok II, S. 509 ff.
108 UAL, GA XI, Nr. 2, S. 140b; Blanken 2018, S. 146.

Finanzielle Unterstützungen

1 StadtAL, Stift XII G 4b: Graffsches Legat, Band 2, S. 228a; siehe auch Dok V, S. 178; Rothe 1994, S. 385 ff.; Spree 2019, S. 151 ff.

2 StadtAL, Stift XII G 4a: Graffsches Legat, Band 1, S. 3a f.

3 StadtAL, Stift XII G 4a: Graffsches Legat, Band 1, S. 4a.

4 StadtAL, Stift XII G 4b: Graffsches Legat, Band 2, S. 214a ff.

5 StadtAL, Stift XII G 4b: Graffsches Legat, Band 2, S. 221b.

6 StadtAL, Stift XII G 4b: Graffsches Legat, Band 2, S. 223a.

7 StadtAL, Stift XII G 4b: Graffsches Legat, Band 2, S. 228a, S. 235a, S. 241a, S. 255a, S. 266a, S. 273a, S. 282a, S. 292a, S. 298a; StadtAL, Stift XII G 4c: Graffsches Legat, Band 3, S. 12a, S. 21a, S. 68a f., S. 69a; Dok V, S. 178; Spree 2019, S. 151 ff.

8 Dok II, S. 492 f., S. 497, S. 501, S. 503 f., S. 509.

9 Spree 2019, S. 156 f.

10 StadtAL, Stift XII G 4c: Graffsches Legat, Band 3, S. 68a.

11 Dok IX, S. 178, S. 181 f., S. 198; siehe auch Szeskus 2003, S. 128, S. 253; Wellner 2009, S. 219 (Abb. 2); Dok IV, S. 168, S. 375; Spree 2019, S. 157 f.

12 Zedler 1731 – 1754, Band 57, Sp. 1939.

13 Zedler 1731 – 1754, Band 27, Sp. 1149 f.

14 Barth 1721, S. 198.

15 StadtAL, Stift XII G 4c: Graffsches Legat, Band 3, S. 68a ff.; siehe auch Hübner 2005, S. 101.

16 Siehe Dok V, S. 205.

17 Dok III, S. 153.

18 Kollmar 2006, S. 343.

19 Dok V, S. 397.

20 StadtAL, Tit VIII Nr. 66, S. 121a; Dok V, S. 192; siehe auch Hübner 2002, S. 245 f.; Hübner 2005, S. 100 f.; Signale für die musikalische Welt, 48. Jahrgang, No. 30, S. 475.

21 Siehe Spree 2019, S. 158 ff.

22 Dok II, S. 482, S. 489 f.

23 Spree 2019, S. 145 ff., S. 158 ff.

24 StadtAL, Tit VIII Nr. 66, S. 121a; Dok V, S. 192

25 Siehe zum Beispiel StadtAL, Rechnung des Almosenamts Leipzig, 1. Januar bis 31. Dezember 1747, S. 74; StadtAL, Rechnung des Almosenamts Leipzig, 1. Januar bis 31. Dezember 1755, S. 74; siehe auch Spree 2019, S. 169 ff.

26 StadtAL, Vormundschaftsakten Nr. 1509, Band 1, S. 28b ff.

27 StadtAL, Vormundschaftsakten Nr. 1509, Band 1, S. 174a, S. 178a, S. 182a.

28 StadtAL, Vormundschaftsakten Nr. 1509, Band 1, S. 19a, S. 129b, S. 222a, S. 245a.

29 StadtAL, Rechnung des Almosenamts Leipzig, 1. Januar bis 31. Dezember 1747, S. 74.

30 StadtAL, Vormundschaftsakten Nr. 1509, Band 1, S. 222a.

31 StadtAL, Rechnung des Almosenamts Leipzig, 1. Januar bis 31. Dezember 1757, S. 68; Rechnung des Almosenamts Leipzig, 1. Januar bis 31. Dezember 1756, S. 74.

32 StadtAL, Vormundschaftsakten Nr. 1509, Band 2, S. 308b, S. 312a ff.

33 StadtAL, Rechnung des Almosenamts Leipzig, 1. Januar bis 31. Dezember 1762, S. 59; Rechnung des Almosenamts Leipzig, 1. Januar bis 31. Dezember 1763, S. 68; Rechnung des Almosenamts Leipzig, 1. Januar bis 31. Dezember 1764, S. 86; Rechnung des Almosenamts Leipzig, 1. Januar bis 31. Dezember 1765, S. 87.

34 Siehe zum Beispiel StadtAL, Rechnung des Almosenamts Leipzig, 1. Januar bis 31. Dezember 1751, S. 68 ff.

35 Siehe Füssel/Weller 2005, S. 9 ff.; Dilcher 1997, S. 55.

36 StadtAL, Vormundschaftsakten Nr. 1509, Band 2, S. S. 325a.

37 Siehe Spree 2019, S. 172 f.

38 StadtAL, Stift XII B 23: Stiftsrat Bornsches Legat, S. 157a ff.

39 Adressbuch Leipzig 1747, S. 111.

40 Adressbuch Leipzig 1723, S. 85; Adressbuch Leipzig 1736, S. 87.

41 Siehe zum Beispiel Dok I, S. 150, S. 246; Adressbuch Leipzig 1747, S. 234.

42 Ingendahl 2006, S. 249.

43 Dok V, S. 192; Kollmar 2006, S. 54.

44 Dok V, S. 369, S. 372.

45 StadtAL, Stift XII B 23: Stiftsrat Bornsches Legat, S. 158b; Spree 2019, S. 159.

46 StadtAL, Tit VIII Nr. 66, S. 121a; siehe auch Dok V, S. 192; Hübner 2005, S. 100 f.; Signale für die musikalische Welt, 48. Jahrgang, No. 30, S. 475.

47 Hof- und Staats-Calender 1749, S. 34; Dok II, S. 481; Kollmar 2006, S. 335 ff., S. 342.

48 Siehe auch Spree 2019, S. 162 ff.

49 UAL, Rep. 03/04/021; Dok V, S. 186.

50 Dok V, S. 186; Spree 2019, S. 164.

51 Siehe Spree 2019, S. 162 ff.

52 Dok II, S. 482.
53 Dok V, S. 411, S. 431.
54 StadtAL, Stift XII B 23: Stiftsrat Bornsches Legat, S. 158a f.; Spree 2019, S. 147.
55 Dok V, S. 186, Spree 2019, S. 164.
56 Dok V, S. 178.
57 Siehe auch Spree 2019, S. 40 f.
58 Siehe Magazin der Sächsischen Geschichte 1787, S. 117 ff.; Meusel 1790, S. 350.
59 Gersdorf 1775, S. 174; siehe auch Gersdorf 1776, S. 178 ff.
60 Dok II, S. 484; Dok III, S. 5 f.
61 Hübner 2005, S. 85, S. 92, S. 94.
62 Dok II, S. 492 f., S. 502 ff.
63 Dok II, S. 501; siehe auch Spree 2019, S. 132 f.
64 Dok II, S. 499; Spree 2019, S. 118 f.
65 StadtAL, Stift IV Ia: Armenordnung der Stadt Leipzig, Band 1, S. 74a; siehe auch Bräuer 1997, S. 137.
66 Ingendahl 2006, S. 226.
67 Büsching 1787, S. 435.
68 StadtAL, Stift IV Ia: Armenordnung der Stadt Leipzig, Band 1, S. 75b; Ingendahl 2006, S. 225.
69 Hübner 2005, S. 27 f.; Dok II, S. 488.
70 Dok II, S. 194.
71 Dok II, S. 482.
72 Dok II, S. 489 f.
73 UAL, Rep. 03/05/005: Vormundschaftsordnungen, Band 1, S. 9b ff.; Spree 2019, S. 61 ff., S. 74 f.; Dok II, S. 489, S. 509 ff.
74 Dok V, S. 367 ff.; StadtAL, Stift XII B 23: Stiftsrat Bornsches Legat, S. 158a f.; Spree 2019, S. 58 ff.

Einkünfte aus eigener Arbeit

1 Hübner 2005, S. 33 f.; Schulze 2013, S. 279.
2 Williams 2008, S. 226; Wolff 2005/I, S. 238.
3 Siehe Spree 2019, S. 191 ff.
4 Critische Nachrichten aus dem Reiche der Gelehrsamkeit. Freytags, den 7. May, 1751, S. 145; siehe auch Dok V, S. 182.
5 Siehe Hortschansky 1968, S. 158.
6 Dok III, S. 8 f.
7 Dok III, S. 17; siehe auch Spree 2019, S. 218 f.
8 CPEB-Dok, S. 1025.
9 Berlinische Nachrichten von Staats- und Gelehrten Sachen, 27.1.1752, unpaginiert; Extract der eingelaufenen Nouvellen, 19.2.1752, S. 28; Augsburgischer Wochentlicher Intelligenz-Zettel Nr. 12, 23.3.1752, unpaginiert (Punkt 10 „Allerlei Avertissemens"); Staats - und gelehrte Zeitung des Hamburgischen unpartheyischen Correspondenten, 29.4.1752, unpaginiert; siehe auch Dok III, S. 622.
10 Siehe Zedler 1731 – 1754, Band 40, Sp. 1572 f.
11 Berlinische Nachrichten von Staats- und Gelehrten Sachen, 27.1.1752, unpaginiert.
12 Hortschansky 1971, S. 89; siehe auch Plebuch 1996, S. 174 f.
13 Siehe zum Beispiel CPEB-Dok, S. 942, S. 1049; Hortschansky 1971, S. 91.
14 CPEB-Dok, S. 942.
15 Berlinische Nachrichten von Staats- und Gelehrten Sachen, 26.4.1753, S. 210.
16 Berlinische Nachrichten von Staats- und Gelehrten Sachen, 19.9.1754, S. 462.
17 Berlinische Nachrichten von Staats- und Gelehrten Sachen, 27.1.1752, unpaginiert.
18 Heussner 1968, S. 324.
19 Siehe Anhang 3.
20 Hortschansky 1968, S. 165.
21 Pott 2004, S. 7; siehe auch Ottenberg 1987, S. 336; Ottenberg 1994, S. 45 ff.; Geck 2003, S. 39 ff.
22 Siehe Rampe 2014, S. 454.
23 Ottenberg 1987, S. 100 f.
24 Dok V, S. 416.
25 Hase 1912, S. 87.
26 Dok V, S. 368.
27 Leonhardi 2010, S. 126.
28 Siehe zum Beispiel Adressbuch Leipzig 1753, S. 90 ff.; Leipziger Zeitungen, 27.9.1747, S. 620.
29 Leipziger Zeitungen, 27.9.1747, S. 620.
30 Siehe Spree 2019, S. 201 ff.
31 Nachlassverzeichnis CPEB 1790, S. 66; siehe auch Rampe 2014, S. 461 ff.
32 Siehe auch Breitkopf 1761, S. 11; Braun 1962, S. 123 ff.; Maul/Wollny 2003, S. 100 ff.
33 Dok II, S. 486; siehe auch Schulze 1975, S. 51; Schulze 1984/I, S. 92.
34 Dok V, S. 397.
35 BzB 5, S. 84 ff.
36 CPEB-Dok, S. 209 f.
37 Nachlassverzeichnis CPEB 1790, S. 69 ff., S. 85 ff.
38 Dok V, S. 445.
39 Walther 1987, S. 251 f.

40 Siehe zum Beispiel Blanken/Enßlin 2014, S. 198.
41 Hübner 2005, S. 137 ff.
42 Siehe auch Kobayashi 1982, S. 80.
43 Siehe Braun 1962, S. 143 f.; Dok III, S. 327.
44 Dok III, S. 159 ff.
45 Dok II, S. 493 f., S. 504 f.; Spree 2019, S. 79 ff.
46 Dok II, S. 494.
47 StadtAL, Stift XII B 23: Stiftsrat Bornsches Legat, S. 158a f.
48 Siehe zum Beispiel Dok II, S. 396; Dok III, S. 250, S. 554, S. 613; Koska 2019, S. 80 ff.
49 Siehe zum Beispiel StadtAL, Vormundschaftsakten Nr. 1509, Band 1, S. 174a, S. 178a, 182a, S. 190a; StadtAL, 0008 Ratsstube, Tit. LXII C Nr. 2, S. 222a f.; UAL, GA II B 16a, S. 21a ff., S. 143a, S. 149a; UAL, GA II B 16b, S. 56a, S. 111a.
50 Vogel 1922, S. 3.
51 Vogel 1922, S. 15.
52 Siehe Vogel 1922, S. 15; Müller 1931, S. 48.
53 Müller 2007, S. 185 ff.
54 Müller 2007, S. 198 f.
55 StadtAL, Vormundschaftsakten Nr. 200, S. 38a; UAL, GA II B 16b, S. 56a, S. 111a.; StadtAL, Vormundschaftsakten Nr. 1509, Band 2, S. 234a.
56 Müller 2007, S. 200.
57 Müller 2007, S. 53; StadtAL, Vormundschaftsakten Nr. 200, S. 38a.
58 StadtAL, Vormundschaftsakten Nr. 1509, Band 1, S. 222a; StadtAL, Rechnung des Almosenamts Leipzig, 1. Januar bis 31. Dezember 1747, S. 74; StadtAL, Rechnung des Almosenamts Leipzig, 1. Januar bis 31. Dezember 1757, S. 68.
59 Dok II, S. 503 f.
60 Dok I, S. 204 f.; Dok III, S. 633; UAL, GA X A, Nr. 185, S. 37b; siehe auch Maul 2009, S. 228, S. 231; Schulze 1989, S. 231 (Schulze 2017, S. 247 f.); Wolff 2005/I, S. 449 f.
61 Müller 2007, S. 72, S. 102, S. 218; Telemann 1740, S. 358 f.; Dok II, S. 363.
62 Müller 2007, S. 72; siehe auch Müller 2007, S. 102, S. 218.
63 Telemann 1740, S. 358 f.
64 Dok II, S. 363.
65 Dok II, S. 494, S. 504.
66 Dok II, S. 403.
67 Iccander 1725, S. 12, S. 84.
68 Goethe 1812, S. 71 f.
69 Krünitz 1841, S. 640.
70 Müller 2007, S. 48 f.
71 StadtAL, Vormundschaftsakten Nr. 200, S. 38a; UAL, GA II B 16b, S. 56a, S. 111a.; StadtAL, Vormundschaftsakten Nr. 1509, Band 2, S. 234a.
72 Goethe 1812, S. 72.
73 Siehe auch Krünitz 1841, S. 640; Senff 1988/I, S. 40 ff.; Senff 1988/II, S. 27 ff.
74 Siehe Zedler 1731 – 1754, Band 12, Sp. 907; Florinus 1750, S. 14.

Wohnhaft auf dem Neuen Kirchhof

1 AKStT, Kommunikantenverzeichnis 1752, unpaginiert (Jubilate); Dok V, S. 292.
2 Siehe auch Spree 2019, S. 233.
3 Adressbuch Leipzig 1753, S. 41 ff.
4 Adressbuch Leipzig 1753, S. 53, S. 87; siehe auch Adressbuch Leipzig 1747, S. 102; Adressbuch Leipzig 1778, S. 109.
5 Schulz 1784, S. 87.
6 Siehe auch Iccander 1725, S. 55.
7 Iccander 1725, S. 54.
8 Leipzig 2006, S. 174, S. 185.
9 Schulz 1784, S. 87.
10 Berlinische Nachrichten von Staats- und Gelehrten Sachen, 27.1.1752, unpaginiert; Extract der eingelaufenen Nouvellen, 19.2.1752, S. 28; Augsburgischer Wochentlicher Intelligenz-Zettel Nr. 12, 23.3.1752, unpaginiert; Critische Nachrichten (Greifswald), 29.3.1752, S. 100; Staats- u. Gelehrte Zeitung des Hamburgischen unpartheyischen Correspondenten, 29.4.1752, unpaginiert; Leipziger Zeitungen, 7.6.1752, S. 364; Berlinische Nachrichten von Staats- und Gelehrten Sachen, 19.9.1754, S. 462; Berlinische privilegirte Zeitung, 4.1.1759, S. 8; Staats- u. Gelehrte Zeitung des Hamburger unpartheyischen Correspondenten, 12.1.1759, unpaginiert; Extract der eingelaufenen Nouvellen, 20.1.1759, S. 12; Berlinische Nachrichten von Staats- und Gelehrten Sachen, 17.5.1759, S. 240; siehe auch Dok III, S. 622.
11 Zedler 1731 – 1754, Band 44, Sp. 476.
12 Neues Testament/Luther 1522, Episteln S. XLIXb (Erster Brief an Timotheus 5. Kapitel, Verse 3 und 4).
13 Dok II, S. 490 ff.

14 Dok II, S. 494, S. 504 f.
15 Amaranthes 1739, Sp. 1284.
16 Dok II, S. 494, S. 502, S. 504 f.
17 Amaranthes 1739, Sp. 248.
18 Gottschalk 2003, S. 41; Barth 1721, S. 222, S. 224.
19 Dok II, S. 325.
20 Dok II, S. 384.
21 Müller 2007, S. 47.
22 Dok I, S. 150; Dok V, S. 182; Titular-Buch 1750, S. 310; Adressbuch Leipzig 1747, S. 234; Adressbuch Leipzig 1750, unpaginiert (Bey der Schule zu St. Thomas); Zedler 1731 – 1754, Band 57, Sp. 1939.
23 Stört 2013, S. 7; siehe auch Ottenberg 1994, S. 221.
24 Dok III, S. 263.
25 Nachlassverzeichnis CPEB 1790, S. 95; Dok III, S. 501; siehe auch Leaver 2007, S. 105.
26 Koska 2019, S. 42 f.
27 Dok III, S. 555.
28 Leipzig 2006, S. 258.
29 Dura 2018/I, S. 39.
30 Hansen 2015, S. 166 ff.
31 Dok IX, S. 42; siehe auch Dok III, S. 504; Dok IV, S. 358.
32 Adressbuch Leipzig 1747, S. 146, S. 235; Adressbuch Leipzig 1753, S. 127.
33 Siehe auch Dura 2018/II, S. 24 f.
34 Dok VII, S. 103.
35 Mizler 1746, S. 353; siehe auch NBA VIII/1, Kritischer Bericht (Christoph Wolff), S. 20; Dentler 2004, S. 52; Felbick 2012, S. 336 ff.
36 Mizler 1746, S. 353; siehe auch Hansen 2015, S. 177 ff.
37 Nachlassverzeichnis CPEB 1790, S. 95 f.; Dok III, S. 501 f.; siehe auch Leaver 2007, S. 110 ff.
38 Siehe auch Dok I, S. 255 ff.
39 Dok II, S. 503, siehe auch S. 492.
40 Dok II, S. 494, S. 502, S. 504 f.
41 Dok III, S. 9.
42 Amaranthes 1739, Sp. 575.
43 Müller 1928, Sp. 292.
44 Dok V, S. 366.
45 StadtAL, Tutorienbuch Band 9, 1759 – 1767, S. 292a; siehe auch Hübner 2005, S. 110; Szeskus 2003, S. 83, S. 253.
46 Dok III, S. 153.
47 Dok II, S. 494, S. 502, S. 504 f.
48 Dok II, S. 437.
49 Dok I, S. 267.
50 Dok II, S. 497, S. 509; Blanken 2018, S. 148, S. 151 ff.
51 Dok II, S. 502 ff.
52 Siehe Spree 2019, S. 118 ff.
53 Berlinische Nachrichten von Staats- und Gelehrten Sachen, 27.1.1752, unpaginiert.
54 Critische Nachrichten (Greifswald), 29.3.1752, S. 100.
55 Leipziger Zeitungen, 7.6.1752, S. 364.
56 Berlinische Nachrichten von Staats- und Gelehrten Sachen, 26.4.1753, S. 210.
57 AKStT, Kommunikantenverzeichnis 1752, unpaginiert (Jubilate); Dok V, S. 292.
58 Dok II, S. 127, S. 472.
59 Leipziger Zeitungen, 7.6.1752, S. 364.
60 Vergleiche zum Beispiel Critische Nachrichten (Greifswald), 29.3.1752, S. 100; Staats- u. Gelehrte Zeitung des Hamburgischen unpartheyischen Correspondenten, 29.4.1752, unpaginiert.
61 Dok V, S. 182.
62 Dok III, S. 8 f.
63 Dok III, S. 113.
64 Siehe Spree 2019, S. 216 ff.
65 StadtAL, Jahreshauptrechnung des Rates 1751/52, S. 259; siehe auch Dok. III, S. 17.
66 StadtAL, Jahreshauptrechnung des Rates 1751/52, S. 262; siehe auch Dok III, S. 17.
67 Dok V, S. 182.
68 StadtAL, Jahreshauptrechnung des Rates 1751/52, S. 261, S. 263 f.
69 Zedler 1731 – 1754, Band 8, Sp. 1618 f.
70 Siehe auch Barth 1721, S. a2 (Vorrede); Ingendahl 2006, S. 31 ff.
71 Dok III, S. 8 f.
72 Dok V, S. 182 f.
73 Dok III, S. 8 f.; Dok V, S. 182.
74 StadtAL, Stift XII B 23: Stiftsrat Bornsches Legat, S. 158a f.; Dok I, S. 267; Dok III, S. 287.
75 StadtAL, Stift XII B 23: Stiftsrat Bornsches Legat, S. 1a ff.; Vollbert/Winzer 1783, S. 48 f.; Geffcken/Tykocinski 1905, S. 190.
76 StadtAL, Stift XII B 23: Stiftsrat Bornsches Legat, S. 89a ff.
77 StadtAL, Stift XII B 23: Stiftsrat Bornsches Legat, S. 121b.
78 StadtAL, Stift XII B 23: Stiftsrat Bornsches Legat, S. 123a ff.

79 StadtAL, Stift XII B 23: Stiftsrat Bornsches Legat, S. 136a.
80 StadtAL, Stift XII B 23: Stiftsrat Bornsches Legat, S. 123b, S. 158a f., S. 165b, S. 173b, S. 180b, S. 187a f.
81 Siehe Spree 2019, S. S. 145 ff.
82 StadtAL, Stift XII G 4c: Graffsches Legat, Band 3, S. 68a.
83 StadtAL, Stift XII B 23: Stiftsrat Bornsches Legat, S. 186a ff.
84 Berlinische Nachrichten von Staats- und Gelehrten Sachen, 19.9.1754, S. 462.
85 Dok V, S. 371.
86 Dok V, S. 366.
87 Berlinische Nachrichten von Staats- und Gelehrten Sachen, 19.9.1754, S. 462.
88 Schulze 1987, S. 235 f. (Schulze 2017, S. 193 f.).
89 Kollmar 2006, S. 338 f.
90 Berlinische privilegirte Zeitung, 4.1.1759, S. 8.
91 Staats- u. Gelehrte Zeitung des Hamburger unpartheyischen Correspondenten, 12.1.1759, unpaginiert; Extract der eingelaufenen Nouvellen, 20.1.1759, S. 12.
92 CPEB/CW, Commentary Versuch, Plate 2, Plate 5.
93 Berlinische Nachrichten von Staats- und Gelehrten Sachen, 17.5.1759, S. 240.
94 Siehe auch Spree 2019, S. 240 ff.
95 Berlinische Nachrichten von Staats- und Gelehrten Sachen, 7.9.1756, S. 444.
96 Schulz 1784, S. 150.
97 Grenser 2005, S. 11; siehe auch Grosse 1902, S. 9.
98 Schulz 1784, S. 28 f.
99 Schneider 1990, S. 211.
100 Vogel 1922, S. 10; siehe auch Hübner 2005, S. 104 f.
101 Elsas 1940, S. 75.
102 Siehe Spree 2019, S. 149, S. 154; Hübner 2005, S. 101.
103 Siehe Spree 2019, S. 163 ff.; Hübner 2005, S. 101; Dok V, S. 186.
104 Spree 2019, S. 159 ff.
105 StadtAL, Rechnung des Almosenamts Leipzig, 1. Januar bis 31. Dezember 1753, S. 75.
106 StadtAL, Rechnung des Almosenamts Leipzig, 1. Januar bis 31. Dezember 1751, S. 68 ff.; StadtAL, Rechnung des Almosenamts Leipzig, 1. Januar bis 31. Dezember 1753, S. 75 f.; StadtAL, Rechnung des Almosenamts Leipzig, 1. Januar bis 31. Dezember 1756, S. 74 f.; StadtAL, Rechnung des Almosenamts Leipzig, 1. Januar bis 31. Dezember 1757, S. 67 f.; StadtAL, Rechnung des Almosenamts Leipzig, 1. Januar bis 31. Dezember 1758, S. 70 f.; StadtAL, Rechnung des Almosenamts Leipzig, 1. Januar bis 31. Dezember 1759, S. 70 f.
107 StadtAL, Rechnung des Almosenamts Leipzig, 1. Januar bis 31. Dezember 1757, S. 68; StadtAL, Rechnung des Almosenamts Leipzig, 1. Januar bis 31. Dezember 1758, S. 71; StadtAL, Rechnung des Almosenamts Leipzig, 1. Januar bis 31. Dezember 1759, S. 71; StadtAL, Rechnung des Almosenamts Leipzig, 1. Januar bis 31. Dezember 1760, S. 69; StadtAL, Rechnung des Almosenamts Leipzig, 1. Januar bis 31. Dezember 1761, S. 68; StadtAL, Rechnung des Almosenamts Leipzig, 1. Januar bis 31. Dezember 1762, S. 59; StadtAL, Rechnung des Almosenamts Leipzig, 1. Januar bis 31. Dezember 1763, S. 68.
108 StadtAL, Stift XII B 23: Stiftsrat Bornsches Legat, S. 158b.
109 UAL, Rep. 03/04/026, S. 46b ff.; siehe auch Szeskus 2003, S. 100, S. 253; Hübner 2005, S. 102 f.; Dok V, S. 186.
110 UAL, Rep. 03/04/028, S. 14a ff.; siehe auch Szeskus 2003, S. 99 f., S. 253; Hübner 2005, S. 103.
111 Berlinische Nachrichten von Staats- und Gelehrten Sachen, 17.5.1759, S. 240.
112 Berlinische privilegirte Zeitung, 18.9.1759, S. 454.
113 Berlinische privilegirte Zeitung, 22.9.1759, S. 461.
114 Berlinische privilegirte Zeitung, 4.1.1759, S. 8; Staats- u. Gelehrte Zeitung des Hamburger unpartheyischen Correspondenten, 12.1.1759; Extract der eingelaufenen Nouvellen, 20.1.1759, S. 12; Berlinische Nachrichten von Staats- und Gelehrten Sachen, 17.5.1759, S. 240.
115 Berlinische Nachrichten von Staats- und Gelehrten Sachen, 17.5.1759, S. 240.
116 Dok III, S. 153.
117 Berlinische Nachrichten von Staats- und Gelehrten Sachen, 24.12.1761, S. 636; Berlinische privilegirte Zeitung, 26.12.1761, S. 644; siehe auch Spree 2019, S. 241.
118 Siehe auch Spree 2019, S. 215 f.
119 CPEB-Dok, S. 281, siehe auch S. 279, S. 301, S. 306, S. 346, S. 354, S. 386, S. 425, S. 522,

S. 680, S. 687, S. 698, S. 772, S. 810, S. 825, S. 843, S. 860, S. 882, S. 887; siehe auch Hübner 2005, S. 118.

120 CPEB-Dok, S. 802 f.

121 Dok V, S. 388.

122 Zelter 1983, S. 29 ff.

123 Zelter 1983, S. 15 f.; siehe auch Rampe 2014, S. 300.

124 Nachlassverzeichnis CPEB 1790, S. 95; siehe auch Maul 2011, S. 251 ff.; Rampe 2014, S. 461 ff.

125 NBA V/4, Kritischer Bericht (Georg von Dadelsen), S. 17, S. 60.

126 Dok I, S. 124; siehe auch Hübner 2005, S. 82 f.

127 Schlichtegroll 1797, S. 283; siehe auch Geiringer/Geiringer 1983, S. 346 f.

128 StadtAL, Stift XII B 23: Stiftsrat Bornsches Legat, S. 158b; Spree 2019, S. 58 ff.

129 Wunder 1992, S. 115; Schmotz 2012, S. 66, S. 130 ff.

130 StadtAL, Stift XII G 4c: Graffsches Legat, Band 3, S. 83a, S. 84a, S. 90a, S. 101a, S. 108a; siehe auch Hübner 2005, S. 101, S. 111 f.; Wollny 2002, S. 38 ff.

131 Dok V, S. 372.

132 Dok I, S. 141; Dok II, S. 363, S. 395; Dok V, S. 370; siehe auch Schulze 2005, S. 16 (Schulze 2017, S. 174 f.).

133 Hübner 2005, S. 33 f.; Schulze 2013, S. 279.

134 Hübner 2005, S. 115.

135 Amaranthes 1739, Sp. 1090.

136 Hübner 2005, S. 124, S. 134.

137 Hübner 2005, S. 110; Dok V, S. 366.

138 Müller 1928, Sp. 292; Dok V, S. 365; Hübner 2005, S. 119.

139 Müller 1928, Sp. 292; Hübner 2005, S. 127 f.

140 CPEB-Dok, S. 281, siehe auch S. 279, S. 301, S. 306, S. 346, S. 354, S. 386, S. 425, S. 522, S. 680, S. 687, S. 698, S. 772, S. 810, S. 825, S. 843, S. 860, S. 882, S. 887; siehe auch Hübner 2005, S. 118.

141 Dok V, S. 367; Rampe 2014, S. 461, S. 522.

Tod und Begräbnis

1 Dok III, S. 153.

2 StadtAL, Leichenbücher der Totengräber (Totengräberbuch) 1755 – 1760, unpaginiert.

3 StadtAL, Leichenbücher der Leichenschreiberei (Ratsleichenbücher) 1759 – 1767, S. 34b.

4 Grotefend 2007, S. 18; siehe auch Dok III, S. 153.

5 StadtAL, Stift XII B 23: Stiftsrat Bornsches Legat, S. 93a ff.

6 StadtAL, Vormundschaftsakten Nr. 1509, Band 1, S. 19a, S. 129b, S. 222a; siehe auch StadtAL, Rechnung des Almosenamts Leipzig, 1. Januar bis 31. Dezember 1748, S. 87.

7 StadtAL, Vormundschaftsakten Nr. 1509, Band 2, S. 308b, S. 312a ff.; StadtAL, Rechnung des Almosenamts Leipzig, 1. Januar bis 31. Dezember 1763, S. 68; StadtAL, Rechnung des Almosenamts Leipzig, 1. Januar bis 31. Dezember 1764, S. 86; StadtAL, Rechnung des Almosenamts Leipzig, 1. Januar bis 31. Dezember 1765, S. 87.

8 Berlinische privilegirte Zeitung, 20.9.1759, S. 457 f.

9 Müller 1928, Sp. 292; Hübner 2005, S. 115.

10 Wustmann 1894, S. 123 ff.

11 StadtAL, Leichenbücher der Leichenschreiberei (Ratsleichenbücher) 1759 – 1767, S. 34a f.

12 StadtAL, Tit LXII L Nr. 19, S. 1a ff.; siehe auch Dok II, S. 474.

13 StadtAL, Tit LXII L Nr. 19, S. 3b ff.

14 Berlinische Nachrichten von Staats- und Gelehrten Sachen, 19.9.1754, S. 462.

15 Sicul 1724, S. 213.

16 Hübner 2005, S. 103.

17 Schmotz 2012, S. 158.

18 StadtAL, Rechnung des Almosenamts Leipzig, 1. Januar bis 31. Dezember 1760, S. 87; siehe auch Spree 2019, S. 247 f.

Anhänge

1 Nach Dok II, S. 490 ff.; siehe auch StA-L, 20009 Amt Leipzig, Nr. 3, S. 1a ff.; UAL, GA XI, Nr. 2, S. 142b ff.

2 Alberti 1957, S. 380.

3 Siehe Spree 2019, S. 263 f. (Fußnote 2).

4 Siehe Spree 2019, S. 263 f. (Fußnote 2).

5 Schirmer 1991, S. 141.

6 Nach Dok II, S. 598 ff.; siehe auch StA-L, 20009 Amt Leipzig, Nr. 3, S. 14a ff.; UAL, GA XI, Nr. 2, S. 133b ff.

7 Siehe Spree 2019, S. 127, S. 274 (Fußnote 1).

8 Abkürzungen 2002, S. 118.

9 Siehe Spree 2019, S. 279 (Fußnote 1).

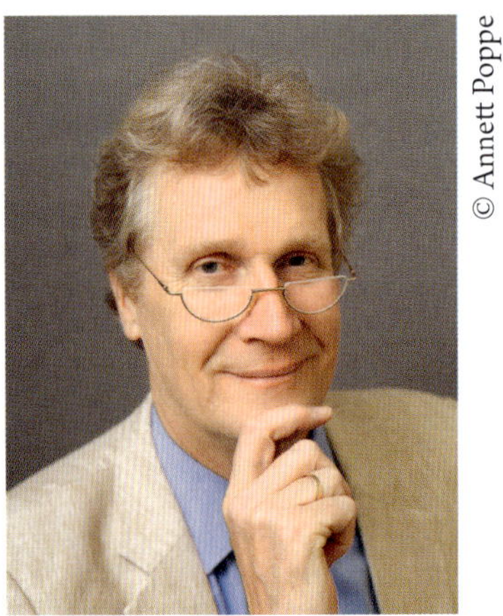

Eberhard Spree wurde am 4. August 1960 als Pfarrerssohn in Berlin-Weißensee geboren.

Aus politischen Gründen verweigerte man ihm eine weiterführende schulische Ausbildung. Nach einer abgeschlossenen Lehre als Baufacharbeiter (Spezialisierung Mauerwerksbau) und der Ableistung des Wehrdienstes als Bausoldat (Dienst ohne Waffe), begann er 1981 ein Studium an der Musikhochschule „Felix Mendelssohn Bartholdy" Leipzig im Hauptfach Kontrabass, das er mit dem Staatsexamen abschloss. Extern erwarb er 1989 an der gleichen Hochschule den Abschluss eines Diplom-Musikpädagogen für Kontrabass.

Ab 1986 war er koordinierter Solokontrabassist der Robert-Schumann-Philharmonie Karl-Marx-Stadt (Chemnitz). 1988 wechselte er aus familiären Gründen an die Jenaer Philharmonie, wo er ebenfalls die Position eines koordinierten Solokontrabassisten innehatte. Seit 1989 ist er Mitglied des Gewandhausorchesters Leipzig.

Neben seiner Tätigkeit als Orchestermusiker widmet sich Eberhard Spree intensiv musikwissenschaftlichen Themen. 2010 entdeckte er Dokumente, die genauere Auskünfte über einen Bergwerksanteil geben, den Johann Sebastian Bach besaß. Von der Saxonia-Freiberg-Stiftung erhielt er den Förderpreis 2014 für seine diesbezüglichen Forschungen. Aus ihnen entwickelte sich eine intensive Beschäftigung mit Anna Magdalena Bach, die nach dem Tod ihres Mannes für diesen Bergwerksanteil verantwortlich war. Zum Thema „Die verwitwete Frau Capellmeisterin Bach. Studie über die Verteilung des Nachlasses von Johann Sebastian Bach" promovierte Eberhard Spree 2018 an der Hochschule für Musik Carl Maria von Weber Dresden.

Mit seiner Ehefrau lebt er in Leipzig. Das Ehepaar hat sechs gemeinsame Kinder.

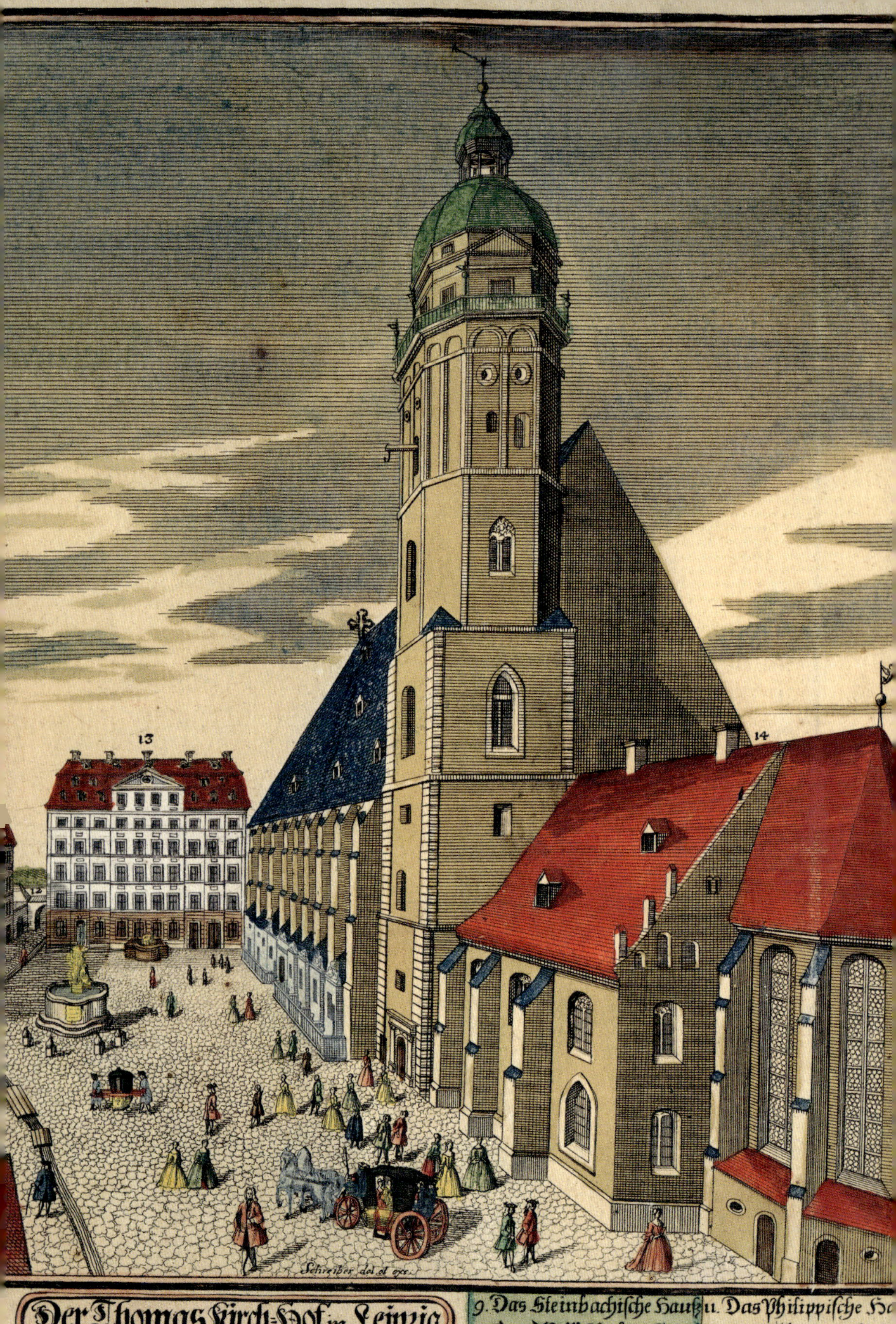
13
14
12
Schreiber del. et exc.
Der Thomas Kirch=Hof in Leipzig.
9. Das Steinbachische Hauß
10. George Willh: Bosens Hauß
11. Das Philippische Ha
12. Das Thomas=Pförtg